教育生态视域下家校合育开放发展的理论与实践

仇虹豪 主编

上海社会科学院出版社
SHANGHAI ACADEMY OF SOCIAL SCIENCES PRESS

图书在版编目(CIP)数据

教育生态视域下家校合育开放发展的理论与实践 / 仇虹豪主编 .— 上海 : 上海社会科学院出版社, 2022
ISBN 978-7-5520-3888-0

Ⅰ. ①教… Ⅱ. ①仇… Ⅲ. ①学校教育—合作—家庭教育—研究 Ⅳ. ①G459

中国版本图书馆 CIP 数据核字(2022)第 095194 号

教育生态视域下家校合育开放发展的理论与实践

主　　编: 仇虹豪
审　　校: 白云云　舒兰兰　许　可
责任编辑: 路　晓
封面设计: 徐　蓉
出版发行: 上海社会科学院出版社
上海顺昌路 622 号　邮编 200025
电话总机 021－63315947　销售热线 021－53063735
http://www.sassp.cn　E-mail:sassp@sassp.cn
照　　排: 上海碧悦制版有限公司
印　　刷: 上海颛辉印刷厂有限公司
开　　本: 787 毫米×1092 毫米　1/16
印　　张: 18.5
字　　数: 399 千
版　　次: 2022 年 10 月第 1 版　　2022 年 10 月第 1 次印刷

ISBN 978-7-5520-3888-0/G · 1184　　定价:88.00 元

“浦东新优质学校”
系列教育丛书
编审委员会

前 言

新优质学校是新时代公办学校的价值标杆。自2011年以来,上海市就积极推进新优质学校的研究与实践,走过了地毯式调研、能力建构、经验提炼、集群发展和成长营推进等阶段,涌现了一批学校典型,成就了一批校长,使数十万师生受益,其理念与成果已经广为人知,为建设更加公平、更有质量的上海基础教育做出了应有的贡献。

浦东新区是上海市率先探索新优质学校建设的区之一,经过十多年的区校共同努力,取得了不少骄人的成绩。呈现在我们面前的书稿,就是他们的部分成果。细细读来,令人感佩。

一是对新优质学校理解到位。他们认为新优质学校的核心是追求教育的本原,关注人的发展。创建新优质学校的出发点是追求教育过程丰富性、师生关系和谐性、学习活动多样性,以促进人的和谐发展。又认为新优质学校创建的最终目标是形成学校内在的发展机制。而建立学校内在的发展机制,就需要协调学校各方面的教育因素,充分发掘各方面的教育潜力,培育教师高度的教育责任感、使命感和积极性,使学校的办学理念成为全体教师自觉的实践行为,学校各项教育活动能按照既定的目标自动而高效地运行。确实,新优质学校的核心理念就是回归育人本原,追求学生的全面发展、素养提升和精神品格成长,而这一切的实现就在于学校要提升学生的学习生活质量,优化学校的内在发展机制。可见浦东新区的理解是到位的,在创建过程中也抓住了关键。

二是立足区情主动探索。浦东新区是上海市最大的区,其面积与人口均约占上海市的五分之一,地域大,学校多,既有市中心城区学校,也有远郊乡村学校,如何推进新优质学校建设确实是一个挑战。浦东新区先后开展四批新优质学校的创建工作,目前共有区级新优质学校66所。在区教育局的领导下,浦东新区采取由浦东教育发展研究院教育科研指导部作为项目管理主体、初中与小学教育指导中心协作的集群发展策略,有目的、有计划、有组织地实施,构建平台、形成载体、开展交流,搞得有声有色,项目校取得了明显进步。这种发挥三级网络联通、多元主体协同优势的做法,是浦东新区独有的,也只有这样,浦东新区的新优质学校建设,才能责任到人、到项目、到单位,形成层层轧实的工作格局。

三是着眼前沿引领改革。仔细分析书稿中的典型成果,发现他们有满足学生发展需要的课程建构,有立足学生差异、促进学生学习方式变革的教学改革,有优化家校共育、评价导向的管理探索……所有成果都与上海乃至全国教育改革同频共振,许多项目具有鲜明的改革引领价值，有明显的设计感，遵循课题研究的思路，采用行动研究或实证研究的策略与方法，既有实践的丰富性，又有研究的规范性，提升了研究成果的可信度，体现了浦东人干事创业的精气神。

随着国际局势的风云变幻和国内双循环新格局的形成，为党育人、为国育才的任务愈益急迫。为了培养担当民族伟大复兴使命的时代新人，党中央、国务院和相关教育部门近年来先后出台了多项改革政策，从顶层架构了教育发展的“四梁八柱”，明确回答了“培养什么人，怎么培养人，为谁培养人”的问题，提出培养德智体美劳全面发展的社会主义事业建设者与接班人，确立了立德树人的根本任务。通过“双新”课程教学改革明确了培养“有理想、有本领、有担当”的育人目标，树立了素养导向。以新时代评价改革总体方案，树立了贯彻落实党的教育方针，落实全面发展、素养培育的指挥棒……所有这一切，预示着基础教育大变革的到来，在此背景下，作为引领公办学校办学方向的新优质学校要进一步明确方向，不断改革，持续迈向新优质。

一是要积极回应教育改革要求。教育改革要求是学校发展面临的挑战，也是学校发展难得的机遇，是学校发展的重要动力源。在建立高质量教育体系成为主题，“双减”政策、“双新”课改先后出台的背景下，如何建立新的质量观，建立保障学生全面发展、素养发展的育人体系，着力提升国家课程校本化实施质量、形成素养培育的课堂教学、探索有利于学生全面发展和素养提升的评价体系等，都是当前需要解决的大课题，作为新优质学校要率先探索突破。

二是要坚守新优质学校的办学信念。新优质学校也会用到一般学校用到的理论与技术，但是她与其他学校的根本区别在于办学理想与信念。新优质学校坚持回归教育本原，促进学生全面发展、素养培育及精神品格成长；坚持提升学生学习生活质量，办学生喜欢的学校，丰富学生的学习生活经历，促进学生主动发展；强调学校主动发展，坚持在常态条件下，学校主动探索，走内涵发展之路；强调为人民办学，坚持有教无类、因材施教，办好老百姓家门口的每一所学校。这是新优质学校成长的内在密码，必须始终坚持。

三是要坚持在常态条件下解决常见的问题。新优质学校坚持“不挑选生源、不聚集资源、不争抢排名”的“三不”理念和“不靠生源、靠师资，不靠政策、靠创新，不靠负担、靠科学”的“三不三靠”思路。这体现了新优质学校寻求一种有别于传统重点学校发展的新路径，那就是不靠优势物力、财力、师资和生源来办学，而是在按国家标准配置教育资源的前提下，在常态办学条件下，学校通过解决发展中的常态问题，不断走向新优质。这就是尹后庆先生讲的“坚持在最常见的学校解决最常见的问题”。学校如能解决好最常见学校的最常见问题，不仅具有中国意义，而且具有世界意义。

四是要积极促进新优质学校高质量发展。高质量发展既是一种结果，更是一种策略。

作为结果应该根据学生身心发展规律,把学生培养成为德智体美劳全面发展的社会主义建设者与接班人,使每一个学生都获得符合其潜能的发展,使每一个学生都有人生出彩的机会。作为一个阶段的发展策略,应该坚持把最常见的学校办成老百姓满意的学校,使学校教育为促进社会公平正义和共同富裕起到基础性和先导性作用。

上海市正在筹划新一轮新优质学校发展规划,将在新时代教育改革的大势中寻找一条高质量发展之路。浦东新区是社会主义现代化建设引领区和上海区域教育综合改革创新示范区,期待浦东新区进一步发挥其独特的先行先试、敢为天下先的精神,在新优质学校建设上涌现出更多的典型,贡献出更多的智慧。

上海市教育科学研究院上海市新优质学校研究所所长　汤林春

序一　峥嵘岁月　你我同在

上海市实验学校东校是在上海市实验学校委托管理下成长起来的一所九年一贯制公办学校,自2004年建校,至今已走过十多年的荏苒光阴。从第一任校长王玮航先生,到现任校长仇虹豪女士,通过坚守教育阵地、不懈挖掘教育真理,为莘莘学子持续提供优质教育,实验东校俨然成为碧云社区一所老百姓家门口的好学校,也渐渐成长为我们上实教育集团中的骨干中坚力量。

忠于教育本质、始于实验精神,实验东校十数年来诚实地耕耘在课程建设、课堂教学、教师发展、家校合作等一片片教育的沃土上。尤其是家校合作这一块,我们可喜地看到,在以"学生成长"为同心圆共同核心目标下,实验东校的教师和家长们齐心合力团结在一起,借助良好的家校机制、高效的运作模式,经过多年努力,提炼出一个个独具匠心、值得推广辐射的家校合作模式。比如,家长委员会、家校联系人制度、家长学校、心理体验剧,等等。其中,家长委员会自实验东校建立伊始就已存在,十多年来先后历经三任家长委员会主席、多轮多级家长委员会委员的任届和改选,不仅形成了优质、高效的家长委员会工作团队精神,而且打造了广为无数学子和家庭称赞的实验东校高水平家长口碑,在同类型学校中形成了具有团结、协作精神的实验东校家长品牌形象。如东校家长交通督导组的家委会工作者与家长义工们,他们的身影出现在每天上学、放学的校门口马路上,保护着学校3000多名学生的进出安全,维持着社区日常稳定,如今已形成良好的周期性轮岗制度和自愿奉献的义工团队。再如由家委会和一心公益主导的心理体验剧,不仅在上实集团学校内部辐射推广,也全面推向浦东新区乃至上海市更多学校和社区、家庭,已成为实验东校学子心中最近距离的公益榜样力量。可以说,实验东校的家校合作,走出了一条新鲜的、带有个体活性和创新色彩的共育模式。

实验东校在2011年成为上海市首批"新优质学校",2014年建校十周年的时候,其"家校合作"教育影响力已在市区两级主管部门及兄弟学校中广为传诵。2024年,实验东校即将迎来建校二十周年庆,希望在家校合育道路上,实验东校能够继续响应国家对基础教育的高标准和严要求,完成自我优化、提升自我站位,为满足高水平、高质量的教育发展,提高浦东新区教育均衡化建设、助力浦东新区成为教育大区、教育强区,持续贡献一份力量。

徐　红

序二　家校合育　共筑辉煌

时光荏苒，自 2004 年建校以来，实验东校已经历了 18 年的时光，对于一所年轻的学校来说，这是飞速跨越的 18 年。在社区、学校和家长的共同努力下，实验东校已经成为一所拥有较高社会知名度和社区满意度的家门口好学校，并在 2011 年被评为上海市首批“新优质学校”，它的成功经验之一便是推进了家校合育的系统机制，并使其在实践中渐趋成熟。

2004 年，我受实验学校委派，到浦东碧云创办实验东校。在上海市实验学校的推动与带动下，东校集合众智积极开启了现代学校制度的建设。在最初学校“顶层设计”方案中，植入了上海市实验学校先进的办学和管理理念，又因身处国际社区，学校的办学定位确定为：办一所令社区满意、学生喜欢的现代学校。所谓现代学校，不仅仅是指设施的现代和设备的先进，而是学校整体办学洋溢现代的气息。我们觉得一所具有现代气息的学校应该具有民主、开放、和谐、人本、创新的文化氛围，在其中生活、成长的师生有活力、有幸福感。为此，我校提出“为每一个孩子的幸福童年和美好未来服务”的办学理念。为落实这一理念，学校确定了“构建和谐教育生态，实施优质教育服务”的思想。

构建和谐教育生态，是由教师、学校环境、家长、社区共同组成的和谐教育生态场，涉及师生、家校、校社、人境关系，达成教育的“开放、共生、进取与可持续发展”，为培养全面发展、个性突出、人格健全的学生提供可能。家校合作是目前世界各国教育改革的共同趋势，地处改革开放前沿的浦东碧云社区呈现国际化的状态，家长们具有强烈的民主意识和参与意识，对学校教育的知情权、参与权、监督权、问责权等教育权利和义务都非常关注。于是在学校开办之初，我便和老师们达成了以下共识：把校门打开，把家长请来，家校合育，共促发展。学校办学第一年，就成立了家长委员会及其负责下的常设机构，此外专门设立了学校家委会办公室，接待家长来访，处理家校日常工作事宜。随后《上海市实验学校东校家长联合会章程》便应运而生，以制度的方式明确了家长享有的权利和义务。建立家校民主开放的合作协商制度后，学校的教育服务理念和家长民主参与得到长期有效的执行。最重要的是制度的规范和伴行，家长和学校拥有了平等交流的地位，进而实现真正意义上的家校“合力”办学。

18 年弹指一挥间，如今实验东校家委会在社区、学校、家长的共同建设下，已经成为一个高度自治的、能代表全校广大学生和家长的、认真行使教育民主权利的合作共商组织。实验东校通过构建民主开放的家校合育机制，充分引进家长资源开展双方共赢的家校合作，让家长以一种合理的方式参与学校教育,参与学校管理,实现学校家庭社区联动,让学校中每个孩子的发展受到更多的帮助和发展。我相信实验东校在仇虹豪校长带领下,在即将迎来的建校二十周年庆之际,在家校合作道路上,学校能够走得更高更远,家校合育,学子受益,共筑辉煌。

王玮航

目 录

前言 …………………………………………………………… 汤林春 001

序一 峥嵘岁月 你我同在 ……………………………………… 徐 红 004

序二 家校合育 共筑辉煌 ……………………………………… 王玮航 005

第一部分 理论

导论 营造开放与包容的教育生态 …………………………………… 003

上编 家校合育的理论与构成基础 …………………………………… 011

第一章 家校合育理论基础 ……………………………………… 011

第一节 教育生态理论构筑开放教育环境 ……………………… 011

第二节 亲师互动理论助推学生健康成长 ……………………… 013

第三节 积极心理理论优化家校合育思想 ……………………… 017

第二章 家校合育发展传承 ……………………………………… 020

第一节 实验东校发展缘起 ……………………………………… 020

第二节 家校合育的理念传承 …………………………………… 021

第三节 家校合育的发展进程 …………………………………… 025

第三章 家校合育制度建设 ……………………………………… 027

第一节 家校合育制度建设 ……………………………………… 027

第二节 家委会制度建设 ………………………………………… 029

第三节 社区合育制度建设 ……………………………………… 035

第四章 家校合育运行机制 ……………………………………… 037

第一节 合作的会议机制:打造合育枢纽 ……………………… 037

第二节 家校联系人机制:搭建合育桥梁 ……………………… 041

第三节 家长资源库机制:积累合育基础 ……………………… 045

第四节　家委会工作机制:共筑合育支持 …… 046

下编　家校合育的教育与实践探索 …… 050

第五章　家校合育的积极成效 …… 050

第一节　家校合育对于学生成长的积极推动作用 …… 050

第二节　家校合育对于教师发展的教育实践价值 …… 056

第三节　家校合育对于家长教育的思想理念提升 …… 057

第四节　家校合育对于社区建设的教育实践帮助 …… 060

第六章　家长观念升级拓宽家校合育开放空间 …… 064

第一节　开放教育理念为家校合育创造契机 …… 064

第二节　科学教育观念为家校合育清除障碍 …… 067

第三节　家校关系重构为家校合育提供平台 …… 068

第七章　家长榜样力量助益学生职业生涯规划 …… 071

第一节　家长分享凝聚奉献精神 …… 071

第二节　家庭劳动培养家风精神 …… 073

第三节　实践参观积淀敬业精神 …… 077

第八章　网络信息技术迸发家校合育内生潜力 …… 080

第一节　多渠道促进家校信息交流 …… 080

第二节　多角度挖掘家校合作潜力 …… 081

第三节　多频次推动家校情感联系 …… 084

第九章　家校合育成果的社会转化 …… 086

第一节　家校合育的社会评价 …… 086

第二节　教育系统的同行评价 …… 088

第三节　家校合育的成果交流 …… 089

第十章　家校合育未来发展趋势 …… 094

第一节　家校全域合作突破教育生态瓶颈 …… 094

第二节　大数据收集整合家校合育信息源 …… 096

第三节　教育评价改革描绘新时代同心圆 …… 097

第二部分　实践

依托有效问题驱动　打造学科德育课堂 …………………………………… 傅　琳 103
在一个缺乏关心的年代学会关心 ………………………………………… 傅　琳 108
立德树人背景下初中化学教学与德育融合的研究与实践 ……………… 朱程燕 111
《班主任,可以做得这么有滋味》之读后感 ……………………………… 张佳美 117
小欢喜、大兴趣 ………………………………………………………………… 张　军 120
彩虹二班的“互联网+”时代 ……………………………………………… 蒋晓莉 122
成长自我　助力孩子 ………………………………………………………… 曹晔莉 127
初中语文学科德育教学实践 ………………………………………………… 陈　豫 130
从家庭教育看学校教育 ……………………………………………………… 沈　佳 133
浅谈新课改背景下小学音乐教学实践探究 ……………………………… 王庆慧 136
对初中数学学科德育的思考 ………………………………………………… 刘珺瑶 139
基于家校合力理念下的活动共育策略研究 ……………………… 沈　佳　张　纯 142
家校合力　达成共识　促进发展 ………………………………………… 曹晔莉 149
能俗能雅,内外兼修 ………………………………………………………… 胡宜海 152
家校协同　共注源头活水 ………………………………………………… 马佳倩 157
教育德为先　家校携手帮 ………………………………………………… 吴仲琪 162
了解每个年龄段的孩子 ……………………………………………………… 侯玉杰 169
量化管理　给予重任　用心呵护 ………………………………………… 夏红霞 171
赏识班中的“最短木板”学生 ……………………………………………… 潘艳东 175
让图书馆成为学校和家庭教育的协作平台 ……………………………… 顾慧萍 177
上海石库门里弄里的红色记忆 …………………………………………… 张晓彬 181
让师生都能“增值” ………………………………………………………… 沈　佳 191
双减时代不慌张,家校合作计久长 ……………………………………… 陆美杰 195
体育,不仅仅是课内那点事儿 ……………………………………………… 朱　青 199
微光照亮前途,携手共育未来 ………………………… 陆振艳　孟　敏　张　楠 202
五育融合下的阅读初体验 …………………………………………………… 杜宛菲 210
合作促发展 …………………………………………………………………… 周茵华 213
班主任工作对改善亲子关系的实践 ……………………………………… 张丽华 215
“初中语文学科德育的教学实践研究”研究报告 ……………………… 陈　豫 218

以我浇灌　唤醒泉流 …………………………………………… 瞿明超　叶　辉 225
《游戏改变教育》读后感 ……………………………………………………… 张颖琦 230
探成长需求,助家庭发展 ……………………………………………………… 许　可 234
连接家庭教育的桥梁——文明其精神,野蛮其体魄 ………………………… 胡宜海 238
助阵花式育儿　聚力家校合作 ………………………………………………… 冯晶艳 242
《正面管教》读后感 …………………………………………………………… 刘　凤 244
打造民主、文明、凝聚力强的班集体 …………………………………………… 孙　敏 248
孩子需要尊重与理解的课堂 …………………………………………………… 曹　娟 252
家庭教育缺了父亲,怎么办? …………………………………………………… 闵峥艳 255
教海无涯乐作舟 ………………………………………………………………… 孙　敏 258
小学语文低段"偏旁归类识字"的教学方法研究 ……………………………… 周　黎 261
小学语文识字教学中汉字文化渗透的研究 …………………………………… 闵峥艳 266
主题班(队)会的组织和设计 …………………………………………………… 孙　敏 271

后记一　家校共育浅谈 ……………………………………………………… 瞿明超 276
后记二　实验东校家校合作实践中的感受 ………………………………… 米晓军 280

第一部分
理论

导论 营造开放与包容的教育生态

一、生态教育引领教育目标

现阶段，学校的管理都以“尊重、发展、完善”学生为建校指导理念，以“学生为中心”为服务宗旨，逐渐形成塑造学生全面发展的教育模式。由此，上海市实验学校东校（简称“实验东校”）设定了“三生”教育目标，其中的“生态”概念，来自自然和人文的生态概念。人的生命和生活存在于和谐的自然和人文生态中才能绽放异彩，由此，我们致力于让孩子们从小感受相应的熏陶和引导，成为一个生态人。这一理念符合教育大趋势。实验东校秉持着这一理念，试图打造成一个能够展现人文生机、回归现实生活、注重生态思想的公办学校，以“生命、生活、生态”为学校的“三生”建校教育目标，精准满足学生及家长的学习需求。

有了目标还要有实践，要达成这一实践，不仅要依靠学校的努力，靠近目标、实现目标，还要学校与家庭和社会携手，一同向培育孩子的方向努力。实验东校打开校门，拆除人们惯性思维中的家校围墙，把家长请到学校参与校务，将学校独立办学变成家长、学生、社区公众共同学习提高的开放型家校合作关系。在“家校社”三者中，“家”和“社”是围绕着“校”在转，教师和家长也是围绕着孩子在转，但这个“转”不是给孩子喂知识、喂道理，而是以言传身教来带动、影响孩子，让孩子完成从跟随到模仿再到超越的成长过程。

教师和家长在密切交流互动、沟通完善的过程中，有了更宽的眼界、更广的见识。与此同时，学校、家庭的整体幸福指数也在提升。更直接的是，在合作大格局中成长的孩子，对社会的关注、对公益的参与也有增无减。实验东校学生们自发成立的各种班级、年级小社团，一茬一茬地在发挥作用。有不少班级的孩子们在家长和教师的引导下，从小学就开始对口支援各地贫困孩子，从衣服被子的挑选、消毒、邮寄等，都由孩子们说了算，这个对口活动已经坚持了六七年。学生还回到各自的社区募集衣物和善款，扩大受助对象范围。有些孩子已经毕业离开了实验东校，仍然继续这样的善举。当他们申请海外学校的时候，一沓沓邮单，就是对公益之心最好的说明。

教育的最终目的是培养平等待人、平和待己的健康社会人。实验东校的毕业生之所以能够在进入高中阶段学习后迅速脱颖而出，变成所在高中的“形象大使”，被派到各初中学校进行招生宣传的原因就在于此。教师常说：“实验东校的学生思维活跃，思路开阔，格局大气，敢于担当，乐于奉献……”这就是因为他们在初中阶段、小学阶段就主动参与公益活动，真正地将自己融入了社会大集体、大家庭之中。这些看似远离传统课堂的实践课程，实则让学生更加熟悉社会、熟悉生活，真正地朝着全面发展迈进。

我国著名教育家李光曾发表一篇关于生态教育和教育生态学的理论文章，文章对于“生态教育”的分析鞭辟入里，揭示了教育生态中的“开放、共生、进取”以及教育生态所要达到的“可持续发展”的目标。

他认为，无论是在什么时期，教育需要依照其基本发展规律和担当的使命发展，即：适应并促进学生的全面发展，适应并促进社会的全面进步。所以，“适应”并能够“促进”学生和社会的全面发展是教育应该坚持的基本发展规律，也是教育应该担当的使命。按照马克思主义关于人的全面发展的理论，个人的发展与社会的发展是对立统一的，二者不可割裂。因此，当前学校的教育面临新的时代使命，就是要在教育内容中融入生态文明的相关内容，以培养能够适应时代需要和生态文明建设需要的人才。

学校的教育既要注重对学生当下的培养，也要针对社会未来发展作出教育调整。学校教育要从不同的维度“科学认变”，面对现实形势也要“主动求变”。学校一方面要开展分层次、持续性的教育，另一方面要探索构建学校自身的教育生态环境。当前在学校教育中，两个方面都面临不同程度的理论和实践的探索，比如“可持续发展”（ESD）所打造的“绿色教育”行动，中国教育学会、一些地方生态教育研究所都在进行“教育生态”的课题研究和学区教学试点等。但是，学校教育中将二者融合，进行跨界实践研究或者理论研究的相对较少，深究其原因，主要还是当前学者对于教育问题和社会现象的研究相对独立所致。

这就需要学校在开展教育时，要坚持以学生为本的教育思想，将与可持续发展相关的知识、思想以及实践活动纳入学校具体的教学、管理中，培养和促进满足社会生态文明建设所需要的接班人。同时，教育管理者也需要将生态文明思想与学校的具体课程、管理等融合，建立学校新的教育生态环境。这既是当前和今后社会对学校教育改革的需求，也是满足学生全面发展的必然一环。

学校在对学生进行教育的过程中，开设全面可持续发展的教育内容，也可以叫作进行“生态教育”，所谓的“全面”主要表现在两个方面：首先是对于可持续发展相关内容和专题理解的全面和深刻的维度；其次是可持续发展相关内容不仅要体现在学生的课程内容中，还要融入学校各个学科教育中。现阶段，可持续发展主要体现在四个方面，即经济、环境、社会和文化的可持续发展。当然，理解可持续发展不能孤立地看其某个方面的发展，更不能认为可持续发展是一种能够持续带来经济效益的模式，而是要将经济、环境、社会和文化都能协调统一的发展，是以人为本的发展。由此，我们联系到学校教育时，就要将学校可持续教育内容与现实的经济、环境、社会和文化的可持续发展融合起来。

从现实层面探讨“生态”的内涵，这一词汇最初是在生物学中阐释对于生态系统和生物种类的认识。通常情况下，地球上生物的种类越丰富，生物的生态系统会相对稳定，也可以称之为“生态良好”。但是，生物种类多，不是单纯地强调数量多，而是生物与生物之间的选择性较多（生物学所解释的就是食物链能够形成完整的链条），而且每个生物种群之间是一种互为需要和合作共生的关系，不是过度地强调“优胜劣汰”的关系。

在“工业文明”时代，强调的是追求工业产品的“多”与“快”，强调的是产品生产的标准化和竞争关系，而在“生态文明”的视角下，强调的是平等关系和生物多样性。由此，在生态文明的教育思想指导下，更多地会注重学生发展的多样性。

生态文明的教育思想在学校具体的教育实践中，表现为对学生成长方式多样性的教育，强调师生教育与被教育的平等与交流，更加表现为以学生为本的教育价值，同时也为促进人与自然的和谐共生奠定坚实基础。具体在学校生态教育维度，一方面表现为学校与学校之间要存在多样性和平等竞争，保持学校个体的办学特色与创新教育理念。当前，许多学校出现“千校一面”的同质化现象，以及顶着“特色学校”的桂冠却出现与社会教育相脱离的现象等，这些都是因为缺乏生态教育思想的重要表现；另一方面，表现在学校内部的教育生态。例如学校课程设置的生态体系、教学方式的生态建构、管理与评价的生态系统搭建等，以及在整个学校教学管理之间的良性生态关系。现阶段，各个地区的学校设置“三级课程”（选修与必修课程、实践活动课程、学科教学课程）内容就是要保证学校教育的多样性，但是，在具体实践过程中，学校课程与课程之间的协调和衔接一直是未解决的重要问题。学校教育与课程之间的生态性联系是学校教育生态的核心，学校管理中的生态性主要体现在师生的自我管理、家庭和社会参与的管理以及学校行政教育管理的紧密协调，学校评价生态性的构建，包括学校师生自我评价、家长社会参与的第三方评价、学生上级管理单位的评价等立体式的多维评价结构。在以上学校的“管、办、评”层面是对于学校生态系统而言，其重点是创建联系的生态系统，而不是强调各自为战的分裂状态。只有这样才能不断创造学校内在良性的生态教学环境，有利于培养具有鲜明个性、平等互助、主动创新发展的学生。

二、家校合育构建教育模式

在“合作”“开放”为准则的教育观念下，“家校合育”就成为一种契合教育生态构建、亟待实践规范的教育模式。

教育学领域的著名学者洪明教授阐释了“家校合育”的理念规范。他指出：学校与家庭是承担学生教育的两个重要主体，是能够影响学生未来发展的两个教育系统。家庭是孩子成长的“最初学校”，学校可以说是孩子实现教育持续发展的承接方。注重家庭和学校教育力量的合力，是学校教育现代化发展的重要一环。

当前，家庭和学校合作育人制度已经成为素质教育的重要环节。自 1978 年改革开放以来，党和国家高度重视家庭教育和学校教育所形成的教育合力，并注重将教育理念融入整个学生的素质教育体系之中。1999 年，党和国家针对素质教育改革，颁布的《关于深化教育改革全面推进素质教育的决定》中指出：“实施素质教育应当贯穿于幼儿教育、中小学教育、职业教育等各级各类教育，应当贯穿于学校、家庭、社会教育等各方面。”其教育实质是，素质教育不仅要成为学校教育的重要指导思想，还要成为家庭教育的重要思想内核。该文件中还指出“在素质教育中，要全面推进学校、家庭和社会相互配合，共同努力创造素质教育的新局面。”在《中华人民共和国教育法》中指出“学校的教师可以针对性地为学生父母提供教育指导。”《中华人民共和国义务教育法》中对于家校协同育人从道德教育层面提出新的规定，“学校教育中要把德育放在学生教育的首位，逐渐形成以学校、家庭、社会协同配合的德育体系，培育学生形成良好思想和行为习惯。”《中华人民共和国未成年人保护法》明确规定，未成年人的父母或其他监护人应当学习和积累家庭教育知识，正确履行监护未成年人的责任，抚育未成年人健康成长。同时，国家机关、相关社会团体也应当为未成年人的父母或其监护人提供教育指导。2010 年，在《国家中长期教育改革和发展规划纲要(2010—2020 年)》中也指出，要建立家长委员会的制度，完善家庭教育制度建设。2019 年，《关于深化教育教学改革全面提高义务教育质量的意见》中指出，要加快和健全教育领域的法律法规建设，充分发挥学校教育的作用，加强学校和家庭密切联系。

从教育合力的角度来说，家校协同育人就是学校对家庭教育起到指导作用，家庭教育配合学校教育内容。虽然在家校协同育人的过程中，涉及的部门和单位组织较多，但是主要教育力量还是家长学校和家长委员会。

家长学校指的是为开展家长教育和家庭教育提供重要指导和服务的育人形式。1998 年颁布的《全国家长学校工作指导意见(试行)》是家校协同育人制度化建设的开端；2004 年颁布的《关于全国家长学校工作的指导意见》中对于家长学校的建设内容做了进一步的丰富和完善；2011 年修订颁发的《关于进一步加强家长学校的指导意见》中，对于家长学校的主要工作内容做了更进一步补充和修订，具体分为以下几个方面：宣讲国家教育相关政策和法律法规，开展亲子教育实践活动，对家长教育提供具体的指导和帮助，维系家校育人的桥梁，构建全方位多角度的育人网格。同时，该文件也要求各个地区要规范化做好家长学校，要做到办校有“挂牌”，有具体的师资，有固定的教学场所，有具体的教学活动等。

家长委员会是现代学校教育发展的重要建设内容之一，其建设和发展在具体实践中不断丰富和完善。1988 年，在《中学德育大纲》中首次指出建立家长委员会。2003 年，《教育部关于加强依法治校工作的若干意见》中明确指出，学校在涉及学生具体权益的重要决策内容时，要充分听取家长委员会的建议。2010 年，《国家中长期教育改革和发展规划纲要(2010—2020 年)》中指出，建立家长委员会是建设现代化学校的重要内容。2012 年，《教育部关于建立中小学幼儿园家长委员会的指导意见》中指出，家长委员会制度是学校建设依法办学、民主监督、社会参与的现代化制度体系建设的内容之一。家长委员会工作内容主要是在学校管理、参与学校工作、沟通学校与家庭等方面，此外也要面向学校和家庭教育内容中出现的问题，重点做好学生德育工作，保障学生健康成长，持续为减轻学生课业负担化解家校矛盾。该文件也是我国教育历史上第一部针对家校协同制度化建设的文件，具体阐明了家长委员会建立的作用、方法、具体职责和重点工作内容等。

为了充实家校协同育人实践，学校和相关部门探索了许多实践活动，不仅有家访活动、家长座谈会等传统的教学方式，还有家长参观日、家长委员会、家长报刊等相对现代的方式。

在传统家校教育实践中，更加强调家长教育和家长辅助学校教育；在现代家校教育中，强调更多的是家长的自主性，注重家庭和校园之间的协同育人，改进学校的教育环境的意味更加浓厚。

通过多部门单位的共同努力，家校协同育人模式取得了可喜的成绩，家长的整体素质得到极大提高，家庭和学校的关系得到一定缓和，现代学校的制度建设也取得新的进展。

第一，家长学校与家长委员会的建设取得一定发展。近些年，家校协同育人的探索取得重要进展，尤其是在家长学校和家长委员会方面的工作。根据全国妇联及教育部门在2016年的数据显示，据不完全统计，目前全国依托幼儿园、中小学和职业院校的家长学校为338240所，占比为76%。此外，全国建设城乡社区的家长学校和家庭教育指导服务点为359656个，占比为59.7%。在全国经济发展相对较强的地区，这个占比还会更高。

第二，制度化的探索实现新的突破。全国各地许多地区在家校合作的实践探索中涌现出许多创新路径，例如山东、江西、北京等地区。早在2009年，山东省教育部门就出台文件《山东省普通中小学家长委员会设置与管理办法（试行）》指出家长委员会的性质、职责等具体的工作内容；2011年，山东省又颁布《关于进一步加强中小学家长委员会工作的意见》，在该文件中对家长委员会的内涵作出新的理解和规定，并进一步完善了家长委员会工作的内容。在江西省，对于家长委员会工作的创新路径主要体现在其设置的“专业工作组”。北京市在2013年出台《关于进一步建好家长教师协会的意见》，在该意见中，家长教师协会实质上是对家长委员会的进一步发展，从而达到区别现有的家长委员会与家长学校等家校协同育人的教育模式。

第三，家庭和学校的关系更加趋于平等民主。2015年中国青少年研究中心发布的调查数据，首先，大约有99.7%的教师和83.3%的家长认为加强学校和家庭的协同教育模式“非常重要”和“比较重要”，将近88.8%的家长表示自己在遇到子女教育问题时会寻求学校教师的帮助。其次，学生家长主人翁思想和民主诉求不断增加，学校与家庭在教育之中的关系更加平等和民主。大约有84.6%的学生家长认为学校的教育要听取家长的建议，62.9%的家长在遇到家校教育冲突时会与老师协商解决二者之间的问题，87.1%的教师在遇到学生教育问题时会通过与家长共同探讨的方式解决问题。

但是，家校协同育人在制度层面的建设还有很多提升余地。

首先，需要进一步加强家校协同育人的组织构建。一是一些学校还没开展相关实践活动。根据调查数据显示，大约有24%的学校还未设立家长委员会组织，57.3%的家长没有参加过相关教育培训课程，10.2%的学校还没有开设学校家长开放活动日，22.4%的学校没有举办过相关家长志愿服务活动。二是已开设的部分活动的实效性较低。对于常规性、简易的家校协作活动满意度较高，而对于需要花费时间、精力的家校活动满意度较低。同时，教师和家长单独面对面沟通、家长会、家访等传统活动的满意程度较高，对于家长论坛、家长志愿服务、家长培训等现代沟通协作方式不大满意。三是家校协同合作的权责还不够清晰。

例如,40.2%的家长认为,有部分教师在学校教育过程中,让家长承担了许多本不是家长应该做的教育任务,15.6%的教师认为,一些家长委员会的权力过度干涉学校教师的正常教学计划和内容。四是部分家长参与积极性不高。学生家长的受教育程度、经济收入状况以及政治素养的差异性,制约着他们对于家校合作育人的参与程度,家长之中出现“边缘线参与”“沉默参与”等现象较为常见,家长在家校协作育人活动中思想、行为都脱节的现象较为广泛。

其次,实践中的局限发展。现阶段,家校协同育人的实践活动来源于家长学校和家长委员会的相关政策支持,但是如果二者在实际运行中没有明确权责,在使用中则会出现二者与下位概念混淆的情况,二者可能在实际活动中出现权责交叉的现象。例如,在教育部颁发的《关于加强家庭教育工作的指导意见》中指出“中小学幼儿园要建立健全家庭教育工作机制,统筹家长委员会、家长学校、家长会、家访、家长开放日、家长接待日等各种家校沟通渠道。”很明显,这份文件中将几个不同概念和名词并列使用,是其概念界定的不严谨之处。因为家长委员会、家长学校的模式下有不同的工作方式,家长会、家访等都是它们的下位概念,或是在它们的框架下的具体工作方式而已。

最后,家长学校与家长委员会在具体政策实践中,存在权责交叉和重复现象。家长学校是在妇联系统的牵头下,学校与相关部门共同参与制订的,家长委员会是在教育相关部门的指导下制订。前者主要是以家长的教育为重点,工作内容是为家庭教育提供指导与服务、家庭和学校的沟通纽带、协调相关人力资源等方面;后者主要是强调家长的参与,主要在于家长参与学校的育人、教学管理的实践探索、整合教学资源等方面。所以,二者在工作的内容和职责中都有各自的重点,并推进家庭和学校协同育人。这种在制度和理论上没有界定清晰的概念,会对学校的具体操作带来不同的麻烦和问题。此外,家校协同育人的具体实践还有很多未被解决的问题,例如家长委员会的属性、教师的个人能力提升、家校职责的界定等诸多亟须完善的问题。

三、家校合育促成教育生态

著名的生态心理学家布朗芬布伦纳,将人的发展历程看作是与生态体系相互作用的产物。他强调人的发展是个体与生态系统发生直接或者是间接的关系,这种关系是在生态环境中发生的渐进或者双向能动的关系,是受到个体生存环境和所处的文化环境因素制约和影响的。

按照布朗芬布伦纳的观点,与人的活动直接发生关系的微观环境是相互联系的,这些具体的微观环境相互联系和发生作用才能构成大生态系统的中系统。在此,教师与家长(亲师)的相互联系就构成了客观上的中系统,它是儿童发展环境中最重要的环境因素之一。当发展着的个体进入一个新的环境中时,中系统就形成或得到扩展。当学生进入学校的同时,他的生活环境中就会形成新的关系,即学校与家庭之间的协同育人关系。在这份关系中,父母和学校的教师之间也会搭建一个新的中系统,在这份系统中可能会有多种存在形式,比如:正式或非正式、积极或消极等不同性质的关系,此外,也有可能因为学生家长与教师之间的文化水平、年龄、价值观等不同,在家长和教师之间的中系统关系上抹上浓厚的“色彩”,这种“色彩”有可能反作用于系统中的重要环节——学生。

深入认识亲师互动对青少年发展的影响,必须将亲师关系置于青少年发展的背景因素和复杂系统中。依据人的全面发展理论和教育生态学的观点,青少年的成长是在多层次、多成分的系统环境中实现,由此,他们的发展会受到不同系统的影响,并在与之相互作用中实现全面发展。在影响青少年发展的不同生态系统中,既有直接作用于青少年本身的家庭、学校、同伴等系统,也有间接影响青少年发展的社区、地理区域等系统,以及文化传统、现实政策等系统。针对青少年发展及其影响系统的复杂性,布朗芬布伦纳提出了著名的“生态系统观”,他强调个体的生存和发展是与不同类型和层次的系统有着重要关系,想要精准认识个人的成长情况,就要从个人与其生存的系统环境中去认识,强调不同系统之间存在着内在的联系,强调整个系统与青少年发展是一种层级性关系。不仅如此,同一层次中的不同亚系统之间也发生着相互影响,并进一步改变着青少年发展系统的性质,最终影响青少年的发展。也就是说,任何某一系统的偏向,无论是内环境、外环境还是大中小环境等,都会导致系统不和谐现象的产生。如果我们没有把对其他生态环境的协调作为协同关注的目标内容,就会使青少年成长的“外部性问题”的协调与关注同样无效。

只有在考虑来自多方面的影响因素之间的相互关系的情况下,青少年的社会性发展才可以得到最好的理解。因此,从这种意义上说,在行为主体关注青少年发展的小环境过程中,可协同关注包括其他环境问题在内的各种问题行为。青少年在这个充满动态性与复杂性的发展影响系统中,教师和家长是影响其发展的重要他人,会直接影响和作用于青少年的发展进程,而教师和家长关系存在的性质决定着学生发展的方向与特征。也就是说,小环境和中环境可以相互强化,或者发挥相反的影响。如果中环境与小环境的基本价值观及其他观念有分歧,就会带来一系列麻烦。青少年在不同的价值观体系上做选择,可能会感到很有压力或困惑,同时也会影响到父母与孩子之间、师生之间、同辈群体之间的关系。本研究正是基于这一理论背景,对青少年心理健康和学习品质发展产生的综合效应进行研究。

在此基础上,实验东校构建和谐教育生态,由教师、学校环境、家长、社区共同组成一个和谐的教育生态场,其中涉及教师和学生、学生和学生、家长和孩子、教师和家长、学校和社区等不同种类的人与环境的关系,才能实现“开放、共生、积极可持续”的教育目标,为党和国家培养个性鲜明、健全人格、全面发展的学生提供可能。

学校统筹规划,有组织地将家校合作写入发展规划之中,设计出较为完备的家长委员会章程,明确规定具体的选举产生的办法、权利与义务等内容,规定家长委员会在学校和家庭之间起到重要协调和支持的功能;设立家校联系人专岗,给予家长对学校育人的知情、参与、监督、问责等职权;开设家长学校,有课程、有管理、有考核、有反馈,确保实验东校家长整体家庭教育素养提升，为孩子优化成长环境；每学期进行家长满意度问卷调查。学校以制度化的行政沟通会议为抓手，做到期初有计划、期末有总结；校内展开多层次多渠道的讲座培训、实践活动、问卷反馈，保障教育理念的实施，校外积极联络、沟通、协同合作，保证和谐教育生态的构建。

除此以外，学校还建设全覆盖、全方位、全规划、全满足、全个性的家长学校。在家长学校中，“家长慕课”在线上为各年级家长提供共性的家庭教育问题解答和方法指导。此外，全方位的必修课面向全体家长，每学期一次，九个年级的必修线下课程主题有所不同。同时，每学期分学部举办一次家长讲座。结合家长会，面向全体家长举办家庭教育全规划的讲座，内容涵盖学校办学理念介绍、学校特色家校合作工作开展、家委会介绍、家庭教育方法指导等方针规划。学校满足家长的普遍需求，开展家长沙龙主题活动以及一对一家庭教育指导满足特性需求。学校请来家庭教育指导师进校园，解决家长家庭教育特性问题。疫情防控期间，学校将舞台上的心理剧变为线上心理剧，让参演、讨论、思考、反馈全部在线上实施，确保新形势下的家庭教育能够针对突出矛盾进行理性思考，提出实施方法，确保家庭教育与学校教育不脱节。

如今家校之间的交流，早已不是单一渠道的传递，通过网络信息，实现自由充分的沟通模式。学校实行班主任定期家访、家长开放活动日、家长联席会、校长接待日等实践活动，还设置了“校长信箱”“校园家校直通网络车”“家长沟通微信群”等现代联络沟通渠道。除此以外，家长社团、家长课堂，给予了家长之间互相沟通和联系的机会。学校和家委会共同创建飞羽球社、足球协会、合唱团、摄影俱乐部、故事妈妈社、舞蹈社等九大社团组织，为家长的兴趣发展提供平台。实验东校的家长合唱团荣获上海市金奖。学校开设中学家长大讲堂、小学家长微课，是对学校教育的有力补充，是学生认知多元社会职业的有效拓展。学校依托家长和社会资源，整合多方力量，创设“家长教育数据库”，为学生提供成长规划，实践活动场所等。同时积极鼓励家长在工作休息之余成为一名光荣的校园义工，在社会活动实践中作为孩子的榜样，来监督学校餐饮安全、图书室建设、心理活动教室等，甚至可以查看学校教学课堂的运行，从而更好地维护校园安全、交通秩序。

家庭和学校是学生最主要的两个生活世界，家校合育是家长和教师互相配合实现立德树人根本目标的重要手段。家校合育是学校和家长双方共同的认知，学生的社会价值培育需要家庭与学校的共同努力。实验东校将会在这样的理念指导下积极办学，促进家校合育的健康发展。

上编　家校合育的理论与构成基础

第一章　家校合育理论基础

第一节　教育生态理论构筑开放教育环境

“以学生为中心”不仅是现代学校制度的建设根本，也是实现学生自由全面发展的基本保障。为此，实验东校设定了“三生”教育目标。建校之初，时任校长王玮航就提出了“生命、生活、生态”的“三生”办学主题词，即尊重生命、学会生活、构建生态。生态概念的导入，是面对21世纪全球人口激增、环境承压等情况所提出的。人的生命和生活存在于和谐的自然和人文生态中才能绽放异彩，实验东校将自然和人文生态概念导入办学理念中，让孩子们从小感受相应的熏陶和引导，成为一个生态人。

传统的学校管理制度建设通常缺乏家长的有效参与，家校合作的深度与层次都有待加强。在学校教师从事教学活动或实施管理的过程中，学校通常以单向的宣传与通知来传递日常的教学信息与学生的在校情况，学校对于家长直接参与学校的教学教育管理基本持否定态度。家长在参与学校事务方面的主观能动性不能完全发挥，部分家长甚至不愿意参与学校教育教学管理的讨论与监督，只从学生的学业成绩层面做出有限的关注。

生态校园的家校合作是“分工合作”的关系，是双方的“共同责任”。它强调家庭和学校的共同经验、沟通、合作和互相影响，家庭和学校由传统的指导和被指导的主从关系转变为协商、合作、共赢的伙伴关系。因此，构建和谐教育生态，是指由教师、学校环境、家长、社区共同组成一个和谐的教育生态场，涉及师生、家校、校社、人境关系，达成教育的“开放、共生、进取与可持续发展”，为培养全面发展、个性突出、人格健全的学生提供可能。实验东校以此为理念基础，推动和谐教育生态与优质教育服务背景下的家校合作。

实验东校所处的碧云社区呈国际化和价值取向多元化状态，家长非常关注对学校教育的知情权、参与权、监督权、问责权等。充分发挥家长委员会在家校合作中的凝聚作用，协调多方力量，构建和谐校园生态，实施优质教育服务，提高办学内涵品质，为学生的未来成长添砖加瓦，努力挖掘学生的内在潜质与学习动力。

首先，学校将理念落实到实践，家校合作写入学校章程和发展规划。实验东校章程规定：学校负责组织协调与政府、社区、家庭等方面的关系，创造良好的育人环境。学校借鉴世界发达国家和地区的经验，成立了实验东校的家长委员会，拥有完善的家长委员会章程，规定了权利、义务、选举办法,每年都通过民主程序规范操作,班、年级、校三级家长委员会在学校工作中,通过权力委托使家委会在学校工作中起到重要协调、支持作用。学校在"为每一个孩子的幸福童年和美好未来服务"办学理念指导下,提供优质的教育服务,构建以学生为中心的和谐教育生态,创设使学生主动发展的教育环境,包括家庭教育环境。

其次,建设家长学校,为家长教育孩子的实际需要提供必需的帮助。实施优质教育服务,即以学生为圆心的同心圆式的服务结构。从服务导向上,教师一方面以学生的实际发展需要为中心,另一方面,学生也不再是教师的唯一服务对象。通过教师的经验传授与理论讲述,培养家长的教育意识、提升教育理念同样重要。教师不仅要为家长提供及时的教育信息,更要主动了解家长的心理需要,实现充分的家校沟通。以学校、家委会作为工作的主要抓手,协同社区力量共同参与对学生的教育工作。学校、家委会要及时为家长提供家庭教育服务。不同的家庭在同一年龄层次孩子的成长过程中遇到的教育问题不同,同样的家庭在孩子不同年龄阶段遇到的教育问题不同,同样的家庭不同的家庭成员遇到的孩子的教育问题也不相同。面向不同层次的家庭教育问题,学校以课题研究的形式,完善家长学校的建设,明确学校与家庭、社会的关系。

开放式教育的关键在于以学生为中心的学习模式,提倡学习资源的开放、共享,学生不仅是学习者,而且是知识的传播者、创造者。学生将在教师的引导下,在融洽的师生关系与同学关系中,充分发挥自身的主观能动性与学习兴趣,不断找到促进知识的自主建构与意义的内在联结。

开放教育理念的主要特征包含以下四部分:首先是以学生为中心,强调学生在学习中的主导地位,让学生做学习的主人是构建开放教育环境的首要任务。在教学目标的框架下,允许学生自主选择学校顺序,自主挑选练习模式与实践方式,让学生尽可能地体会到学习中的掌控感与自主权。其次是鼓励学生主动学习。教师的重点任务不再是传授知识本身,而是注重学生学习兴趣的培养。只有学生自己对学习内容感兴趣,才会激发更大程度的有效学习甚至深度学习。再次是自由而又有纪律。倡导自由的学习环境并不意味着没有学习规则、缺乏基本的约束力。没有规矩不成方圆。自由探索如果不加限制就会演变为放任自流。教师的适时引导与鼓励在学生的学习成长过程中必不可少。教师根据学生的自身知识基础与学习能力,设置不同的学习任务阶梯目标,让不同学生都能拥有适合自己发展的学习内容,并不断探索知识的奥秘。最后是充分利用技术优势打造开发环境。以区块链、云计算、大数据为代表的新兴技术正不断改变着现有的教育理念与教育方式。学校应充分应用技术带来的教育红利,大胆探索翻转课堂等教育模式,打破教师教、学生学的传统教学方式,给予学生更多的学习选择权,不断感受教育生态环境下的开放学习模式。

最后,学校构建和谐教育生态,推动教育良性发展。这里的和谐教育生态是指由教师、学校环境、家长、社区共同组成一个和谐的教育生态场,涉及教师和学生、学生和学生、家长和孩子、教师和家长、学校和社区等多元人境关系,达成教育的"开放、共生、进取与可持续发展”，为学生的全面健康发展做出应有贡献。

实验东校主动与社会、家庭联系沟通，加强学校、家庭、社会密切配合的育人体系建设，形成教育合力，也促进学校创新学校、家庭、社会三位一体教育的新模式、新方法，以此推进生态校园家庭教育指导，完善家长学校建设。

第二节　亲师互动理论助推学生健康成长

一、亲师互动形成学生发展关系网

家长与教师作为学生的共同教育者，决定着学生的学习成长道路与方向。正确处理教师与家长之间的关系，以及思考教师与家长的关系是否合理时，就要看这种关系能否促进学生的发展，并且在多大程度上促进了学生的发展。

在中华优秀传统文化的灿烂历史中，亲师互动有着悠久的传承历史与亲师关系经验。面对中华民族伟大复兴的历史重任，我们必须汲取我国传统教育中的精华与优势，不断培养学生良好的学习习惯与行为规范。通过紧贴学生的生活实际，遵循现代教育的发展趋势，以亲师关系为核心，努力发挥学校与家庭的教育合力效应，为学生提供优质的学习环境与成长空间。

随着教育理念的逐步更新，学校的教育功能与职责也随之发生改变。越来越多的教师与学者意识到学校并不是个体接受教育的唯一场所，家庭、学校、社会都是影响孩子健康成长的重要组成部分。社会教育、家庭教育已成为人受教育的有机组成部分。对于孩子成长来说，保持家长与学校之间的紧密联系与日常沟通必不可少。在教育系统中，家庭、学校与社会之间的彼此关系相互作用、相互影响，共同决定着教育系统的功能和发挥。学生在学校的表现实际上是学生原生家庭关系的客观反映，学校的教育与影响又反过来持续改变着学生在家庭生活中的行为与表现。

将学校视为生产人才的工厂车间并不能诠释教育的真正内涵，学校仅凭借自身的能力与资源无法独立完成学生教育的全部目标，在学生的成长道路上，需要更多源自家庭与社会的共同力量。片面追求升学率、学生“高分低能”现象严重，缺乏适应生活的能力、教师队伍不稳定、经费紧缺、教育质量下降、青少年学生违法犯罪现象严重等问题的妥善解决需要多方面的共同努力。家庭作为青少年教育过程中的特殊力量，与学校合作更是受到广泛的重视。可以说，家校合作是当今学校教育改革的一个世界性趋势。正如苏霍姆林斯基所说，“生活向学校提出的任务变得如此复杂，以致如果没有整个社会尤其是家庭的高度的教育素养,那么不管教育付出多大的努力,都收不到完满的效果。”①可见家庭的参与对于中小学生具有极大的影响。家长是否与学校形成合作伙伴、一致的信念、同样的要求,会对学生的未来发展起到至关重要的决定作用。这是当今乃至未来教育所应重视和关注的。

二、多维互动促进学生身心发展

亲师互动是教育学、心理学、社会学、德育教育等多个学科的共同研究领域。近年来,这些学科对于教师、家长、同伴与学生之间的研究较多,而对教师与家长之关系(亲师关系)及其对学生影响的研究甚少。亲师关系作为青少年儿童发展的重要变量,正不断影响着学生的学习生活与成长环境。亲师互动的发展不仅对青少年儿童树立正确、积极的世界观、人生观、价值观有着重要意义,而且有助于健康人格与自我认知能力的构建。而不良的亲师互动关系有可能导致青少年儿童社会化活动过程受阻,乃至波及成人后的发展。因此,进一步充分认识亲师互动研究的重要性和迫切性,加强对亲师互动的探索与研究,不仅是家校共育领域的重要实践任务,也是研究者的长期命题。

一是亲师互动属于家长与教师之间的人际关系,主要由一名教师与多名家长组成的一对多关系。亲师互动的主体包含了家长与教师,而且家长与教师的作用与地位同等重要。二是亲师互动重在双向沟通。亲师互动摆脱了传统家校沟通中,教师对于家校合作的主导地位,更加强调教师与家长的同步协作与有效沟通。这种交互作用与影响也不再是间断的、一次性的,而是长期的系统关系,是一个链状、循环式的连续反馈过程。家长和教师正是在这样一个连续动态的过程中不断交互作用和相互影响。三是亲师互动发生在多情境、多形式、多内容的互动联系中。从情境的角度看,它是千变万化的,既可能发生在有组织的活动中,也可能发生在非正式的生活和交往活动中。从形式的角度来讲,它是多种多样的。有小组或全体家长、教师的交往活动;有讲座、团体辅导及个体辅导方式;有讨论、案例及实际训练途径的;也有通过书信或电话及网络等进行交流的。从内容的角度来讲,它是丰富多彩的。既有理念、观点的互动,又有认知感悟的激发、情感的交融、行为的指导和沟通能力的培养,等等。因此,亲师互动从本质上讲,是一个发生在多情境中的、具有多种形式、多种内容的互动关系。

第一,亲师互动是以学生的健康发展主题而展开。亲师互动的重要目标指向了学生教育,相比其他人际关系有着更为明显的教育属性。家长与教师的言谈举止会对学生产生至关重要的潜移默化的影响,优秀的表现会对学生起到示范与榜样作用。家长与教师对学生的态度与评价也会对学生的成长产生影响,会影响学生的自我认知与自我评价。

第二,亲师互动是交互的。教师看待家长的态度与立场也会影响家长给予教师的反馈与态度。在亲师互动中,一方面,教师的行为对家长有很大的影响,另一方面,家长的态度同

---

① [苏联]苏霍姆林斯基.给教师的一百条建议[M].杜殿坤,译.北京:教育科学出版社,1984.

样也会对教师产生很大的影响。教师、家长的行为又会直接或间接地影响学生，构成亲师影响的双向交互性和多向辐射性。同时，亲师间这种双向、交互、多向影响不是一时性的、间断的，而是连续的、循环性的。这种关系不但在互动当时发挥作用，还会对其将来的互动产生影响，从而表现为一个具有共时效应的链状的循环过程关系。亲师互动正是在教师和家长之间不断的相互影响和循环往复的链状互动过程中发展的。

第三，亲师互动是组织化与非组织化相结合的。在亲师互动中会表现出明显的组织化特征。在班主任教师组织的家长会中，教师向家长传递的信息一般具有一定的沟通与汇报流程。组织化的亲师互动也存在缺点，因缺乏足够的灵活性，会导致家长对于学生教养和人格品质等培养的需要难以满足。因此，亲师间还存在着大量非正式化的互动，如亲师日常生活中的个别接触、对话交流等。这些非正式的亲师互动，为实现亲师间更充分和更有效的相互影响，特别是为家长的情感体验、人格塑造和观念修正等，提供了宝贵的时机和空间。

第四，亲师互动是灵活的，是一对多的关系。当同一位教师与多位家长进行沟通时，难免会难以顾及每一位家长的个性化需求。因此，在某种程度上，教师需要更加细微的观察能力与应对能力，在面对多位家长的沟通工作时，防止因个别家长的不满导致班级家校合育工作的延误与推迟。

第五，亲师互动是系统性、综合性的。在亲师互动系统中，系统功能的实现是亲师互动系统存在的基本维系。亲师双方的知识文化背景、价值立场、兴趣爱好、教育理念、熟悉程度都会影响最终的沟通与互动效果，并最终影响学生的教育效果。

策略互动、认知互动以及情感互动是亲师互动的三个维度。教师与家长作为互动的主体，对于这三个维度有着不同的感知。郝翌钧、郝若平在《亲师互动现状调查分析》中指出，在家长和教师亲师互动的整体水平研究中，就家长而言，家长亲师互动中最好的是策略互动，其次是认知互动，最后是情感互动。就教师而言，亲师互动中最好的是情感互动，其次是认知互动，最后是策略互动。这说明在亲师互动中，家长能够在互动中根据不断变化的情境、内容和形式进行相应的调整，也反映了家长自我控制与调节的水平较高。这可能与孩子读小学到中学期间不断地与各种类型的教师沟通有关，也反映了家长很重视策略互动的作用或影响。之所以对教师来说，亲师互动的情感因素较好，一是由于多年来的教师职业素养训练，二是由于情感是连接人与人的纽带，注入了情感就等于成功了一半。另外，家长和教师在亲师认知互动方面的水平普遍都低，说明家长与教师还没有真正认识到亲师互动的合力作用和重要性，缺乏对学生的成长环境对于学生个人成长巨大促进作用的科学认识，个体与教育环境的相互作用在一定情形下可能会比学习知识本身更具有教育意义。

根据研究表明，家长的性别对于亲师互动的效果具有显著差异，且女性更好，但是在情感维度和策略维度上性别差异不显著。这一结果首先反映出中国传统文化对家庭教育的影响，很多男性家长在子女教育上处于完全放手状态。其次反映了男女沟通的目的不同：男性家长往往通过沟通强调自己的地位、能力，他们认为与教师沟通会没有地位，所以男性家长不愿与教师沟通;女性家长通常期望自身在与教师沟通的过程中更加配合与主动。最后是价值观念的差异性。父亲更加注重自身的事业与工作成就,希望从自身的事业角度获得成就感,母亲的成就感则更为多元化,在家庭中,在子女教育中体现自身价值同样能够有获得感与成就感。在与教师的沟通中,能够充分发挥母亲擅长情感交流的沟通优势。

最后是家长亲师互动的文化程度分析。家长亲师互动在文化程度方面除策略维度没有差异外,认知维度和情感维度均存在显著差异。显然,家长的文化程度会对亲师互动的认知和情感因素产生影响。这说明文化程度会影响对自己和他人的言行进行分析、理解、判断和选择的过程。也就是说,家长在亲师互动中需要向教师传递自身关于子女教育的想法与态度,也需要及时理解教师的反馈信息并作出回应,家长通过良好地注入情感,与教师发展和谐的关系。

三、亲师榜样构筑孩子成才道路

人的全面发展不仅取决于自身的努力程度与个人潜力,也取决于家长对学生的看法以及对学生个人成长的期待。孩子的问题根植于家庭,显现于学校,也会危及于社会。可见,家长的教育如同根的教育。虽然家长们也逐步意识到和谐互动的亲师关系是促进青少年儿童全面健康发展的有效机制,是教育理应关注的必然和重要课题,然而现实情况并不完全按照理想预期而发展。虽然家长与教师都希望学生能够健康茁壮成长,但教师与家长文化背景与教育思想观念的差异导致了他们对于学生的期待并不完全一致,并因此可能会产生分歧与误解。比如,面对相同的学习困难,教师可能更倾向于让学生独立解决问题,培养独立思考能力。家长有可能倾向于让学生寻求教师的帮助,以防止“走弯路”。这就需要家长与教师之间具有充分的交流与信任。如果缺少相应的沟通与交流,将会直接影响教育的效果、质量和青少年儿童全面健康的发展。家长参与子女的学习,可以让子女感受到父母的关爱与重视,激励子女的学习动机;而教师也能借由家长的参与,丰富教学的内涵。除家长亲师互动策略维度对心理健康和学习品质各维度未达显著性水平外,教师亲师互动在认知、情感和策略三维结构上都与心理健康有直接关系,家长亲师互动的认知和情感维度均与心理健康有直接关系。

在学习品质中,学生的学习兴趣、学习情绪、学习外归因和内归因直接受教师亲师互动认知因素影响;学习兴趣、学习信心、学习情绪和学习外归因直接受教师亲师互动情感因素影响;学习信心、学习外归因直接受教师亲师互动策略因素影响。学生学习内归因、学习兴趣和学习外归因直接受家长亲师互动认知因素影响。学习兴趣和学习外归因直接受家长亲师互动情感因素影响。教师亲师互动认知因素通过心理健康对学习兴趣、学习情绪有间接的影响作用,亲师互动情感和策略因素通过心理健康对学习兴趣、学习情绪和学习外归因有间接的影响作用。家长亲师互动认知和情感因素通过心理健康对学生学习兴趣和学习情绪有间接的影响作用。家长参与程度对学生学业归因有显著影响,家长参与程度高的学生倾向于内部归因,参与程度低的学生倾向于外部归因。但是通过心理健康对归因的间接影响并未有过探讨。

家长和教师在认知、情感和策略方面的互动会对学生心理健康和学习品质产生直接或间接的促进或促退的作用。也就是说,家长和教师在认知、情感和策略互动方面的性质会使学生心理健康和学习品质发展方向和特点有所不同,同时也影响到亲子关系和师生关系。正如布朗芬布伦纳所言:"中环境是各种小环境的相互影响、相互作用,对儿童发展产生综合效应的渠道。"另外,笔者认为,这也与本研究对象的发展特点有一定的关系,青少年儿童无论从生理上还是精神上都发生着相比个体其他时期更为剧烈的波动与成长性。有关研究发现,性的成熟使学生加大了与成人情感的距离,积极情感表达和亲密感均有降低,而消极情感表达则有所增加。

从心理上来看,由于青少年认知的变化,他们理解自身与他人之间关系的能力迅速发生变化。正如塞尔曼对人际理解划分水平的研究发现,青少年处于一个互动的阶段,他们开始意识到与成人关系的维护依赖于双方。他们需要成人的建议和指导,反过来成人需要从他们的成长和幸福中体验到快乐。同时,青少年逐渐认为成人对某一问题的看法只是一种可能性,因而双方之间的冲突被理解为他们所持观点相互摩擦的一种自然发展趋势,而不仅仅是任何一方的错误所致。因此,这一阶段主要强调双方在感情联结方面的质量。此外,由于青少年自主性变化,个体的社会化过程意味着青少年将逐渐意识到自己将会承担更多的家庭与社会责任,未来的自己也将为社会发展做出自己的贡献。

在此过程中,情感和价值自主性的获得是最重要的,但事实上,青少年尚未完全具备情感和价值自主的能力,这就要求他们必须获得行为自主的权利。他们急于证明自己可以为成功和失败负责,而无须求助于成年人。但一些家长仍旧认为自己的孩子缺乏独立面对与处理事物的能力,仍旧希望孩子按照自己设定的路线发展。由此产生与成年人的冲突和矛盾。因此,亲师互动对青少年发展的影响是必然的,也说明了家校互动对于青少年健康成长的重要价值。

第三节 积极心理理论优化家校合育思想

学校秉承"为了每一个学生的终身发展"的核心理念,遵循教育规律,研究学生发展核心素养,构建为学生服务的全方位课程体系,培养"乐群、博雅、尚美、善思"的富有潜质的阳光少年,办"一所展现生命活力、回归生活世界、关注生态和谐的公校"。以"生命、生活、生态"浓缩的"三生"理念,完整覆盖基础教育大诉求,即学校教育向生命回归、向教育的本源回归、向生活世界回归,把办学看成一个构建教育的生态,其中包括家校关系、校社关系。

2017 年,仇虹豪校长继续带领实验东校人传承学校精神,创新建校,坚持"三生"办学主题,各美其美,美美与共。紧紧围绕“丰富教育生态内涵　提升教育服务质量”这一战略主题,坚持“快乐每一天,进步每一天,成功每一天”和“为每一个孩子的幸福童年和美好未来服务”的办学理念,促进学校各项事业的协调发展和整体优化。

德育是培养学生积极心理、塑造学生完整人格的重要内容。学校坚持德育为先,把责任教育贯穿于育人的各个环节,贯穿于学校教育、家庭教育和社会教育的各个方面,通过家校社联动合作,形成道德共同体,增强德育的针对性、实效性和吸引力、感染力,使学生能够更快地发挥自身优势,努力树立积极、健康的心理品格。

其一,学校在德育工作中实施责任教育的指导思想。首先,责任教育应该是“责任担当的教育”,即教育目的在于培养现代公民人格,以真实的长期的自愿的公益活动为主线,培养学生的社会责任感和勇于担当的社会参与性。其次,责任教育应该是“做公益的教育”,即将学生做真实和长期的公益作为目标,自觉通过家校合作共同体、班级学校组织共同体,凸显以公益为载体的生活(隐形)教育。最后,责任教育应该是“通过生活的教育”。学生通过积极参加学校组织的社会实践活动,在劳动实践中锻炼自身的各项本领,在劳动教育中收获参与感、获得感与奉献精神,提升自身的社会责任感与责任意识。

其二,学校在德育工作中实施责任教育的目标。不论是教师还是家长,更重要的是学生个体,都要对关键概念有充分的了解,以此获得一定的核心价值观与人格素质,如“关注公益”“相信人的尊严与平等”“奉献与担当”等。获得必要的技巧与能力,如“具有口头或者书面表达合理观点的能力”“合作及有成效工作的能力”等。除此以外,还要对一些实践性课题拥有足够的知识与理解,如“当下发生在地方、国家、国际的全球性事件”“公益的社会性”“责任感与使命感”等。

其三,学校要做好在德育工作中实施责任教育的主要任务。首先是完善德育内容体系。围绕以责任感教育为价值核心的生活德育教育,根据不同学生的年龄、认知与兴趣特点,因地制宜地设计适合学生发展需要的德育实践活动。在行为养成、道德培育、理想信念教育过程中,不断挖掘学生的“最近发展区”,不断培育学生的道德自觉意识。其次是拓宽德育途径,改进德育方法。强化全员育人,实施教育教学全过程育德,充分发挥课堂教学主渠道作用,完善和优化德育课程,激活学科的德育内涵,突出在社会生活场景中的实践体验,完善德育实践体系,促进校内外责任教育的有效贯通,建立健全学生参与志愿者活动和社会实践的服务、认证、激励等机制。建设德育资源公众号,拓展网络生活道德教育空间,繁荣发展校园网络德育文化,增强学生的公益心和责任心。

其四,学校全面优化育人环境。通过改善班级的学习环境,从细微做起,不断优化校园人文环境,丰富校园文化,发挥共青团、少先队等学生组织的重要作用,形成有利于学生身心发展的校园氛围。加强家庭教育指导服务,整合各类德育资源,形成道德共同体,为学生和谐发展创造良好的环境。

其五,学校加强德育工作的新突破。学校德育工作应强调人的生命价值,教育方法上重视个性的发展。首先,要注重学生的道德认知发展。培育学生的自我意识与乐于助人的合作精神,让学生懂得认识自我、接纳自我、改变自我。其次,要以真实生活整合教育。积极推动社会公益和实践活动,通过将真实生活融入学生教育活动中,教会学生从多种选择中做出决定,对自己的行为负责,并加以展能和表现,为他人奉献和服务;不断提高德育活动的精致化水平,使实施责任教育的计划、过程、评价等方面的实效性有所提升。最后,要积极推动生涯规划指导教育。学生要适应社会发展多元化所造成的价值冲突,能在课程选择性、公益活动的参与性、生活德育的服务性方面,增强独立自主、慎谋能断、重视人类尊严的品质,增强与不同人群之间的沟通能力、合作能力、问题解决能力、批判质疑和决策能力等。家校社合作是一种家庭教育与学校教育、社区实践活动教育相互配合的多边循环活动,它以促进学生的全面发展为最终目标,学生是该活动的中心。

家校合作是以家庭委员会为主线,围绕家庭、学校、社区教育共同体的构建,促进多方交流协作的教育模式。通过家校合作,家长能够更及时地了解学生在校的学习情况,教师也能够更清楚地认识学生的性格特点与长处,通过多方配合与密切合作,更好地促进学生健康积极成长。

从积极心理学角度来说,青少年时期不仅是重要的自我认识阶段,而且是个人优势品格的学习基础期。学生需要在教师的引导下不断进行各种学习尝试,并努力找到自身的独特优势。积极心理学认为,只有充分发挥个体优势,才能够获得真正的幸福。教师与家长需要一道努力,不断帮助学生发现自我、完善自我、挑战自我,努力踏上新的发展台阶。

家校社合作是多方协作合力教育的共同结果。通过家校社合作,三方可以互相交流信息,为培养孩子寻求最合适的方法;三方还可以互相学习,帮助孩子认识自我,提升自我。家校社合作对学生的健康成长、家长教育水平的提高以及学校教育环境的优化都具有重要的意义。学校建立或者利用社会资源建立德育、科普、法制、社区等各类教育基地,每学期组织开展两次校内外家庭教育培训活动。家庭教育指导专用经费使用,涵盖培训及家长学校工作的开展,每学年保障 10 万元。

因此,家校合作作为一项重要的内容被写入学校章程,在每个五年发展规划中都是重要的方面。实验东校家校委员会章程规定学校负责组织协调与政府、社区、家庭等方面的关系,创造良好的育人环境。学校主动与社会、家庭联系沟通,加强学校、家庭、社会密切配合的育人体系建设,形成教育合力,也促进学校探索学校、家庭、社会三位一体教育的新模式、新方法。

学校加强每个家庭的家长教育,有课程、有管理、有考核、有反馈,确保实验东校家长的整体家庭教育素养提升,为孩子们优化成长环境。通过生态联动家庭、社区、学校的各类孩子成长外因,为每一个孩子的未来幸福人生着想,努力发挥学生的优势与潜力。

第二章　家校合育发展传承

第一节　实验东校发展缘起

实验东校是一所2004年秋季建成的小学、初中九年一贯制公立学校，由上海市实验学校承办，隶属于浦东新区教育局，是一所年轻的、现代化的、富有鲜明特色的学校。

学校地处浦东金桥碧云国际社区，占地55亩，建筑面积为18009.41平方米，绿地面积为13000平方米，体育用地面积为14244平方米。学校拥有标准化教室69间，教学辅助用房22间，350多平方米的多功能图书阅览室2间，能同时容纳300多名学生阅读，还拥有300多个席位的报告厅，以及融各类专用教室功能为一体的实验大楼。学校的食堂能提供近150人同时用餐。

学校积极依托上海市实验学校的办学教改经验，在"为每一个孩子的幸福童年和美好未来服务"办学理念指导下，提供优质的教育服务，构建以学生为中心的和谐教育生态，创设使学生主动发展的教育环境。学校提出"进步每一天，快乐每一天、成功每一天"的口号，以艺术教育、体育教育、科技教育、心理教育、信息化教育为特色，引导学生会学、乐学、主动学、持续学，促进身心全面和谐发展。

学校注重培养"乐群、博雅、尚美、善思"的富有潜质的阳光少年，实现学生展能成志，培养具有较高文化素养和较好持续发展潜质的初中毕业生。

2004年建校之初，实验东校仅有7位教师、32位学生。如今的实验东校拥有190名教职员工、69个教学班共2500多名学生，是上海市首批新优质学校。学校于2012年正式托管浦东新区锦绣小学。在"构建和谐教育生态，实施优质教育服务"的办学思想指导下，逐步形成家校共赢的教育生态，不断提高教育服务质量。在追求和谐教育生态的过程中，家校不断深化合作，逐步搭建起无"墙"东校的三大支柱。

学校借鉴世界发达地区的经验，成立实验东校的家长委员会，制订完善的家长委员会章程，通过家庭、学校、社区三方协商机制的建立，使学校办学更加民主。

学校现有区级学科带头人3人、骨干教师25人，区学科中心组成员12名，上海市名师后备6名，专任教师的任职资格符合率和学历达标率均为100%。自2012年托管锦绣小学以来，"构建和谐教育生态，实施优质教育服务"办学思想进一步得到认可并能切实贯彻，现代学校制度的建设已见成效。作为首批上海市"新优质学校"项目成员，顺应内外需求，学校进入内涵发展阶段。

第二节　家校合育的理念传承

实验东校建校伊始就描绘了学校未来的愿景：希望这是一所“回归生活世界，展现生命活力，充满和谐教育生态”的学校。建校18年来，始终秉持“构建和谐教育生态，实施优质教育服务”的办学思想，不断尝试“破墙”，打破惯性疆界，寻求更多元的教育资源整合，努力为学生、家长和教师提供最优质的教育服务。

一、聚焦中考形势改革，促进学生课程习得

上海市教委2019年4月出台了两个文件，分别是《上海市初中学业水平考试实施办法》和《上海市初中学生综合素质评价实施办法》。这两个文件既规定了改革后初中毕业生的考试机制与具体办法，又为国家下一轮发展到来之际义务教育阶段的学生培养与人才选拔指明了方向。为此，实验东校展开了一轮应对中考改革的学科发展变革，以期在立德树人总方针指导下，实现教育水平的逐步提高，最终实现核心素养时代下的优质教育，培养出德智体美劳全面发展的社会主义事业接班人。为顺应中考改革，学校积极针对中考背景下学科发展，尝试进行变革，具体做法有：

第一，改进学校教育理念，使之始终与国家育人理念保持高度一致。

在中考改革之前，学校办学理念是以“三生”——生命、生活、生态——作为教育人才的基本宗旨，目的在于培养乐群、博雅、尚美、善思的学子，致力于成就一批又一批拥有幸福童年和美好未来的学生。随着中考改革的形势变化，“三生”理念在新的语境之中变得越来越明晰。时至今日，往日较为抽象的“三生”理念已逐步成熟，发展为“与生命相连，与生活相通，与生态相映”的教育理念。我们期盼在愈加完善的、优质的课程及其配套活动中为学生打造一个处处与生命相连的真实情境、时时与生活相通的有情场所、每每与生态相映的优质教育。基于此，近年来我们不断探索新语境中“三生”教育理念的多番论证，多项课题如“基于STEM理念的跨学科课程群建设”“九年级学校家长学校课程校本化建设”“基于良好学习方式的M-labs心愿活动课程建设的研究”等，其研究与实施推广说明了在新时代背景下，为顺应中考改革带来的种种挑战与冲击，根据学校发展情况与具体需求，从办学理念的“根”上做适当修订并转换、落实为得体的教育实践途径是行得通的方式。

第二，勾画符合时代精神的学校整体课程图谱，为优化课程结构与建设课程群服务。依据我校最新修订的教育理念以及育人目标“乐群、博雅、尚美、善思”，在总体办学思想的引领下、在中考改革的促成下，从勾画课程图谱的角度对现有课程及其结构、质量等方面进行了全方位摸底与了解。通过探究发现，勾画符合时代精神、人才选拔机制、学生学习需求的整体课程图谱，对学校新一轮课程优化工作以及课程群建设等都有积极意义。根据育人目标“乐群、博雅、尚美、善思”，学校课程总体框架设计从科目及功能的角度，主要分为“语言交

往”“社科创造”“体艺健强”“逻辑探索”四个板块。

其中，“语言交往”类课程主要连接语文、英语、历史、道法类科目，这类课程主要担负言语表达与沟通技巧等育人功能，对应于“乐群”目标中的“与人合作，善于交往，识大体顾大局（在合作活动中能懂得退让和接受他人意见，能够接受挫折失败）”的内容；“社科创造”主要连接地理、科学、自然、创生等科目，这类课程主要承担劳动创造、实践创新等育人功能，对应于“博雅”目标中“强烈的好奇心和求知欲，强烈的渴求与持续的求索”的育人内容；“体艺健强”主要连接体育、艺术、探究实践类课程，这类课程主要承担健壮体格体质、养成良好修养、完善生活情趣的功能，对应于“尚美”目标中“对美好的事物充满憧憬，热爱生命、热爱生活，热爱劳动，追求健康心态与健壮体魄，热爱（崇尚）运动与艺术，尊重劳动价值，具备一定的审美、成为美和创造美的能力”的内容；“逻辑探索”主要连接数学、物理、化学、信息等科目，这类课程主要负责逻辑思维训练与理性思维习惯养成，对应于“善思”目标中“能独立思考、勤于反思，具有发现问题和解决问题的能力”的内容。其中，“博雅”育人目标中的“社科创造类”课程与“尚美”育人目标中的“体艺健强类”课程，有一部分实践活动课在设计与实施上有交集，如中学探究课程中的博物馆系列，既有科学探索的成分，也有分类劳动与艺术体验的活动，在课程的评估方面根据课程定位分别有侧重。

从课程图谱在视觉与逻辑上呈现的学校课程架构可知，这一年来在课程建设方面为顺应课程的百花齐放与学生的全面发展方面付出了努力。比如，学校课程结构的营造，始终围绕培养“乐群、博雅、尚美、善思”并富有潜质的阳光少年，从必修与选修的角度设计“基础、拓展、探究”三个部分。其中，在“拓展和探究”两个类别的课型中，分别以课程群活动与项目化学习方式为主，陆续打造了创新素养培育课程群（以 Stem 教育为特色）、基于读书节的整体阅读素养项目化学习（语文学科具体担纲）等。

第三，顺应中考改革评价，以学科自主探索为主、学术支持为辅，探索学科教学方式的充分变革。在实验东校，由于在中考改革形势下及时扩充育人目标内涵、适度“更换跑道”，调整与完善了课程图谱与课程群建设等，学科教学的外延得以充分扩大，学科教师的工作积极性也相应提高，由此引发了一场“学科自由探索教学变革”的风潮。各个学科以教师内部自我“改革”为主、探索中考背景下的新式教学，变更评价手段，过程中辅以学校或专家学者的学术指导，由此形成我校学科教学的一轮有效改革。

以中学英语学科为例，由于中考在原有笔试基础上加入了“听说测试”环节，因此中学英语学科教师首先从改变课程结构入手，将英语戏剧表演有机地融入基础课程架构中，形成了六年级“课本剧表演”、七年级“英语歌曲联唱”、八年级“英语演讲”的课程新格局。学生在历经三年的英语综合学习课程活动的基础上，能够形成英语学科知识技能“听说读写”的自然统一，亦能提升顺畅自然的英语语言表达能力，展现英语学科的活力与自信。这样的课程设置以及丰富活动带来的产物，对学生即将面对的中考英语环境是有积极影响的。

再以中学生命科学、物理学科为例，中考改革中明确规定物理学科需进行实验操作，学生也必须掌握跨学科案例分析的能力。基于此，初中理科综合教研组与创生课程组以“项目化学习”为契机，每学期展开若干主题的项目化学习。以七年级为主，一整个学年中，学生将经过 7~8 个项目化学习，真正掌握物理实验知识本领以及分析具体跨学科学习案例的能力。如一节叫作“力的作用力与反作用力”的课程学习，以“力学”大概念做引领、以“水火箭比赛”为问题导向，在项目化学习中制造若干能够推进学生自主学习、探索的问题串，引导学生自主学习，发现力的“作用力与反作用力”的发生契机及作用关系。

除此之外，中学历史、中学道德与法治、中小学体育等学科，亦纷纷随着中考改革的重心偏移，结合教材与课程标准，以课题研究、以研促教、以评促学、多样化课程等形式，努力探索学科教学的内涵与外延，力争丰富学科教学的形式、探索学科教育的深度、探究课堂教学的广度，实现当前学科教育所能做的基础变革。

二、构建生态德育文化，关注学生成长体验

学校始终以活动为载体，积极实践生态德育模式，努力构建多元、立体、和谐的生态德育文化环境，致力培养“乐群、博雅、尚美、善思”的阳光少年。通过爱心节、读书节、艺术节、体育节和科技节“五节”文化课程，鼓励全体学生自主参与活动、组织活动。2020 年，受疫情影响，五节文化不能如期开展线下活动，在有限的条件下，我校借助网络技术、家长资源等，圆满为学生奉上充实美好的校园学习生活文化盛宴。

首先，以德育部门为主导，各部门通力合作，精心策划各项活动，保证活动的有效性，凸显德育内涵，增加德育育人的教育含量，促进学生健康发展。其次，在关注学生学习经历的同时，注重学生的学习体验。落实上级部门部署的扣好人生第一粒纽扣、安全教育、宪法宣传、禁毒活动等主题活动。开展了五大节庆活动、开学典礼、开学第一课、青春期教育、家长大讲堂等诸多校园活动。特别是在疫情之后，组织开展各类学英雄、赞英雄的活动。

以活动为载体，着力强化学生在活动中的体验和感受，促进学生的成长。顺利开展的各项活动有：疫情期间在家上学，我来做家务等系列主题活动，“云端有爱，爱向远方”线上爱心节，全校九个年级的师生、家长共同策划组织参与，为后疫情时代的校园文化生活带来了积极响应和生动的人生一课；公益课程、青少年领导力和公民课程，在春秋季社会考察活动课程化的基础上，加强德育活动的课程化设计；结合学校读书节活动，设计开展分年级分主题的读书教育；全年开展劳动教育，针对学生的年龄特点，设计开展课程化的劳动教育主题班会课。除此以外，还有各种丰富多彩的课程，比如家长线上讲堂、专家谈家庭教育（线上，面向全校）、分年级分主题的体育运动会，等等。

三、夯实研训校本化，提升整体教师素养

校长室重视各级各类教师培养，举办了新进教师学习班、干部课堂、全员暑期研习活动等。不仅让实验东校的教师收获了前沿的教育理念和先进的教学方法，更深化了教师们对

“构建和谐教育生态，实施优质教育服务”办学思想的理解，持续致力于优质课堂的教学探索。2020 年组织的教师培训会上，专家谈新课程观、新学习观、教育趋势变革等，培训收效甚好。

实验东校多次聘请专家来校做各类专题讲座。如：复旦大学社会发展与公共政策学院副教授、家校共育专家沈奕斐教授谈《家校共育促理解》，详细解读“后喻时代”的特点以及教师、家长、学生的特质，借助大量案例与故事阐述“改变”的迫切性，同时以研究者的角度向教师提供诸多利于培养学生学习兴趣的育儿策略以及家校共育中的解决方案等。特级教师、上海市教委教研室原副主任、课程与教学专家赵才欣老师走进实验东校阶梯报告厅，为教师们做了题为“对学校特色课程建设的几点认识”的报告。这场报告是特别邀请赵才欣老师为实验东校区级课题“基于良好学习方式养成的 M-labs 心愿课程的建设与实践研究”的成果打磨而量身定做的。赵才欣老师从课程源头讲起，向大家解读“课程”在不同时期、不同教育精神下的概念，尤其是当代十分流行的 STEM 和 PBL 等类型的课程。通过解读一个长达三年的“中德环境项目”，赵才欣老师阐述了如何对照中德两国学生核心素养的培养目标进行课程设计。通过对案例的分析，赵才欣老师将他对“课程”以及“课程观”的理解，润物般地渗透进每位对学校课程产生深刻反思的教师心中。

为了提高教师们借助信息技术、使用录播系统进行教学互动的能力与水平，学校举办了“基于平板的互动课堂和录播系统”认知培训。人工智能时代的到来，对教育产生了巨大影响，为了快速适应社会巨变，也为及时了解面向 21 世纪未来建设的新生代发展动向，身为教育工作者，广大教师必须时刻保持职业敏锐度。因此，信息技术的熟练掌握、使之能够灵活应用于课堂教学，将成为未来我们共同关心的一个重要话题。

近几年，“真实的学习”“高阶思维”等名词热度很高，其背后揭示的学习实质逐渐被人们所关注。我们开始把视野转向更加科学的学习。为此，2020 年校暑期培训中，我们邀请到《可见的学习——最大程度地促进学习（教师版）》一书的译者之一、虹口区教育学院的金莺莲老师为教师们解读“可见的学习”。在讲座中，金莺莲老师重点谈及“可见的学习”之观点来源以及教师的角色——传统观念中的教师角色与现代教师角色，尤其是教师的正面影响力；其次讲述了“课”对学生的真正影响力，以及八种关于教学的“心智框架”。通过金莺莲老师的解读，教师了解澳大利亚墨尔本大学教育研究所主任 John Hattie 教授及其团队使用元分析所分析的教与学的研究成果，知道“教师”是造成学生学习结果最大差异的来源，明白教师的影响，才能更加有效地看待学习本源。

为持续促进教师教育素养提升和专业发展进步，2020 年 10 月上海市十佳青年校长、上海市优秀教育工作者郑杰校长给教师们带来了题为“以学定教与教学设计”的精彩讲座。

作为浦东新区见习教师规范化培训学校，在 2020 年疫情防控期间，见习教师不能如期见习浸润，实验东校仍不断完善“4+X 见习教师培训课程”，努力为见习教师营造“线上不间断”的导师负责制下的学习环境，帮助见习教师圆满完成任务。2020 年新一期的见习教师也受疫情影响，于9月、10月不能进入实验东校学习，我们依旧准备了云上带教条件，为见习教师安排入职第一年的有效学习。

班主任培训方面，学校采用“班主任育德能力培养讲座”“班主任论坛”和联合体德育研讨会，以及请进来、走出去等多种集体学习和自主学习相结合的学习方法，提升德育师资队伍的教育教学理论水平。双周周一是中学部班主任工作室活动时间，每月第三个周三是小学班主任工作室活动时间。8月，学校借暑期校本研修之际为班主任做集中培训讲座，9月、10月持续不断坚持月度培训。

在学校的教科研工作方面，2020年继续在以校长领衔的四个市级课题之下开展有条不紊的以研促教活动。2021年，区重点课题“基于良好学习方式的‘M-Labs心愿活动课程’建设的研究”结题，市教委教材语管处主导的“基于学校读书节的‘整本书阅读与演讲素养评价’的实践与研究”课题在中学语文组的扎实实践中得到有效推进。该课题有效地促进了我校结合中考改革对语文学科教学与评价的变革研究。上海市教卫党委系统主导的“推广校园爱国主义教育常态化的实践研究”课题研究，已成为我校“不忘初心、牢记使命”主题党务工作的重中之重，在党务课题引领下，校园内外爱国主义师生活动遍地开花。浦东教育发展研究院浦东新区教育国际交流中心主导的“基于STEM教育理念的‘创·生’课程群建构与研究”课题研究，在我校创生课程群的建设以及团队打造方面，起到了大力促进作用。上海市教科院家庭教育研究与指导中心主导的市级重点课题“九年一贯制学校家长学校课程校本化建设”，牵引着我校在市级第一批新优质学校的发展道路上走出了实验东校特色的轨迹。

在教师工作室方面，初期建设的两个工作室持续开展活动，2020年疫情防控期间，我校为工作室的持续开展提供良好服务。为鼓励更多优秀教师升华教育思想、提升教育质量，特别为丁爱华老师打造了小学英语“爱英室”——丁爱华老师工作室。年末完成了对三间教师工作室主持人的绩效考核，并以新闻微推形式展现实验东校教师工作室的特色成效，推广校本研修及教师专业发展的亮点与成绩。

第三节　家校合育的发展进程

实验东校办学至今已有18年历史，历经一轮积淀，在办学规模和办学质量上都有了很大的发展和进步。尤其是在教育综合改革方面，一直坚守“丰富教育生态内涵 提升教育服务质量”的办学思想，坚持“快乐每一天，进步每一天，成功每一天”和“为每一个孩子的幸福童年和美好未来服务”的办学理念，通过教材改革、教师专业发展、课程建设、课堂观察实验等研究，极大丰富了学校教育的内涵。

学校发展所取得的成就，得益于浦东新区教育局、上海市实验学校和社会各界的关心和支持，得益于全校师生对"实验精神"的坚定信念，得益于全校教职员工的辛勤耕耘和创新探索。学校的办学理念与目标还有部分未能统领各项工作，未来学校在将办学理念转化为全体教师的行为还有很长的路要走。

家校合育作为东校的办学特色同样也经历了一个发展建构的过程。

2004 年，学校携手家长们成立第一届校家委会。初建构架、制定民主选举办法，首筹家委会基金；2005 年，第二届校家委会成立，明责确岗，家委会关注把关学生午餐质量和校服质量，家长参与拓展课程，家长义工活动起步；2006—2007 年，第三届校家委会制定了家委会章程和直选制度，成立图书馆义工团，组织参与爱心节；2008—2009 年，第四届校家委会形成月度工作例会和驻校办公制度，完善家委会爱心基金管理制度；2010—2011 年，第五届家委会成立家长联合会，规范三级（班级、年级、校级）家委会工作分工，加强家委会校园安全卫生监督；2012—2013 年，第六届家委会成立家长社团（家长合唱团、故事妈妈、交通义工），校级家委会参与学校校务工作督导，举办首届爱心家长答谢年会；2014—2015 年，第七届家委会完善了家委会章程，进行制度化管理，谱写家校合作新篇章，参评金爱心教师，形成规范的全校、年级、班级三级家长志愿者网络；2016—2017 年，第八届家委会携手凝聚优质的家校社资源，建立宣传平台和通讯员队伍，开通公众号，成立"乐心公益部"、家长兴趣社团（足球俱乐部、羽毛球俱乐部、家校舞蹈社）和学生社团（足球队）家长后援团；2018—2019 年，第九届家委会凝聚家校社合力，推动教育生态升级。发展壮大家长志愿者队伍，拓展成立"一心公益"组织；2019 年至今，第十届、第十一届家委会明确提出，为了每一个孩子的幸福童年和美好未来，携手同行，助力共赢。

师生和家长在"无墙"公校中得到成长。在与家长、社会的频繁互动中，教师的视野、格局以及专业素养都得到了提升。认同家长是自己的共育伙伴，在孩子的教育问题上，他们既分工又合作，通过协商、合作，获得共赢。教师观念的转变，让家校社的合作走上了顺畅、可持续发展之路。在家校社合作互动大格局中成长的孩子们有更宽广的视界，除了关注自己的学业水平，他们也关注社会，关注他人，热心公益，成为能够应对未来挑战的人。实验东校的家长在这样的社区环境中，对自身的要求也越来越高，在家长学校和家长社团中学习活动，不断进步，更适应未来。

"破墙"的尝试，让我们对新优质学校的内涵有了更清晰的认识，在"破墙"的实践中，对家校社合作的理解愈发清晰，对三者角色定位更加准确。学校也赢得了良好的社会口碑，每一个学期进行的家长满意度问卷调查，连续多年满意度都在 96%以上，这也反映出社区居民对学校的认可。在实践中，我们也形成了自己的思考，积累了一定的经验。学校多次在全国、市区层面就家校合作领域的实践经验进行分享。这些思考与实践对兄弟学校开展家校合作工作起到了一定的示范引领和辐射借鉴作用。

第三章 家校合育制度建设

第一节 家校合育制度建设

家校合育制度涉及家长参与学校管理的方方面面。为此，实验东校着力构建“家校共育”的制度体系。首先，按照“校领导挂帅，德育处牵头，学生为本，班主任和家长为主体，统筹规划，因班制宜”的工作思路，实验东校建立完善的家庭教育工作协调推进机制，形成一支专兼职结合的家校共育工作队伍。其次，规范家校共育工作主要内容，提供科学、系统、周到的家庭教育指导服务，帮助家长掌握科学育人的知识和技能。最后，健全制度，构建网络，落实管理保障措施。建立并完善《家长委员会章程》《家长学校章程》《教师与家长沟通制度》《家长课程制度》《家长参与学校管理评价制度》等制度，形成家校合作共育制度管理体系，确保管理规范，运转有序。

具有学校特色的家校合作课程体系是家校合育的主体。对此，学校成立班级和校级家长委员会，负责组织人员的交流和活动。学校在学期初和学期中召开会议，相互沟通，听取家长委员会对学校、班级管理、教育教学等方面的意见，这对宣传学校、促进家校沟通起到了积极作用。学校按照规定支持家长委员会的活动，组织好“四会一册一课”活动，即家长委员会、家长培训会、家长讲座会、家长经验交流会、家长学校课堂，同时建立家长学校。

《义务教育学校管理标准》提出：“要建立家长学校，提高家长对学校治理的参与度，形成教育合力。”建立家长学校的宗旨主要是系统地向家长宣传党和国家的教育方针和政策，推广和普及科学的教育方法，从而提升家长的教育能力，提高家庭教育的质量和效果。根据2022年1月上海市教育委员会颁布的《上海市中小学幼儿园家长学校建设标准》指导意见，首先，每学期的家长会是固定的家校交流的渠道。学校在家长会上重点发布教育信息、教学成果、解读学校理念、推广优秀家教经验、回应家长关切问题等。为了与时俱进，学校对家长会的形式做了一定的创新，例如：采取分组讨论等形式，提高交流的实效性；邀请学生参与讨论，展示学生作品、获奖证书等，使彼此在过程中获得启迪。其次，学校开展家访活动。家访是联系家庭和学校的一种不可替代的方式。班主任每学期都要对全班学生进行一次家访，对特殊学生进行多次家访，进行详细的案例分析。在家访过程中，实验东校的教师态度真诚并且能够恰当地向家长传递学生的真实学习情况，与家长达成教育共识，提出科学的家庭教育建议。再次，学校还举办“家长开放日”活动。在“家长开放日”中让家长走进校园、教室、操场、餐厅，了解、体验孩子的学校生活，增进相互了解，加强相互信任，争取家长对教师、班级、学校工作的关心、支持和理解。最后，学校还设置“校长信箱”和校长热线，由专人管理，及时接收来信和反馈，及时解决家长反映强烈的问题。

除此以外，学校建立了督导考核评价制度，将教师参与家校共育纳入工作量，实行绩效考核。督导考核的内容主要包括:第一,班级家校共育工作计划的执行情况,班级开展活动的总结和评价。第二,家长在活动中的参与率及效果。第三,班主任是否能够创造性地开展工作,积极协调教师参与活动,做好学生的教育工作,形成良好的班风、学风。每学期进行一次总结交流,每学年进行一次考核,考核结果作为文明班级和优秀班主任评选的重要依据。

在这些基础制度健全的情况下,学校还做到与时俱进,创新合作育人机制。一是搭建家校通网络平台。“家校通”是为实现学校、家庭和教师之间的沟通而研发的先进教育网络互动平台,具有快捷、实时沟通等优点,家校双方能够及时方便地传递信息,有效解决家校之间沟通难的矛盾与问题,使学生在成长过程中得到随时随地的关爱服务。二是开展社会实践与亲子活动。通过社会实践和亲子活动,不仅可以利用家长的经验指导学生的社交能力,还可以通过互动让家长了解孩子的创新思维和潜能,从而增进亲子关系,如我校“华惠课程体系”中开设的“社会实践课程”“多彩活动课程”。三是探索家长“护学”“督学”新模式。学校开展“1+x”的“家长护学”活动:“1”是指每班每天安排1名家长到学校门口站岗,与学校值日行政人员一起疏通、维护交通秩序,为孩子们的上下学保驾护航;“x”指的是每逢学校组织大型活动,如大课间、运动会、文艺汇演等,邀请爱心家长义工协助学校的活动,或策划节目或担任评委或参加表演。“1+x”模式的家长护学,让一些家长有机会走进校园参与学校管理,并亲历孩子的校园学习生活过程,见证孩子的成长。在家长护学的基础上深入实施“家长督学”制度,把家长看作学校发展的重要参与者,接纳家长深层次参与学校教育教学管理和监督,探索建立融家长督导、督教、督学为一体的家长督学实践新模式。

与此同时,学校坚持合力铸造家校“共育文化”。最好的爱是陪伴,最好的陪伴是与孩子共成长。学校注重家长的阅读指导和亲子阅读,征集“家庭阅读策略”,促进家庭阅读活动的发展。学校通过评选“书香家庭”来促进“亲子共读”。组织开展“亲子诵读”“亲子共读一本书”活动。此外,还评选优秀节目和“最美家庭”,来增强父母的获得感、自豪感和幸福感,激励家长与孩子共同成长。父母教育观念的转变需要一个过程,需要在家校双方意见的交流和分享中完成。因此,学校认为构建“家校论坛”是必要的。“家校论坛”体现普遍性原则、目标一致性原则和方法指导性原则,切实提高家校合作的有效性。学校还开展学生职业生涯规划教育,充分利用家长职业资源优势,让学生更多地接触社会,了解职业,感受生活,拓宽视野,为学生人生发展规划提供指导,引导学生通过学习行业精英和道德典范的生活经验,明确努力方向,确立美好的人生目标。

苏霍姆林斯基有句名言:“没有家庭教育的学校教育和没有学校教育的家庭教育都不可能完成培养人这样一个极其细微的任务。”①随着新时代教育改革发展的不断深入,家校共育是深化教育改革的新课题、新领域,是学校内涵发展和素质提升的新增长点,家校共育将有效提升学校与家庭之间的教育合力,形成学校、社会、家庭“三位一体”的育人“共同体”,

---

① [苏联]苏霍姆林斯基.给教师的一百条建议[M].杜殿坤,译.北京:教育科学出版社,1984.

促进学生健康成长。

第二节 家委会制度建设

一、家委会章程维系家校合育纽带

实验东校家委会是学校家长选举的代表全体家长参与学校教育教学活动和管理工作的群众组织,是家长联络学校的常设机构,也是志愿者和公益性组织。

(一)家委会的分级设置

实验东校家委会组织分三级设置:班级家委会、年级家委会、校级家委会。班级家委会由各班级家长通过无记名投票选举的方式,推选出班级5名家长代表出任班级家委会委员。年级家委会由所在年级各班家委会推荐2名委员代表组成。校级家委由各年级家委会推荐3名(如果本年级的班级数等于或超过6个,可推荐4名)委员代表组成,年级家委会主任为校级家委会委员当然人选。

各个委员会成员的组成和职责各有不同。班级家委会实行主任负责制,班级家委会主任负责组织协调班级内部工作。班级家委会要熟悉班级内其他家长,了解和听取家长们对学校或班级工作的建议和意见,及时向上级家委会或班级老师反映,确保搭建班级学生家长与班级各科老师之间的沟通桥梁,创造良好的合作氛围。同时,班级家委会应密切关注本班级家长关注的焦点事件,积极协调解决各种问题和矛盾。在此基础上,班级家委会要有计划、有组织、有记录地开展工作,每学期至少召开一次全体家长会议并向班级家长汇报本学期家委会工作情况。此外,班级家委会还要主动与年级家委会保持沟通,积极落实年级、校级家委会各项工作安排,以及配合开展各类文体德育活动等。

年级家委会工作同样也实行主任负责制。年级家委会主任负责组织协调年级内部工作;紧密联系各班级家委会委员,搭建畅通的沟通渠道,创造良好的合作基础;密切关注各班级的焦点事件和动态,积极宣传正向事件,及时处理问题;有方向、有目的、有记录地开展工作,每学期期初、期末分别召开年级家长委员会议,协商、讨论或审议本学期年级家委会工作计划或总结报告;主动与班级家委会、校级家委会保持沟通、加强合作,配合完成校级家委会各类职能工作和各种社团活动等。

校级家委会工作实行主任负责制,日常工作由秘书长负责。校级家委会设置主任1名,经全体家委会大会选举产生,负责校级家委会的日常事务及年度统筹计划。设置秘书长1名,在家委会委员中推荐产生,秘书长负责召集主持会议,处理会议纪要、章程修订、外事交流、日常工作协调、督查等具体工作。设置副主任2名,经全体家委会大会选举产生,协助主任分别负责中学部和小学部事宜,开展日常工作,并确保逐项落实,实现目标。除此以外,校级家委会还设置职能委员7名,分别为:教育支持部部长1名,负责学校教学支持与监督等;生活安全部部长1名,负责交通、餐饮等事项的安全意识培养、隐患排除和专项监督等;家长社团部部长1名,负责组织家长社团开展有益活动,为学校和孩子提供服务;活动策划部部长1名,负责收集建议、发起策划、组织实施各类有益于学生和家长的文体德育活动;宣传推广部部长1名,负责将各类正向事件在校内、校外、媒体渠道等推广宣传,并维护好各种宣传渠道;综合事务部部长1名,负责全体家长资源库建立与维护、各层级家委会团队文化打造与建设、校级家委会日常事务监督与支持、财务审计审查、家校合作与统筹等;公益部部长1名,负责组织学生、家长开展爱心公益活动。

在工作开展过程中,校级家委会有权派出委员代表家委会参与学校事务管理,委员开展工作必须遵守家委会章程,履行好自身职责。校级家委会有权聘请志愿者参与家委会日常工作。校级家委会每学年召开至少一次全校家委会委员的全体会议,汇报年度工作情况。全体会议召开时间通常定在新学年开学的第一个月(校级家委会在学期内每月召开一次工作例会)。校级家委会如果收到不少于十分之一家长代表的联名要求召开家长代表大会的提议,须在7天内召开特别家委会大会,须于开会前3天通知到全体委员。由于个人原因无法履行委员职责、年度连续缺席会议三次及以上或者违反保密规定,或者违反上述其中一项规定的委员,家委会有权予以劝退。情节严重者,经家委会委员三分之二以上表决同意,取消其委员资格。

(二)家委会章程

实验东校还为家长学校设计了正式章程,希望以此为准绳,让家校活动的进行更加有意义。章程规定了指导纲领、组织性质、宗旨、权利义务、组织架构与职责以及人员选举等内容。以下为家委会章程的主要内容:

首先是总则。在指导纲领方面,为贯彻落实《国家中长期教育改革和发展规划纲要(2010—2020年)》,进一步推进现代学校制度建设,完善学校管理制度,根据教育部《关于建立中小学幼儿园家长委员会的指导意见》、浦东新区政府《关于进一步加强中小学幼儿园家长委员会建设的实施意见》的具体要求,特制定《上海市实验学校东校家长委员会章程》。

在家委会的宗旨方面,家委会旨在联合全体家长,践行学校、家长、社区合作开放办学机制,为营造实验东校和谐教育生态,实现"为每个孩子的幸福童年和美好未来服务"的学校愿景而努力。

其次是家委会的权利和义务。家委会具有知情权、部分决策权、评价权、质询权、监督权五项基本权利。在知情权方面,家委会有知悉获取学校相关信息的权利。家委会通过定期听取学校工作报告,了解学校教育教学工作计划、学校资源配置情况、教育督导评估结果等。在决策权方面,家委会有参与学校重大事项管理和决策的部分权利。家委会通过审议学校发展规划,就学校年度工作计划、重要管理制度、食堂经费开支、学生校服等方面的情况提出意见和建议。在评价权方面,家委会有对学校评价、对教师评优的权利,根据相关考评办法,参与教育行政部门或教育行政部门委托的评价机构对学校的评价工作。在质询权方面，家委会有向学校进行质询或者询问的权利。家委会可以书面方式与校长、年级主任、班主任，就学校教学管理工作、教师师德师风情况等进行质询。在监督权方面，家委会有监督学校及校长、教师教育工作开展情况的权利，对学校依法办学、教育行风和师德师风建设等进行监督，帮助学校改进工作。

再次是家委会的义务。家委会具有维护学校和谐发展、沟通协调和信息传递、整合资源支持学校、优化教育发展环境、开展家长教育工作的五项义务。在维护学校和谐发展方面，家委会应协助学校调解家长、学生与学校之间的争议和矛盾，与学校、教师一起肯定和表扬学生的进步，解决和化解学生遇到的困难和烦恼。家委会应协助学校定期组织家长代表大会、家长会、家长接待日等活动。在沟通协调和信息传递方面，家委会应向家长通报学校近期的重要工作和准备采取的重要举措，听取并转达家长对学校工作的意见和建议。家委会应向学校及时反映家长和学生的意愿，听取并转达学校对家长的希望和要求，促进学校与家庭之间的相互理解和支持。在整合资源支持学校方面，家委会应发挥家长的专业优势和资源优势，为学校教育教学活动提供支持，为学生开展教育教学活动提供教育资源。积极组织富有热心和爱心的志愿者，开展社会实践，与学校共同深入推进素质教育。在优化教育发展环境方面，家委会应主动与社区、媒体、青少年教育组织等保持横向联系，为学生的健康成长创造良好的校园、家庭和社会环境。在开展家长教育工作方面，家委会应拟定家长学校工作方案，做好家长学校工作。家委会应发挥家长自我教育的优势，举办家庭教育论坛、教育沙龙等活动，积极收集、交流、宣传正确的教育理念和科学的教育方法。

除此以外，章程还规定了家委会组织架构和职责、人员产生、经费分配、监督机制等内容，这些构成了体系完备、内容丰富的家委会章程。

不论是人员选举还是各种事项决定，家委会工作均采取民主决策机制。校级家委会、年级家委会和班级家委会，分别代表学校、年级和班级的家长行使工作职责。上级家委会对下级家委会有业务指导权但并无约束权。校级、年级家委会委员在班级工作要服从班级家委会的决策。各级家委会，要向上级家委会负责并报告工作，接受家长监督。家委会的决策要坚持少数服从多数的原则，重大决策须经全部委员的三分之二及以上人数到会表决通过，且同意通过的人数超过总人数的二分之一及以上。家委会委员履行职责须遵守《家委会委员行为准则》和《家长委员会工作程序》。

家委会选举、产生与换届都有其规定的流程。班级家委会委员由各所在班级自荐、家长推荐，或者班主任邀请选举产生。班级家委会设置 5 名家委会成员。原则上，票数最多者为班级家委会负责人。班级家委会主任，如担任上一级家委会负责人或部门负责人，则班级家委会主任岗位自动失效，由原班级家委会副主任递补；年级家委会由各所在年级中各班级家委会成员得票最多的两位家长组成。年级家委会负责人由年级家委会委员自荐、推荐，或者年级老师邀请等三种方式产生候选人，并由年级家委会委员选举产生负责人；校级家委会由各年级委员自荐、推荐、年级老师邀请等三种方式产生委员候选人,并由年级家委会委员投票选出其中3人组成(如果本年级的班级数等于或超过6个,可推荐4名),年级家委会负责人为校级家委会当然人选;校级家委会主任、学部主任由校级家长委员会代表大会选举产生。校级家委会代表大会由各班级家委会委员组成,该大会需要由过半数委员参加方为有效。校级家委会代表大会通过举手表决的方式产生校级家委会主任、学部主任,举手表决时过半数即获通过。

同样的,家委会选举也实行民主集中制。校级家委会、年级家委会和班级家委会,分别代表学校、年级和班级的家长行使选举权。上级家委会对下级家委会有选举指导、监督权但并无约束权。各级家委会委员的推选,上级要接受下级的推选决策。校级家委出现空缺或变动,需要增选、增补或调整委员人选时,可以启动选拔机制,经过考察审核,通过校级家委会会议表决通过。增补、撤换、罢免各级家委会委员需由各部门提出,经过考察审核,最后经校级家委会会议表决同意通过。

家委会选举时间也相应做了规定。校级家委会和年级家委会选举时间,定于奇数年的9月举行。换届筹备组由校级家委会主任、秘书长、学部主任及各部门负责人组成,由筹备组成员各自推荐下一届校级家委主任候选人,并由筹备组成员进行无记名投票表决,筹备组组长由本届校级家委会主任担任,推选出的下一届校级家委会主任候选人为筹备组副组长,并将候选人名单提交校级家委会会议表决,超过半数即为通过。新一届校级家委会主任候选人将在家委会换届改选大会上提请全体家委会委员举手表决,超过半数即为通过。新一届校级家委会秘书长及学部主任人选,将由新一届校级家委会主任提名,交由全体家委会委员举手表决,超过半数即为通过。一年级和六年级的班级和年级家委会于每年九月选举产生。

家委会委员的任期也各有不同。各级家委会委员任职期限均为两年;可连选连任。校级家委会主任任期为两年,可连选连任。一、六年级选举产生的家委会委员试用期为一年,试用期结束后重新进行选举。

家委会委员的条件分别是:遵守章程、国家法律和社会公德;具有正确的教育观念,掌握科学教育方法;家委会委员热心于学校教育工作,富有奉献精神,有一定的业余时间;家委会委员应有一定的组织管理和协调能力;家委会委员善于听取意见、办事公道、责任心强,能赢得广大家长的信赖;各级家委会委员,都必须是校区在读学生的家长,已毕业学生的家长没有选举权和被选举权。

总而言之,家委会委员有以下权利与义务。在权利方面,家委会委员有提议权、选举权、被选举权和表决权,以及家委会委员有对相应层级工作讨论、建议、批评和监督的权利。同时,家委会委员参加相应层级和所在班级举办的活动时,有提议、主张、维护家委会合法权益权利。在行使权利的时候,家委会委员也要履行相应的义务。家委会委员应自觉遵守章程,维护家委会与学校整体利益,执行家委会决议,积极参加家委会工作;维护广大家长的合法权益,了解和反映广大家长的意见和合理要求;家委会委员应教育好自己的子女,并协助教师做好其他学生家长的思想教育工作；家委会委员有退出家委会的自由，但退出前应向家委会提出书面申请；任何以家委会名义和家长、学校以及外部进行的工作，须经过家委会会议通过或授权，任何个体的或部分的家委会委员，不得私自使用家委会的名义进行任何活动。

（三）家委会工作机制

除了对家委会委员的组织和工作内容进行规定以外，还有经费与保障、监督机制、日常工作机制以及家委会值班沟通机制的规定。

在经费与保障方面，家委会经费主要来自家长和社会的捐赠。家委会经费的使用，每届必须公示一次。学校有义务为家委会工作提供校内常设地址；在监督机制方面，家委会可设立监督委员会，由各年级家委会负责人在本年级内组织自荐或推荐非家委会成员家长组成。监督委员会可以列席参加各层级家委会例会。监督委员会可以广泛开展民主调查与评议。监督委员会应当针对家委会工作职责与工作内容开展全方位调查与监督，对家委会工作提出改进意见。监督委员会应当向校级家委会定期提供书面调查、建议与意见，以改进和完善家委会各项工作；在日常工作机制方面，班级、年级家委会可以根据需要定期召开工作例会。校级家委会应当每月召开例会。各层级家委会召开例会时，可以邀请班级、年级、校级老师参与会议。全体家委会委员可以通过实验东校网站平台、公众微信平台等邀请学生家长带着意见与建议报名参与相应层级工作会议；在家委会值班沟通机制方面，家委会开通网络沟通平台，设立邮箱值班。下级家委会委员可以主动列席上一级家委会例会。家委会在学校公共区域内放置意见箱，公开收集家长意见与建议。家委会提供家长意见提案表格模板，公示在家委会网站，详见“家长意见与建议”。

二、家长学校章程保障家校活动举办

家长学校的指导思想是贯彻落实《上海市 0—18 岁家庭教育指导内容大纲》，遵循青少年身心发展规律，开办科学、系统的家庭教育讲座，提高家长思想素质和文化素养，优化家庭环境。家长学校以集体授课、个别咨询、沙龙、函授解疑等多种形式，向家长普及家庭教育基础知识，传授家庭教育经验，并帮助家长树立正确的教育观念。家长学校的目标以实验东校的办学目标和办学理念为指导，根据学校发展需要，由学校和家长委员会共建，以促进良好家庭教育为目标，为学生家长学习家庭教育、心理理论和教育方法等提供场所、师资、课程保障。

家长学校的任务是：宣传党和国家的教育方针、政策、法规；在这一基础上，系统地传授家庭教育的科学知识，引导家长以科学的教育方法教育孩子，努力创设良好的家庭教育氛围，构建学习型家庭；沟通家庭与学校的联系，促进实验东校中小学生全面和谐发展，营造家庭、社区的和谐教育生态。

家长学校的人员组织与管理也有相关规定。家长学校设立校长 1 名，副校长 2 名；教务主任 3 名（分学部设置），办公室联络人及班主任等相关人员若干名。另设顾问 1 名。家长学校校长由学校校长担任;副校长由校德育分管副校和家委会主任担任;教务主任分别由学校学部德育负责人和家长代表(1名)担任;办公室联络人由学校的家校联系人担任;拟请有关年级的年级组长担任家长学校各班的班主任。由校长聘任在家庭教育领域有专长的人员担任家长学校的顾问,顾问将配合规划家长学校的课程设置,对家长学校开设讲座等工作,以促进家长学校的专业发展。校长可聘请有关领导、教育专家或在教育方面有专长的家长兼任教师。每期中小学教导处负责制订工作计划、聘请教师、撰写工作小结以及处理日常事务。每期教育对象为小学一年级至初三年级的学生家长,并保持相对的稳定性,根据特殊需要可开办专题教育。家长学校的经费来源由学校全面承担,以用于管理、讲课报酬、印发资料费和奖励优秀学员。由若干名家长代表、学校领导和班主任骨干教师组成家长学校的常任成员,协助参与日常工作(具体由家长学校办公室负责协调),建立家长学校的出席、缺席的考勤制度(具体由办公室负责人负责,年级班主任协同配合)。

在教学过程中,家长学校根据《上海市0—18岁家庭教育指导内容大纲》和学校教育目标,坚持四项教学原则,分别是针对性原则、实践性原则、前瞻性原则和综合性原则。针对性原则是针对不同年级段家长心理、多元需求以及不同年段孩子身心特点,选择教学内容和方法;实践性原则是强调理论联系实际,生动、形象地进行指导;前瞻性原则是指教育指导要适当超前于孩子的发展水平;综合性原则是指家长学校的讲授要与其他家庭教育指导形式配合着进行。

根据家长的活动特点,学校组织形式多样、灵活的教学,有讲座、专家或教师与家长座谈、沙龙、个案咨询指导,必要时向个别家庭教育问题突出的家长回函,也会准备报刊等理论学习资料,同时创办学校《东校家庭教育》(内刊)专刊,交流分享家教经验。

针对不同的年级,家长学校设计了相关教学内容。针对小学部,尤其是一年级,正处于幼小衔接阶段的教育,以引导父母尽快地进入角色为重,注重孩子的生活习惯的培养、自理能力的培养、心理适应环境能力的培养,做好幼小衔接,保证孩子能在小学阶段轻松学习。二年级,重视建立良好的亲子关系,以引导家长正确与孩子相处为主。通过必要的家庭心理辅导,家长可与孩子之间建立信任感。三年级,重视培养学生的健康心理。目前独生子女家庭居多、孩子智力开发早、社会影响复杂,家长尤其要注意培养孩子的健康心理。四年级,重视让孩子学会玩,引导家长带着孩子边玩边学,在玩中达到教育效果。五年级,重视如何培养学生的审美能力,引导父母帮助孩子从小培养审美能力。美丽的山水花鸟、自然景色都能引起孩子的美感;健壮的形体、优良的性格、文明的举止也能激起孩子的喜爱。

针对中学部,预备年级,以尽快适应初中生活为主。相对于小学学习生活,初中学习生活要求学生具备更强的自主性,初中学习生活节奏也比较快,学生在适应的过程中需要父母以及教师的引导。指导孩子如何平衡学校和家庭的生活,并且能够在家中通过有效的家庭辅导,培养顽强、刻苦的学习品质,锻炼不怕困难的精神,养成良好的学习习惯和方法。

初一年级,家长们要了解家庭教育对于孩子成长的重要作用。要创建良好的家庭教育环境,树立正确的教育观,加强家庭学习,提升文化素养,学习科学的教育方法。重视孩子的交往与社会活动,了解到人际交往是孩子健康成长的需要,指导孩子正确接收、处理、比较各种社会信息,正确引导孩子的择友与交往,让孩子在社会实践活动中成长。初二年级,家长们要懂得这一时期是中学生心理矛盾的爆发时期,要能够合理运用青春期教育知识,分析初中生心理特点,做好家庭中的青春教育,以此促进青春期初中生的人际交往。让孩子学会生活,学会做人,诚实守信,家长要正确面对孩子的错误。初三年级,家长要懂得为孩子的升学当好参谋;及时了解孩子的思想动态,做好心理辅导,帮助毕业班的孩子选择好自己的志愿,认识到理想实现需要艰苦的努力。应用法律保护青少年健康成长:家庭保护是家庭该履行的法律义务;维护青少年在家庭中的合法权益;教会孩子自我保护,做遵纪守法、维护社会公德的好公民。

学校在考核之前,首先要明确家长在学校内应该尽到的责任和义务。学生家长有接受家长学校教育的责任,有按要求参加家长学校课程学习的义务。学校学期初下发告家长书,告知家长本学期的家长学校学习内容和时间,请家长预先安排好时间,保证出席。班级家委会主任负责课程考勤,课程结束后,将考勤结果报到年级家委会主任处,由各年级家委会主任(班长)负责汇总并上报到学校联系人处。每期家长学校结束前,学校要根据讲课的内容进行一次考核。根据出勤情况和考核结果发放家长学校结业证书,有缺勤(拟建议)及考核不及格者,不予发放结业证书。

每学期期末,教务处对教学情况及教学效果进行总结,对课程讲师进行评优。每期家长学校评选出优秀家长予以表彰。学校将跟踪家长参与家长学校的活动情况,进一步分析有关数据,寻找规律,为后期发展提供依据。

第三节　社区合育制度建设

社区是家校社合育中的重要基石,社区的加入能够更加有效地统筹家校之间的资源,有助于家长活动的组织建设以及学校活动的机动安排。学校、社区和家长之间是一种平等的合作关系,相较于学校来说,社区对于活动的安排和组织更加具有全局性。

家校之间的关系建构就是家校社的关系构建。社区在组织家校活动中的经验相比于学校来说更为丰富。社区在平时工作过程中对接的是不同层级、不同类型的学校,活动的种类也丰富多彩。社区更能够在不同的活动中吸取经验并统筹安排各种社会资源,起到非常重要的重要。在实验东校,社区对于家长资源的开发以及学校活动的组织也是如此。学校举办的公益活动,如“捐发活动”“心手相连,圆梦花木”“石头汤”爱心劝募活动中,社区为活动的场地、人员的安排以及流程的规划做出了专业的指导和安排。此外,学校举办的演出活动,社区也参与其中,如在“金爱心教师评选”以及“家长学校”(小学部讲座)中,社区就为

“家长合唱团”的成功表演提供了指导和帮助,这对活动的举办起到了举足轻重的作用。

学校在组织学生活动中的资源是有限的,尤其是在注重综合实践课程的素质教育理念下,社区的作用不容小觑。合理地与社区展开合作,更好地利用社会资源来促进学生的成长发育以及保持学校的办学优势,就必须制定相关的合育制度,把它作为经验的传承以及改革创新的立足点。

社区在这个过程中坚持构建“学校般的社区”和“家庭般的社区”。对社区来说,它既包括家庭所在的社区,也泛指影响孩子成长的社会环境。社区的作用就是通过与学校合作,在学校的带领下,为学生创造更好的成长环境。有社区意识的家庭和学生会帮助其他家庭,当这类概念结合起来时,学生就能体验学习型社区和有爱型社区。这与“大教育观”的视野一致,我们必须努力构建社会、家庭和学校三位一体的学习化社会和终身学习环境,努力实现“教育的社会化”和“社会的教育化”。

我校家校合作共育的优势,就是能够依法实现家庭、学校、社区资源的共享互补,把有关资源进行多种组合,为学生成长提供更加宽广的空间与可能。一方面,在资源共享上,家庭、父母向学校开放,成为教育中的人力资源、社会资源;另一方面,学校作为社区的文化中心和社会的文明引擎,也进一步加大学校资源对社区开放的力度。如学校的图书馆,不仅仅是为教师和学生准备,同样也为社区居民和学生家长开放。学校图书馆建设中考虑配置家庭和社区可以阅读的图书。学校的体育场地设施,也向社区居民和学生家长开放,为他们的终身学习提供便利。这样学校就成为真正意义上的学习中心,成为社区的文化中心。

学校与金桥、花木街道积极开展合作与交流,建立了相对固定的校外教育基地,时刻保持密切联系,每学期期初和期末的家校社会议上,加强沟通,切实引导社区参与学校管理。与此同时,我们积极发挥学校在社(学)区建设中的作用,寒暑假期间、防疫期间,均鼓励并组织师生参与服务社区(社会)的有益活动(如垃圾分类、社区清洁、防疫志愿服务等)。学校资源向社会开放,在上级组织和花木街道的指导下,学校按照相关文件要求委托浦东新区碧云体育俱乐部对社区居民开放部分资源,根据流程办理体锻卡,社区居民在规定时段内可以进校锻炼。同时,结合校级家委会工作,对家长社团开放部分资源,为家长合唱排练、摄影社活动提供场所,为家长羽毛球、足球、跑团等社团活动定时提供运动场地。学校为周边的居委会、幼儿园等单位开展活动提供阶梯教室、会议室和操场等场所。花木街道、一心公益等和校级家委会共同开办国学班,学校提供定点教室。

家校社的教育资源得到有机整合,学校课程更加多元,丰富了学生的学习经历,融合了各方资源开放办学,获得了极高的社会美誉度。

第四章 家校合育运行机制

第一节 合作的会议机制:打造合育枢纽

会议的举办能够让参与人通过交流,取得新的信息,经过讨论,集思广益,取长补短,形成正确的意见;通过表决,多数或一致做出决定、形成决议;通过听取别人的报告或发言,受到启发或教育。

家委会自成立以来,举办了多次会议,如选举辅选委员会、家委会换届改选大会、家长委员会代表大会,等等。在每学期初始和期末,学校都安排家校沟通会,家校互通工作计划,交流热点话题。家委会在每月工作例会后以"通报"或"会议纪要"的形式将信息反馈给学校,学校也在行政会议上专题讨论并回复家委会。如校门口交通安全问题、男孩教育问题等,都曾由家委会提出,家校共商解决方案。这些会议机制让家校之间的合作沟通更加紧密,打造了家校合育的枢纽。

家委会选举辅选委员会以及家委会换届改选大会,都是选举家委会组成人员的重要会议,因为它们决定了家委会的构成和发展。在实验东校建校之初,学校仅有30余名学生,在这样的条件下仍敞开胸怀吸引家长参与学校工作,引导家长督促、协助新办学校自我完善。对这样的举措,家长心存疑虑。为此,学校提议组建第一届家委会。为表诚意,学校成立家校合作部,直接对口家委会,扶持与培育家校合作机制,让家长们认识到自己是学校的同盟,双方服务的主体是学生。学校教育作为社会公共服务,允许并倡导家长以监护人身份参与。

为使家委会具备可持续发展性,学校积极推进工作的"规范化""透明化",家校共同确定家委会产生方式:家委会成员由班级、年级、学校三级民主直选产生。每届直选的准备、组织都由上届家委会成员承担,并邀请社区代表见证全程;校方则在每年招生宣讲会上重点介绍家委会,要求新班级的班主任在暑期接班家访时动员家长参选。有了这样的前期铺垫,家长们参选的积极性很高。每一届新的家委会成员都在家长代表大会上宣读"任职誓言":"身负重托,无私代言,处事为公,协调为先。做好家长与学校沟通的管道,搭好学校与家长互动的平台。关爱学生群体,关心全面发展。参与学校管理,监督教学规范。不怕辛苦,乐于付出,以先进的理念把实验东校家委会办成与国际接轨的优秀社团。"

家长与学校对于家委会成员选举的高度重视,让每一次换届选举会议都充满了认真和庄重的氛围。会议的形式根据现实条件灵活变动,不拘泥于特定的形式方案,但一定遵循公平、公正的原则,并且及时公布会议决议、选举结果等。

在2020年第十届家委会选举辅选委员会中,家长会以线上会议的形式召开,学校和家长对这一次会议都做了充分的准备,以视频的形式交流见面。各个班级的班主任在这一过程中起到了组织和穿针引线的作用,确保有意向的家长通过二维码的形式进入线上会议空间，并且能够上传相关的视频。这些材料由家委会宣传部整理，具体内容为各班级候选人名单及照片。对于家委会候选人的人数，学校做了一定的要求，目的是希望家长积极参与，如果候选人数少于5人，要与班主任沟通，请班主任动员或推荐。家委会的候选人除了要准备好相关的材料以外还要遵守具体的时间，上传材料的截止日期、拍摄视频的具体长度（根据候选人的人数而定），等等，都需要候选人予以关注。会议当场投票来确定当选人名单，以保证选举过程的公开透明以及结果的及时公示。为此，学校准备了一个图片页面，方便与会者的参与。

除了线上的会议，还有线下的会议。学校在实施“三生教育”的过程中，重视各级家委会的发展与进步，全方位深度推进学校的内涵发展。这种重视，体现在家委会筹办工作的方方面面。由于家长参加家委会的时间一般是放学之后，因此学校为学生准备集中教室，让学生等待自己的父母。表4－1是其中一届家委会换届选举的具体方案，表4－2是有关工作流程安排。

表4－1　第九届家委会换届选举方案

<table>
<tr><th>序号</th><th colspan="2">工作内容</th><th>时间</th><th>操作</th><th>负责人</th></tr>
<tr><td>1</td><td colspan="2">校方活动方案策划制订</td><td>10/24</td><td rowspan="3">许可</td><td rowspan="5">倪卉</td></tr>
<tr><td>2</td><td colspan="2">家委会换届筹备会</td><td>10/24</td></tr>
<tr><td>3</td><td colspan="2">家委会换届落实会</td><td>10/26</td></tr>
<tr><td>4</td><td colspan="2">嘉宾邀请</td><td>10/26</td><td>倪卉</td></tr>
<tr><td>5</td><td colspan="2">邀请函（521份），班主任下发并反馈（德育反馈：27日，反馈）</td><td>10/26</td><td>孙瑛、路璐、曹晔莉</td></tr>
<tr><td>6</td><td colspan="2">大屏幕：热烈祝贺第九届校家委会代表大会顺利召开！
时间：2017.10.31
地点：阶梯教室</td><td>10/31
17:30开始</td><td>马晓静</td><td rowspan="2">康逸红</td></tr>
<tr><td>7</td><td>物品准备</td><td>物品准备并分别装袋：
(1)粉色纸400份
(2)点心100份(面包1只+水1瓶装袋)
(3)摆盘制作12个
(4)荣誉证书30个
(5)蝶翅画2个
(6)顾问聘书1个
(7)校旗1面
(8)胸花(第八届委员41、校务班子9、来宾10)</td><td>10/27</td><td>康逸红
许可
孙瑛</td></tr>
</table>

（续表）

<table>
<tr><th>序号</th><th colspan="2">工作内容</th><th>时间</th><th>操作</th><th>负责人</th></tr>
<tr><td rowspan="6">8</td><td rowspan="6">后勤工作</td><td>家长车辆管理：
下午：家委会筹备组人员 15 辆车进校
晚上：车辆先进入学校停车位，总务协调好相关单位</td><td>10/31</td><td>花连民</td><td rowspan="6">刘景峰</td></tr>
<tr><td>灯光、保洁</td><td>10/31</td><td>花连明</td></tr>
<tr><td>晚餐：食堂准备，共 50 份（家委会工作人员 20+学校 30）</td><td>10/31</td><td>刘琴</td></tr>
<tr><td>阶梯教室用水：2 箱</td><td>10/31</td><td>华连明</td></tr>
<tr><td>教室 2 间：小学部一楼，与会家长的孩子留校备用</td><td>10/31</td><td>花连民</td></tr>
<tr><td>嘉宾接待地点：启航吧</td><td></td><td>朱莉</td></tr>
<tr><td rowspan="3">9</td><td rowspan="3">信息</td><td>VCR 策划与制作：周一一早务必制作好（许可）</td><td>10/27</td><td>钱波</td><td rowspan="3">钱波</td></tr>
<tr><td>会场准备：话筒、电脑和投影、录像</td><td>10/31</td><td>钱波</td></tr>
<tr><td>摄影义工：2 人</td><td>10/31</td><td>胡颖</td></tr>
<tr><td rowspan="4">10</td><td rowspan="4">会务</td><td rowspan="2">（1）会场布置：家、校旗帜各 1 面、座位安排及背贴
（2）纪念品准备：水晶杯 3 个、家委会徽章 50 个
（3）签到接待 5 人：马克笔 6 支、签到册 1 册
（4）答谢礼品袋：八届家委会主任+秘书长 2 人、八届家委会主要人员 9 人、离任 3 人
（5）第八届答谢荣誉证书 30 份及第九届特聘顾问聘书：1 份
（6）现场引导（阶梯）：3 人</td><td rowspan="2">10/28 前</td><td>孙瑛、李思景、花连民</td><td rowspan="4">米晓军</td></tr>
<tr><td>孙瑛
许可</td></tr>
<tr><td>（7）会议 PPT 制作</td><td>10/28</td><td>秦铁宁</td></tr>
<tr><td>主持及主持稿撰写</td><td>10/28</td><td>凌怡</td></tr>
<tr><td>11</td><td colspan="2">照顾孩子义工 4 人</td><td>10/31</td><td>曹敏</td><td>米晓军</td></tr>
<tr><td>12</td><td colspan="2">电子邀请函制作</td><td>10/27</td><td>张竹敏</td><td>许可</td></tr>
</table>

表 4-2　流程安排（10 月 31 日）

序号	时间	事项（主题）	地点	负责人
1	17:30—18:00	晚餐	食堂	刘景峰
2	18:00—18:20	会务准备	孙瑛、许可	米晓军
3	18:20—18:30	视频播放（2017 年大事记）	阶梯教室	许可

（续表）

<table>
<tr><th>序号</th><th>时间</th><th>事项(主题)</th><th>地点</th><th>负责人</th></tr>
<tr><td rowspan="2"></td><td rowspan="2">18:30~20:00</td><td>(校家委会介绍视频)
第一板块:第八届校家委工作回顾及答谢
1)工作回顾
(1)第八届家委会工作报告(王爱霞)
(2)审计报告汇报(孙瑛)
(3)章程修改说明(朱红军)
(4)第八届主任讲话(米晓军)
2)答谢
(播放 vcr)
(1)总结答谢(倪卉)
(2)答谢第八届家委会人员 9 人(仇虹豪)
(3)答谢第八届家委会主任、秘书长 2 人(王玮航)
(4)答谢家委会特殊贡献人员 3 人(已离任)(米晓军)
第二板块:第九届校家委选举
(1)介绍候选人并举手表决通过(主持人)
(2)新任主任发言(建议秘书长,并介绍部门建构)
(3)交接授旗(八届、九届)
(4)第九届委员宣誓
第三板块:校社项目签约
金桥镇、花木街道
第四板块:领导及嘉宾讲话
(1)历届校家委代表发言
(2)王校长致贺词
(3)局领导发言</td><td rowspan="2">阶梯教室</td><td rowspan="2">米晓军
倪卉</td></tr>
<tr><td>合影留念</td></tr>
<tr><td rowspan="2">4</td><td rowspan="2">后期工作</td><td>微推制作(许可、王爱霞);校园网新闻(许可)</td><td></td><td rowspan="2">米晓军
倪卉</td></tr>
<tr><td>资料整理(许可、孙瑛)</td><td></td></tr>
</table>

这份方案体现出学校对于家委会的重视和自身管理的高要求,为会议的顺利开展做足了准备。

与家委会有关的会议不仅涉及家委会成员的选举,同时还涉及家委会规章制度的建设和修订。会议的参会人员,不仅有新任的家委会成员,还有学校领导以及往届的家委会人员。在制度的确立与修订的过程中,同样秉持公开透明的原则,积极为家委会未来的工作做好准备和铺垫。会议流程不仅包含了对往届工作的答谢和回顾,还包含了对未来事业计划的准备和畅想,每一步都与前后呼应,回顾过去,反思现在,畅想将来。

第二节　家校联系人机制:搭建合育桥梁

实验东校家委会在参与学校管理、参与学校的教育工作、沟通学校与家庭等工作中,担负起了一定的责任和使命。为了更有效地推进学校的家校合作,学校尝试建立家校合作联系人制度。

家长委员会作为学校依法办学、自主管理、民主监督、社会参与的现代学校制度的重要内容,发挥家长在教育改革发展中的积极作用,构建学校、家庭、社会密切配合的育人体系,伴随着实验东校18年的发展历程,已做了有效的尝试和实践。通过家长委员会动员组织家长参与学校的教育教学活动和管理工作,充分发挥了实验东校家长的作用,促进了家校合作,优化了东校的育人环境,对建设实验东校的现代学校制度,起到了积极的作用。

联系人制度是家校合作中全面实施学校办学制度、办学思想、办学理念,促进学校内涵发展,促进现代学校制度的理念总和。得益于此,实验东校全面实施《教育部关于建立中小学幼儿园家长委员会的指导意见》(教基一〔2012〕2号)中家校合作的要求,深入推进《十三五国家中长期发展规划纲要》内容中有关家校合作的理念的实践活动。深化学校家校合作机制,在教育管理、教学活动中全面推进学校家校合作,辅助学校教育生态体系的构建,充分发挥家长在学校办学中的积极作用,有效汇聚优质资源,促进学校发展的深度与广度,为学生搭建多元成长平台。

作为联系人,要具备以下基本素养:对于学校,要全面熟悉并理解学校的办学制度、办学思想、办学理念,理解学校内涵发展方向,了解现代学校制度建立的基本要素等;对于教育,要全面了解《教育部关于建立中小学幼儿园家长委员会的指导意见》(教基一〔2012〕2号)中家校合作的要求,以及全面了解《十三五国家中长期发展规划纲要》中有关家校合作的理念和要求。全面熟悉学校家校合作的机制,熟悉学校在教育管理、教学活动中全面推进学校家校合作的重要性,知晓学校教育生态体系构建的要素;对于自身,要具备较强的宏观、系统思考问题的能力,有具体落实各项工作的能力,以及较强的联系、沟通学校各部门及家委会各部门的工作能力,有较强的问题意识和解决问题的能力。

表4-3具体阐述了联系人的工作事项分类与要求,分为四个部分:常规工作、专项工作、家委会独立工作以及联系家校独立工作。

表 4－3　联系人工作事项与要求

序号	分类	事项	要求
1	联系人常规工作	撰写计划和总结	根据学校工作计划和德育等有关部门工作计划，每学期做好校家校合作的工作计划和总结。
		活动记录	按照家委会系列工作的分类，做好分门别类的记录。具体如下： (1)家委会常规工作； (2)家校合作工作； (3)家长学校工作等。
		资料积累	(1)资料整理：根据家校合作文字、图片、音频等资料分门别类地整理； (2)纸质材料存档：学期末将文字、打印的图片资料送交人事部门进行装订存档； (3)音频材料：音频等材料的存档工作； (4)为各部门提供所需材料：在各部门工作有需要时，须在第一时间为有关人员提供家校社合作的有关文字、图片及音频等资料。
		汇报机制	联系人对家委会在校的各项工作需在具体操作前，根据需要向校长（或家委工作分管副校长）汇报并明确操作点。联系人日常工作的汇报（本条目主要指向以下三点）： (1)家委会自身的工作：联系人根据家委会工作的需要，直接和各部门进行联系并落实，如告知门卫家委会人员进校的时间、场地及多媒体的安排，以及活动中有关材料的整理等； (2)与学校部门对接工作的汇报：联系人需根据与学校各部门对接工作的实际情况，做好与家委会、学校对应部门主管的沟通与具体落实，并在活动前、后分别向校长（或分管副校长）汇报工作情况； (3)不同层面工作的汇报：根据学校工作需要，在一定层面做好家委会各项工作的汇报等；汇报前做好文字稿的撰写和汇报 PPT。汇报前、后要向校长（或分管副校长）进行汇报沟通。
2	专项工作	制定家校合作年历	根据家校合作工作发展需要，依据学校工作计划，结合家委会自身工作特点，合作完成家校合作年历安排表。
		负责做好家校社联动会议	(1)根据学校工作需要，筹备期初家校社三方联席会议：含沟通主题的前期准备；主持，及前期与学校、家委会、社区的沟通工作等； (2)根据德育等有关部门工作的需要，做好德育部门各类活动家校合作细节工作的沟通； (3)根据总务处、课程处等部门工作的需要，做好有关细节工作的对接。
		建立家长资源库	为配合学校内涵发展，更好地开发学校课程资源，以弥补国家课程和地方课程的不足，为孩子们提供一个多元、立体、生态的课程资源系统，丰富孩子们的在校学习生活，建立健全中小学家长资源库： (1)建立中小学部家长资源库，完善各类家长资源； (2)定期更新家长资源库；

（续表）

<table>
<tr><th>序号</th><th>分类</th><th>事项</th><th>要求</th></tr>
<tr><td rowspan="4">2</td><td rowspan="4">专项工作</td><td>建立家长资源库</td><td>(3)为每学期中小学家长大讲堂、微信课程提供资源,如乡土语言的发展、英语戏剧、科学闯关、校际交流活动(如国际校群、省际校群、区级校群功能活动等)、关注残障孩子生活体验及特殊学生评量辅导及弱势学生补救学习等活动;
(4)配合中小学德育部门做好家长大讲堂、微型课程等活动。</td></tr>
<tr><td>邀请家长参与学校会务活动</td><td>为密切家校合作,达成理念上的共识,适时沟通家校合作有关事务工作等,做好家委会参与校务会、学校大型活动(如五大文化节、开学典礼、结业典礼及相关主题活动等)的邀请工作,具体细节如下:
(1)邀请校家委会主任参加校务会:根据学校整体工作发展需要,邀请校家委会成员等参加校务会等活动,做好人员通知、发言准备工作等;
(2)做好各级家校合作活动的工作安排:如校园五大文化节、家长会、家长大讲堂及相关主题活动等,做好家长需配合工作的沟通与安排,诸如发言、颁奖等细节工作;
(3)做好活动后期家委会工作的跟进:对尚未达成共识的问题要后期跟进,并及时向学校校长(或分管副校长、部门主管等汇报),保障工作的畅通和有序。</td></tr>
<tr><td>完善家校合作导师护导团</td><td>根据学校工作需要,以服务于学生心理健康教育和护导为主旨,完善家校合作导师护导团工作,主要如下:
(1)配合心理室做好护导团人员招聘:含成员所具备的基本心理健康教育专业知识、人员心理状态甄别等;
(2)配合做好护导过程中的有关工作。</td></tr>
<tr><td>建立家长咨询制度</td><td>根据校情和学情实际情况,建立家长咨询制度,就家长关心的学校发展、教育教学、学校管理等工作,为家长搭建话语平台,具体安排如下:
(1)学校工作咨询制度:待制定(活动目的、意义、时间、地点、咨询流程、咨询前的问题准备等)
(2)学生成长家庭教育咨询制度:待制定(活动目的、意义、时间、地点、咨询流程、咨询前的问题准备等)</td></tr>
<tr><td rowspan="2">3</td><td rowspan="2">家委会的独立工作</td><td>沟通家委会与学校各部门工作</td><td>根据学校整体工作发展的需要,做好家委会内部教育支持部、宣传部、生活部、社团部、事务部和活动部六大部门与学校部门之间的协调和沟通。</td></tr>
<tr><td>家校合作活动方案</td><td>(1)流转方案的撰写:含流转的形式、时间、地点、具体要求等;
(2)活动过程及结果记录;
(3)新闻稿的撰写及上传等。
具体活动如:家委会组织的校外教学、感恩义卖、游园会、音乐周、谢师会等多元活动,提供家长参与学校活动的机会,让家长了解学生在校生活,共同协助学校教育,增进教学效果。</td></tr>
</table>

（续表）

序号	分类	事项	要求
3	家委会的独立工作	家长学校活动	借助家长学校活动，以及父母成长班、亲职讲座、读书会、成人基本教育研习班、故事戏剧班、合唱团等多元家长成长团体，鼓励家长自我成长和终身学习，发展家长潜能及培育第二专长，并建立学习型家庭等，提升家委会平台上的学生亲职功能。主要操作点如下： (1)中小学家长学校活动的方案撰写(含活动主题、时间、地点及要求等)； (2)活动签到单； (3)新闻稿的撰写及上传等。
		社团工作(家校合作类)	(1)全面了解家委会各类社团构成和功能； (2)熟悉各类社团活动的时间节点； (3)根据社团工作需要，做好社团与学校各部门的对接；根据特殊需要，做好场地等细节工作的安排； (4)指导各家长义工社团根据学校工作需要等，做好文字、图片及音频资料的积累等； (5)提醒有关社团做好新闻稿的撰写及上传等。
		家委会宣传工作提醒	温馨提醒家委会做好微信、家委会网站的建设和维护；根据工作需要，参与或负责家委会宣传平台板块的工作。(根据工作需要待完善)
4	联系家校对接工作	家委会自身工作与学校对接	根据家校合作工作需要，做好与学校各部门的对接工作，具体如下： 家委会自身工作的对接：根据家委会自身工作需要，做好与各部门工作的对接，为家委会工作的开展提供帮助和支持。主要环节有： 总务处：家委会车辆进校、场地安排、多媒体准备、用水等； 事务部：宣传材料的印制等； 德育部门：需要德育部门人员参与的有关活动的沟通等。
		与德育部门对接	与德育部门工作的对接：根据学校工作需要，针对中小学德育部门活动工作的实际情况，在中小学德育部门主管的指导下，做好家校合作德育工作的具体对接。含家校合作工作的细节沟通、具体环节工作的落实，如根据德育工作需要进行的家长学校工作的落实及全程跟进；有关学生活动、学生在校学习生活等细节的沟通。
		与总务部门对接	与总务处工作的对接：针对家校合作中有关总务工作对接的需求： A. 沟通家委会主任和总务处部门主管，为双方沟通具体工作做好联系，并做好时间、场地的协调安排等； B. 针对食堂工作、学校安全工作、校园环境等工作，做好双方工作的联系和沟通等。
		与课程部门对接	做好与课程部门工作的沟通：根据学校课程建设的需要，在中小学课程部门整合有关课程资源的过程中，协助课程部门做好有关联系、沟通工作。

（续表）

序号	分类	事项	要求
4	联系家校对接工作	与事务部门对接	做好与事务等部门工作的沟通；根据家校合作工作的需要，做好家委会和事务、信息等部门工作的沟通；根据家校合作工作的需要，做好家委会和事务、信息等部门具体工作的沟通和联系。
		其他	……

联系人作为承上启下的一环，在促进家校之间的联系和管理方面起到了不可忽视的作用。学校也在不断地完善联系人制度建设，加强对联系人的培养。

第三节　家长资源库机制：积累合育基础

地处碧云国际社区的实验东校有着丰富的家长资源，学校依托家长资源，整合社会资源，建立了“家长教育资源库”。

学校甄选优质资源，家长的积极参与使家长微型课程、家长大讲堂等活动主题化、系列化的开展成为可能。这些活动不但丰富了学校课程，更丰富了学生的在校体验，也是家长特长多元化的体现。此外，家长的工作单位和社区也成为校外课堂、学生半日学习的基地，为学生开展各类实践活动提供了便利的条件。

在资源库的信息采集、梳理、归类的过程中，学校发现了全职妈妈、爸爸的队伍，发现了在职却同样热心学校发展的家长们。这些家长有的为学生的综合实践活动提供基地，有的成了学生活动的参与者、指导者和评价者。热心的家长们携社会资源走进校园、走近孩子，弥补了学校教育不能涵盖的领域，起到了家校互补的作用，收到了较好的效果。

有的家长利用专长给孩子们做了护牙、护眼讲座；有的家长联系消防队、电视台、品牌大学等单位，让孩子们走进社会的大课堂；有的家长配合英语教师成为志愿者，开展英语角活动，辅导孩子口语会话；有的家长利用休息时间到学校图书馆担任义工，带领孩子们广泛阅读；有的家长为学校大型活动担任摄影、摄像工作；有的家长把名人专家请进课堂。为了能够让实验东校的学生们进一步打开视野，把他们培养成与时俱进的时代所需人才，学校与家委会研究决定进一步整合家长资源，完善“上海市实验东校家长资源库”。家长们本着热心、负责、义不容辞的精神，把认为有可能帮到学校、帮到老师、帮到孩子们的资源奉献出来，为实验东校所有学生们的成长尽力。

在资源库创建过程中，分成几个步骤。首先是确立家长资源的等级，学校设计了相关的调查问卷，认真研究了家长的类型以及所涉及的资源；其次确立了“大课程”观，学生在校期间的学习和生活经历都是课程。学校提出“生命、生活、生态”这一课程主题，目标就是让学生在一所回归生活世界的学校中成长，这一理念通过家委会向家长传递，获得家长高度认同并积极参与其中;最后,为“三生”主题课程搭配合适的社会资源。

学校筛选家长自愿提供的课程资源,形成“半日营社会考察”系列——以家长单位或家长熟悉的社会场所为考察地,让孩子们接触社会,体验父母的工作环境,了解劳动创造财富的过程。家长则参与落实考察地、与教师共定方案、陪同参观、活动评价的全过程。于是,浦东图书馆、张江科技园区等成了孩子们的第二课堂,这些已然让我校的特色社会实践课程焕发了更大的生机和活力。

第四节　家委会工作机制:共筑合育支持

一、家校携手合育,促进学生成才

家委会分安全事务部、教支部、爱心公益部等部门。

家委会安全事务部每两周抽查一次学校食堂卫生安全,请来有营养学背景的人士为学生每月定制菜单,协助学校一起确定校服面料,商定校服价格。学校教育方面的相关支持由家委会教支部负责。每年在学校开设家长大讲堂、家长微型课程 120 余课时,70 余位家长参与,受益学生近 7000 人次。学校建立家长教育资源库和社区联手帮助学子体验职业生涯规划,目前已建立 20 多个稳定的校外体验考察基地。家委会爱心公益部负责公益活动,组织交通义工、图书馆义工、快乐厨房、爱心晚托班、心理疏导等七个义工小组,仅每天上、下午参与实验东校门口交通义工的家长一年就达 3500 人次。每学期学校均组织校服漂流、爱心捐发、援藏捐衣、公益跑等公益实践活动。

家委会参与学校大型活动策划,每年家校感恩答谢年会参与人数超 1000 人,家长、学生、教师节目近 40 个。学校面向全体家长举办家长学校,通过开设九个年级必修课、主题家庭教育沙龙、线上家长慕课支持、一对一家庭教育专家咨询、家庭教育共性问题心理剧等,影响力辐射周边社区 3000 个家庭,6000 多名家长。家校共同努力,成为民政部批准的上海第一所公益基地挂牌学校,引导孩子关注社会,参与服务社会,公益培养社会责任感。家校社合作孵化出“浦东一心公益发展中心”,为社会提供公益帮助。如一心书画梦想项目,目标是帮助云南大理州留守儿童,开设书画梦想培训班,携手实验东校和上海市实验学校的美术教研团队,培训云南大理州多所中小学的专、兼职美术教师,开设书画梦想班,对留守儿童直接授课。

二、建设家长学校,共享教育理念

学校结合目前社会教育现状、家庭教育的理论和实践,以家长学校的形式推进家庭教育指导,助力家庭教育。从 2016 学年起,逐步实践和不断完善实验东校的家长学校课程建设。

课程设计前期面向实验东校全体家长进行家庭教育问题和需求调研，针对实验东校家长需求，课程集合了教育学、心理学、社会学、教练技术学等跨学科的家庭教育理论与实践。

第一，学校建立了线上全覆盖的家长慕课，让家长能够随时随地学习参考，为家长提供家庭教育方法指导。学校为每位家长提供慕课账号，慕课平台有网络版和手机 App 版，登录平台后，可以得到孩子所在年级的专题课程资料，方便家长根据孩子的年龄阶段以及家庭教育过程中存在的问题寻找感兴趣的内容。

第二，学校为各年级家长设计了全方位必修课。必修课面向全体家长，每学期一次，九个年级的必修课程主题不同，在学校阶梯教室集中面授。以解决共性家庭教育问题为目标，九个年级形成家庭教育梯次。课程尊重孩子成长规律，尊重孩子合理需要与个性，指导家长创设适合孩子成长的必要条件和生活情景。一年级的主题是“如何创造良好的家庭教育环境”、二年级的主题是“如何提升孩子的抗挫力”、三年级的主题是“如何培养孩子细心与耐心”、四年级的主题是“如何激发孩子的学习动力”、五年级的主题是“如何帮助孩子完善学习目标”、六年级的主题是“如何创设适合初中生学习的家庭环境”、七年级的主题是“如何帮助青春期孩子构建良好的人际关系”、八年级的主题是“如何帮助孩子适应初三”、九年级的主题是“如何做适合的父母”。

第三，学校不定期举办家长讲座，邀请专家为家长分享前沿的教育知识和理念。每学期一次分学部召开，结合家长会，由校长面向全体家长开展家庭教育全规划的讲座，内容涵盖学校办学理念介绍、学校特色家校合作工作开展、家委会介绍、家庭教育方法指导等方针规划。

除此以外，还有全立体家长沙龙以及一对一家庭教育指导全需求。满足家长的个性需求，在家长学校中开展家长沙龙主题活动，每次参加人数在 20 人左右，已开设“如何预防和治疗近弱视”“如何有效沟通”“妈妈的营养早餐”等活动。

学校请来家庭教育指导师进校园，解决家长家庭教育特性问题，每月第二周和第四周的周三、周四下午半天，解答家长个性及特需家庭教育疑问。一对一家庭教育指导参与人次已达 126 人次。学校结合目前社会教育现状、家庭教育的理论和实践，以家长学校的形式推进家庭教育指导。从 2015 年起逐步实践和不断完善实验东校的家长学校课程建设。

这些都是家长学校涵盖的常规活动内容。为了让这些内容更加有计划、有针对性地实施与完成，学校在每一次活动之前都安排专门培训并且设定课题计划。其中，心理健康在疫情后期作为一个重要方面，学生家庭的心理变化及适应性差异明显，遂成了重要的内容。为了更好地帮助实验东校家长心理调适，为学生成长提供良好的家庭环境，学校对家长持续展开家庭教育培训。家庭教育培训以家长学校为实施途径，以课题建设实施为抓手，全面贯彻党的教育方针，深入贯彻精神文明建设，以《德育纲要》《基础教育课程改革纲要》《未成年人思想道德建设若干意见》《上海市 0—18 岁家庭教育指导内容大纲》等文件为指导，进一步创新实干，营造良好的家校合作氛围，为实验东校学生、家长做好家庭教育指导，促进东校家长心理认知提升，为东校学子成长助力。

线上心理疏导选修课程有六项内容，见表4-4。

表4-4 线上心理疏导选修课

序号	课题	授课讲师	课时
1	网课后遗症，家长如何帮孩子找回学习状态	黄伟强	1小时
2	疫情背景下如何培养孩子的好习惯	孙云晓	1小时
3	疫情来了，爸爸回家	姚爱芳	1小时
4	疫情下的有效陪伴	姚爱芳	1小时
5	如何不做“焦虑妈”	李爱铭	1小时
6	不咆哮，让孩子爱上学习	田宏杰	1小时

除此以外，学校还为家长开设了上海市家教高峰论坛，分为三个主题，见表4-5。

表4-5 上海市家教高峰论坛

序号	课题	授课讲师	课时
1	让孩子快速进入学习的状态——拿得起、放得下、做一个“抗焦虑”的家长	金卫东	45分钟
2	当延期开学遇上了升学新政	蔡单	45分钟
3	回归校园——中学生如何基于线上学习经历快速适应校园学习生活	徐枢清	45分钟

除了通过讲座和论坛的方式对家长进行引导，学校还积极搜集社会资源，比如在上海教育电视台，发掘了《笑迎返校——家长如何关注孩子返校后心理健康》这一栏目资源，开展线上和线下的课堂，扎实做好家长的培训。

三、组织家长社团，构建融通关系

目前学校有10个社团：家长足球社、舞蹈社、羽毛球社、摄影社、通讯社、合唱团、书画社、长耳朵读书社、跑团和朗诵社。以家校舞蹈社为例，汇聚热爱舞蹈的教师和家长，优美的舞姿来自每周的坚持训练。

通讯社的成员们真实记录校园生活的点滴，通过实验东校家委会公众号，积极宣传学校和家委会的大政方针与大情小事。家校合唱团被誉为“最美家长合唱团”，多年来奉献了一台台精彩的演出，树立了合唱团完美的公众形象。合唱、舞蹈、摄影记录都不是目的，家长和孩子共享艺术和生活，在过程中分享成长的经验才是真用心。社团活动不仅为学校树立了品牌形象，也无形中提升了家庭美满度，增强了家校社和谐饱和度，最终增强了家校社的融合度。

这些由家委会社团部负责管理，共有家长成员400多人，全为自愿报名。家长合唱团长年保持50人训练规模，成立8年来，每周训练2小时，曾获“上海市最美合唱团”“上海市十佳百强合唱团”称号；心理剧社目前已编排出两个系列：七幕剧、心理体验剧，不仅在实验东校帮助家长，还辐射周边10多所学校，演出25场次，现场参与家长3568人，线上观看覆盖8000余人。

四、设计心理短剧，展现真实风貌

校长的日常工作会碰到各种难题，家委会如何做好家校之间的润滑剂是一门艺术，也是一门学问。在实验东校，家委会成员并非通过小册子学习，而是通过心理体验剧——浸润式学习的方式，家委会成员能够体验真实情境发生，以确保在未来工作中，能够换位思考，提升同理心，增加合作，避免可预见的问题在现实中发生。

2020年5月21日晚，浦东新区一心公益为实验东校家长们带来了一场《门里门外——青春之戈》的心理剧，一起探讨亲子融合、家校合作、社会和谐的教育之路。台上生动再现了初二女生莹莹的青春萌动，以及父母、奶奶无意中看到她手机微信的焦虑和担忧。孩子的青春期叛逆，父母下意识的担忧和问题归因，都让家庭冲突在莹莹回家后瞬间爆发……

剧情在这里定格，在一心公益何小蕾老师的带领下，台上台下进行了探讨式互动：爸爸妈妈们结合自家孩子的情况，或提出疑问，或提出建议。有妈妈对儿子的青春期敏感和反抗表示担忧。有的爸爸针对女儿的教育给出了自己的见解。爸爸妈妈还结合自己的感受和建议，上台与演员合作扮演了后续场景……情景交融，获得台下阵阵掌声。

青春期是每个父母都曾经经历而孩子正在经历的一个阶段，心理咨询师茅建东老师现场给了如何和孩子非暴力沟通的精辟见解。步入更年期的父母回想青涩的自己，接纳包容孩子的成长阶段，从而进行正向探讨式的沟通和引导，让孩子们爱上聊天，陪孩子走过一生中重要的时期。现场仇虹豪校长也分享了她和女儿相处的温馨点滴，正如仇校长所言：“让我们的更年期变成再一次的青春期，让青春之戈变成青春之歌！”

下编　家校合育的教育与实践探索

第五章　家校合育的积极成效

第一节　家校合育对于学生成长的积极推动作用

家校合育的模式拓展了学生的学习空间和时间,让学生拥有更加广阔的视野。经常与学校保持联系的家长对他们的子女发出了这样的信息:我们关注教育的价值,愿意为孩子提供学习方面的建议和帮助。这使得子女在逐渐成熟的过程中能在自我教育中做出更为明智的决定。

父母对教学活动的参与,还能避免子女在学习能力方面受到低估而不能发挥全部潜力的问题。当家长参与孩子的学校教育和社区教育时,学生可以获得更高的学习等级和更好的学习成绩。学生出勤率提高,完成作业的情况有所好转,需要参加补习班的学生越来越少,在学校中表现出更加积极的态度。同时,学校也拥有更高的毕业率和升学率。

家长义工是家校合育中一个重要的环节,义工精神不仅体现了一所学校的服务精神和正能量,更重要的是在奉献大格局中成长的孩子,会更加关注社会、参与公益,这对孩子未来核心素养的培养具有重要的意义。实验东校目前有 8 类家长义工:交通义工、快乐厨房义工、图书馆义工、儿童乐园义工、爱心晚托班义工、心理义工、故事妈妈志愿者和家长讲师志愿者。他们活跃在学校的图书馆、儿童乐园、心理咨询室等孩子们需要的地方。每天上学放学时,校门口也少不了他们为孩子们保驾护航的身影。义工家长和老师学生一起走向公益,为云南孩子捐赠图书、援藏援疆捐衣、为儿童医学中心白血病的孩子捐发、为大理山区的孩子圆了书画梦想等。

从家长教育资源库中,学校开发出中学部“家长大讲堂”、小学部“微型课程”,每学期一次。学校和家委会组织家长走进课堂,为师生介绍所从事的行业及自己擅长的领域,让学生了解更加真实的社会。2016 年,仅中学部就开出营养卫生、环境保护、学生心理等 20 余门“微型课”,全部由家长主讲。每学期的“家长大讲堂”“微型课程”都成了学生特别期盼的课程。到目前为止,家长进课堂已成功开设 8 年,形成了系列课程。

此外,家长还参与设计、实施校内外活动方案,他们活跃在学校食堂、图书馆、心理室甚至课程办公室中。以图书馆义工为例,该活动实施 5 年来,已有一支由 269 位家长组成的稳定的义工队伍,他们与图书馆职工一起制订每学期图书馆开放方案,协助图书馆老师管理阅览室和图书整理工作;定期举办志愿者沙龙,交流经验。

同时,家长深入课堂,担任故事妈妈、烹饪教师,陶冶学生的情感世界。烹饪活动实践了美国教育家杜威“教育即生活、学校即社会”的主张,以及他所提出的“以儿童为中心、以经验为中心、以活动为中心”的教育理念,真正以学生的兴趣和爱好为基础,顺应人的发展需求,帮助学生认识了生活,体验了生活。家委会组织一群“故事妈妈”,创立故事妈妈系列课程,在快乐活动课上,她们为孩子们讲故事,带领孩子们探讨故事深意。学校不仅关注孩子们认知能力的发展和正确价值观的形成,也非常重视孩子们的生活教育。学校积极搭建平台,在食堂改建了一个大型烹饪教室,一共 8 个灶台,供孩子们实践与体验生活。家委会生活部义工团成员亲自担任孩子们的烹饪指导教师,从对油盐酱醋的认识到食材的选择,再到烹制出一份色香味俱佳的菜肴,义工团的妈妈们全程给予精心指导。孩子们在围着“三尺灶台”不亦乐乎的忙碌过程中,获得了最直接的生活实践机会,拓展了认知能力。

校园安全是家长和学校共同关注的生命线。学校和家委会公益部一起,组织家长在上学、放学的高峰时段,在校门口进行交通疏导;每天中午的儿童乐园也有义工家长维护秩序确保学生安全的身影。“双减”政策之前,放学后校园内总有一些无法按时回家的同学,义工家长每天陪伴他们一直到 5 点。

这些都是家校合育模式下,学生普遍感受到的关怀与成长。除此以外,对于个别特殊的孩子,学校和家长还会给予专门的引导和关心,使得每一个孩子既能在一个有爱的环境中共同成长,又能自主地朝着个性化方向发展。表 5 - 1、表 5 - 2 是在家校合育过程中实验东校教师陈梅青和胡宜海精心记录的成长案例。

表 5 - 1 班级学生家庭教育情况素材表

姓名	陈梅青	班级	八(6)班
本班家庭教育总体优势	八(6)班这个中队成立至今已有两年。这两年来,班级形成了良好的班风和学风,创建了属于 6 班的特有的班级文化,每个同学身上都带有 6 班所特有的班魂,即自信、合作、务实、奋进,也取得了一些成绩,如班级荣获市先进集体,但最大的收获是班级同学有很强的班级荣誉感和归属感,能为班级奉献自己的一份力。这背后家庭教育的作用不可小觑,现总结班级中家庭教育的优势: 1. 父母以身作则,做孩子的榜样,家庭的意见保持一致,家庭和睦。 2. 营造家庭学习气氛,培养孩子自觉学习习惯。 3. 培养孩子的兴趣。 4. 遇事不急躁,学会倾听,处罚孩子要适当,积极引导孩子,做孩子的好朋友。 5. 尊敬老师,积极配合学校完成事情。 6. 多看看家庭教育的书籍,共同建立一个学习型家庭。		

（续表）

姓名	陈梅青	班级	八(6)班
本班家庭教育总体不足	1. 有的家长的想法比较偏执，潜移默化地影响了孩子。 2. 有的家长比较多地关注孩子的学习，而忽略了对孩子做人方面的培养，也造成了孩子认为只要成绩好，其他不重要的想法。 3. 家长成员之间的想法不统一，孩子容易钻空子，尤其是家里老年人太过于溺爱，所以家长要善于处理成员之间的关系。 4. 家长应该更多地培养孩子的人格，教育孩子成为阳光、善良、大度的好少年。		
本班优秀家庭教育案例	孩子是每一位父母心中的宝贝，我们都盼望着他们茁壮地成长。在教育孩子的过程中，除了老师之外，父母也扮演着重要的角色。作为家长除了给予孩子良好的学习环境、营造适合学习的氛围，还需要在旁边关注、期盼和守望。很幸运我的孩子自小学一年级开始就在上海市实验学校东校读书，现在已经是八年级的学生了。他的母校上海市实验学校东校从创办初期的三十几个学生，到今天在校就读的人数已经近3000人，东校文化“进步每一天，成长每一天，快乐每一天”，深深影响着在校的每一位学子，上海市实验学校东校已是远近闻名的学校。在这短短的十年时间，我亲眼见证了这座名校的崛起与传奇，在中国现行教育体制下的学校，能用十年时间跻身于上海乃至国内的名校，成为上海碧云国际社区的一座著名的文化地标，真心为孩子感到幸运、荣耀与骄傲。 我有幸参加过几次八(6)班的集体活动，如一年一度大型的实验东校爱心节活动，特别是由家委会成员组织的一场外出亲子拓展活动，近距离地接触了一大批优秀的年轻父母，深深地被他们为孩子们的付出所打动，同时也深刻地体会到八(6)班这批孩子之所以优秀，源于他们的原始家庭里有一对合格的父母，有一批让孩子终身受益的人生第一位老师。 孩子们来自不同的家庭，父母的背景和经历各不相同，家庭教育的出发点不同，对孩子的要求不同，父母陪伴的程度不同，所以结果不尽相同。家庭教育有它的共性，但也有它的个性，那就是家庭属性。每个人的成长和经历是不尽相同的，所以在这里我只想与大家共同探讨培养孩子成长方面的共性与感悟。 一、爱别人的能力 今天的中国物质富足，社会进步，特别是当今中国的孩子集万千宠爱于一身，但是我个人却观察到中国的孩子爱别人的能力相对较差，即使是学习成绩很好的孩子，能主动关心别人的也很少。我因为从事教育工作的原因，十年来工作在第一线，每天接触的孩子非常多，我发现现在的孩子关心自己远远超过关心他人。在公共场所，包括地铁上，你会发现主动让座的孩子会很少，父母或是爷爷奶奶宁可自己站着也要让孩子坐着。家长是孩子的引导者，是镜子，是旗帜，父母应该言传身教，懂爱、彼此相爱，并爱对方的家人，相信这对孩子健全人格的塑造是有帮助的。对孩子爱的能力的培养，我认为是家庭教育的首要问题。 二、发现美的能力 生命是一场旅行，人们匆匆向前行，父母给孩子勾画了很清晰的人生目标，因此孩子很用功地朝着那个方向努力，但经常会忽略身边美好的人和美好的事，以及在生命过程中那些重要的人生时刻的情感表达。家庭教育中孩子对身边美的发现是一种能力，很多年轻的父母会认为报名去学习芭蕾舞、绘画班、朗诵或者戏曲表演，只有这样才走进了艺术，走进了美。可我个人认为，家庭教育关于美的熏陶和培养可以从每天的生活点滴开始，比如带着爱心为家人做一顿可口的早餐，打理自家的美丽庭院，热爱小动物……让美丽的心情陪伴，你会发现美就在你的身边，与金钱无关。		

（续表）

姓名	陈梅青	班级	八(6)班
本班优秀家庭教育案例	三、学会勇敢与担当 今天中国的孩子都是父母的宝贝,大家会发现今天的男孩似乎少了些阳刚之气,自古以来有许多的词用来形容男孩,比如男儿当自强、好男儿志在四方等。如果男孩和女孩用一个最简单的标准区分,这个标志就应该是“勇敢与担当”。大到一个国家,小到一个家庭,每个男孩长大成人,从小处讲是家里的顶梁柱,从大处讲是国家的栋梁之材。家中有“男人”的父母真的应该好好反思一下,我们的勇敢与担当教育是不是缺失了。 四、阅读习惯的养成 记得我们小时候,当时的中国还是比较封闭的,文化娱乐活动也比较少,爱阅读的人有很多。今天的孩子们面临的外面诱惑太多,互联网、游戏、电子产品充斥着孩子的生活,所以培养孩子们阅读的习惯有些困难了。新媒体的出现确实也让孩子们的阅读方式有了多样的选择,比如听小说、看电视朗读节目等,无形中增加了孩子们阅读的机会,积累了孩子的词汇量,同时也大大提高了孩子们的写作能力和口头表达能力。因此,年轻的家长朋友们一味地让孩子拒绝电子产品,我个人认为是有待商榷的,关键是如何合理运用。 五、用心的陪伴 随着孩子慢慢地长大,我们会发现孩子不太愿意把内心的小秘密与爸爸妈妈分享,曾经可爱的宝贝已经渐渐长大,离我们远去。这时父母会有很大的失落感。其实用心的陪伴与时间无关,无论父母再忙再累,都应该把心系在孩子身上,用心的陪伴一定会变成孩子永恒的记忆,渗透在孩子的生命里。父母用心的爱是世界上最好的教育,以尊重为前提的爱是世界上最永恒的爱。有规律地生活、学会倾听、乐于助人、尊重别人、与人分享,这是一个孩子长大成人立足于社会需要解决的首要问题,也是家庭教育的根本意义所在。 六、多给孩子一些表扬和鼓励 多给孩子欣赏的目光,有利于培养孩子良好的道德行为习惯和品质,有利于增强父母对孩子的信任。多给孩子欣赏的目光,就会看到孩子与众不同的长处和优点,看到他的一点点进步,一定要肯定他,并加以表扬和鼓励,耐心引导他,并以实际行动支持他,孩子就会把自己的优点发扬光大,这一点是很必要的。 七、加强与班主任的沟通和联系 经常向班主任了解孩子在校的表现,家长也可以将孩子的点滴进步向班主任汇报,这样便于和班主任沟通。坚持做到每天看一看孩子的作业本,定期了解孩子在校听课、发言、劳动等各方面的情况。孩子是否能健康成长,不断进步,作为家长善于发现孩子的优缺点很重要,而主动沟通是关键,加强家校合作、共促孩子成长。 八、不要轻易对孩子发火 经常对孩子发火,会出现两种结果:一是他已经习以为常了,觉得你发火没什么大不了的;二是会使他胆小而惧怕你,使他对你望而却步。如果家长经常发火,他就会报喜不报忧,家长就了解不到孩子的真实情况,这样教育起来就会被动。做一个有远见的家长,过程比结果重要,有了完美的过程,才会有无憾的结果。所以说,养育孩子,其实是父母的一场自我修行。在养育孩子的过程中,父母也要不断修剪自己生命的枝叶,最终圆满自己的人生,实现和孩子的共同成长。		

（续表）

姓名	陈梅青	班级	八(6)班
本班优秀家庭教育案例	美国著名心理学家威廉·詹姆士说过:“播下一个行动,收获一种习惯,播下一种习惯,收获一种性格,播下一种性格,收获一种命运。”人的习惯一旦养成,就会成为一种潜移默化的力量,对人的身体、思维和行为产生各种各样的影响。习惯不是小问题,它反映着一个人的修养与素质,在很大程度上决定着一个人的工作效率和生活质量,进而影响他一生的成功与幸福。孩子是父母一生的作品,每个孩子来到世上都是一张白纸,是父母在这张白纸上勾画、联想、描绘着孩子们的人生蓝图。其实孩子不属于父母,他们属于自己,属于他们的那个时代,他们应该拥有自己的人生和未来。天下父母与孩子共度的那段时光是父母与孩子彼此生命中的一次相遇,如果父母爱自己的孩子,就请放手,让他们自己去飞翔,自己去经历,自己去成长。 “天生我材必有用。”——无论孩子们的未来在哪里?请无条件地爱我们的孩子。 素材来自八(6)班家委会及董驿纶妈妈		

表5-2　班级学生家庭教育情况素材表

姓名	胡宜海	班级	六(2)班
本班家庭教育总体优势	——多攒一点耐心 因为把家访当成课堂,课堂上老师们往往需要循循善诱,所以我的做法就是家访的时候控制节奏,慢一点,平时一天只跑一家,周末一天不超过五家。因为时间准备充裕,所以还是能静下心来倾听学生、家长的需求,自己也能够有层次地先谈初中的习惯,再谈班级的文化创建,再到具体事务性工作,这个过程中的每个环节都要求学生抓住要点复述,既锻炼学生静心聆听的习惯,也能让学生对新的学习生活有清晰的认识。 ——多要一项作业 家访是课堂的延伸,也需要关注有效性。因此,我在家访离开时,让学生也给我回一封信。通过他们的回信,我可以进一步了解他们此次家访的内心所想,这样自己也可以更多地了解学生和家长心中所想,为开学的教学打下基础。实践下来,这种模式收效颇大,最受学生和家长的欢迎,很多家庭都将这封信保存了起来。特别是不少学生回信及时,并且有的能写2000字以上的回信。 ——多设一个平台 家访成为课堂,课堂应该是多层面的交流,不只是听和讲,所以多设一个平台。前几年比较流行的是飞信沟通,因为方便将类似的信息发给几十位学生家长,而如今微信沟通日趋热门,主要原因是这种一对一的联系更为便捷,同时老师和家长也可以互发照片等。这次家访,也为家长们建立了微信群,家访后也能及时和家长沟通,让家访延伸到生活中。 ——多学一种理念 家访是课堂,课堂要求创新,所以我家访的过程中,总是征询周围老师的意见,对自己有更高的要求,力争把事情做好。其间得到校领导和老师们的帮助与提醒,真心谢谢你们,特别是王校长的“打开兴趣”一说,让我豁然开朗。我在随后的家访中一一实践,得到学生和家长的频频认同。 ——多出一份气力 既然是把家访当成课堂,那么上一堂课前少不了准备教案,所以我特别为家访做了很多先期的准备:为每位新生写了一封信,虽然是打印出来的,但信的抬头和信的落款都是我用水笔书写的。这封信强调静心阅读的习惯、勤于阅读的习惯和阅读积累的习惯。家访时,我会让孩子先在一边细读这封信,同时和家长交流学生的情况,过些时候让孩子复述信中的内容,考查学生的静心情况。		

（续表）

姓名	胡宜海	班级	六(2)班
本班家庭教育总体不足	利用放寒假的机会，走访了班级中几个离婚家庭，通过与家长、孩子的接触与沟通，走进了这些孩子的心灵深处，结合他们在校的表现有了以下的收获与想法。 孩子的身心发展因抚养人的不同而产生差异。走访的家庭中包括以下一些情况：由父亲抚养者，因为父亲忙于工作，生活往往简单化，因而孩子得不到应有的关心和照顾。由母亲抚养者，虽然可以在生活上得到细腻的照顾，但是没有父亲的影响，心理上总不免产生缺陷。由祖父母抚养者，因祖辈们年老体弱和文化观念上的局限性，孩子得不到智力上的引导和个性上的发展。 这些孩子在班级中表现为心境忧郁，性格孤僻，多数沉默寡言，情绪低沉，害怕与人交往，担心在与人交往中，别人会问起他父母的情况。当他们看到别人家庭和睦团圆时，心情更加压抑，感情更加脆弱，心灵上的创伤加剧，这样就使他们的言谈举止失常，甚至出现心理变态，一旦遭到家长批评，或内心不满家长的所作所为，性格较为偏激。 自由散漫、进取心差，在正常家庭的孩子身上虽然也时有表现，但是在父母离婚的孩子中表现得更加明显。他们由于缺乏家庭的温暖，缺乏父母的“严爱”，也缺乏双亲的言传身教，往往处于放任自流的状态，组织纪律性较差，学习成绩下降，对集体活动漠不关心，常常一人独自行事。		
本班优秀家庭教育案例	针对特殊学生的家庭教育： 第一，建立离异家庭学生档案。从学生入学起，班级就开始建立单亲家庭学生的个人档案，加强对他们的学习、生活、心理、行为和家庭情况的了解、跟踪，并详加记载。 第二，用爱心抚慰创伤。在对他们的教育中，班主任要充满爱心，要具有一定的心理学基础，有较强的自我控制与忍耐能力。 第三，用友情弥补亲情。单亲家庭学生所处的环境，特别是他们每日每时所生活的班集体的班风和同学之间的良好关系对他们来说非常重要。这会让他们感到生活充满阳光，感到自己在不幸之中，又特别幸运。 第四，创造活动环境，用鼓励消除自卑。班主任帮助他们正确认识这一社会现象：父母的事由他们自己去处理，孩子无法左右家庭。同时，要创造活动的环境，积极鼓励单亲家庭学生参加班集体组织的各项活动和社会活动。 第五，用积极的心态面对生活。班主任要对他们进行人生观和生活目的教育，提高他们对理想、前途的认识，并且一事一教育一引导，转变就表扬，达不到要求就再交流、再谈心，做到常提醒、多鼓励、多方面启迪。 第六，形成学校、家庭、社会教育网络。班主任要积极倡导学生参加社区教育活动，把单亲家庭学生在社会上的情况也掌握起来。		

在家校合育的模式下，教育观念、内容、方法和评价体系创新方面不断优化，校本课程的选择性也在进一步扩大，同时现代信息网络技术在教育教学活动中发挥了更大的作用。因此，学生思想品德、国际视野、学会学习能力、探究能力、创新能力显著提升，创新型学生的培养水平显著提高，学校教育体现和谐、灵活、多样的特点。在这样的教育环境中，学生得到全面而又自由的发展，成为“乐群、博雅、尚美、善思”的富有潜质的阳光少年。

第二节　家校合育对于教师发展的教育实践价值

学校在校长室领导下，学生处(教导处)、年级组、班主任组成德育管理团队，专设家校社沟通员一名，直选产生的三级家委会对接班主任、年级组、学校，在这一过程中，教师能够更加充分地开展德育工作。

学校、家长、社会既泾渭分明、各负其责，又协同助力、同向而行，这样的家校共育才能更好地助力孩子健康成长、全面发展。尤其是家长和学校在育人观上基本达成统一，比如教师不做“甩手掌柜”，家长不是“编外教师”。教师、学生及家长有共识，教书育人是教师的基本职责，教师不把自己应该承担的任务布置给家长，比如要求家长批改作业等。每个学期的家长问卷中，教师的教育教学满意率均达96%以上，班主任的满意度可达到98%。满意度反映了家长对学校、对教师的认可程度。

学校的主体是教师和学生，各级家委会、社区为学校和学生发展助力，不越界干涉学校人事安排、班级编排等事务。从教师角度来看，教师将亲师之间的关系状态带到师生交往中，这种状态既影响自身，又作用于学生。因为教师在儿童的学校生活中具有主导性，在儿童的心理世界中具有不可忽视的影响。儿童对自身、对学校和学习的情感体验在相当程度上受其教师关系的影响。儿童会由于教师的亲近、关怀、鼓励而高兴、自信、活跃，也会由于教师的疏远、拒绝、冷淡而沮丧、自卑。一些干预实验表明，教师的行为直接影响儿童心理健康的维护与促进。

不仅如此，教师在亲子关系中也同样具有重要影响力。从表面上看，亲子关系发生在家庭内部，与教师没关系，但是因为亲师关系的纽带正是学生，由于施教关系是重叠的，所以教师对青少年或亲子关系也就产生一定的影响。首先，教师对青少年在学校里的表现评价是亲子交往的背景。家长要想了解孩子在校的表现，教师是最重要的信息来源。教师对青少年认知、社会性、行为发展等方面的评价是家长判断青少年发展、对青少年进行相应教育的依据。教师对青少年的积极评价将为家庭的亲子互动带来正面影响，而教师对青少年的消极评价往往可能引起家庭中亲子之间的负面冲突。当教师只是简单地通报青少年的表现，甚至更多地集中于青少年种种不良表现时，家长对青少年发展的了解有可能受到误导，看不到青少年所具有的优点和取得的进步，也不了解问题的成因，由此易对青少年采取简单粗暴的批评、训斥甚至打骂。这不仅会恶化亲子关系，而且青少年可能因此对教师产生误解和敌意，进一步使师生关系恶化，完全背离了教师在亲子关系中应有的积极作用。

通过良好的师生关系，教师可以对不良亲子关系及其对青少年的消极影响起到一定的弥补作用。师生关系和亲子关系虽然在性质上具有很大的差异，但从青少年的角度来看，二者均为成人—青少年的纵向人际关系，具有一定共性。教师和家长都可以成为青少年的依恋对象，可以被信任、依靠，并且有能力为青少年提供物质性、工具性和情感性的支持。相反,亲子关系也会不同程度地影响师生关系。一些研究发现,师生关系的质量与青少年早期的亲子关系质量存在一定的联系。教师、家长和青少年的关系构成了一种特殊的三角关系。对于青少年来说,教师是具有影响力的权威;对于家长来说,教师是儿童教育的专家,在青少年教育方面具备一定的优势,能为家长提供教育青少年的信息和策略上的帮助。

2022 年,学校基本上建成生态型学校、创新型学校,努力使每一个师生的潜能都得到开发,课堂教学能更好地促进学生的个性发展,课程建设开发水平迈入浦东新区先进行列,形成教师合作型学习新团队。团队学习理念得到确立,在各学段、分部和部门呈现特色发展格局;各工作团队如干部团队、教研组、年级组、班主任、青年社等目标明确,合作学习、创新有为,特色鲜明。

第三节　家校合育对于家长教育的思想理念提升

在家校合育中,学生们在学习成长的过程中有了进步和发展,教师们在教学过程中得到了更多资源和锻炼,家长们也加深了对教育的理解,升华了教育理念。

随着家校合育的进一步加深,家长和老师之间的关系步入良性循环的轨道。

青少年的发展是受家庭和家庭以外因素的交互作用影响的。青少年并不像是没有生命的黏土,可以由雕塑家把它塑造和磨光,而是父母与青少年双方交互塑造、交互影响和作用的过程。也就是说,他们之间是一种“同步性”的协调交互作用。在此过程中,他们常常没有意识到,实际上却在相互配合对方的行为。在父母与青少年之间的交流中所出现的转折,反映了父母与青少年之间关系的交互性和同步性的本质。在同步性的关系中,父母与青少年之间的交互作用就像跳舞或对话一样,彼此一系列的行为都是协同的。这种协同的舞蹈或对话可能是完全同步的形式,也可能在更为准确的意义上表现出交互性。他们彼此的行为可能是一致的,也可能是相悖的。

在亲师互动中,教师对某学生言行的评价和态度,家长会将这些信息和内容贯穿于亲子交流中,这一状态和行为必然引起孩子的行为反应。比如,开家长会时教师建议家长不要因孩子考试成绩不好而打孩子,第二天老师与学生交流,发现被打的孩子很少,学生情绪比较积极,行为主动,没有沮丧的表情。在亲师系统中,亲师的关系、亲师互动的方式和青少年行为都可能会对彼此产生直接或间接的影响。

这些理念的强化不是通过说教和讲授实现的,更主要的是在具体活动中体悟和感受。义工活动以及家长社团活动是家长们与学校进行关联的主要组织内容。在义工活动中,家长们了解学校建设以及运转的方方面面,懂得孩子与自己当初受教育环境的不同,切身感受到如今教育发展的新趋势。在家长社团活动中,家长们积极参加各类生动有趣的活动,相互了解认识。通过交流和沟通,家长们增加了凝聚力和认同感,孩子们也在班级中更好地交流与合作。

家校合育最重要的，就是让家长们加深对教育理念中以身作则的理解，知道孩子在学校中面对的是一个什么样的环境，以及如何真正地根据孩子的个性来要求，在融入集体的同时实现个性发展。学生在校期间的安全是所有家长牵心的问题，实验东校就把类似工作监管权、决定权交给家委会，充分听取家长们的意见。校园安全的重点是保障校门口接送高峰期的秩序井然和师生的人身安全。

每个上学的日子里，早晨7:10—8:15和下午2:30—4:10是所有学校门口的人流高峰期，实验东校也是如此。在校师生近3000人要在1小时内进出校园。为了保障校园安全，学校采取了以下举措：第一，人车分流。学校为了保障行人的安全，实行了人车分流制度，要求所有车辆从明月路校门进入校园，行人从黑松路校门进入校园，避免人车混行；第二，分学段分时段进出校。为了缓解出入校高峰的拥挤现象，学校在管理制度上也对在校学生进出校园时间落实了分流管理。要求小学学段学生在上午8:15分前进入校园，下午离校时间也比中学学段要早30分钟。

分流管理制度执行之后，师生进出校门的人流压力减小，可仍存在一个严重的问题：学校门口的黑松路是一条4车道双向道路，非交通高峰期的时候车辆通行顺畅，可一到接送孩子的固定时间，道路就拥堵不堪。有的家长为了孩子下车进校门方便，便违章逆向行驶到校门口才驶离，有的家长送完孩子后，车辆原地掉头，造成道路交通严重堵塞，校门口的人行横道线也无法保障孩子的安全。为解决这一问题，学校和家委会通力合作发挥了重要的协同作用。

家校合作干预进出校园交通安全机制包括以下几个内容。

第一，明确社团宗旨。面对此情况，校家委会公益部有关成员配合学校共同发布《致全体家长的一封信》，要求开车的家长遵守交通规则，注意对学生避让，此一项于2012年开始推行。2013年5月，家委会社团部组织成立了家长交通义工社团。社团的宗旨是：维护校门口黑松路的交通秩序和学生安全，为孩子安全进出校园“保驾护航”。

第二，初步建立轮值制度。最初，社团是由全校几十名爱心家长以轮值方式排班，在每天上下学高峰时段配合社区交通协管员疏导交通，引导家长遵守交通规则、有序停车、安全行驶。通过校家委会和各年级家委会的支持配合，社团通过学校、年级、班级三级网络扩大宣传和培训，所倡导的服务理念也被越来越多的家长所认同，参与的爱心家长也越来越多。社团部每学期都会事先制订工作计划，安排好每周的年级轮值，及时报道执勤中的感人事迹。

第三，规范《东校交通义工执勤规则》。随着交通义工执勤的常态化实施，校家委会和学校共同商定了《东校交通义工执勤规则》。因此，无论刮风下雨或者酷暑严寒，每天的上下学时间段，东校门前指挥交通的身穿荧光背心的家长义工们都成为一道亮丽的社区风景线。社团的义工们不仅参与执勤，还主动承担了学校、年级、班级交通义工的宣传、组织和培训带教等工作。社团在服务推进中不断规范化，建立了完善的组织架构和章程，逐渐成长为系统性、计划性和可持续发展的志愿者社团，积累了宝贵的服务经验并得以在区内推广，并获得花木街道“十佳优秀志愿者服务组织”等荣誉。

家长们除了在安全交通方面，给孩子们树立了一个遵守规则的榜样，在艺术活动方面也能够积极地展现自己，让孩子们看到父母的风采。实验东校家长合唱团自成立以来，在校领导、校大队部、校家委会的关心下，团员规模不断壮大，目前在册人数接近 200 人，每周在专业指挥和钢琴老师的带领下积极训练，不断提升自身音乐素养和合唱技能，同时增进了团员之间的合作，合唱团的气氛和谐，如同一家人。

每逢学校的重要活动，合唱团都会以最佳状态为全校师生演出，成为一道亮丽的风景线。在历次大型活动，如实验东校爱心节和感恩答谢年会上，都能看到合唱团活跃的身影和卓越的表现。现在，实验东校家长合唱团已经是学校一张有口碑、有实力的名片，积极参与各项活动，为社区、学校赢得了好声誉好口碑，带来了正能量。这些来自不同行业、不同岗位的爸爸妈妈们，不仅事业成功、家庭和睦，并且在合唱中感受到音乐带来的美与和谐，张弛有道，将生活事业变得更加美好。

合唱团现任团长李彦赛后接受了记者的采访，家委会前任主席米晓军先生、合唱团前任团长刘安先生也都接受了采访。实验东校自建校以来，家校合作硕果累累，亲子合唱团就是其中一个特别成功的团队。现今演出阵容强大，不仅集合了新老团员，更有家委会的米主席、教育部的凌怡女士、大队部的许可老师、前团长刘安先生，大力支持合唱团的演出。这是沪上第一支亲子家长合唱团，也将会成为全国最优秀的家长合唱团队之一。

合唱队的成员们在舞台上展现自己的风采，他们在舞台下也有着自己的故事。

有的作为音乐爱好者，闻有歌唱，欣然加入。其中一位曾在人民银行工作近 10 年、现在萧山农商银行负责上海业务的娃爸，以下是他的参与感言：“首先，我很幸运，加入没多久，就随团出征，参加市，区两级市民合唱大赛复赛决赛；其次，我很自豪，加入没多久，合唱团就取得不俗战绩，更是创造多项第一，为《解放日报》等多家沪上媒体报道，成绩有目共睹；最后，我很开心，合唱团内部氛围好，新老团员交流顺畅，骨干团员古道热肠，丰富了业余生活，也找到了归属感。”

有的怀揣着对音乐的向往，本着学习进步的目标，有幸成为实验东校家长合唱团的一名新兵。以下是其中一位参与者的感言：“甫一加入，我就能参加到备战市歌唱大赛决赛的队伍中，在紧锣密鼓的训练里，感受到了家长们积极向上的精神面貌，不断追求卓越，团结友爱的乐团氛围，再一次感受到了组织的温暖。跳出人生的窠臼，不断突破自我，实现自我进步。”

也有的抱着和孩子共同成长的初衷加入合唱团，经过大赛的历练，收获了家庭和工作之外的欢乐；有的平时喜爱唱歌，虽然没有合唱团经验，但为了让孩子尽快融入实验东校的大家庭并让其感受音乐之魅力，积极参加合唱活动；还有的把实验东校合唱团看作一个让她惊喜的组织。因为她可以在排练的时间里,没有工作的压力,忘却家庭事务的烦琐,回归自我。

站在舞台上表演,看到自己的父母神采奕奕,展现出跟平时不一样的风貌,孩子们心中也扬起了斗志和艺术的激情。最后,全团进行了一次亲子活动,活动增进了彼此的了解、加深了印象。有些新团员是刚加入东校一年级的新生家长,就积极投入紧张的排练参加比赛,跟着全团取得好名次。对于他们来说,也是一次非常开心激动的经历。

第四节 家校合育对于社区建设的教育实践帮助

随着教育合作交流进一步加强,我校形成家校社联动的融合新格局。学校开放度和国际化水平明显提高,家长、社区和学校的互动交往更为频繁和有效,教育活力和生态效益不断增强。学校形成各学段教育纵向衔接,与社会、家庭横向联动更加融洽,在原来合作的基础上,开创学生教育资源和谐开发和循环再生的良好局面。

学校积极与社区合作,以开放共享的态度,为社区的和谐发展提供各种资源、平台以及人员支持,促进社区的发展。蓝天爱心桥、花木明月居委会、碧云二居、碧云一居等社区都与实验东校有着密切的联系。

一、带头抗疫,引领社区志愿活动

面对来势汹汹的疫情,实验东校教师秉持着"把初心落在行动上,把使命担在肩膀上"的理念,积极参与疫情防控攻坚战,扎实做好疫情防控工作,让党旗在防控疫情斗争第一线高高飘扬。自新冠肺炎疫情发生以来,学校与蓝天居委会共建爱心单位,志愿者们纷纷穿上红马甲、套上红袖标,在小区上岗,投身抗击疫情一线。各单位党员、志愿者组成多支队伍,协助社区开展体温测量、居民疏导、出入登记等工作,还帮助不便外出的居民提供上门理发、送快递、送生活用品等暖心服务,大家通过群防群治,建起一道共同抗击疫情的"防火墙"。

实验东校在党总支书记仇校长的带领下,由学校教师代表康逸红统一部署,立即成立了疫情防控志愿者小组。大家主动请缨、勇于担当,积极参加社区志愿者服务工作,与居委会社会工作者、小区保安一起参与社区防控执勤,落实疫情防控措施。严格按照志愿者值班安排,从早上 8 点到 17 点,志愿者坚守在蓝天居委会辖区的三个小区执勤点上,认真做好出入人员排查登记和测量体温工作,积极开展社区居民防疫工作,并配合居委会做好对境外回沪隔离人员群内的管理应对工作。

位于金桥爱建园小区对面的"诗芙尔护肤造型"主动要求加入志愿者队伍,为小区的高龄独居老人提供上门免费理发服务。她们的负责人说:"我们也是致力于为社区做公益的,特别是疫情特殊时期。目前居民不能外出到人员密集的地方,我们可以实行预约的方式,让居民在指定时间来理发,这样可以避免人多密集的现象。对于一些行动不便的高龄老人,我们还可以上门服务。”

特殊时期，志愿者小组考虑到独居高龄老人们很长时间没有出门，头发也很久没有理了，同共建单位商议后，决定为老人提供上门理发服务。诗芙尼派出两位年轻的理发师带着一片热忱之心到老人家中提供免费理发服务。老人们看到志愿者和社会工作者都非常高兴，纷纷表示：“确实是很久没有出门理发了，真是想到我们心中了，还提供免费上门服务，真的太感动，太暖心了。”

理发结束，老人们纷纷表示：“我们今天真是太高兴了，疫情特殊时期，足不出户还能享受到这么暖心的服务，既开心又感动！”

上海科技馆面对疫情防控，也积极主动地派出了党员志愿者加入蓝天居委会抗击疫情，四位志愿者在蓝天居委会爱建园北门快递临时堆放点整理快递。面对许许多多的快递物品，她们按照40个楼道进行分类整理，主动为居民送货上门，并且对小区居民宣传疫情防护相关知识。她们说：“面对新冠病毒防治，需要每个人的参与，我们应该贡献出自己的力量，即使力量渺小，也应该勇敢地为疫情保卫战尽一份力。”在关键时刻，一切听从党指挥，这是党员的责任和义务。情况越是危急，党员越要不畏艰险，大事难事见担当，危难时刻显本色，这就是中国共产党员。虽然身处疫情之中，但疫情阻挡不了她们为大家服务的热情。

面对疫情，嘉庚学社心系家园，将志愿服务落到实际行动上，积极投身志愿行列、捐物等活动，风雨同舟，同心抗“疫”。嘉庚学社创办人，海外华侨姚媚以身作则，积极参加蓝天志愿者疫情阻击队。她主动请缨，自愿加入这场战“疫”中，勇敢站到一线，守护社区安全防线，在百忙之中每天抽出两小时到门岗执勤。嘉庚学社积极践行习近平总书记“社区是防控的第一道防线”的重要指示精神，用行动坚守小区疫情第一线，凝聚人心，振奋精神，共抗疫情。

位于碧云路白桦路口的链家地产门店也积极响应号召，加入蓝天志愿者疫情阻击志愿者队伍。店内工作人员到各小区执勤、站岗、测温、理快递等，与全体居民共同面对疫情挑战，发挥民营企业党组织的模范带头作用，助力打赢防疫阻击战。

链家地产陈经理说：“团结是铁，团结是钢，团结就是力量。团结是中华民族战胜前进道路上一切风险挑战、不断从胜利走向新的胜利的重要保证。特殊时期，链家地产愿意与蓝天居委会的居民们携手一起抗击这场突如其来的防控疫情攻坚战。”西装革履的房屋中介员摇身一变，成为手持测温枪，身着红坎肩的疫情防控志愿者，这是链家地产员工为支持社区疫情防控工作而实现的华丽转身。在社区值岗过程中，链家人严格落实各个环节，认真做好出入居民信息登记、体温测量等工作，向居民宣传卫生防疫知识，用实际行动传递着爱和温暖。链家，连接千万家，链家人正在与全体居民一起唱响战疫之歌，构筑起群防群治的铜墙铁壁。

一个支部就是一座堡垒，一名党员就是一面旗帜。防控疫情，还有不少难关要闯，有不少硬骨头要啃，实验东校党总支充分发挥基层党组织的战斗堡垒作用、广大党员的先锋模范作用，把责任扛起来，把标杆立起来，全面落实联防联控措施，构筑起群防群治的严密防线。

二、提供场地，促进社区文化交流共建

社区文化体育建设是社区建设不容忽视的一环，通过举办体育活动，不仅能够丰富居民生活，还能够加强各个社区之间的互动与交流，形成良好的社区氛围。

蓝天居委会以足球为纽带，和“小赛虎”足球教育联合承办，在花木辖区内招募少儿足球队，让社区的孩子们能够多接触自然、接触户外运动，认识更多的社区小伙伴。这项活动由“小赛虎”足球教育派出专业足球教练，以优秀的教师团队、先进的教育理念，帮助蓝天社区的孩子们提供个性化的足球训练，帮助他们释放个人潜能。活动所使用的场地——黑松路足操场——是实验东校提供的场地。

明月太极健身队来到了实验东校，参加了2018年第一学期第十一届升旗仪式暨第十一届体育文化节闭幕式，作为特邀嘉宾，上台表演了太极功夫扇，获得满堂彩。明月太极健身队有骨干20余人。近十年来，该队前后动员组织了一百余人学习各种套路的太极拳、剑、扇等，大大提高了晨练的质量和兴趣。为了巩固、持续这个态势，明月太极健身队在明月居委会和大家的努力下逐渐完善了组织，并且每年都制订行之有效的健身方案，很多人不仅实现了强身健体，而且为构建和谐社区也贡献了一分力量。

三、宣传党史，加强社区思想凝聚力

2021年7月1日，“奋斗百年路　启航新征程”蓝天居民区党总支庆祝建党100周年七一主题活动在实验东校举行。我们能够朝着社会主义现代化强国奋勇前进，绝对离不开中国共产党的领导。活动以《没有共产党就没有新中国》的舞蹈作为开场，在活动过程中，表彰了2021年度优秀党员志愿者，他们无声无息地传递着正能量，是众多志愿者中的代表。花木街道钦洋社区管理中心党委书记戴萍，钦洋社区副主任、蓝天居民区总支书记陆庆红同志为部分党员颁发在党50年纪念章。

蓝天编织队的老师们编织并献上了党旗，将这面党旗作为宣誓用的党旗，向建党100周年献礼。除此以外，活动还包括由书画社带来的书画展、由民族舞队带来的海派秧歌《吴越弄弦》以及蓝之韵朗诵队所朗诵的《建党100周年奋进新时代》。通过这次活动，大家高举中国特色社会主义伟大旗帜，与时俱进，开拓创新，为推进社区和谐发展，实现中华民族伟大复兴的“中国梦”而努力奋斗，用实际行动向党的生日献礼。

蓝天居委会为实验东校的小学生们请来革命老前辈孙佑民老爷爷——一位叱咤蓝天30多载的新中国老一辈飞行员。他曾参加过解放战争和抗美援朝，驾过13个机种，空中排除重大险情11次，不但保全了飞机，还挽救了战友的生命。他先后十多次立功受奖，中央军委原副主席迟浩田将军曾为他题词“蓝天神鹰”。他的老伴潘庆平是新中国第二批运输机女飞行员，他们合计双飞5000多小时，共同创造了“安全飞行年限最长”和个人“单次飞行排险最多”“月飞行强度最高”三项吉尼斯飞行纪录。

孙爷爷这一生带有传奇色彩的故事让小朋友听得聚精会神。他不仅用自己的成长经历激励着这些少先队员们,而且分享了战斗经验里和成长岁月里提炼出的宝贵人生经验和做人的准则。他毫无保留地分享给了同学们,为青少年的成长之路点燃了一盏明灯。孙爷爷在退休以后,热心于公益事业,以一已之力资助了很多贫困的孩子,圆了他们渴望读书的梦想,为他们的成长铺砖引路,点燃希望的明灯。他的这种胸怀和气魄,还有对于社会的责任感和使命感,感动了实验东校的孩子们,鼓励着他们做一个有责任感的人、有奉献精神的人,心中有爱,代代相传。

四、利用家校课堂,丰富社区家长资源

花木明月居委会在与学校的合作下,建立了明月青少年课堂,旨在为社区小学生提供放学后特色化课堂,打造友爱的社区环境,让社区成为孩子们走出家门和学校后的又一健康和谐生活空间。同时,他们可以在“社区课堂”上吸收多元知识,提高素养学习。

在明月社区“亲子布艺”社区课堂中,一些碎布头、一副针线在老师的巧手下变成了可爱实用的布艺作品。听课的孩子们兴致盎然地积极动手,在专业教师的指导下,设计图样,穿针引线,像模像样地完成了一件件生动有趣的作品。有的是准备送给妈妈的小钱包,有的是可以自己使用的卡套。一盏暖灯,一双上下翻飞的巧手,一件温暖的妈妈牌毛衣,是多少 70 后和 80 后母亲美好的回忆。

孙海燕老师是一名毕业于清华大学五道口金融学院的金融精英。由于热爱编织,她于 2015 年跨界从事手工编织行业,系统学习棒针和钩针的编织技法,目前是一名出色的编织设计师。她在明月居委会的活动室里,举办“妈妈讲故事”青少年课堂。为了让更多的孩子通过手工编织打开创意思路、激发生活热情,孙老师为社区课堂的孩子们精心设计了一堂堂精彩有趣、创意无限的手工编织课程。一些喜欢动手、喜欢创作的孩子们积极地报名参加了这一课堂的学习。

实验东校的另一位妈妈邓涛老师,给同学们讲生命教育绘本故事——《我有友情要出租》。大猩猩觉得很孤单,想找朋友一起玩,它想了个主意,挂起一个广告牌:我有友情要出租。它有没有交到朋友呢?有些孩子会面临大猩猩一样的难题,不知道如何去认识新朋友,也有些孩子像故事里的咪咪一样,会主动结交新朋友,透过绘本让孩子们体会到,“如果我想交朋友,我可以怎么做”。

除此以外,碧云二居将实验东校的获奖作品刊登在暑期见闻系列——优秀作品选登《快乐的暑假》上,碧云一居也为实验东校招生地段内的适龄儿童及家长们开展了“校园开放日”参观活动,通过图片将身边的优质教育资源传递给家长,直观领略实验东校的校园文化和风采,家长们更安心在碧云居住和生活,孩子们的学习生活更便捷。

第六章　家长观念升级拓宽家校合育开放空间

第一节　开放教育理念为家校合育创造契机

无墙,并非指破除有形的学校围墙,而是破除常规思维,打破学校疆界,形成一种开放的教育观念,同时我们赋予“无墙公校”更宽泛更前瞻的含义:公立、公益、学习共同体。

传统的学校教育制度在管理模式上是独立于家长运作的,家校合作的实践活动只是学校安排少量的家长参与活动,家长只是在家里努力促进孩子的学习,而教师更多地专注于学校教学,很少介入学生家庭。这属于美国乔伊斯·爱泼斯坦提出的“分开责任”概念范畴。而现代学校制度建设中的家校合作(或家校社合作)是“分工合作”的关系,是双方(或三方)的“共同责任”,它强调了家庭和学校(还有社会)是相互联系、相互依赖的有机整体,凭借共同经验,通过沟通、合作和互相影响,从传统的指导和被指导的主从关系,转变成为协商、合作、共赢的伙伴关系。学生的学业成就,既取决于自身天赋和努力,也受其所在家庭、学校和社区等主体的影响,且家校社之间持续的、高质量的互动与合作,比单方各自努力会带来更大的动能。开放的家校合作在宏观意义上改善了教育生态环境,推动着教育改革与发展。

在实验东校,家长和学校之间没有一堵厚厚的围墙将两者隔离。学校打开大门,秉持着开放的教育理念,迎接家长共同参与学生的教育管理。其中,很多家长对于学校的开放教育理念是非常认可的,他们积极投身于学校组织的教育活动,为家校合育创造契机。对于一些家长来说,教育理念的转变不是一朝一夕的,因此,为了增强家委会的凝聚力,学校和家委会共同组建家长羽毛球社、足球社,为家长们开设摄影班。在学校里共享学校硬件设施配备的不仅有孩子,还有家长,家长与孩子共享艺术和运动生活,在活动过程中分享教育经验。素质教育是全人的教育,家长对孩子的影响至关重要,家长爱生活,孩子才阳光。家委会也因此百花齐放,增力不断。

中学部的“家长大讲堂”就是借助在某一领域有专长的学生家长之力为中学生开设的微型课程,学生自愿报名参加。小学部的“半日营社会考察活动”是以学生家长的工作单位或家长熟悉的社会场所为考察地,由家委会和班主任共同商议活动方案,带领孩子们接触社会,了解生产中的知识。浦东图书馆、中医博物馆、张江科技园区等都成了孩子们的第二课堂。

此外,学校家委会还主动组织“高年级家长为新生家长答疑解惑座谈会”“妈妈早餐经验分享会”等家长之间的“同伴教育”常规活动。学校不仅是孩子们接受教育的乐园,还成了家长们常来常往的第二家园,他们笑称自己“爱校如家”。家校合作已不再停留在沟通渠道、资源利用的基础层面,而是升华到家校一体、合二为一的感情层面、精神层面。学校教育也因此有了更大的托举力,焕发出无限生机。主要做法体现在以下几个方面。

一、建章立制，规范组织架构及运行

依据《上海市实验学校东校章程》，学校将家委会作为实施家校社合作互动的基本组织。家委会作为家校社合作的载体和渠道成为学校民主管理、建“无墙公校”的重要组成部分。学校将家校社合作理念写入发展规划，同时在学校的工作计划和有关制度中具体落实与体现。

学校成立了“家校合作部”，对接家委会，共商家校合作机制。借鉴国内外家校合作的先进理念与经验，结合本校实际，共同制定了《上海市实验学校东校家长联合会章程》《家委会委员行为指导》等规章制度。对家长在学校不同事务上享有的权利——知情权、发言权、参与权、隐私权、决定权等——进行了规定，让家委会的工作有章可循、有据可依。

学校制定了期初与期末召开家校社联席会议制度的模式，推进三方互动机制的常态化。健康和谐的运作走上了可持续发展之路。我们将各方事务有机融合：学生家长广泛参与社区活动，社区公益进入学校，学校参与社区文化建设，社区积极支持学校的家长社团……通过这个平台，进一步优化了学校的教育环境，为学生的健康成长营造了多元、立体、生态的教育氛围。

二、组建可持续发展的家委会

学校通过民主直选产生了家长委员会。每年 9 月开学的第一次家长会，新组建的班级(一年级和六年级)在校级家委会委员的指导下，开展班级家委会的竞选，每位参选家长通过竞选演讲来表达自己对家委会工作的理解以及参选意愿，家长们通过投票选出班级家委会。从班级到年级，再到学校，各级家委会的产生都需要经过《上海市实验学校东校家长联合会章程》规定的民主直选程序。校级家委会成员需要在校家委会代表大会上接受全体家长代表的投票表决，通过后方可组成新一届校级家委会，并宣读“任职誓言”。民主直选的过程其实是完成家长权利委托的过程，委托有时间、有精力、富爱心、愿奉献的家长代表行使权利。

学校定期沟通与培训，让家委会科学持续发展。学校定期与校级家委会进行沟通，传递学校愿景、办学理念、办学思想，就学校的发展规划以及近期重要工作的开展征询家长建议。学校为校级家委会设立专门的办公室和接待室，方便家委们轮值接待家长来访，了解诉求，处理协调矛盾。校级家委会定期对年级和班级家委会进行培训，明确家委会的责任和权利，强化沟通方式，明确沟通流程。学校支持家委会根据工作需要调整设立的宣传部、生活安全部、活动部、社团部、教支部、事务部、公益部，各部门可直接与学校有关部门对接，平等对话、商议事情。家校合作事务得到细化，提高了工作效率。这样的沟通与培训能让家校之间的合作更有温度和信任度，让家校合作的协商共赢文化得以传承。

在这一过程中，家委会履行职权，广泛参与学校管理，促进学生健康全面发展。依照《上海市实验学校东校家委会章程》，家委会对不同的事务行使不同的权利。校服改版，学校根据文化需要确定款式，由家委会招募家长中的专业人士参与校服面料的确定、校服生产商的选择以及价格的谈判。经过几个月的比对选择，在征求全体家长的意见之后，获得一致通过；学校高度重视学生午餐质量，支持家委会不定期检查食堂，安排专业的营养师家长参与午餐食谱的制定，试吃学生午餐，检查光盘情况，并将检查情况书面通报学校，主持召开家、校、食堂三方听证会，为食堂工作的改进出谋划策；家委会参与学校质量控制部工作，起着督办、反馈、协调的作用，促进学校工作的改进；学生班级调整教师，学校会提前告知班级家委会，方便家委会尽早与新接班的任课教师对接，做好各项衔接工作；各类家长义工团活跃在校门口、儿童乐园、图书馆、心理咨询室、延长看护班以及各个校园文化节中，对学校管理起到了助力和补充的作用。家校之间既分工又合作，共同为学生们的健康发展保驾护航。

同时，家委会积极投身课程建设。学校的"三生"课程理念得到家长们的高度认可。家委会负责人是学校课程领导小组的成员，家委会充分发掘家长的教育资源和社会资源，学校进行有机整合，不断丰富学校的课程内涵，开发了由家长执教的中学部的"家长大讲堂"课程、小学部的"微型课程""快乐活动日课程"以及以家长和社会资源为主体的社会实践活动，形成了"半日营社会考察"系列课程。这一家校合作模式，既弥补了学校教育资源的不足，又让家长、社区成为学校的共育伙伴，大大增强了家校社合作的黏合度。

三、家委会中的每一位家长身体力行，引领学生向美而行

2012 年，实验东校家长合唱团成立，社团吸引了众多热爱歌唱、富有爱心、甘愿奉献的家长加入其中。合唱团除了参与学校的艺术活动，更代表社区参加市区各级各类的演出与比赛，2016 年获得上海市市民合唱大赛百强称号，2017 年获得上海市市民合唱大赛十佳称号，2018 年获得第四届世界合唱大赛成人组银奖，2018 年入选上海市最美合唱团节目参演，获"最美合唱团"称号。这些成绩让学校在社会上树立了良好的品牌形象，为社区精神文明建设贡献了力量。此后 8 年，学校家委会又相继成立了故事妈妈社团、足球社、羽毛球社、摄影社、书画社、亲子读书社、心理剧社……共同的爱好将家长们聚拢在一起，他们给孩子们讲绘本故事，渗透生命教育，用镜头真实地记录下校园内外最美的生活点滴，在运动和阅读中陪伴孩子成长，将健康、快乐的生活方式带给孩子。同时，社团也成了家长们交流、分享育儿经验的平台，在这里他们收获价值非凡的关爱与亲情。家长们参与家长社团的活动，提高了家庭和谐美满度，增强了家校社的融合度。

在爱心义工的带领影响下，实验东校师生、家长参与公益活动的热情不断增加。凭借校爱心节活动，从关爱自己身边的人开始，实验东校人逐步走向社区、走入山区，为更多的学子带去爱与关怀：为云南孩子捐赠图书、为藏区的孩子捐衣、为白血病患儿捐发、为大理洱源县的学校培训美术教师，帮助山区的孩子圆了书画梦想……这些举动体现了学校的服务精神和育人理念，更重要的是在孩子们心中播下了一颗公益的种子，在家校社合作的大格局中成长的孩子，会更关注社会、关爱他人，用行动传递正能量。我们参加了各类公益活动，提升了

学校美誉度。

学校为全体家长量身定制了“五全”家长学校课程体系，聘请知名专家开设专业讲座，邀请国家级心理咨询师为有需要的家长进行一对一心理辅导，提供了网上自学的慕课课程，开展有针对性的分年级线下培训及沙龙活动。这些课程对家庭教育有一定的指导，也引发家长思考。除此之外，善于学习的实验东校家长又发掘了更有效的学习培训方式——心理体验剧。在家委会的组织下，我们创办了家长心理体验剧社团，开启了家长教育家长的创举。

实验东校家长善于学习，这也成为家校社成功合作的法宝。他们在剧中体验，看见了被放大的自己和他人，反省反思，引发共情，最终在真实的生活世界中成就自己，做更好的家长，引领孩子向美而行。

第二节　科学教育观念为家校合育清除障碍

家庭教育和学校教育的和谐共赢能够促进家校合育的健康发展，从而促进孩子健康成长。而进入工业化社会以来，家庭教育和学校教育越来越泾渭分明，家长很少参与学校的教育教学活动，学校也没有将指导家庭教育视为自己的职责，学校教育成为一个越来越封闭的体系。

家长把孩子送进校门，在观念上就将其完全托付给了学校，家庭教育没有得到应有的重视，职能萎缩。尽管家庭教育和学校教育目标一致，但实践中往往各有价值取向。如何让家庭教育和学校教育形成合力，实验东校进行了有益的探索。

首先是通过各种活动让家长们真实地体会到学生的生活环境，以此为基础构建科学的教育观念。为了把家长从过度关注孩子分数的焦虑中解放出来，学校和家委会成立家长合唱团来增强学校与家庭之间的凝聚力。学校提供钢琴和场地，聘请指导教师，家长自愿报名参加合唱团。为解除家长的后顾之忧，同步为孩子们开设了小小合唱学习班。每周日下午3个小时，家长们坚持到校训练。在学校艺术节上，校长亲任指挥，亮相亲子合唱团以及各种活动场合。家长们在这个过程中不仅丰富了生活，还展现了自我。此外，学校和家委会共同组建家长社团，为家长的兴趣发展提供平台。家长自身发展有思路、有方向、有实践，对孩子来说是更大的身教。

最重要的，也是科学教育观念扎根最深的就是各种各样的义工活动。家长做义工，不仅是对学校管理的一个补充，更是对家庭教育的一个引导与检验。家长义务参与设计、实施各项校内外活动方案，活跃在学校的各处，为学校师生服务、贡献。

制度是观念的体现。学校实行校务公开，切实保障家长的知情权、参与权和监督权；同时向社会公开学校相关信息，以适当方式为学生及其家长了解学业成绩及其他有关情况提供便利，接受社会、家长的监督。

学校家委会是由家长选举的、代表全体家长参与学校教育教学活动和管理工作的群众组织、家长联络学校的常设机构,也是志愿者和公益性组织,所制定的《上海市实验学校东校家长委员会章程》,明确了家委会选举产生办法与管理流程。家委会分班级家委会、年级家委会、校级家委会三级设置,职责分明。

通过这些公开、透明的制度,家长与学校之间的沟通障碍得到了消除。新一阶段的和谐关系正在慢慢地养成。

与其静态解释家庭与儿童成长间的因果联系或一味批判教育不平等,不如从实践中去动态观察家庭、学校和社区的主观努力是如何克服客观条件的不利影响。更为重要的是,家庭、学校与社区在儿童成长过程中主动、密切合作,不但会提升儿童教育抱负,促进儿童成长,而且对改善家校关系、提升家长育人水平、提升学校教学和管理效能等,都有积极作用。

在科学教育观念的指导下,学校和家长获得了一致的经验、价值观和行为,即建立"家庭般的学校"和"学校般的家庭"。第一个为"家庭般的学校",是指学校和教师都认识到家校合作的重要性,认识到儿童和家庭的个体差异,积极地谋求来自全体家庭的参与,并营造一个让学生和家长感受到家庭般的受欢迎气氛。"家庭般学校"欢迎所有家庭,并非仅仅欢迎那些易于合作的家庭。对"家庭般的学校",也对应于我国的一句俗语"师者父母心",即每个家长都希望老师像父母一样对待自己的孩子(而不只把他看作学生),发现他们的独特之处,为他们的进步感到高兴。而"学校般的家庭",这种家庭视每个孩子为学生,强调家庭中的环境、在家学习、培养学生技能以及成长体验的重要性,与父母、兄弟姐妹和其他家庭成员一起开展乐在其中的教育活动。对家长来说,包括在家扮演教师角色、积极支持教师的工作,促进子女学习,也要求子女在家,要像在校学生那样表现。

可以想象,如果"家庭般的学校"和"学校般的家庭"完全达成的话,家校合育的障碍将不复存在。学校将采取更加有效的策略,提高家长的参与程度,从而为学校教育提供支持和服务,家长自身提升、家庭条件完善也由此得到提升和实现。

第三节　家校关系重构为家校合育提供平台

为了实现多平台交流,实验东校搭建了零距离的沟通体系,即班主任全面家访、家长开放日活动、家长会、校长接待日、校门口"校长信箱"、校园网"家校直通车"、班级家长微信群……面对面、书面、网络沟通方式一应俱全。

学校尊重家长对学校教育的意见和建议,引导教师理解并坦然面对家长的意见和建议,虽说家长不是教育专家,但要倾听他们的心声,让家长敢表达、愿表达,教师择其善者而从之,形成正能量汇聚的舆论导向和氛围。实践证明,每当有新家长表达对学校的困惑和不解时,家委会或者其他热心家长总能主动答疑解惑。久而久之,家长和教师之间没有隔膜了,而是更加互相理解、互相信任，形成了关系牢固的学校教育与家庭教育的合作。

学校教育与家庭教育的合作以促进未成年人的全面发展为目标，是一种家长参与学校教育、学校指导家庭教育，相互配合、互相支持的双向活动。学校教育与家庭教育的合作可谓一项“多赢”的策略：通过双向沟通（比如家长与学校的电话联系、家长会等）以及协助子女学习（比如在家辅导子女学习、照顾子女健康等），可以促进儿童的健康成长与学习进步；通过参加家长学校以及家长联合会等组织，可以提高家长的家庭教育素养、拓展家长的人际关系；咨询校政（如对课程改革提出意见）及参与学校决策等形式则有利于家长参与学校教学管理等，进而促进学校教学质量的提高。家委会在实验东校作为桥梁，连接了学校和家庭两头，以学生成长为中心，促进双向健康发展。

除了学校教育和家庭教育之间的合作，还有学校教育和社会教育之间的合作。学校教育与社会教育的合作包括多个层次：第一层次是学校教育与社区教育的合作。社区一头连学校，一头连着家庭，是构建“三位一体”育人体系的重要依托和平台。第二层次是学校教育与校外教育的合作。主要途径是资源共享——既使校外教育资源能为学校教育使用，也使学校资源能为校外教育使用。第三层次是学校教育与大众传媒的合作。包括利用新媒体技术搭建教育交流平台，通过传媒教育提高未成年人的媒介素养等。实验东校丰富多彩的社会活动离不开社区以及家长提供的社会资源，学生们在社会和学校之间的共同引导，交叠影响下多角度地感知社会，获得全面的发展。

同样的，家庭教育与社会教育也是致力于共同的目标，即促进未成年人的全面健康发展，在这一方面积极整合教育资源。实验东校在这一理念的指引下成立了家长委员会，实行家长开放日，采取亲子教育的方式开展兴趣小组培训，不仅提高了家长的素质和家庭教育的水平，促进了学生的全面健康成长，也有益于家长通过社会教育的学习与交流来增进亲子沟通与促进家庭和谐。

由此可见，家校关系是以学校为本的“三结合”教育模式，它的特点在于：以学校为主体，重视发挥学校的组织、牵头、协调作用，而且教育合作的形式和层次主要依据学校本身的特性和需要。具体体现在家长参与学校教育。它意味着学校搭建多种平台鼓励家长参与学校的教育活动。在实验东校，组织有家委会、家长学校、家长社团；活动有家长志愿服务、家长会、家长开放日、家长接待日、校务公开，校长热线电话、校长信箱和校务公开栏等。在此基础上，家长能够作为学校管理参与者、教育教学监督者、第二课堂协助者、师生行为敦促者、师生关系促进者、家校合作协调者等。在学校校政、财政预算、学校改革措施、人事管理、学校安全、课程开发、教育科研、教学评估等重大决策、重要议题方面，家长也能够通过家长联合会等平台向校方反映意见，确保学校的监察程序有家长代表参与。

学校是专门的教育机构，有专业的教育工作者，因此学校可以承担起指导家庭教育的责任。实验东校建立的家长学校，不仅为家长们传播家庭教育知识，实施家庭教育指导，形成教育合力，全面科学育人，还经常邀请教育行政部门领导、优秀教师、教育研究专家等向家长传达国家的教育方针、政策和法令,举办了普及家庭教育知识的讲座或报告,传授教育学、心理学、卫生学等方面的基础知识。同时,学校还通过发挥家长学校的平台作用,调动家长们支持学校教育的积极性,为家长创造横向联系、倾心交流、互帮互学的机会,这些平台对提高家庭教育水平可以起到促进作用。

学校资源对于家长来说也是一种学习的平台。实验东校开放学校教育资源,充分发挥学校教育功能,把学校教育社会化与社区文明建设融合在一起,全面提升社区育人环境。同时,建立教师进社区制度,深入发掘社区教育资源,利用社区资源构建大教育体系,促使社区资源教育化。比如,我们邀请公安部门的人员到学校上法制教育课;建立校外辅导员制度,选聘热心于少先队和共青团工作的有经验的人士担任校外辅导员。

学校充分发挥校外教育工作联席会议的功能,向社会拓展学校的教育空间,与校外教育机构建立经常性的联系,充分挖掘和利用物化环境所包含的教育功能,并建立社会服务、艺术活动、公益劳动、社会实践等相对稳定的系列校外教育基地,有计划地组织不同于学校的校外教育活动。开展媒介素养教育,提高未成年人对媒介信息的选择、理解、鉴赏、质疑、评估、创造、生产和传播等各方面的能力,从而为抵抗媒体不良信息的影响竖起坚实的“防护墙”。

第七章　家长榜样力量助益学生职业生涯规划

第一节　家长分享凝聚奉献精神

一、家长讲台培育职业目标

职业生涯是学生发展的一个重要内容，学校以学生未来发展为导向，致力于构建阶段生涯教育的目标体系，将生涯启蒙教育中“自我认知”和“社会理解”两项落实于各项工作之中。

自形成家校合育模式以来，学校积极推进家校资源的整合和利用，聚焦“自我认知”这一内容，学校将具体目标设定为：帮助学生了解自身性格特征、能力特长、兴趣爱好，形成初步的价值观等，主要在心理健康教育课及与生涯教育相关的选修课中进行落实。围绕“社会理解”这一内容，学校形成的具体目标为：引导学生了解常见职业的日常工作和意义，通过校内小岗位体会职业精神，理解职业分工、社会功能、人际合作之间的关系，激发对各类职业的好奇心，培养主动探索职业的意识，学习探索职业的方法，理解学习与职业的关系等。

“微课堂”是实验东校一项广受好评又极具特色的家长进课堂活动，主要服务于小学部的各个年级和班级，与初中部的“家长大讲堂”活动遥相辉映，珠联璧合。为了更好地利用小学部各个班级的微课内容，整合微课资源，2015 年开始学校家委会教育支持部从各个年级筛选了优秀的家长讲师资源，组成讲师团，以年级为单位进班授课。来自不同领域的专家家长走进课堂，利用各自的专业知识（涉及医学、运动、科技、计算机、金融、礼仪、文学、法律、历史、理财、摄影、饮食等诸多领域共 30 门课程），为孩子们带来了别开生面的主题讲座。

“家长大讲堂活动学习单”是学校根据“家长大讲堂”而设计的活动记录小册，主笔人是学生。记录者在小册的每一页除了要留下姓名以及班级信息外，还要按照理解与收获对活动进行一定的总结，主要分为三个方面的内容：讲座活动的主题、讲座活动的内容，以及参与过程中的感受与建议。学生们可以在记录的过程中发挥创意，不需要拘泥于一定的格式。翻开这些活动记录小册，可以看见上面既有文字，又有图画，甚至还有思维导图，体现了记录者的逻辑思维能力。

由于这些内容来自朝夕相处的同学家长，且内容与生活息息相关。学生们坐在教室之中，面对熟悉的黑板与讲台，能够在接受的过程中对于陌生的知识不会有过多的距离感。这是一种轻松自然的主动学习过程，是素质教育倡导的学习态度。在这个活动之中，学校起到了穿针引线的作用。在活动之前，学校广泛地收集确认家长讲师的信息，合理地组织安排家长接受课程讲授培训指导，以便他们能够在活动的过程中发挥出理想状态。

此外，学校还采用丰富的形式记录活动的内容，其中不乏生动的文字和有趣的照片。对这些文字和照片加以整合梳理,在微信公众号等媒体渠道进行发表,积极地向社会输送优秀的教育理念和教育实践。

二、敬业精神教育贯穿职业教育内核

构成职业教育的内容有很多,对于学校来说,最主要的是对于职业精神的引导。作为一所属于基础教育阶段的学校,无法为学生提供一个现实的职业环境,让学生全面地体会了解。对于中小学生来说,他们还无法对职业有具体的体验和感受,只能形成一个简单的轮廓框架。于是,培育相关精神与理念是学校在职业教育中的首要目标,其中奉献精神占据主导地位。

敬业精神是一种爱,是对事业的不求回报的爱和全身心的付出。对个人来说,要在这份爱的召唤之下,把本职工作当成一项事业来热爱和完成,从点点滴滴中寻找乐趣,做好每一件事、善待每一个人。学生在理解敬业精神的时候往往会简单化,容易将精神悬挂在阁楼之中,使得精神无法对现实需要发挥引领作用。学生在生活中接触到的形形色色的职业构成了他们对社会的理解,作为在未来踏上社会以后所要扮演角色的认知基础。成年人的一言一行对于孩子的影响是巨大的。在家庭教育中,父母是孩子的榜样,在学校教育中,教师是学生的榜样。

为了能够让学生对敬业精神有更加丰富、现实的理解,学校在安排家长大讲堂时,充分考虑家长讲师团队之间的搭配,给学生呈现一种更加丰富的社会风貌、课堂环境和真切的情感体验,将敬业的理念具体化,形象化,融入其中。在每一次讲座中,都会有七位来自社会不同行业的家长走进课堂、走上讲台,分享职业生涯中的故事。这些家长可能是某一个孩子的爸爸、妈妈,也可能是某一个孩子的爷爷、奶奶。他们分享的是生活中、时代中的职业故事,台下的听众跨越时间和空间感受更加真实、更加深刻的职业生涯和敬业精神。

艺术、科技、人文,家长分享的职业领域多姿多彩,涉及社会生活的方方面面。

面对中国艺术中最难懂、最抽象,又最重要的书法艺术,作为书法老师的家长认为,不必担心孩子年龄太小,知识还少而担心他们学不会。书法艺术之美,是华夏儿女溶于血脉的天然之力。孩子们会发现,面对狂草和篆书作品,作品里气韵生动的无限张力能让人心潮澎湃。

房子对人类来说至关重要,人们在各种房子里生活、学习、玩乐、休息。通过建筑师家长的微课堂分享,同学们不仅了解到房子发展的历史、功能,还欣赏了自然界中其他许多千奇百怪、造型各异、功能不同的“房子”,体验了建筑物别样的美和大自然的神奇之处。

时代的发展使得鸿雁传书难得一见,因此同学们接触邮票的机会不是很多,作为年龄较大的家长,爷爷的微课堂就给大家讲述了邮票的知识:谁发明了邮票?世界上第一枚邮票是怎样的?邮票有哪些功能?带着这些问题,同学们饶有兴趣地听讲,欣赏了许多具有纪念意义的邮票。

资深马拉松跑者的家长与同学们分享了有关马拉松的知识。通过分享,同学们了解马拉松的起源和由来、马拉松比赛的赛制、马拉松的关键词和跑马拉松的益处。另外,同学们还一起探讨了“我为何要跑马拉松”和“马拉松精神”,懂得在学习和生活中发挥坚持不放弃的精神,受到极大鼓舞。

对大多数同学来说,非洲是一片遥远而神秘的大陆。一位在非洲工作的家长,从非洲的地理位置、气候特点、风土人情等知识点出发,深入浅出地讲到了非洲孩子们的上学之路、学习条件、学习态度,孩子们看到了非洲孩子和自己物质上的巨大差距,感受到在如此良好的物质和学习条件下应心怀感恩、认真学习。

敬业精神在这些不同的职业领域之中有了各自不同的具体的表达和内涵。学生们由此感受到艺术的奉献、健康的奉献、自然的奉献、文化的奉献,等等。一个人的人生长度是有限的,无法体会每一种不同的人生,但是能够通过分享来拓宽广度,获得多种人生的感悟和魅力,萌发积极的、向上的种子,这就是家长课堂的魅力。

第二节　家庭劳动培养家风精神

一、劳动教育奠定幸福未来

《大中小学劳动教育指导纲要》《家庭教育指导大纲》明确提出劳动教育要具有鲜明的思想性。一方面,劳动教育作为“五育”之一,其自身具有比较完整和相对独立的内容体系,专业性较强,作为落实国家劳动教育政策和精神主渠道的学校教学,必须是经过系统设计和科学规划的,要充分符合和体现劳动教育的思想性;另一方面,劳动教育并不仅仅是让学生学会几种劳动技术、掌握一些劳动知识那么简单,而是重在让学生亲历劳动创造价值的过程,深刻理解劳动是一切财富的源泉、是所有幸福的根本、是人和人类社会产生与发展的根本动力等马克思主义劳动观,以及在与普通劳动者的亲密接触中,形成一切劳动平等,尊重普通劳动者,珍惜所有劳动成果的态度、情感和观念。因此,新时代劳动教育,教师承担的劳动教育教学使命光荣、任务艰巨,迫切需要劳动教育教研员在具体的教学活动中进行专业化引领和指导。

立德树人是教育的根本任务,劳动教育是新时代立德树人的重要内容之一。加强学生的劳动教育、培育学生的劳动素养,不仅能够让学生学习必要的劳动知识和技能,形成良好的劳动意识,还能够帮助学生形成健全的人格和良好的思想道德品质。这也是当今国家坚持立德树人、深化教育领域综合改革的现实需要。学校开展劳动教育,对于落实党的教育方针,发展核心素养,培养全面发展的人,有着十分重要的历史意义和现实意义。通过几年的实践,实验东校探索构建起了“两线三位一体”的劳动共育模式,开展了丰富多彩的劳动教育活动,改进劳动教育策略,培育学生的劳动素养。学校、家庭、社会共育是新时代教育的共同愿景。搭建多元化、多层次共育平台,健全交互式共育机制是培育学生劳动素养的保障。

"两线"中的第一线是家庭劳动教育,第二线是学校劳动教育。"三位"包括家庭劳动教育"三位"和学校劳动教育"三位"。家庭劳动教育三位即"家中训练—活动锻炼—实践检验"。学校劳动教育"三位"即"常规训练—主题教育—活动教育"。"一体",即构建家庭、学校、社会三位一体共育模式,共施劳动教育。家庭劳动教育与学校劳动教育不是两条平行线,而是两条相交线,有时甚至是两条重叠线。家庭劳动教育"三位"中的"家中训练",家长要把对学生的劳动教育贯穿于整个家庭生活中,时时不忘训练,处处不落培养。家长为孩子做表率,用家风熏陶孩子,用习惯规范孩子。

为了规范家庭劳动教育,实验东校创立"互联网+家校共育平台",引导家长带领孩子参加"家长讨论营""亲子俱乐部""户外活动社团""社会实践作业"等各种亲子活动。学生们在这些活动中既养成爱劳动的良好习惯,又锻炼能力,还获得快乐、收获成长。当然,孩子们在这些活动中总会暴露出一些不良习惯或行为,这正是家长对孩子进行矫正的有利契机。家长们因势利导,主动矫正,孩子们在活动中既可学习必要的劳动知识和技能,又可形成健全的人格和良好的思想道德品质。劳动精神是学生必须具备的精神,展现着学生的精神状态,影响着学生的行为特征。劳动精神是学生在劳动中逐步形成的一种精神。具有教育性的劳动,有利于引导学生不断打磨,逐步养成"独立、勤勉、担当"而非"巧诈、精明、投机"等劳动精神。只有具备劳动精神,学生才能真正感受劳动的美好,走进多彩的劳动世界,创造属于自我的幸福人生。

劳动教育作为促进学生发展的一种方式,蕴含着人与人之间的社会交往关系,是沟通主体间活动的良好方式。劳动教育通过将学生引入劳动世界,能够给学生提供良好的交往平台。学生作为社会性的动物,需要通过交往体现自我特性,获得存在的价值与意义。正如尼布尔所讲:"人性中并不缺少某种解决人类社会问题的能力,人的本性使人生来就具有一种与其同伴相处的天然联系。"因此,学生之间的互动交往乃人之本性需求,只有通过交往,学生的人性才会逐渐丰满起来。基于此,劳动教育要为学生提供广阔的交往空间,以现实客观世界为媒介,通过劳动交往将学生凝聚起来,以化育学生的劳动精神。学生的劳动精神不是先天具备的,而需要后天的培育。在具有教育性的劳动中,通过引导学生"积极地交往、自由地言说以及民主地行动",使学生逐步领会劳动精神的实质,把握劳动精神的要义,不断培育学生的劳动精神,从而为学生未来的幸福生活提供精神上的指引。

首先,在劳动中体现学生的个体诉求,促进学生与他人交往。每个学生都是独特的个体,都有个人的想法,都有展现自我的渴望。学生内在的诉求需要得以满足,否则,就会打消学生参与共同劳动的热情,无益于学生的劳动情感。在劳动教育实践过程中,实验东校通过变换劳动方式,呈现多样的劳动任务,展现不同的劳动成果,满足不同学生内在的诉求。与此同时,学校注重在劳动教育过程中,通过具有教育意义的劳动,引导学生学会接受他人,学会分享经验，学会共享成果，打破唯我主义，克服自私倾向，学会与他人平等沟通，解决劳动中遇到的各种问题，使学生在包容、理解、谦让的过程中，共同完成规定的劳动任务，实现预定的劳动目标，分享多彩的劳动体验。在这一过程中，学生懂得，只有在尊重他人合理诉求的前提下，才能更好地满足个人的需要。这能够培育学生平等交往的意识，使其懂得平等交往的内涵与意义。

其次，在劳动中制造适当的冲突，推动学生与他人交往。学生在劳动过程中，由于取向的不同，难免会产生各种冲突。冲突是学生间交往方式的一种表现，呈现的形式在不同的条件下也有所不同。劳动中适度的冲突能够促进学生间的平等交往。为了营造这个氛围，学校通过劳动竞赛、劳动任务分组、劳动成果集体展示等途径，制造学生间适度的冲突，制造劳动中的紧张气氛，发挥冲突的育人价值。劳动中的冲突能够使学生明确自身扮演的角色，促进学生间的合作，使他们懂得只有彼此共谋、合作、沟通，才能为本集体创造优质的劳动成果，进而培育学生的集体意识、集体荣誉感以及集体精神。对于学生劳动中的冲突，要予以正确引导，不能丢失冲突的教育意义。学校通过总结劳动经验、反思劳动不足、生成劳动智慧等方式，引导学生分析冲突的缘由，把握冲突的本质，找出解决冲突的办法，进而正确对待冲突，积极消解冲突，最终在劳动冲突中实现共谋。

最后，在劳动中引导学生趋向社会性存在，强化与他人交往。劳动作为促进人类发展的一种重要方式，无疑是学生走向社会化的有效媒介。通过现实劳动，在劳动中与他人积极交往，学生能够逐步感受到自我存在的社会价值与意义。劳动能够培育学生感知社会、阅读社会、理解社会的能力，进而了解社会的构成，把握社会的本质，逐步趋向社会生活领域。与此同时，学生懂得强调社会性存在不是自我隔离，而是要积极融入、有效合作、主动展现，只有这样，才能承担对于他人和社会的责任与义务，而非局限于自我狭小的生活空间中。学生的社会性是由其参与其中的社会关系所创造出来的，因而，在劳动教育中，通过劳动中的交往，学生不仅可以获得知识，获得人生经验，而且也会与他者精神发生碰撞。学生的劳动精神在这种有效互动中必将获得变革和生长。

劳动精神是神圣的，是卓越理性、睿智、敏锐、聪颖的凝聚。劳动精神是人的精神的一个重要维度，是人在劳动中锻造自我、涵养品格、趋向公益的一种执着的追求与默默的坚守。劳动精神是人在劳动中展现出来的持之以恒、勤勉求索、精益求精、不断超越以及追求卓越的一种精神。劳动精神体现为尊重劳动的态度、不畏艰难的勇气以及不懈奋斗的意志力。新时代的劳动精神展现“辛勤劳动、诚实劳动、创造性劳动”的理念，树立“劳动最光荣、劳动最崇高、劳动最伟大、劳动最美丽”的劳动观。劳动精神具有自身的特殊性，能够体现出人类精神的动态性、过程性和发展性。劳动精神具有超越性、恒久性和实践性等特征。

生涯教育和劳动教育是两个不同的领域，由于生涯教育具有职业生活和劳动世界的特点，因而与劳动教育发生了交集，可以说，生涯教育是实施劳动教育的一个平台。对“生涯”的理解可以偏向于职业，也可以偏向于一个人的人生。在教育方面，“生涯”应该从广义上在家庭生活、社会生活、职业生活之中来理解。人的作用是随着年龄的增长而趋于多样化的。生涯教育就是促使人们在人生各个阶段,掌握在家庭生活、社会生活和职业生活中所需要的知识和技能,实现生涯发展的教育。

二、良好家风维系学生成长

家教和家风就是以家庭为载体,对学生进行道德、礼仪、思想、行为教育活动所形成的特色教育内容。良好的家庭环境、家庭教育和家风能够促进学生的身心健康,引导学生掌握做人的道理和持续发展的必要思想观念。家校合力,发挥家庭、家教和家风对学生的影响作用,有利于最大限度地推动学生核心素养教育成效的提升。

家庭,作为学生成长过程中的主要生活环境,其对学生的思想、行为、观念等方面的形成有着直接、深刻且持久的影响。父母等家人的言行、价值观、思想素质等都是学生成长过程中学习的主要参考对象,学生也会将家人行为、观念等践行于实际生活中。对于学校实施核心素养教育来说,父母及其他家人的行为既能够成为核心素养教育开展的障碍,也能够成为学校核心素养教育开展的重要支撑。一方面,如果父母等家庭成员具有良好的素质、品行,成员之间的关系和谐轻松,那么学生的心理、思想、道德观念、性格等都会更加积极,更有利于学校核心素养教育的有效开展。另一方面,如果家庭氛围紧张、家庭关系存在缺陷,那么学生的性格、观念也会受到负面影响,不利于学校核心素养教育的开展与效果保障。

家教,体现一个家庭对孩子素质教育的重视程度以及实施效果,良好的家教对于培养孩子的核心素养具有重大意义。首先,家教对孩子德行、品行的培养,对孩子礼仪、仁义、道德等重要思想的培养,能够对孩子的道德观念及标准的形成产生规范和引导作用,能够为学校开展学生核心素养教育提供最有利的思想教育基础,同时也能够提供良好的思想教育氛围。其次,在家教过程中,家长的教育能力、教育理念都得到了有效培养和增强。在与孩子的长期相处过程中,家长能够更准确地理解孩子的心理、思想、行为等情况,能够在孩子核心素养的培养过程中,运用更有针对性、更有效、更符合实际情况的教育方式,同时也能够为学校核心素养教育的开展提供更准确、更科学的教学依据。最后,良好的家教能够从意识形态层面影响学生的行为。学生在接受学校核心素养教育的过程中,会更加愿意配合学校的核心素养教育,同时对核心素养教育中的内容有更深刻的理解,能够将学校核心素养教育的内容践行于实际,有利于学校核心素养教育在学生中的内化与外化。

家风的内容非常丰富,既是对我国优秀传统文化的传承,又能够体现社会意识,有利于从传统优良文化角度和现代优秀思想层面全面培养学生的核心素养;既能够保障学生礼、义、仁、智、信等传统道德观的有效培养,又能够保障学生现代人文情怀、实践精神、责任意识等人格的培养与健全,为学校核心素养教育的开展提供全面系统的教育环境,有利于学校核心素养教育的效果提升。家风具有一定的约束力,正所谓“不以规矩不能成方圆”。家风对学生道德行为有一定的约束与限制,家长自身在践行家风的过程中,也能够对学生的行为与思想产生影响，从而提高学生的认同感与实践积极性。家风的传承能够发挥榜样作用，影响学生的核心素养价值观。家风经过长期的发展并最终形成，会对学生产生极大的感召力与影响力，且家风中的道德约束和理想追求都与家庭成员的经历相关，结合家风的核心素养培养内容会更具形象化，也更容易被学生理解和接受。

家长在家校合作以及开发家庭、家教、家风中，教育资源的经验不足，要想发挥出家庭、家教、家风在学校教育学生核心素养培养上的影响，需要学校发挥辅助作用，帮助家长开发家校合作的教育资源。学校从三个方面进行相关辅助：首先，鼓励家长通过自身行为引导学生行为，如家庭中的和谐平等关系、文明礼仪氛围等，营造良好的家庭氛围，为学生提供有利于其核心素养培养的环境。其次，学校着重于核心素养培养的内容、过程、资源及结果等多方面。学校对家长的援助包括指导家长开展家庭教育、结合家教和家风培养学生的核心素养方面，提供理论和技巧援助，为家长提供科学合理的家庭教育理念和方式。最后，学校与家长加强沟通交流，双方通过协商开展有目的、有计划、有联系的家校核心素养教育活动，形成以学生为主体、以家校为主导、家校教育资源共享的教育模式，为充分有效地发挥家庭、家教和家风在学校教育学生核心素养培养上的影响作用提供保障。

学校不仅在理念上重视家风的重要性，还根据事实情况，切实地促成家校合育。如成立家校座谈会，引导家长围绕座谈会主题谈论看法与见解。这一举措不仅为学校了解家长思想认识情况提供帮助，也为家长之间的经验交流提供机会，同时提升家长在家庭、家教和家风对学生核心素养影响方面的认识。提升家长对学校教育的认可度，是保障家庭、家教和家风有效作用于学校学生核心素养培养的重要基础。除此以外，学校还通过线下家长会、线上微信群沟通、微信公众号推送相关内容等方式，为家长提供更多有效的结合家庭、家教和家风开展核心素养教育的教育方式，帮助家长排忧解难，为家长提供切实可行的帮助，提高家长教育能力。

第三节　实践参观积淀敬业精神

学校将家长纳入生涯教育的师资队伍中，大力发挥家长群体的作用，组建了“家长生涯导师团”，聘请热心教育的家长担任导师，开展“爸爸妈妈进课堂”系列生涯课程，同时结合校外职业体验活动，促进学生的社会理解。学校还邀请家长参与小公民自治委员会这一学生组织的建设，深化学生在校内小岗位上的体验，拓展校外生涯实践体验基地，丰富生涯教育的实施载体。

该活动组织经过广泛招募、培训家长、让孩子自主选课三个步骤，通过学习一系列课程，学生了解了丰富的职业世界，开阔了眼界。

首先，广泛招募。学校面向全体家长开展家长生涯导师的招募活动。每位家长都会收到一份邀请函，借此了解活动目的、生涯教育内涵、家长参与的意义、家长参与的内容与路径等。学校动员家长积极报名参与该活动。

其次，培训家长。鉴于大多数家长没有授课经验，学校设计了一个结构化的框架，要求每节课都要包含三大要素，即介绍一天的职业生活、体验一种职业操作技能、分享一个职业故事。这样的框架能够促进学生对有关职业形成感性认识，从而为进一步开展职业探索奠定基础。家长生涯导师经过一系列培训，开设的“爸爸妈妈进课堂”系列课程变得丰富、生动、有趣，更加贴近学生的认知与生活。

最终，让孩子自主选课。为了充分尊重与满足学生的多元兴趣，提高学生参与活动的积极性，课程形式从传统的由一位家长面向整个年级学生开设讲座，转变为由多位家长在同一时段开课，采取学生自主选课与学校统一调配相结合的选课模式，从而促进了师生之间以及学生之间的互动，增进了学生的课堂体验。在此过程中，学校会事先根据家长的授课主题，安排与之相匹配的年级。此外，学校还将一些具有普适性的内容安排在多个年级开设，并邀请家长根据各年级学生的身心发展特点，对课的内容和上课方式进行适当的调整。学校会提前向学生公布课程菜单，请学生根据需求自主选择，这样可以充分关照学生的个体差异，凸显学生的主体性。

课后，家长生涯导师反馈交流。学校组织家长生涯导师进行讨论与反馈，进一步达成共识，促进家校合作。有家长表示对这种家校协同的教育方式感触颇深，很高兴能有机会与孩子们分享生涯经历，也很欣喜地了解了孩子内心真实的想法。同时，学校将家长撰写的活动小结借助微信公众号加以报道，让更多的家长了解这项工作，增强吸引力与影响力。促进建立长期的家校合作关系，确保家长生涯课程能够获得长足发展，学校还为积极参与课程建设的家长颁发聘书、送上感谢信，推进生涯课程建设的完善与发展，不断加强家长在生涯教育工作中的作用。

此外，学校要求学生参与生涯课程学习后，要填写反馈单，以便了解学生的实际需求以及对课程的评价与建议。从学生的反馈情况来看，普遍对家长所授的生涯课满意度较高，比较喜欢这种教学方式。学生都表示，还愿意继续学习这类课程，甚至有学生希望学校每周都能开设一节生涯课。同时，学生也提出了想法和改进建议。比如，有学生希望能够进一步了解社会分工与各种职业角色，建议增加互动环节，拥有更多的实践体验机会，等等。学校会适时将学生的需求与建议反馈给家长，以便不断完善与改进课程。

助力开展生涯教育，学校设有小公民自治委员会。小公民自治委员会是一个少先队自主管理组织，隶属于大队部，实行自我管理、自我服务、自我教育、自主成长的行动准则。每年，该组织在各部门学生部长和校内外辅导员的指导下开展招募与实践活动。小公民自治委员会也是学校实施生涯教育的重要阵地之一。在日常学习与生活中，每名成员立足于自己的小岗位，开展各类校内服务、管理、策划、训练等活动。学生通过小岗位的实践，培养生涯意识，增进对岗位分工、社会功能、人际交往与合作的理解。家长作为校外辅导员，参与指导和管理这一学生组织。这种运作方式促进了学生参与各项生涯体验活动的积极性，优化了管理模式。

学校每年组织召开小公民自治委员会招募大会，学生到各展台了解岗位需求，并参与应聘。从事有关职业的家长或由家长邀请的相关从业者，带领各部门的学生干部积极策划招募大会的招聘流程、岗位分工、展台布置等工作，并结合各个部门的岗位职责、岗位要求撰写招聘启事，设计面试体验活动。

例如，家长邀请空姐、电视台记者、检察官分别作为礼仪队、拓展外宣部、争章评优部、文明观察部的招聘面试官，面试题目别出心裁。如应聘礼仪员的学生跟着空姐学习站姿、走姿，并在红毯上走秀，重在考查学生的仪表仪态；应聘活动策划部的学生需在现场抽取题目并作答，展示创新思维、组织与应变能力；应聘小记者岗位的学生要现场应对面试官提问，主要考查学生的人际交往与随机应变能力，等等。学生在参与应聘的过程中学会了一些本领，在了解各种岗位工作内容与能力要求的同时，也引发了对自身的认识与思考。设立校内模拟岗位，当学生成为小公民自治委员会成员进入相应的小岗位后，需利用一年的时间来锻炼自己，为大家提供服务，培养职业意识。为此，学校在小公民楼建立了 20 多个职业模拟场馆，设立了一些适合小学生的小岗位，如学分超市的导购员、出纳；米其林餐厅的服务员、厨师、收银员、大堂经理；消防体验馆的消防员、消防安全引导员；探索地带的科普宣传员、活动指导员；校史室的讲解员、引导等。每周二午间的阳光俱乐部时间，学生化身为各种职业角色，为小伙伴们提供各种服务。家长作为校外辅导员，与校内辅导员老师一起参与各个部门的组织与管理，引导学生在各种岗位实践中获得成长。

学校开展校外生涯实践，联合家长，充分挖掘社会资源，参照小公民自治委员会各个部门的职能，为每一个部门寻求相对应的生涯实践体验基地，将学生生涯体验的阵地向外延伸。例如，拓展外宣部的成员在校内主要负责红领巾电视台、队刊的编辑等工作，在校外也有相应的实践任务，如进入上海电视台第一财经频道开展生涯体验活动。在电视台的演播室里，学生初步了解了电视节目的播放流程，并在电视台主播的指导下播报校园新闻，亲身体验，当了一回“小主播”，过了一把瘾。学生回到学校后，将实践基地所学的本领应用于校内小岗位的工作中。具体工作中，学校坚持以校外体验促进校内实践，以校内锻炼推动校外实践，实现良性循环。在学生参与校外生涯实践的过程中，家长作为校外辅导员承担着联系校外实践基地、实施岗位培训、安排学生开展实践活动等任务。家长的参与充实了学校开展生涯教育的人力、物力资源，保障了各项生涯实践活动的顺利开展，有效发挥了小公民自治委员会这一生涯教育阵地的教育功能。

第八章　网络信息技术迸发家校合育内生潜力

第一节　多渠道促进家校信息交流

传统的家校共育模式,一般是以家校双方的基本信息传递为主的,这样的方式效率较低,信息传递途径单一,信息传递不及时、不全面,达不到家校共育应有的效果。将家校共育与互联网相结合,利用互联网不受空间限制、信息交换趋于个性化、信息能以多种形式存在等特点,创建家校共育共同体,可以畅通家校共育渠道。

互联网的应用让教育资源得到共享,家校共育取得成效也不再遥远。教育不等于管理,以育代管才是学生获得全面发展的最好方式。家校共育取得成功需要学校、家长增进交流,相互配合。互联网的合理利用为家校沟通交流提供了高效快捷的方式,推动了家校共育模式的发展。

随着新媒体的发展,实验东校的家校信息交流渠道也在不断地升级和拓宽,学校利用手机上的社交软件,积极促成学校和家长之间的信息交流,形成学校网站、绿蜻蜓平台、家长委员会微信公众号、校门口公告栏、家校联系卡、校长信箱、上门家访等沟通渠道,以外还有家庭教育手册、家长大讲堂、家长学校、家长社团、家长答谢会等多形式多途径的家校共育。

学校积极利用这些渠道组织家校沟通合作。在心理健康方面,学校的心理教师、家长义工每天中午在心理咨询室、宣泄室接待学生,每周二中午学校还会播放心理广播,此外期末会组织考前心理讲座,比如邀请复旦大学沈奕斐教授做《热爱生命　家校共育》等报告。学校设立家委会办公室,学期初、学期末召开家校社沟通会;家委会设立生活部、宣传部、义工部等,各部门职责明确,“故事妈妈”“家长讲堂”为学生提供课程;质量控制部参与午餐食谱制定、食材选择、校服面料款式选择等;家长义工团参与课后看护、图书馆、儿童乐园、交通维持、心理护航等,家长们以自己的实际行动支持学校工作,潜移默化地教育和影响学生。

学校微信公众号及时报道各项工作,宣传办学理念,是学校对外展示的窗口之一。学校开设了两个公众号,“上海市实验学校东校”和“上海市实验学校东校家委会”都在稳定运行中,目前“上海市实验学校东校”已推送700期,平均每周2~3期。而“上海市实验学校东校家委会”由家委会宣传推广部负责运营,核心成员十余人,近6年来已推送480期,平均每周2~3期,宣传家校工作和各类活动。2020年初,家委会公众号完成新号搬迁改造工作。

除此以外,实验东校官网开设家校合作专栏。家委会宣传部负责维护更新。学校使用绿蜻蜓平台为教师、学生、家长提供网络办公信息平台,学生用户可以在平台上查询学习过程记录、每日作业公布、学习状态展示、班级平台交流、网络课程学习等;教师用户可将它作为办公平台、教学平台、沟通平台;家长用户可以在平台上接收信息、展示孩子的作业、接收学生班级通知,积极与学校保持沟通互动。

微信是教师和家长之间交流的现代重要工具。教师与家长之间不仅可以随时交流文字信息，还可传送文件、图片、视频等其他内容。微信作为一个承载工具，将不同家长的教育理念和方法汇聚在一起，家长不仅可以了解孩子的情况，还可以借鉴学习其他家长的经验。在实验东校，教师和家长借助微信平台，互通有无，更新教育观念，丰富教育实践。

实验东校的家校微信群中，教师和家长的关系不仅是主讲人和观众，还是引导者和分享者。常常会看见家长发出大段的文字，比如，“生活上养成了良好的卫生习惯，学习上学会画思维导图、圈关键词、记笔记等好的学习方法，养成记录音频日记的习惯。”有的家长写道，“从小培养孩子良好的阅读习惯，营造阅读氛围，激发阅读兴趣，发现阅读问题及时采取有效措施，学会边读书边思考。提供阅读质量，扩大阅读视野。目前写作能力较强。”也有家长留言，“在喜马拉雅上做各类亲子节目，成效是寓教于乐、培养自信、美好回忆。比如：朗读课文做节目可以把读几遍课文的作业变成追求质量的、有成就感的任务；制作唱古诗文节目可以利用自己的音乐特长并兼顾学习古诗文；其他成套国学节目可以增长知识，并培养坚持到底的责任心。”有的家长说：“孩子从小记忆力比较好，家长会给孩子买一些古诗文或历史书籍，孩子也很喜欢阅读，养成了读书的好习惯，也在学校的古诗词比赛和时政比赛中取得了一定的成绩，希望再接再厉，阅读是一辈子的事情！”还有的家长透露道：“我家儿子身体协调性较差，学广播体操都要回家教多次才像样一点。但他现在打乒乓球却是小学部最好的，原因是贵在坚持。在刚学打球时，他爸爸几乎每天陪他练一个时，一个动作反复百遍千遍。一分耕耘一分收获，他的球技远远超过了当时和他一起学的人。”

这些心得分享都是家长们生活中的教育体验，既真实又亲切。当其他家长看到这些的时候，因为这是发生在身边的故事，更加具有学习和借鉴的动力。微信不但方便了学校和家长之间的交流和沟通，还方便了家长之间的信息交流。

家校合育中更要突出家庭的管和学校的教。在以学校为主开展的家校合育过程中，往往是学校充当了教与管的双重任务，家庭只是起到了辅助的作用。但在新的网络教学系统中，两者之间的角色发生了变化。家长要承担起对学生管理的责任，而教师则更多地承担教的责任。这是一种新形式的家校合育方式，需要家庭与学校及时适应各自新的角色。

第二节　多角度挖掘家校合作潜力

除了在新媒体平台上扩展信息渠道外，学校在后勤保障方面也积极推动数字化服务，在制度建设方面做好法治维护，挖掘家校合作的潜力。

首先，是运用现代信息技术改革教育教学内容和方法，推动课程教学与信息资源的有机整合，不断丰富教育教学资源，形成开放、互动、共享的信息化教育模式，促进学习方式的转变，满足学生多元化和个性化的学习需求。学校教育资源包括社会教育资源、教学管理经验、教师教学技能、优秀教学案例等内容,教育资源的整合与共享明确了学校的重点研究方向。这一项目的建设对家校共育起到了推动作用,有利于学生家长通过直观的方式了解孩子所处的教育环境质量,并且参与其中提出意见和改进建议。学校自行创建网络共享资源库,将校园文化活动媒体素材、考试试题库、学科教学课件、网络课程、教师教学测评、电教资料等上传至共享网站并进行分类整合,学生和教师可以自行浏览网页、下载资料。家校共育在网络共享资源库的作用下达到很好的效果,知识系统更完善,家庭也能为孩子的学习生活提供后勤保障。

其次是推动"绿色评价"和"App"辅助教学的发展,促进学生运用信息技术丰富课内外学习和研究。在学校教育的家庭拓展模式中,家庭起引导作用,学校起监督作用,利用互联网家校共育共同体,与家长就课外拓展进行探讨,研究合理方案,对家长提出的问题进行答疑。学校于假期在家校交流群中定期布置任务,请家长和学生用电子档图文并茂的形式上传至班级公共邮箱,内容有父母与孩子共同完成学科课外实践活动、发现生活中的物理应用等,各个家庭选择性地完成,根据学生课后任务完成量、用心程度和家长的反馈,学校和家庭共同给予学生奖励。

再次,是建设新媒体新技术教研服务平台,提高教师教育技术应用的能力,让教师能够充分利用教育信息化环境提高教学质量,更好地促进教师与教师间、学生与教师间的知识共享,促进学校的知识积累和知识创新;建立和完善相关制度,利用现代网络技术,建设人人享有、人人利用、人人贡献的数字化优质教育资源,促进个性化学习和开放化、远程化、网络化教育,形成更为积极、开放的学习文化;利用物联网等技术,打造出符合现代化实验东校特色,体现生态校园、和谐校园的环境氛围和文化内涵;改造校园环境,凸显环保、节能、开放和生态的特质,改进后勤服务质量和意识,为教师和学生创设美丽温馨幸福的校园。

随着物联网、云计算和虚拟化等新技术的广泛应用,学校师生、员工和校园内外资源等的交互方式正在改变,构建一个创新、高效的学校综合管理机制,必须依托"智慧校园"的管理模式。学校首先利用物联网等技术,打造符合现代化实验东校的特征,体现生态校园、和谐校园的环境氛围和文化内涵。如建立平安校园系统,打造基于互联网+物联网的校园安全风险防控体系,平安校园智能巡检,利用监控和大数据进行实时显示与预警,各类终端(监控、围栏、一卡通、定位)的数据统一管理,进行校园安全的实时监管、量化考核等智能化和实时化的管理模式,以提高安全工作执行效率和校园安全风险防控等级。

比如,实验东校和锦绣小学于 2016 学年率先部署了学生门禁系统,通过比较,选择了 RFID 系统。传统门禁系统包括考勤机、指纹、道闸等,这些都存在一些问题,如指纹系统存在学生较多时查找速度缓慢,并且存在不卫生、拒识率、误识率等问题。此外,考勤机、道闸系统都有通过速度比较慢,人流量多时无法快速通过而排长队现象,而 RFID 系统是基于远距离射频识别技术的高新技术考勤管理系统,融通道口安全管理、自动识别控制、警报处理、人员通行记录为一体,为学校实现门禁安全防范管理提供了有效的解决方案。

学校RFID系统和网站是有机整合的,即学生进出学校记录都可以在“绿蜻蜓”网站上查询,家长也可以在网站App中实时了解孩子进出校情况。门禁卡自试运行以后,方便家长掌握学生进出校和放学的时间,尤其是在下雨天。该系统在校园内的应用,提高了学校管理效能。

再如,学校建立移动OA系统。依托智能工作流引擎,根据学校需要制定业务流程,满足学校信息交流、个人办公、流程审批、行政管理等全方位的办公需求,加强学校机构间、教职工间的协同工作,提高教务和校务的整体工作效率(移动考勤、家校互动、校园直播等)。

又如,学校计划建成智能集控、万物互联的格局。采用软件、硬件方式与其他系统集控联动,通过智能集控打造校园万物互联的云平台,通过信息孤岛,提升运维管理效率,使学校动态资产可视化,形成校园公共安全机制。

作为浦东新区第二批智慧校园,学校在管理方面有效应用大数据、人工智能等信息技术手段,完善管理流程,提升服务时效。制度是依法治校的重要保障。在家校社合作共育推进上,制度建设分为两大类:一是学习掌握国家的有关政策、法律、规章制度;二是制定和完善学校的有关规章制度。学校认真组织各个层面学习各种法律法规文件,以《章程》建设为契机,根据学校实际,积极主动争取教育、文化、卫生、文明办、社区等部门的支持,争取最大的政策空间,同时也在政策法规的框架下,完善家校社合作共育制度,依法依规开展工作。

家校社合作共育需要规范的平台和载体。学校最常见的平台与载体就是“家长委员会”和“家长学校”。学校组建家长委员会,通过社交平台将家庭教育的关键因素、家庭如何配合学校教育做孩子背后的依靠等,对家长委员会的核心成员进行引导,这部分成员继续将信息转述至其他家长,实现信息的全覆盖。这些年以来,无论是从家长委员会章程的修订,还是实际发挥的作用,以及未来发展的趋势来看,学校都在进一步拓展家校社合作共育的平台。

如果学生丝毫没有学习的兴趣,学校单方面的教育也是徒劳,家庭应当给孩子营造良好的学习氛围。家长要让孩子对学习感兴趣,首先自己要同孩子一起学习,家长终身学习的理念十分重要,家长热爱读书,家庭文化氛围浓厚,学生的文化底蕴自然深厚。

为了更好地通过微信进行管理,学校出台了《家长微信群管理规定》(以下简称《规定》)。这个《规定》对于营造良好的家校合作沟通环境和氛围有着纲领性的作用。这一《规定》是参照浦东新区教育局和实验东校有关规范管理的通知,经家委会商议后制定的。规定涉及了方方面面,既把握了大方向,又涉及了具体的行为内容,层次分明,语言清晰。

首先,《规定》要求学生家长在微信沟通的过程中做到“三严”,即严格遵守国家法律法规和有关网络信息管理规定,严格保守国家机密和学校有关信息,以及严禁发表不当议论。其次,《规定》说明了微信群的意义和价值,即微信群仅作为学校、家长之间沟通的桥梁,聚焦教育相关主题,不得发布其他无关消息。积极宣扬先进事迹,提倡传播正能量。微信群成员要求严格自律,对自身言论负责。再次,《规定》列举了一些不合时宜的活动,即严禁在微信群内争吵、谩骂、诽谤他人等,禁止发布未经证实或低俗、消极的言论和图片,禁止发表诋毁学校、师生以及攻击其他家长等侮辱性语言,禁止在群内发布广告、推广链接(审批通过的除外)、游戏等无关内容,非本校的老师和家长禁止入群(特殊情况须经群管理员批准)。最后,又提出了一些行规要求,即群成员采用实名制,基本要求为“XX 班+学生姓名+妈妈(爸爸或其他亲属)”的格式,例如“一六班张小明妈妈”。特殊情况,要求个人事件或偶发事件与相关当事人单独沟通、私聊。在某一特定条件下建立微信群的,群功能任务完成后应及时解散。严重违反微信群管理规定者,群管理员有权直接驱逐出群。

家校社互动机制常态化,进一步夯实了三方互动机制,健康和谐的运作走顺了可持续发展之路。通过这一平台的沟通,对学校学生良好习惯的养成教育、良好心理品质的培养以及家校社之间信息的及时交流等,发挥了较好的作用。同时,家校社和谐的合作关系,也进一步优化了学校的教育环境,为孩子们的健康成长构建了一个多元、立体、生态的教育氛围。

第三节　多频次推动家校情感联系

学校与家长之间的情感联系随着各种家校活动变得紧密而牢固。在网络信息技术的推动下,更多渠道、不同角度的家校活动的开展有了新的生命力,家校活动的频次也逐渐地提高了。

一般来说,能够起到家校之间情感维系作用的活动有家长会、家长开放日、亲子活动,等等。实验东校对于这些活动秉持着开放的态度,积极将它们与学校的特色活动相融合,构建出具有实验东校特色的家校合育的活动,如爱心节、班级家委会、感恩答谢年会,等等。这些活动将家长与学校紧密地联系起来,让家长对于学校的管理与建设更加具备了主人翁精神,对孩子的成长与教育也具备了更加积极的态度。

在爱心节中,活动的主体是学生,家长在活动的过程中起到辅助和负责的作用。他们帮助学生联系社会资源,保障学生的安全以及活动的推进与执行。每一次爱心节都以“爱心”为核心内涵,设计不同的外在渠道和实现方式。如“实践公益　童心有爱”旨在通过义卖的方式,培养学生的独立自主、主动合作与锐意创新的意识;通过才艺展示、自主管理等环节,培养学生阳光自信的心理和勇于参与的意识;通过爱心画展及拍卖活动,关注学生公益意识的培养和熏陶。2020 年疫情给学校活动的开展带来很大困难,实验东校师生、家长群策群力,策划“云端有爱　爱向远方”第十二届线上爱心节,学生们在网上开设一天班级微店,义捐义卖,援助云南大理;义卖浦东辅读学校残障儿童的画作,义卖所得款项全部返还浦东辅读学校。

学校在公益课程、公益学堂、爱心节、校外敬老爱幼等各类活动中,将活动进行有效整合,形成具有实验东校特色的公益项目。如沪滇儿童书画公益展、“书送友谊　爱助江孜”(红领巾们向西藏小伙伴捐赠书籍)、“青丝行动　为爱捐发”(为癌症化疗失发的儿童送去一片关爱)、“一件校服的奇妙旅行”(生态环保的校服漂流活动)、“援藏捐衣”(家庭自发组织捐助御寒衣物和邮资)等活动,师生、家长同参与,给孩子播下爱心和公益的种子。孙烨同学凭借她组织开展的“为爱捐发”(为癌症病人捐发)的公益活动,获得了由上海市团委指导、复星公益基金会主办的2017年复星保德信青少年社区志愿奖,并被组委会授予“明星志愿者”和“人气志愿者”的称号。2017年,实验东校成为上海市民政局授牌的首家普教系统学校公益基地。在此基础上,由学校家委会牵头成立的民间“一心”公益组织,也通过了民政局的审批,开始在学校及社会上发挥作用,积极形成公益影响力,切实推进公益活动在学校的发展与成长。在丰富多样的主题公益活动中,学生们体验到不同的社会关爱和人文情怀,为实验东校的孩子们提供一个共同实践、人人参与、共做公益、激发创意的平台。

学校整合校内外教育资源,构建一贯制学校的社会实践课程体系。如小学部“博物馆”实践考察,有效对接中学部的“博物馆”课程,增进了学生对“人与自然”“人与社会”“人与人”之间内在联系的整体认识与体验。其他如半日营、自然博物馆、航海博物馆、社区等志愿者活动,丰富了学生的职业体验,锻炼了社会交往、演讲等能力。又如体育节期间,每天早上更新红、黄两队的积分是学生最兴奋的时刻,为了自己的团队,学生们、教师们、家长们都积极参与,奋勇争先。

家长义工团队是实验东校一道亮丽的风景线,交通、延长晚托、图书馆、心理、儿童乐园的义工队伍风雨无阻,默默为孩子成长保驾护航。家长给小学生开设微型课程,如故事妈妈、烹饪课堂,中学生的家长大讲堂等活动深受学生欢迎,每学期一次。家长们非常珍惜站上讲台的机会,他们事先上报课程题目和大纲,经过汇总后,学校选择不同类型、契合学生年龄特点和知识储备的课程,然后由入选的家长进行备课,学校发布课程简介,学生网上选课。家长大讲堂的开设,让更多领域的专业人士进入课堂,为学生提供了丰富的学习平台。

在活动中,家庭、学校、社会合力构建多元、立体、和谐的教育生态,促进实验东校学子生命的成长与体验,为孩子们的健康成长护航。学生在活动过程中不仅体会到了超越学校的内容,还能够与家长一同参与。学校在整个过程中对学生和家长的做法进行维护、指导以及记录,对家长教育理念的更新与建构起到了积极作用,为家校合作积累了经验。由此,家庭、学校、社会之间以学生的健康成长为指向,形成了一个和谐统一的教育生态。

第九章　家校合育成果的社会转化

第一节　家校合育的社会评价

社会评价是学校办学成长的重要反馈，在家校合育模式建立以来，实验东校的共育成果在社会上得到了广泛的关注和好评。

学校浦东新区的研究课题“家庭、学校、社区合作开放机制建设”曾两度被上海电视台《新闻透视》栏目报道，并被中央台新闻关注栏目转播。实验东校的家校合育成果在科研方面取得了社会的认可，获得了好评，在社会艺术参与方面也具有生命力。《解放日报》刊登了实验东校家长合唱团在以“歌唱祖国，歌颂美好生活”为主题的市民合唱团比赛中的表现，他们在角逐市民文化节中取得了优异的成绩，广受赞誉。除了传统的报刊和电视栏目，海上艺坛、东方网等网络媒体也相继报道了这一活动。

实验东校的家校合育成果作为一面鲜明的旗帜，是有关新闻报道的标杆。《新闻晨报》以“以独立姿态存在，不做学校摆设”为题报道学校家校合作工作。报道以教育部近日出台的《教育部关于建立中小学幼儿园家长委员会的指导意见》为背景，阐明学校教学管理改革的趋势。与该文件所倡导的措施一致，实验东校成立了家委会，让家校之间的沟通有了一个更好的通道。家委会可以参与学校管理，对学校工作计划和重要决策，特别是事关学生和家长切身利益的事项提出意见和建议。家委会要向家长通报学校近期的重要工作和准备采取的重要举措，听取并转达家长对学校工作的意见和建议，向学校及时反映家长的意愿，听取并转达学校对家长的希望和要求。

此外，在真爱梦想公益平台，实验东校向参会者分享实验东校家委会的构建和目标，以及家校合作的收获和经验。除了在制度建设上提供可供参考的实践架构之外，新闻媒体也从多个角度、多个渠道积极报道实验东校家校合育的其他成果，如爱心节、艺术节之特色活动。学生在这些活动中的风采，反映了学校的整体气氛，是家校合育的成果。《新民晚报》报道了“我们的世界杯”——中学生足球赛，这一被学生们誉为“我们的世界杯”的《新民晚报》暑期中学生足球赛，已经迎来了第 27 个年头。那一天，实验东校洋溢着欢乐、喜庆的气氛，2012“耐克杯”《新民晚报》暑期中学生足球赛开幕式在校园里举行。

家长社团主要有家校摄影社、足球俱乐部、羽毛球俱乐部、故事妈妈社团、ESES 跑团（亲子社团）、家校舞蹈社、心理剧社团（亲子社团）、长耳兔亲子读书社、亲子朗诵社等。其中，学校家长合唱团荣获 2016 年、2017 年上海市市民合唱大赛百强称号，2018 年入选上海市最美合唱团，2020 年获上海市民合唱大赛“五星”合唱团称号。家长们在社团中参与活动，相互交流教育心得和经验。在众多的家长社团中，心理剧社通过“心理剧”这一创新教育形式，开拓出家庭教育的特色道路。心理剧是体验式戏剧，家长既是演员又是观众，通过观看和参与表演，结合心理专家现场点评的形式，将家庭教育的思维方式具象表现出来，演绎矛盾爆发点。现场观众以旁观者角度思考矛盾本质，以亲历者角度参与演绎，帮助参与者更好地辨识家庭矛盾本质，理性思索解决问题的可能。独有的“人人皆演员、人人皆编导”的特点，一台心理剧演绎家庭百态，让学生、家长从演绎中思考当下的家庭教育问题，从换位演绎中学习成长。心理学者的介入，给予参与者科学指导，从而有效地解决家庭教育多方面的问题。目前心理剧已经创编发展出 4 个系列 7 大剧目。

家长学校课程一以贯之，陈默、沈奕斐等专家的系列课程对家长的育人观、方式方法起着重要引导作用；家长学校面向全体家长提供家庭教育领域的系统教育，随着家长们教育理念的提升，家长之间的相互协作与教育成为新的育人特色。2011 年，家长学校被评为上海市优秀家长学校。

家校共育已经发展成为学校特色，老师们、家长们由不理解逐渐转变为合作默契。家校共育的组织架构、家委会的规章制度、家委会直选办法、家长大讲堂等在上实教育集团得以推广。

实验东校家校共育的公益活动，走出上海，走进云南、西藏。实验东校的教师们开展了援助大理的“书画梦想”项目，为大理带去教师培训课程，家委会为大理儿童捐赠画笔、颜料。“书画梦想”是一个以“美术教育”为抓手的公益项目，通过培训乡村兼科美术教师、创建书画梦想班、学生作品交流展示、对口学校开展学生夏令营等方式，提升乡村教师的美育能力，助力乡村留守儿童健康成长。它关注乡村留守儿童，开设创意美术班，提供免费美育耗材，培训稳定的兼科美术教师，开设留守儿童公益画展，印制公益画册，关爱孩子的心理和生活等，全方位帮助贫困和留守儿童拥有高质量的素养教育。

为深化沪滇教育帮扶，在上海浦东援建云南办事处、上海市浦东新区文明办、云南省大理州教育体育局的大力支持下，来自大理州“书画梦想”留守儿童创意美术班的优秀教师在上海进行交流研学。一心公益和实验东校为云南大理州的教师们准备了丰富的课程，并针对不同美育科目开设针对性的实践讲座，如衍纸课、彩泥课、禅绕画、版画课，还安排云南乡村小学教师在中华艺术宫与上海的亲子家庭进行交流，参与沪滇儿童交流画展。时至今日，“书画梦想”留守儿童公益项目已经在云南省大理州 10 个县落地生根。

为了能够更好地帮助项目实施，上海市浦东新区锦绣小学和实验东校举行爱心捐助仪式。学校筹集到的善款助力江西遂川县大汾镇寨溪小学和遂川县正人红军小学开设 2 个留守儿童书画梦想班，让 50 个孩子在一年内可以在书画梦想老师的陪伴下，学习创意美术课程。

这是实验东校和锦绣小学参加的众多公益活动中的一个，从公益徒步到爱心义卖，都有孩子、教师、家长的身影，家长代表也希望社会各界人士都能献出一份爱心，用实际行动关注偏远地区儿童，一同携手传播爱的种子，为留守儿童点亮心灯。云南大理州张寿春老师说：“带着山的希望，怀着对大海的向往，我们师生从剑湖畔来到黄浦江畔，书画梦想在大理、在滇西高原点燃,我们行动着、耕耘着。”

实验东校家委会一直致力于优化亲子关系、亲密关系、家校合作、未成年人发展与安全。2017 年,实验东校家委会开始取得了突破,找到一种直观可视、交互体验的教育手段——心理体验剧,帮助家长做到自我觉察,突破在家庭教育中不自觉出现的“以我为主”的单向说教。同年,一个由实验东校爱心家长发起、上海市浦东新区一心公益发展中心组织运作、学校社会政府共同支持的心理体验剧团正式创建。

心理体验剧依托心理学中表达性艺术治疗的理论基础,结合应用戏剧中的教育戏剧、参与式剧场、论坛剧场、一人一故事剧场等元素,创新性发展出了心理体验剧及其特殊表现形式:演教(play)、看见(see)、体验(do)、收获(get),让现场观众不仅能够看到平时家长与孩子、家庭内部、家长与学校之间的共性问题、困惑和误区,还可以现场实时分享、交流、感悟。

有些家长是带着问题和思考来的,有些则是带着成功经验来的,有的家长被邀请上台角色互换、体验表演,家长演孩子、孩子演家长、老婆演老公、老公演老婆、家长演老师,老师演家长……最后再由专家给出现场点评和建议,让家长们在“自己演、演自己”中实现行为和认知上的改变。这种方式比纯粹的专家讲座更具震撼力和影响力,真正落实教育部关于“家长也要接受进一步教育”“学校无法取代家庭教育”的指导精神。

如今,心理剧社已经走出实验东校,走向更多学校(二中心、华林、张江高科实验小学、复旦五浦汇中学等),走向社区(南码头社区、金桥镇、花木镇),普惠更多家庭。越来越多的心灵碰撞,收获意想不到的效果。

第二节　教育系统的同行评价

除了社会新闻报道,实验东校还接待了很多来自上海各兄弟学校、全国乃至国际教育同行的来访,如百年老校上海市实验小学、北京市海淀区第二十中学附属实验学校、英国寄宿制学校校长访问团等。他们来到实验东校参观交流,共同探讨家校合作工作的开展。学校介绍了实验东校家校合作工作的开展情况,学校家委会代表也与对方学校的家长介绍参加家委会工作的体会与感受。同时他们也参与到孩子们的活动中去,与实验东校学生积极互动交流,参加学校当天的活动表演。这些参观来访活动,让学校之间的交流与合作变得更加紧密和切实,也让家校合育的经验模式能够在更大范围内推广。

学校在办学之初就成立了家长联合会,制定有关家长联合会章程,每一位学生家长都自然成为联合会成员。按照章程,成员有相应的权利和义务,并通过联合会常设机构——校级家长委员会具体行使。学校信任家委会,充分尊重家委会,实验东校的家委会不是学校的附属品,它是一个自治的,能代表学校广大学生和家长与学校平等对话、合作共商的组织。

通过十多年的家校社共生合作模式的实践,实验东校的家委会已和学校互相融合,看不到强弱分化明显的从属关系，也没有分庭抗礼的敌对关系。虽然在具体的事务中，双方会有一些不同的理解甚至矛盾，但是双方都把它看作合作中的正常磨合。老校长王玮航在一次家长会中表达了心声，“只要学校和家长都是真心为了学生，任何问题都可以在沟通中解决。”当有人说，成立家委会实际上是学校给自己找了一个对立面的时候，学校坚持认为，这是给自己找了一个助手，甚至是一个进步的梯子。

实验东校的家校合育模式获得了很多专家学者的青睐，他们将实验东校的家校合育实践作为样本进行设计研究。教育部的家校合作专题小组曾专门到实验东校召开现场座谈会、带队组长直接把实验东校的家校合作模式冠以“上海模式”。时任上海市浦东新区教育局局长程红兵曾对实验东校家校合作做过调查和实践剖析，他总结说，家长和学校之间必然有认识上的差异，但是家长因为子女教育走到一起，会迸发出无限的潜能和力量，如果能按照“预设、召集、共商、实施、反馈”的家委会工作流程，监督和指导学校的教育服务，其正向能量一定很大。上海市教育学会会长张民生在对实验东校调研后说，“实验东校非常善于挖掘、使用和开发资源，在首任校长王玮航的视野里面，处处有可用之处。资源的充分开发增强了学校的实力，为学校发展做了奠基；广泛的资源利用同时也涉及人与人的关系、人与环境的关系，这就营造了一个非常良好的生态环境。”

对于家校合育模式的探索，实验东校一直走在前面。2011 年 3 月召开的上海基础教育工作会议提出，要形成学校、家庭、社区互动合作的机制；2012 年，教育部发文推动“有条件的学校设置家委会”。响应教育部号召，上海市教委出台 2 号文件，对建立家委会给出了指导性意见，建立“家校新型关系”已成为近年来上海基础教育的攻关课题。此时，实验东校始于 2004 年秋天的家校社合作，已经整整探索了 13 年，形成了一系列制度和模式。2012 年，受浦东新区教育局委托，实验东校接管锦绣小学，将家庭教育指导经验在锦绣小学推广复制。

在这样稳步发展的实践基础上，实验东校能够以此为准，推进更深一层的课题研究。2017 年学校以“九年一贯制学校‘家长学校’课程与教材校本化建设研究”为课题，成功申报市德育重点课题，并进行为期两年的课题研究；2018 年 3 月，学校的区级德育课题“构建家校合作生态校园的校本化研究”完成课题研究并已结题，课题成果为《上海市实验学校东校家校合作指导手册》；2017 年 10 月，《新校长》刊物对老校长王玮航进行专访，2018 年 4 月刊出《独立家委会的上海“东校”实践》。

第三节　家校合育的成果交流

心理剧作为一种互动体验式的学习方式被广大家长所接受。它通过具有代入感的情境、共性的问题、开放性的参与，让家长不仅从认知层面有更多的思考，更引发他们产生更强共情。实验东校家委会愿意与更多学校分享此种家长学习方式,目前该方式已向近50所学校和社区进行了辐射示范。

心理体验剧团聚焦家庭伦理、亲子关系、家校合作、未成年人发展与安全等难点和痛点。在23所学校及社区和机构中,非教育、戏剧专业的志愿者通过自编、自导、自演,已成功实现了《门里门外系列一:谁的错?》《门里门外系列二:青春之戈》《安全教育情境教育剧系列一:小鬼当家》《外来娃系列一:我该怎么办?》《家委会那些事》5部原创剧的公演,共演出27场。现场观演和体验的家长、孩子逾8000人次,网络或视频直播受益观众逾10000人次。最让人印象深刻的是,每次公演现场几乎没有家长中途离席,演后的互动讨论与体验更是深受家长和学校的欢迎。

以下是其中一个优秀的剧本《门里门外——我的作业谁做主》的内容。

故事由六位主要人物构成,他们分别来自两个家庭:成成一家,家庭成员有成成爸、成成妈和成成;文文一家,家庭成员有文文爸、文文妈和文文。

成成爸,38岁,某外企技术人员,长期在外出差,收入中等,凑钱买了当前的学区房;成成妈,37岁,国内普通大学本科毕业,当前在一家民企上班,会计,工作繁忙;成成,男,8岁,在班级年龄偏小,成绩偏下游,但性格活泼,爱好运动;文文爸,晓峰,40岁,博士毕业,有海外留学背景,当前为外企高管,35岁以后回国工作,赞成西方的教育理念;文文妈,38岁,国内一流大学研究生毕业,因爸爸收入较高,辞职做全职妈妈,全心全意安排孩子功课,目标考上四校,班级家委会成员;文文,女,9岁,小学三年级,学习成绩良好,性格文静,喜欢阅读。

情景剧的道具有书桌、椅子一套,门(隔板)一个,椅子若干,背景PPT,音乐。

晚饭后,七点半,家庭的不同场景,由于教育部要求给学生减负,学校给学生布置的家庭作业减少,家长无所适从……

【班级家长微信群】

婷婷妈妈:问问大家,现在老师布置的作业是不是有点儿少?

乐乐妈妈:是呀,我家娃老早就做完了,现在在发呆。

轩轩爸爸:作业少好呀,孩子们可以玩自己喜欢的东西,我们小时候作业也少,那时候多开心。

琪琪妈妈:现在跟我们小时候不一样,现在升学竞争多激烈呀,听说好几个学校都是每天每科一套试卷的,这么下去,咱们娃怎么跟人家拼呀!

(成成爸爸出差回家进门,成成妈妈在沙发上看手机微信,成成在房间玩手机)

成成妈妈:出差回来了,饭吃了没?

成成爸爸:路上吃过了,我不在家几天,成成怎么样?

成成妈妈:还行吧,现在作业少些了,没像以前那么辛苦。

成成爸爸:这就是问题呀!我们当初咬牙买了这里的学区房,不就看重这所学校老师抓得紧吗?现在这样,真有点儿后悔!哦,对了,成成呢?

成成妈妈：还在房间做作业呢。

成成爸爸：这么点儿作业还没做完呀，我去看看。（爸爸进屋，成成正在用手机玩游戏，发现了赶紧收已经来不及了）

成成爸爸：（一把夺过手机）你小子，又在玩游戏！看我不抽你！（成成妈听到房间动静，进来了）

成成：我是玩21点，妈妈同意的！

成成妈妈：我是答应他做完作业可以休息一下，玩一些益智游戏！

成成爸爸：那你作业做完了？

成成：（得意）做完了呀！

成成爸爸：你得意什么？现在作业这么少，你们好几个同学都是在学校就做完了！

成成妈妈：成成在班里基础比较差，又是男孩子，放学还要参加学校足球训练，会比别人做得慢一点。

成成爸爸：不行，得给你加些课外作业，不能一直做“学渣”。

成成：妈呀！我的好日子要到头了！

成成爸爸：以后干脆这样吧，除了课堂作业，每天背1小时古文，写1篇随笔，学1小时新概念英语，刷1小时数学题，还要……

成成：那还让不让人睡觉呀！

成成爸爸：学习老垫底，你还睡得着觉呀！如果时间实在不够，就把足球训练停了！

成成：啊?！不让踢球了？妈妈救命！

成成妈妈：他爸，适量补充点儿课外作业我是同意的，我就担心我们这么安排不科学，要不要我跟咱班家委会的文文妈商量一下，看看能不能请老师统一布置一些课外家庭作业？

成成爸爸：这样也好，你赶紧问问文文妈吧？

（成成和爸爸下，妈妈在舞台一角用微信语音留言，文文一家上，爸爸在沙发上看书，妈妈坐在餐桌边跟成成妈用微信语音聊着，文文在房间写作业）

【微信语音】

成成妈：文文妈，不好意思，打搅了，想跟您商量一件事？

文文妈：成成妈，别客气，什么事？

成成妈：今天班级家长群的聊天您看了吗？就是关于家庭作业的问题，现在老师布置的作业确实有点儿少，能不能通过家委会跟老师反映一下，看看是不是可以适当加一点儿作业量？

文文妈：家委会反映过呀，这是学校的规定，老师也不敢违规呀！

成成妈：那能不能布置一些可选作业，这样有时间的孩子可以选择做呀？

文文妈：这也不是没有试过，老师担心被批评是变相违规，另外如果是可选作业，孩子一般也不会主动做。

成成妈:这倒也是。那你们家文文是怎么安排的?她可是班上的学霸。

文文妈:成成妈过奖了,她就是学习习惯好些。我们是给她安排了课外班,作业量也够她做的。

成成妈:对了,课外班!我也跟成成爸爸商量一下,报些课外班。谢谢文文妈!(下场)

文文爸:(放下书)这是跟谁聊呀?

文文妈:成成妈,又来反映作业量少的问题。

文文爸:我挺赞成减少家庭作业的。以前的作业,量多还不说,还老布置些背诵呀、抄写呀那些重复劳动的作业,将来把孩子都培养成机器人,一点儿创造力都没有。

文文妈:这是在国内,应试教学还是以基本功为主。

文文爸:那也不能老是做一些有标准答案的作业呀,我们单位现在很多名牌大学的高才生只会埋头干活儿,一点儿发散性思维都没有。

文文妈:基本功不好,发散了也落不了地。

文文爸:还有呀,老师布置的作业也是千篇一律,每个孩子掌握的程度都不一样,老师应该少布置一些硬性要求的作业,多布置一些可选择的自主学习的作业,让孩子学习自己需要的、感兴趣的内容。

文文妈:你这也太理想化了,一个班四五十个孩子,老师怎么可能有精力照顾到每一个孩子的情况?再说了,如果不是硬性要求的作业,哪个孩子会自觉完成?还得靠我们自己安排些课外班,再安排些课外作业。

文文爸:那还得给孩子多留些时间做课外的活动,现在提倡素质教育,不能死读书的。上次你停掉文文的钢琴课,我就不太赞同,我看文文也不太开心!

文文妈:中考高考的是学习成绩,又不考钢琴。算了,我不跟你说了,我去督促文文抓紧时间把功课完成。

(屏幕上,有一张大大的任务计划表,里面列着密密麻麻的任务——各种作业:老师的作业、课外班的作业、妈妈的作业;课桌上有堆积成山的图书、本子,文文正在做课外作业)

文文妈:文文,作业完成多少了啦?

文文:妈妈,学校作业做完了,课外班的作业,语文还剩下一点点,你布置的作业还没开始,13 项任务还有 5 项没完成。

文文妈:还有 5 项啊?文文,你看为了让你集中精力学习,妈妈主动把你的钢琴课停了,每天节约了 1 小时的练琴时间,你作业的速度怎么还慢了。以前你的全部作业一般晚上 8 点前就全部完成,现在都快 9 点了。我给你布置的课外作业还没开始做?!

文文(独白):可恶的妈妈,就知道要我做作业,做作业,把我最喜欢的钢琴课停了,还说弹琴太浪费时间,妈妈考虑过我的想法吗?我如果还像以前做得那么快,妈妈还会给我更多的作业。

文文妈:你发什么呆呢?赶紧做作业呀!

文文：哦，知道了！

文文妈：你跟其他孩子不一样，你的目标是考四校，现在对你严格要求，以后你就知道感激父母。文文，你要加快速度！

文文：（语气胆怯地，央求）妈妈，吃饭后我已经学了3个小时了，我能稍微休息一会儿吗？

文文妈（坚定地）：文文，妈妈知道你累，但是你都三年级了，要考好学校，现在就是打基础的关键阶段。乖，再坚持一会儿。

文文（央求）：妈妈，我就玩一小会儿，就5分钟。

文文妈妈：都9点了，你看你还有编程、奥数、写作提高要做。不抓紧，10点半都上不了床。来，宝贝儿，妈妈给你拿点牛奶补充一下。说好就休息5分钟！

（文文妈妈走出去）

文文：爸爸，开始战斗！

文文爸：来了！

（爸爸和文文开始玩扔娃娃的枕头大战，配合动感的背景音乐，妈妈端着牛奶进来，一脸苦笑）

剧终……

（领航员出来引导）

这个心理剧本作为一个真实的例子，反映了不同家庭中相似的问题。这不仅仅是家庭中的教育矛盾，更反映了一个社会甚至是一个时代教育中的矛盾碰撞，具有非常典型的意义。为家校合育的问题解决提供了指引的方向。实验东校采用心理剧这一模式，以有趣的形式将家校合育中遇到的问题做了真实的展露，同时也使观剧者有所思考，具有启发意义。

心理体验剧从实验东校出发，发展迅速、影响广泛，逐步辐射全上海心理体验剧项目的发展和业务拓展。新的剧目将更多地辐射到家长孩子个人成长、女性关爱、亲密关系、邻里关系、社区文化、园区文化、企业文化等领域。

第十章　家校合育未来发展趋势

第一节　家校全域合作突破教育生态瓶颈

在家校合作如火如荼推进的过程中，问题会出现，瓶颈也会慢慢地浮现。实验东校办学理念中的“三生”理念即生命、生活和生态，正在不断思考如何构建以人为中心、以爱为底色的家校生态系统，积极攻克难关，不断积累经验。

面对理论偏离实际的情况，学校紧扣生活实践，及时更新家校社合作理念，同时学校持之以恒地走教育生态化发展之路，做好学校中层领导、教师、学生家长、社区的理念传输培训工作。在此基础上，学校加强教育集团内、区域内、跨区家委会沟通联系，加大课题研究，跟进学习其他国家先进的家校合作模式与理论。

学生的发展作为学校的关注重点之一，始终是家校全域合作的重头戏。在家长与教师的紧密配合与充分交流下，学生的内在潜力得以有效发挥，学习兴趣得到极大释放。实验东校感知和发现家校沟通的堵点、痛点和难点，用心沟通，创新解决，持续提升家校沟通的智能水准，同时为学生创设更好的创新性学习环境，实现课内外学习、正式学习和非正式学习相结合，以进一步聚焦学生学习和成长。

在理念方面，学校始终坚持发展特色，坚定社会主义新形势下家校共育之路。家校共育建设伴随着学校的办学发展，逐步成长、优化，目前创设的家校社生态教育环境已成为学校的办学特色。实验东校家校共育发展，经历了以下几个阶段：(1)看出去。学习国外先进的家委会建设方法、先进的社区学校和家庭共育理念。(2)看周围。走进本市、山东省、宁夏等地的兄弟学校，看看他们的家校合作方法。(3)想自身。结合自身所处社区情况、自身办学条件、学校发展方向等内因，创出实验东校特色的家校合作共育路径。学校将在保持自身创新性特色基础上，同时保持持续的学习力，在国家把教育放在优先发展战略地位的新时代，走好我们的家校共育之路。

学校的生态育人大环境构筑将继续以学生健康成长为中心培养目标，做好学校发展、教师发展、家庭发展、社区共进。实验东校的发展规划不仅看到学生在校的 9 年时光，还看到学生的特质，为其将来的 10 年乃至 20 年成长奠定好基础。家校社共育道路上，我们也对人性进行探索，察觉学生的特质，对学生将来的职业生涯规划做出相应的发展思考。

在国民背景上，家校合育的未来发展还需要在制度管理体系和专业化方面做更加细致的研究。

首先，应发挥基层党组织在家校合育中的领导作用。基层党组织作为我们党重要的战斗堡垒，必须在家校合育的协同发展中冲在第一线。党支部书记应充分发挥带头模范作用，在家校合育制度建设、保障体系、日常监督等各个方面发挥重要作用，不断提升家校合育的总体质量,不断改善学生的校园生态环境。与此同时,充分发挥党支部和宣传委员的宣传作用,向家委会传递积极、乐观、向上的教育理念,让家委会成员面对具体教育问题与日常工作时更加游刃有余。此外,各地教育主管部门也将家校合育效果纳入学校的综合考核范围内,进一步明确学校在家校合育中的重要表率作用。

其次,加强家校合育的体制机制建设与人才培养。在国家层面,教育部门与妇联系统是重要的家校合育主要力量,将家庭教育发展上升到国民经济与社会发展的统筹高度,进一步提升家校合育的教育战略定位与战略价值。在高等院校专业学科领域,开设家校合育相关专业,为基层学校的家校合育领域提供更多应用型专业人才。目前一些大学已经开设了家庭教育课程,但少有学校上升到专业课的层面进行对待。未来,在研究生培养方案中还应加入更多家校合育的课程,以期更好地提升教育人才对于家校合育的认识与理解程度。

最后,全面凸显家校合育在教师专业技能发展中的重要地位。目前,广东省中山市等地区相继出台了家校合育工作考核标准的相关政策,将家校合育成果纳入教学成果评估范畴,切实提升家校合育工作在教师日常教学工作中的比重,这表明家校合育并不是课堂教育外的第二场域,而是教育生态环节下的有机组成部分。每一名教师都应清醒认识家校合育在学生个人成长中发挥的重要作用与积极价值,不断提升自身的专业化、职业化程度,有效改善指导与服务家长教育子女的能力与水平,让更多家长与学生满意。例如河南省教育厅关工委近 10 年不懈努力,为全省每个中小学和幼儿园培养在职教师成为家庭教育指导师,对家校合育起到了良好的效果。在市政府每年大量专项经费的扶持下,苏州市教育局更是抢占先机,既抓家庭教育课题研究,又组织家庭教育教材编写,在家校合育的理论与实践中,不断改善教师专业化队伍的综合素养。

在此基础上,推动家校合育的制度化、科学化与专业化的系统工程建设尤为重要。在家校合育中,有效开展家长教育平台、创造学习机会十分关键。一方面,学校应组织专门教师提升家长的育儿水平与教育理念。另一方面,积极整合社区与教育相关机构组织开展家长教育的公益培训课程,增加家长的受教育机会,或在线下积极组织家长教育活动。针对偏远地区的学校,还应努力开展线上教育,利用家长下班后的碎片化时间,提供个性化、针对性的家长教育服务,满足不同家长的育儿需求。此外,加强家长委员会在家长教育中的核心作用,依托家长委员会的交流合作平台,让更多专业的教师走进家长的教育生活,根据具体的教育问题,开设专题性质的教育座谈会,让家长有机会充分表达自己的困惑与教育困难。将家长教育情况纳入班主任的日常工作考核,让更多班主任教师重视家长教育工作,努力改善学生的教育生态环境。灵活根据家长的实际需要,开展多样化的教育活动,提升家长的再学习兴趣。

未来一个时期,我国将处于深刻变化之中,尤其是教育部 2016 年 9 月正式提出核心素养的三大要素六个块面十八个操作要点的核心理念,对学校的教育目标提出了更高的要求。我们要着眼于学生的未来发展,努力提升学生的创新意识与创新能力,培养终身学习与社会环境适应能力,有效提升学生的社会责任意识与社会责任感,为中国特色社会主义贡献栋梁之材,为实现中华民族的伟大复兴提供源源不断的高素质优秀人才。未来四年,实验东校担负着艰巨的发展使命,在新的历史起点上,将更好地实现践行“丰富教育生态内涵,提升教育服务质量”的办学思想,增强主动发展、自主发展的能力,以“共同学习、整体优化、持续创新”的工作方针,创造学校教育改革的新辉煌。

第二节　大数据收集整合家校合育信息源

大数据、云计算与人工智能技术的发展,给家校合育工作带来新的活力,也为教育生态化建设提供新的发展方向。在大数据时代,无论是课堂还是操场,学生在教学环境下产生的教育大数据正不断重塑着教育活动本身。在家校合育中,通过积极利用大数据的规模优势,为家长教育与家校合育的充分交流提供技术支撑,满足学生、家长与教师的多样化、精细化需求。

在传统的教育方式下,家校共育的呈现方式通常以家长会与家访两种形式实现。家校活动的时间与频次都不能完全满足学生的个人成长需要与家长、教师之间的沟通需求。运用互联网技术开辟新型家校合育平台,利用大数据技术为家长推送个性化的教育解决方案,加强家长与学校的交流层次与交流频率,是大势所趋。

实验东校认识到大数据对教育工作的重要意义,在全校范围内大力倡导大数据意识,提供充足的人力、物力、技术等帮助,引导全校师生树立大数据的思维习惯,营造良好的大数据工作氛围。同时,学校利用网络平台建立线上和线下一体的互动交流模式,合理利用大数据分析技术,深入把握学生的各项学习信息,为学生的个体学习问题“对症下药”,抓住主要矛盾,解决教育问题。

科学利用大数据技术,家长能够更加及时、准确地发现学生的各种学习问题与成长困境,随时通过网络在线平台参与家校合育工作,发挥自身主观能动性,不断改变传统的交流模式与沟通渠道,打造立体化、全方位的家校协同育人平台。通过大数据分析,学校能够更加从容地根据学生以往表现与类似学生的表现情况,做出精准的判断,通过家校联合的评估团队,对学生的学习提供更加精准化的指导,让家长更全面地了解学生的心理情况与思想动态。

为了能够让东校的学生们进一步打开视野,把他们培养成与时俱进的时代所需人才,学校与家委会通过问卷的方式进一步整合家长资源,完善“上海市实验东校家长资源库”。通过问卷调查,学校收集保存了有关家长的数据信息。在问卷中,家长需要根据自己的职务以及所拥有的社会资源来思考能够提供什么样的知识,为家校合育注入不一样的生机。

有的家长利用专长给孩子们做了护牙、护眼讲座;有的家长联系消防队、电视台、品牌大学等单位,让孩子们走进社会大课堂;有的家长配合英语老师成为志愿者,开展英语角活动,辅导孩子口语会话;有的家长利用休息时间到学校图书馆担任义工,带领孩子们广泛阅读;有的家长为学校大型活动担任摄影、摄像工作;有的家长把名人专家请进课堂。这些具有实验东校特色的各类活动深受学生和家长的欢迎。热心的家长们携社会资源走进校园、走近孩子,覆盖了学校教育所不能涉及的领域,起到了家校互补的作用,收到了较好的效果。

实验东校自办学以来,以家校合作为特色,重视家长对学校各方面的评价收集和反馈,自 2006 年起每学期向全体家长发放满意度问卷,并且每学期根据实际需求对问卷条目进行微调。学校根据不同年级对满意度问卷的内容进行了划分,分为小学部一、二年级,小学部三至五年级,初中部六至九年级,有一些共同的问题,如师德评价、对学校管理的评价、对家校合育工作的评价以及对学生作息活动的评价,涉及学生在校活动的方方面面。同时,根据不同的年级,学校还设计了不同的问题,更加针对性地了解学生以及家长对于学校的评价。小学部一、二年级设计了“您孩子每天回家,(有或没有)老师布置书面作业”,符合一、二年级的作业要求;初中部六至九年级设计了“您和您的孩子是否发现存在任课教师组织、推荐和诱导学生参加校内外有偿补课的现象”,符合学业特点。

在最近一学期中学部的调查中,家长对学校的整体满意率达 96.59%,小学部家长对学校整体满意率达 96.63%。家长满意率呈现整体上升态势,这是对家校共育工作的反馈和认可。

第三节 教育评价改革描绘新时代同心圆

在新时代的今天,尤其是在家校合育模式下,教育评价增添了新的内容和方法。教育评价的指标不再单一地指向学生的考试成绩,而是更加多元灵活,在检测学科知识的同时也注重评价综合课程的实践活动。在家校合育的模式下,学校和家长更是以孩子的成长发展为中心,朝着一个方向奋进,形成了新时代教育改革的同心圆。

教育评价的理论与实践进步正随着时代的演进不断发展。通过构建全过程化、多元评价主体的教育评价体系,让教育评价工作不再是学校的专属任务,让家长与社会更多地参与进教育评价中来,让教育成果经受社会更多群体与组织的检验,逐渐提升教育评价的科学性与规范性。教育评价的内容和形式随着时代的发展而变化,不断地得到丰富。

实验东校高度重视教育评价,尤其是在家校合育的模式建成后,积极更新教育评价的内容和方法,使得评价的结果更加能够反映教育的实践过程,并且对未来的教育改革创新做出指导。学校每年会进行自我评价,根据理论与实践两大方面将自评表格的内容划分成了“总体思想”和“重点任务”两个部分。其中,总体思想分为三个方面:一是“指导思想和工作方针”,二是“总体目标”,三是“创新发展项目”。这三个方面作为总体思想的一部分,起到了引领作用。相较于总体思想，重点任务涉及的内容更加丰富，分别是“德育工作”“课程建设”“教师发展”“科研工作”“国际教育”“后勤保障”“学校管理”七个部分。这些评价方向涉及一所学校办学的方方面面。对每一所学校来说，这些方面都是必不可少的基础和框架，关键在于对每一个方面，学校是如何衍生出具有特色、个性化的内容，以及在不同的方面之间如何产生联系、维系彼此，使得整体在一个良好的生态教育环境中健康发展。

在实验东校的自评表上，自我评价的达成度分为三个层次，分别是未达成、基本达成与已达成。2018 年，学校在自评过程中未达成的有七项，分别属于“创新发展项目”“课程建设”“国际教育”“学校管理”四个方面，其中有四小项集中在“学校管理”这一方面，它们分别是“管理机制”“规划评估”“运行系统”“干部梯队”。基于这样的情况，学校经过一年的建设梳理，到了 2019 年，原本未达成的都变成了基本达成，只有“国际教育”中的“学生社团与公益项目”要求“利用国际扁平化理论，在实验东校、实验学校国际部、澳大利亚、德国、美国、比利时等国际学校之间形成学生志愿者社团，进行英语辩论活动以及‘共同一个地球’的公益项目”还存在发展空间。

总而言之，在实验东校切实执行发展规划的过程中，以基本落实各项发展指标为基础，实验东校经过一学年的努力，达成了以教研组为主体，落实在备课与教学中以学生为主体的思想与重要理念，基本形成各个教研组特色研究、教学的模式与方法，并根据教研组自身情况最大限度地满足各层次学生的不同发展需要，并稳妥转为学生学业减负的工作，目前已有一定成效；在完善中小学课程衔接方面，实验东校主要以项目为抓手，在以“M-labs”心愿课程建设为主导的课程类项目实践中，摸索中小学课程的连贯性与整合性，以及适应学生发展的课程综合性成长，尤其是在拓展课这一块着重加强了中学生课程的结构化模块发展，使课程体系更具有逻辑性。

下一阶段将以此类经验为基础，着重摸索国家课程校本化实施的中小学连贯性与整合性发展方法；在学生公益项目方面，实验东校与其他学校一样共同面临疫情带来的诸多影响，下一阶段将摸索如何借助线上资源加强国家化学生公益活动建设的方法；在管理机制方面，实验东校借助新改选的工会领导小组，切实保障教代会上教师代表能行使职权，加大教师参与学校管理的力度，保证学校的生态发展，促使更多的教师参与到学校发展的方方面面中来。

教育评价是一个双向过程，学生既然有自主学习的权利，就一定有评价教学活动的权利。通过学生对教师的评价，能够更好地提升学生的学习兴趣与学习主动权，让学生有更多发言的机会，并评判自身的学习情况与教师教学表现。

在“家长评价学生”“学生评价教师”和“学生评价家长”的方式中最有影响力的是师生关系，在“学生评价家长”中最有改善的是教养态度和亲子关系，这说明亲师互动训练对学生、家长可观察到的显性行为变化主要表现在心理品质，其次为学习方面，也就是说，家长和教师经互动训练，不但改善了自身，而且对孩子/学生也产生了积极的影响。

家长的情绪情感对孩子的心理健康影响最大,而孩子认为家长改善最大的是亲子关系。由此推理,家长的情绪稳定、健康,对待孩子的态度就会发生改变,亲子关系也就融洽了。家长的心理健康水平直接影响青少年的人格发展与社会化过程。而教师的认知和策略对学生的心理健康影响最大,学生认为教师在师生关系上改善也最大。由此推理,说明儿童在幼小的时候,教师对其具有主导性,是儿童情感依恋的对象。随着年龄的增长,教师在儿童情感方面的主导作用开始下降。但是,由于教师在学校生活中具有不可忽视的影响力,他们的教育行为将直接影响儿童心理健康中的维护和促进。亲师认知、策略互动的改善促进了教师在师生互动中心理环境的营造,比如,营造关怀、温暖、宽松、和谐和富有支持性的心理环境。这一结果与我们的预期是相符的。可以说,学生心理健康的改善应该是良好亲师互动的必然结果。

家校共育同心圆的圆心是孩子,我们一直致力于为了每一个孩子的幸福童年和美好未来不断奋斗。

第二部分
实践

依托有效问题驱动　打造学科德育课堂

——“三角形的分类”教学实践与研究

小学数学学科　傅　琳

【摘　要】本文以图形概念教学“三角形的分类(2)”一课为例,以问题驱动模式为基础,在小学数学的课堂教学过程中,融合数学学科德育,旨在驱动学生主动地质疑探究,充分经历概念建构的过程,形成图形概念的整体认知。

【关键词】问题驱动　学科德育　整体认知

明代学者陈献章曾说道:“学贵有疑,小疑则小进,大疑则大进。”小学数学的课堂教学如何坚持“以教师为主导,以学生为主体”来激发学生的主观能动性,从而探究学习、解决问题呢?

问题驱动,是指教师在教学过程中,以教学内容为基础,提出相应的问题,让学生自主进行探究、解决问题的过程。基于问题驱动模式,学生可以在思索中领悟,用内心对知识的真实疑问引发高质量的思维活动,有效推进课堂教学;学生可以在疑惑中感悟,成就无问不学、好问优学、新问延学的课堂精彩。

在小学数学的教学活动中,“图形与几何”的教学是非常重要的基础内容。图形的概念教学是构成整个数学法则、定律体系的基点,图形概念的教学也直接关乎着学生对后续学习的整体认识。下文以沪教版三年级第一学期第五单元“几何小实践”中“三角形的分类(2)”一课为例,以问题驱动模式为基础,融合数学学科德育,驱动学生主动地质疑探究、经历概念建构的过程,从而形成对数学图形概念的整体认知。

一、真实问题,无问不学

“我很渴,你却给我一块面包。”这样的尴尬情况在教学中时常发生。限于现有教学形式,有时学生真正的困惑无法在课堂里得到解答。如何准确地找到学生内心的真实问题和知识的生长点呢?课堂前测为解决该问题并提供了有力支持。

(一)数据分析

1. 你知道哪些有关三角形的知识?

数据显示,68.3%的学生对三角形的分类(按角分)有比较深刻的印象,28.9%的学生提及三角形的基本特征。课前检测单如图 1 所示。

"三角形的分类(2)"课前检测

1. 在二年级时,我们认识了三角形。你知道哪些有关三角形的知识?

2. 你可以用自己的图式来表示"三角形的分类(按角分)"吗?

3. 关于三角形的分类,你还想研究什么?

图 1 "三角形的分类(2)"课前检测单

2. 你可以用自己的图式来表示"三角形的分类(按角分)"吗?

数据显示,绝大部分学生直接绘制了直角三角形、钝角三角形、锐角三角形。仅有 4 位学生以思维导图的方式呈现三角形的分类(按角分),如图 2 所示。

3. 关于三角形的分类,你还想研究什么?

图 2 三角形的分类(按角分)的学生图式

数据显示,73.2%的学生提及三角形的其他分类方式(如:按边分),14.6%的学生提及三角形各角的度数,还有 4.9%的学生提到了三角形的面积等。

(二)课堂设计

《义务教育数学课程标准(2011 年版)》将"增强发现和提出问题的能力"作为课程的总目标之一。数学家哈尔莫斯曾说过,"问题是数学的心脏"。这足以表明培养学生提问能力的重要性和必要性。从学生的真实问题出发提问:"那你还想学习有关三角形的什么知识呢?"这既是对学生天性的回归,也是对学习本质的回应。

由前 2 题可见,大部分学生对于三角形的分类(按角分)有比较完整的认识,小部分学生还需要时间进行复习。但仅有个别学生已经能完整构建三角形按角分的分类情况。因此,在课堂教学环节中,教师用各种三角形拼成数学小船,以此作为导入部分,通过"从图中,你看到哪些认识的图形?""我们学过有关三角形的哪些知识?"两次提问,帮助学生复习已掌握的有关知识经验,并用图式表示出三角形按角分的分类情况。

二、核心问题,好问优学

在教学过程中,巧妙的核心问题能够驱动教学设计的顺利进行,引导学生在核心问题的引领下,全面地展现主体性,主动、积极地参与知识的探索。

全课以核心问题"三角形按边分可以怎么分"为驱动,一方面在真实问题中顺应了学生的生长起点,可以激发学生的探究兴趣,另一方面在核心问题中引发了深层次的探究,碰撞出学生的高阶思维。课堂的新课探究部分,教师以三个问题驱动学生的逐步探究和层层思维进阶。问题1:“搭一搭,你能搭出多少种不同的三角形?”问题2:“分一分,你能按三角形各边之间的关系来分类吗?”问题3:“想一想,你发现等腰三角形和等边三角形之间有什么关系吗?”在教师的引导下,在问题的驱动下,学生进行自我探究、小组讨论、合作实践,经过搭一搭、分一分、想一想,在操作感悟中建构图形,在观察比较中发现属性,在大量实例中初步感知,在归纳发现中明晰概念。如表1所示:

表1　课堂片段

二、动手操作,实践探究			
教学环节	教学内容	教师活动	学生活动
(三) 概念明晰	1. 动画演示:等腰三角形两腰逐渐靠近,慢慢演变为一个等腰三角形。	提问:你有什么发现?	学生回答。
	2. 质疑解惑	小胖(录音):我认为三条边一样长的三角形也符合两条边一样长的特征,只是在两条边一样长的基础上再增加一条一样长的边。所以,它们也应该圈在一起的。	学生思考。
	3. 同桌讨论	提问:你同意小胖的想法吗? 小结:等边三角形是一种特殊的等腰三角形。(板书)	生:三条边相等是两条边相等的一种特殊情况。它满足等腰三角形的所有特征,因此它是一种很特殊的等腰三角形。
	4. 图示表示	总结:如果把这些三角形看成是一个大家庭(画一个大圈),等腰三角形是一种特殊的三角形,等边三角形是一种特殊的等腰三角形。(板书)	

在学生解决核心问题而引发冲突时,学生探讨的知识不仅仅停留于表面,而是在思维的碰撞中不断深入探究知识本质,学生的数学思维得以激发,从而促进学生学科核心素养的形成。

三、整合问题,新问延学

面对“五育并举,融合育人”时代教育教学的新挑战,如何真正在课堂教学中实现学科德育的融合，成为当前教学研究的重点方向。这可能是一项跨课时、跨单元、跨学期、跨学年的任务，并非通过一节课就能实现。

在二年级第二学期“三角形的分类(1)”中，学生已掌握、认识并能辨别三角形“按角分”可以分为“锐角三角形、直角三角形和钝角三角形”。可见，学生对分类知识已有了一定的接触与经验。“三角形的分类(2)”则是学生对已有知识的迁移与运用，即利用三角形边的特殊性来进行第二种三角形的分类即“按边分”。跨学期的整合教学可以帮助学生形成良好的认知结构，构建三角形的整体分类情况。

课后，教师请学生画一画：将三角形“按角分”和“按边分”这两幅关系图合并起来，制作一幅三角形的关系图。于是，课后的高质量思维火花得以激发、点燃、绽放，学生们的作品如图3所示。

图3 “三角形的分类”关系图的学生作品

“三角形的分类(2)”第二课时，学生在展示各种作品的过程中，不断优化自己的关系图。课后的练习统计显示，学生对三角形的分类(按角分、按边分)概念清晰、掌握明确。学生表示在这样有意思的活动中，既学得有趣也学得更有效了。教师利用绘制图式，不仅帮助学生形成良好的认识结构，而且有助于学生良好思维品质的形成。数学学科德育的研究，以教学为本位，以知识为载体，力图真正体现知识与道德、教学与教育、教书与育人的和谐统一。课堂，由此显现出更高位的立意和更丰富的内涵。

教者若有心，学者必得益。反思现有教学，存在很多不足。例如，图形概念的教学更需要关注学生空间意识的积极培养。教师应给予学生更充分的想象空间和时间，在脑海想象与现实世界之间来回穿梭，碰撞出更多的思维火花，这才是学生为主体的最大体现。此外，“数形结合”这一重要的数学思想方法中，“以形助数”“以数辅形”是否可以共同结合运用于“三角形的分类(2)”一课中，例如在大量三角形的呈现过程中，显示三角形各边长度，非以颜色区分，而以数据显示。

总而言之，应关注学生的真实问题，大胆地让学生展现已有的认知，引导学生发现问题、提出问题，以核心问题为驱动，开展有意义的课堂探究、有效率的教学活动，最终实现解决数学问题、建构整体认知、增强学生能力、融合学科德育的重要目的。

参考文献：

[1] 张溢平.问题驱动 自主探究——构建凸显“问题意识”的小学数学课堂[J].数学学习与研究,2018(1):2.

[2] 中华人民共和国教育部.义务教育数学课程标准(2011年版)[M].北京:北京师范大学出版社,2011:8.

在一个缺乏关心的年代学会关心

——读《学会关心:教育的另一种模式》有感

小学数学、心理学科　傅　琳

2016年12月,习近平总书记在全国高校思想政治工作会议上强调了“三问”:培养什么样的人,如何培养人以及为谁培养人。这是每一个从事教育工作的人都不能回避的问题。

诺丁斯认为:“学校的首要任务是关心孩子。我们的教育应该培养的是一个能感受关心并学会关心的人,一个能在缺乏关心的年代关心别人的人。”内尔·诺丁斯在《学会关心》这本著作中,以多重身份诠释了与传统教育截然不同的另一种教学模式——教会学生关心自我,关心他人,关心动植物和自然环境,关心人类创造的物质以及精神世界。书中主张对传统学校教育进行彻底改革,学校必须充分重视学生发展的多样性,建立一个充满关心而不是竞争的环境,对学生的各种兴趣和才能予以开发和培养。

很庆幸,似乎我们正在改变着。我校的一句教育口号是“快乐每一天,进步每一天,努力每一天”,一个教育理念是“关注人的生成、人的主体性、个性和差异性,关注创造和反对平庸”。可以说,这是一所回归生活世界的学校,在这里赋予了一切活动以“生活意义”。于是认真、负责、执着、勤奋、合作等态度和精神便应运而生。

一、关心自我

高德胜教授曾说道:学会“关心自己”,才能“关心他人”。

关心自己,包括关心自己的身体,也关心自己的精神世界。为什么孩子们愿意成群结队地逛商场?为什么他们愿意节省下零花钱去买价格不菲的运动鞋?曾经有个孩子特地来问我:“老师,你家住公寓还是别墅?我家去年住公寓的,今年换别墅了。”不明白,三年级的孩子为何要用钱来区分高低贵贱?至少大人们应该和孩子认真探讨“怎么样的人生是有意义和有趣的”“你想过一个怎样的人生”等问题。我们应该让孩子们懂得,生命既是消费性的也是准备性的——我们要珍惜享受每一天,也要时刻为未来做准备。

三年级心理课堂上,学生们就“在你的一生中,你认为什么最重要”展开项目化学习研究,其中有37.9%的学生提及健康,有15.9%的学生认为友情很重要,有8.1%的学生认为金钱是必需的,有7.8%的学生认为亲情第一,有7.1%的学生认为善良的品质最为重要,等等。

在接下来的心理课堂上,教师根据调查结果,设计了一系列项目小组探究活动,如《我和家人交换身份的一天》(作品如图1所示)《没有朋友的一天》《撕去时光的纸条》《先别急着吃棉花糖》《兴趣温度计》等。最终在一场特殊的“人生价值观”拍卖会上,学生探寻内心深处的声音,体验自己的认识价值观,初步了解自己的价值取向,做出“正确”的拍卖选择。

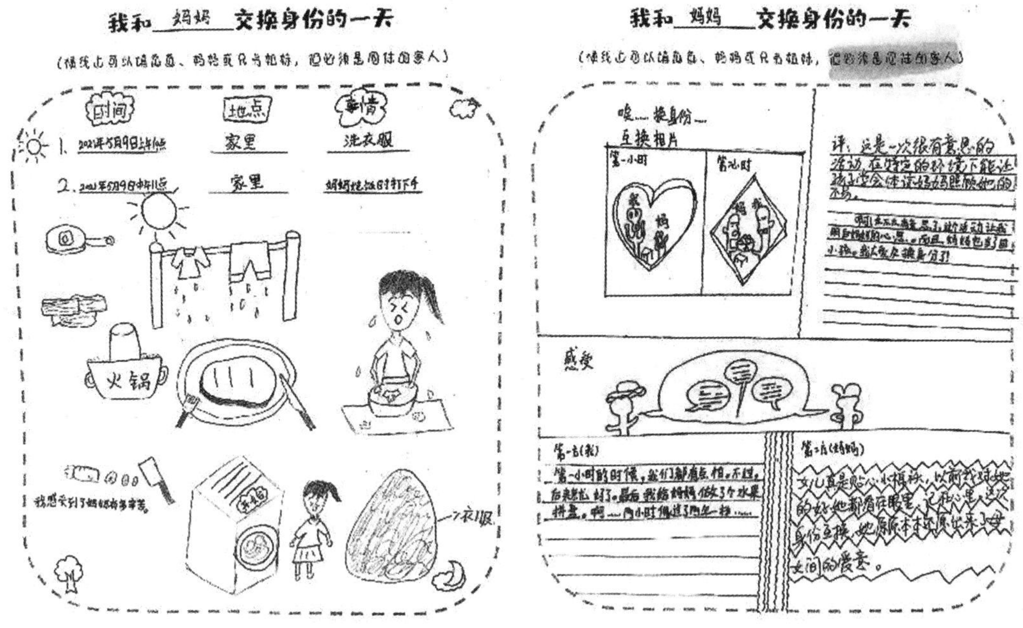

图 1 《我和家人交换身份的一天》学生作品

二、关心他人

常常在教室中,有许多孩子因为一点儿芝麻绿豆的小事来我这儿打小报告。“老师,他向我吐口水!”“老师,他打我!”“老师,他拿我的东西”“老师……”往往可能只是个误会,但这些小不点儿总是不依不饶地想要个说法。总的来看,他们是缺乏关心教育的。

一堂心理课上,教师正在组织学生们进行《快乐争渡》的游戏,游戏规定:“同队学生可以相互帮助。如果提供帮助的学生本身还没有过河,就可以和被帮助的学生一同过河。”正在水深火热的要紧关头,某队同伴希望小 A 同学能够请求同伴帮助以赢得游戏,却遭到了小 A 同学的拒绝。于是,矛盾发生了。事后,小 A 同学在《心晴周刊》上这样记录着自己的想法,“凭什么怪我,我为什么没有发言的权力,我就不能表达吗?”关心是双向的。紧接着的午会课,心理教师及时处理并干预了该生的情况。换句话说,笔者作为教师对他们也是缺乏关心的!这是笔者需要反思的,教师总是在教室中希望孩子们能多发现同学的优点、多包容同学的小错误、多多关心身边的人,而自己确实没有尽到榜样的责任,何来的关心教育呢?

父母为了孩子的健康成长数十年如一日地付出,教师为了学生的发展持之以恒地关心和帮助学生。身为教师,一个最重要的任务就是帮助学生学会关心他人。在这样一个缺乏关心的年代,笔者会竭尽所能。

三、关心人类创造的物质和精神世界

党的十九大提出:“要全面贯彻党的教育方针,落实立德树人根本任务。”2018 年 9 月 10 日,习近平总书记在全国教育大会上再次强调,要坚持把立德树人作为教育的根本任务,培养德智体美劳全面发展的社会主义建设者和接班人。关心教育是当前时代的重中之重,更是迫在眉睫。

曾经听到许多家长有这样错误的观念,“小学嘛,无所谓的,我们让孩子自由发展,到初中了再说!”教育以关心为核心,但并不与学生的智力发展和学术进步相互抵触。相反,这能为智力和学术发展提供坚实的基础。所以,在内尔·诺丁斯的笔下提倡在校一半的时间必须坚持基础教育,另一半的时间每一个孩子可以根据不同的需要、能力和兴趣选择课程。

学校每周一下午的心愿课程,正是以关心为核心教育的真正体现。学生可以利用校园平台选择自己心仪的课程,参与自己的心愿课堂。小学部每学年约开设 70 门左右的心愿课程供学生选择,一、二年级教师走班教学,三、四、五年级学生走班上课。如“Cooking Class”“快乐编程”“书法筑基”“一起来学茶”等,都是历届学生最向往的课程。在这些拓展研究课程中,学生学到的不仅是书面知识,更提高了艺术人文、科技创新、实践动手、体育竞技等方面的知识与素养。于学校而言,不仅实现了五育并举,也逐渐达成了融合育人。

诺丁斯认为,“教育没有最后的产品——没有什么人接受教育后能够成为完美的人。”真正会关心他人的人,才是教育真正该培养的人。作为教师,笔者有很多地方是需要反思的。师生关心,既不是华丽的言辞,也不是缥缈的承诺,而是发自内心地着眼于学生健康成长,培育学生健全人格的目标。笔者会保持一颗爱生之心,用爱心来教育学生,每一天留出一定时间,哪怕是午饭片刻、课前休息的点点滴滴,进行关心教育,这样学生才有可能拥有一颗爱心,才会感受到关心的力量。

我们不仅要尊重孩子们所显示的各种才能,还要深切地关心他们、引导他们,让他们学会关心自己、关心他人、关心社会、关心一切应当关心的。只有以“学会关心”作为教育目的,我们才能培养出“乐群、博雅、尚美、善思”的学生。

参考文献:

[1] [美] 内尔·诺丁斯.学会关心——教育的另一种模式[M].2 版.于天龙,译.北京:教育科学出版社,2014.

[2] 高德胜.“关心自己”与道德教育[J].福建教育,2018(22):1.

立德树人背景下初中化学教学与德育融合的研究与实践

初中化学学科　朱程燕

【摘　要】本文从科学世界观、科学伦理、科学精神和良好行为习惯四个方面挖掘了具有德育价值的初中化学教学内容。通过案例,诠释了化学教学中渗透德育教育的策略,以期对立德树人背景下的初中化学教育带来一定的触动。

【关键词】初中化学　德育　教学策略

立德树人,德育为先。在落实立德树人的宏伟目标过程中,课程育人是中小学德育的重要载体。中学化学里蕴含了丰富的德育内容与育人价值,若教师在传授基础知识与技能的同时,兼顾德育内容的渗透,则可以发挥学科优势,突出学科独有的育人功能。笔者以沪教版九年级《化学》教材为研究对象,挖掘教材中具有德育功能的教学内容,并在教学中进行实践,总结出行之有效的教学策略。

一、化学学科与德育的关系

(一)课程标准对化学学科德育的要求

《上海市中学化学课程标准》总目标中指出"培养学生尊重事实、积极探究、崇尚创新、重视合作的科学精神和科学态度","培养学生的辩证唯物主义思想,帮助他们树立科学的人生观、世界观和价值观,学会做人","培养学生爱祖国、爱人类、爱大自然和爱科学的情怀,关注人类面临的、与化学有关的问题和可持续发展问题"。这类描述明确指出了学生在化学学科学习中应所形成的思想道德品质。

(二)化学学科的德育范畴

通过《上海市中学化学课程标准》可知,学生经化学学科学习后,要形成对物质世界组成与变化的基本认识,掌握独特的分析与解决问题的方法,树立正确的科学伦理观念与不断探索的科学精神,学会遵守科学规范,并形成良好的、科学的生活习惯。因此,化学学科的德育范畴基本上可归纳为四点:科学世界观、科学伦理、科学精神和良好行为习惯。

二、初中化学教学内容的德育价值分析

本文以沪教版九年级《化学》教材为例,从科学世界观、科学伦理、科学精神、良好行为习惯四个方面系统梳理了书中适合落实立德树人的教学内容并对其德育价值进行分析(见表1)。

表 1　适合落实立德树人的教学内容及德育价值分析

德育范畴	适合落实立德树人的教学内容	德育价值分析
科学世界观	物质的运动和变化	体现唯物主义物质观与运动观
	元素与人体健康	任何事物只有在一定范围内,才能保持它自身的存在,发挥合适的作用
	物质的组成及分类	认识到分类是一种重要的科学思维方法,分类的标准不同,所得的结果也不同。可以根据实际需要选择不同的分类标准,形成看待事物时,不拘泥于一个视角的习惯
	构成物质的微粒	物质是由分子、原子或离子构成的。微粒可以再分,随着时代的发展和科技的进步,人类对事物的认识在不断加深
	氧气的性质; 水的性质; 碳的性质; 二氧化碳的性质; 碳酸钙的性质; 酸的性质; 碱的性质; 盐的性质; 金属的性质	1. 归纳学习无机物的一般方法,首先观察它的颜色、气味、状态等物理性质;其次,学习其主要化学性质,物质化学性质的学习可以从物质类别、组成元素、化合价变化等方面来考虑;最后,根据其性质考虑物质的用途 2. 反应物的浓度、量等不同,反应的产物不同,建立量变到质变的哲学思想。 3. 辩证看待事物的两面性
	化合反应与分解反应	对立统一规律
	质量守恒定律	透过现象看本质
	水的净化	净化即去除杂质使物体纯净,生活中,我们取其精华,去其糟粕
	溶解度; 溶质的质量分数	由定性转为定量分析,更科学、准确。定量研究能够得到更为深入、广泛和更有意义的结论
	饱和溶液与不饱和溶液的相互转化	物质的变化需要一定条件,准确地找到物质变化的原因和影响因素,进而控制变化的进程
	燃烧与灭火	燃烧既能造福于人类,也会带来灾难,体现出辩证唯物主义哲学思想

（续表）

德育范畴	适合落实立德树人的教学内容	德育价值分析
科学伦理	化学促进社会的发展； 垃圾分类； 我们需要洁净的空气； 水污染； 金属的腐蚀； 化肥的用途； 有机物在人类生活中的重要性	1. 感受化学的巨大贡献，激发化学学习的兴趣和学好化学的决心 2. 了解化学应用的双面性：它不仅可以解决人类面临的一些问题，也可能给人类文明造成威胁。因此，我们要树立节约资源、可持续发展的观念，养成尊重自然的习惯，保持低碳生活，增强社会责任感和伦理道德意识
科学精神	我国从古至今的化学技术发展； 科学家发现元素的历程； 门捷列夫对元素周期表的研究历程； 舍勒、普利斯特里、拉瓦锡等科学家对空气成分的发现史； 原子论和分子学说的建立； 卡文迪、普利斯特里、拉瓦锡等科学家发现水的组成； 酸碱指示剂的发现史； 酸碱理论的发展史； 湿法炼铜； 中国氯碱工业的创始人——吴蕴初； 侯氏制碱法； 维勒用无机化合物合成有机化合物	1. 体会科学家为发现新的事物所面临的种种挫折以及做出的巨大努力，在寻找问题的突破点时，积极思考，坚持不懈，敢于创新的科学精神 2. 学习科学家主动探究、勇于质疑的精神，当面临一个未开发的新事物或一项难解决的问题时，要保持对问题的好奇心和探究欲望，敢于挑战自我，养成不可动摇的求真精神，在解决问题的过程中丰富自己的知识与内涵 3. 辩证看待科学知识，知道生产水平和科学技术都在不断进步，人们对世界及事物的认识也在突破原有的思想，不断地进步。科学正是在不断地自我否定、自我完善的过程中发展的 4. 了解我国化学事业的发展，培养学生爱国主义精神，提升民族自豪感 5. 实验中，通过事实和证据对结论进行验证，培育学生的实证精神，帮助学生养成实事求是、耐心细致、严谨务实的科学品质

（续表）

德育范畴	适合落实立德树人的教学内容	德育价值分析
良好行为习惯	学生实验： 化学变化过程中现象的观察； 粗盐提纯； 实验室制氧气； 氧气的性质； 水的性质实验； 白糖、食盐和淀粉溶解性的比较； 用 pH 试纸测定溶液的酸碱性； 碳及其化合物的性质； 实验室制二氧化碳； 酸的性质探究； 碱的性质探究； 金属的性质探究； 盐的性质探究； 有机化合物的性质	1. 实验前做好预习，计划好实验探究的步骤和方法，思考实验时可能发生的意外风险及补救措施，明白凡事预则立、不预则废的道理 2. 在实验室完成学生实验，需要遵守实验室守则，帮助学生在日常生活中形成自我约束和自我控制的习惯 3. 实验中，分工合作，形成合作、交流、分享的团队意识以及互助共赢的科学研究习惯

三、渗透德育的实践策略

（一）借助化学史进行爱国主义教育

案例：序言课（教学环节：化学促进社会发展）

【师】中国为世界化学学科的发展做出了很多贡献。早在公元前，蔡伦就发明了造纸术；到了唐代，孙思邈发明了火药；唐朝时期的马和是世界上第一个发现氧气的人；公元前 600 年我国古人就已经掌握了炼铁技术；中国是世界上最早应用染料、陶器以及酿酒的国家。到了近代，侯德榜的联合制碱法、人工合成结晶牛胰岛素都为世界做出了巨大的贡献。

【PPT】中国化工业奠基人——侯德榜的故事

策略分析：通过学习，学生可以了解我国化学工艺对世界文明和科学技术都做出了十分重要的贡献，从而树立民族自豪感。科学家侯德榜有着心系人民、心系国家、心系天下的大格局，教师在序言课上介绍其事迹，有助于陶冶学生的爱国主义情操。

（二）借助化学物质的学习渗透辩证唯物主义与批判思维

案例：二氧化碳的性质（教学环节：二氧化碳的用途与危害）

【师】二氧化碳可以用于灭火、电子工业、医学研究。固体二氧化碳能用于冷藏、冷冻食品等。既然二氧化碳对人类这么重要，是不是越多越好？

【生】二氧化碳过多，会引起温室效应。

【师】空气中的二氧化碳含量超出一定范围时,会导致人和动物窒息死亡。温室效应导致的地球气温升高,打破了全球平衡,导致冰雪融化、海平面上升。它还会引起全球大气环流的变动,导致灾难性气候,影响人类的生存与发展。

策略分析:教师介绍二氧化碳的“功”与“过”,教会学生辩证看待事物,发现事物的两面性。

(三)联系生活,养成健康的生活方式

案例:生活中的有机化合物(教学环节:食品中的营养素)

【生】列举喜欢的零食。

【师】分析不健康零食的危害。

【举例】辣条中添加了三氯蔗糖、甜味剂、增味剂、保鲜剂、着色剂、防腐剂等多种对人体有害的添加剂;油炸食品的营养成分遭到了破坏,且会产生很多有毒物质,如丙烯酰胺和杂环胺等;熏烤食品中含燃料不充分燃烧产生的挥发性碳氢化合物,这些物质会直接和食物结合而产生致癌物质;腌制食品中有许多亚硝酸盐,会致癌;反复煮沸的水中也有亚硝酸盐;霉变食品会产生黄曲霉素,大剂量摄入人体会引发急性中毒,长期低剂量的摄入会增加患肝癌的概率。

策略分析:从化学角度分析学生生活中喜欢的食品,既可以激发学生的学习兴趣和好奇心,又可以引起学生对健康饮食问题的重视,从而形成良好的饮食习惯。

(四)借用实验,渗透规则意识

案例:实验的基本操作(教学环节:石棉网的使用)

【师】介绍石棉网的正确使用方法。

【强调】石棉由石棉纤维组成。石棉纤维会飘浮在空气中,这些肉眼几乎看不见的细小纤维被人体吸入后,会附着并沉积在肺部,造成肺部疾病,导致肺内组织纤维化,在体内长期积累的石棉纤维还会引发恶性间皮瘤,肺癌、喉癌、卵巢瘤等多种严重疾病。因此,操作人员必须按照正确的方式使用石棉网,切不可对石棉网施加外力,恶意破坏中间的石棉布,否则将害人害己。

策略分析:告知学生不按要求完成实验的后果,要求学生遵守实验纪律,遵守实验室守则,从而提高规则意识,对规则产生敬畏感,养成自我约束及自我控制的习惯。

(五)借助课后作业,树立环保意识与可持续发展的理念

案例:我们需要洁净的空气

【课后作业】“上海实时空气质量指数”网站:http://www.86pm25.com/city/shanghai.html.

尝试从网站上获取有关信息,思考以下问题:

(1) 空气质量的监测指标有哪些?

(2) 大气污染问题有哪些?

(3) 哪些措施可以改善空气质量?

策略分析:通过网站信息的解读,培养捕捉信息和分析信息的能力。同时让学生感同身受,强烈感受到当下保护空气质量的迫切性,加强保护自然环境的意识。

四、研究反思

习近平总书记说过,“才者,德之资也;德者,才之帅也。”成才先成人,树人先立德;育人为本,德育为先。德育不是一朝一夕就能完成的,而是一个长期过程。因此,在化学学科中渗透德育,需要一线教师不断地从教材中挖掘内容,通过各种渠道整合德育素材,找到化学学科与德育主题间的契合点,将德育潜移默化地融合在化学教学中,逐渐提高学生的综合素质。

参考文献:

[1] 上海市中学化学课程标准解读[M].上海:上海教育出版社,2005:48.
[2] 马婷婷.基于“立德树人”根本任务的初中化学教学研究[D].济南:山东师范大学,2019:6.

《班主任，可以做得这么有滋味》之读后感

小学数学学科　张佳美

拜读了《班主任，可以做得这么有滋味》，笔者对班主任工作有了更深层次的认识。郑英，连续7年同时担任两个班的班主任，浙江省名师名校长培训导师，2011年十大年度教育影响力人物，却自诩为“教育农人”。确实，班主任工作琐碎繁杂，不那么多姿多彩，不那么丰富有趣。有人说，班主任是世界上“最小的主任”，可这“最小的主任”管的事却特别多、特别细，大至教育教学工作，小至喝水、上厕所，都少不了班主任操心。班主任的处事风格影响着班级的整体氛围。班主任对班级学生暴露的各种现象和问题的处理，将影响到学生的发展和班风的形成。作为一名班主任，并不是管好孩子的学习就够了，班主任是一颗小螺丝帽、一个轴心，他紧紧地维系着班级关系，是学生之间的纽带。

班主任工作十分琐碎，很多时候我们会发现，老师一遍一遍讲问题，学生却置若罔闻，即使听了，也不照着去做。所以说，有效的管理可以使工作轻松不少。怎么样才能做到有效管理呢？笔者认为，培养学生自律就是一个很好的解决办法。具体怎么操作呢？笔者想了几个小点子。

一、运用竞赛和游戏

（一）场景一

有一阵子，班中感冒咳嗽的同学很多，接着相继有学生出现了发烧症状。家长们都比较着急，希望老师在课间能督促孩子多喝水。但仅仅是督促，收效甚微。十分钟的下课休息对学生弥足珍贵，他们会想尽办法玩，却不肯走十几米去倒水喝。于是笔者就运用“班级竞赛”策略展开了“谁是喝水大王”的比赛。学生每喝1杯水，便可在“雏鹰争章栏”上获得一枚“东校奖章”。活动展开之后，同学们下课都会主动去喝水，还会相互提醒，良性的竞争也让整个班级的氛围变得更加和谐。

这种“竞赛”形式，可以被运用到班级常规教育中去。结合争章手册，我们制定了各种争章规则，通过公平的竞争机制、自我荣誉的激励，引导学生更自律。

（二）场景二

班级因一位同学得了手足口病被隔离，同学们课间、午间都无法外出活动。近50位同学一整天都关在一个狭小的空间里，学生们怨声载道，上课纪律也受到一定影响。于是，适合班级活动的“桌游”出现了。“挑棒棒”“扑克牌”“24点”“魔方”“折纸”“刮画”……这些小游戏丰富了学生们的课余活动，在短暂的休息之后能继续专注于课堂学习。

适当地利用休息时间“发泄”一下，学生们通过这段时间进行“自我调节”，赶走学习带来的疲惫感，以更愉快的心情迎接接下来的学习活动。劳逸结合，可以使学习效率得到提高，师生之间的关系也更为紧密。

二、让每个学生都有机会做班干部

每年的班干部改选是家长和学生最敏感的事情。有能力的孩子很多，岗位却只有那么几个，怎么做才能让更多的同学有机会做班干部？笔者觉得值日班长轮流制不失为一个好办法。班级的其他岗位则由同学自荐并自主管理，每两个星期轮换一次。将每个岗位的责任要求向学生讲明，班级的每位同学都可以全方位地参与到班级管理中去。

通过这样一种班级管理模式，学生对班级有了更加多的责任感，增强了归属感。同时，轮流担任班干部的机制，让每一个学生都有机会作为小主人参与班级活动，学生有更强的自我约束感，同时也让每一个学生都有了积极向上的学习态度。

三、适度评价

在一个班级中，总存在这样一批人。他们或许调皮，或许成绩不是很理想。他们具备一个学生应具备的基本条件，他们眼下暂时是落后的，又是能进步的。这种情况下应采取合适的方法将其转化，向“好”的方向发展，若听之任之放任不管，则会使其向另一个方向靠近。抓好这批学生不仅有利于班风建设，提高教育教学质量，也有利于更大限度地帮助每个学生成才，实现教育的根本目的。在笔者看来，应该将这些学生置于一个相对重要的位置，让我们一起来关注对他们的教育。

教师不仅要“学会在细微处用心，鼓励孩子、欣赏孩子，而且在必要时要学会惩戒学生，当然需要善用、慎用这把双刃剑”。这是郑英老师在书中提到的。负面的评价，学生往往难以接受，并因此破罐子破摔。适度的正面评价加之循循善诱的教导往往可以取得更好的效果。这些孩子或许多多少少有点其他问题，但每个孩子都有上进的一面，所以增强他们的自信心尤为重要。

班级中有一位学生脾气极为暴躁，对家长和老师都不够尊重。从和学生的聊天中，笔者慢慢意识到，这个学生之所以有现在的暴躁情绪，是因为他的行为不合要求，得到了很多否定的评价，而他也因此自暴自弃。于是我改变策略，对他好的行为及时给予正面评价，对他的不佳行为也采用较缓和的方式进行教育。在他慢慢转变的同时，笔者给予他“一周班长”的职务。这个职务就像孙悟空头上戴的紧箍咒，在约束他行为的同时，也增强了他的自信心。在他体验到成功的快乐之后，自然也有了进一步自我提高的动力。

四、和孩子成为朋友

经常有老师提到，现在的孩子和以前不一样了，不够听话、不够懂事、不努力学习、容易受外界诱惑,沉迷在游戏世界之中……那么,我们是不是也该反思一下,作为传道授业的老师,这些年有没有些许变化呢？现在的孩子眼界宽,主观意识强,作为教师,如果我们还是延续之前高高在上的姿态,命令他们做这个做那个,就已经行不通了。说到底,或许是我们跟不上社会和孩子的变化。问题来了,既然之前的教学方式已经不适用于现在的教育,我们怎么做学生才会听呢？我的处理方式是:和他们做朋友。

班中有个挺聪明的男孩子,人很仗义,表达能力强,动手能力也很强,但上课却屡屡捣蛋,批评他、找他谈话,这些方式都收效甚微。他的问题一度让人头大,但我笃信,只要学生喜欢老师,就会喜欢上课。所以,改变这个学生,首先要做的是让这个孩子喜欢上老师。于是,我以他的爱好作为突破口,发现他对电子产品很有研究,课后就经常找他来讨论;新的手机上市,也会让他分析这个产品的功能和优劣势;在做课件中碰到问题虚心向他讨教,因为这个学生做 PPT 的能力比较强,一次数学周活动的宣传片就是他完成的。在这个过程中,他感受到了从未有过的“被需要”,应该说,这些事情让他这个老师们眼中的“调皮分子”体会到了别样的成就感。情感上“亲近”之后,笔者再进一步跟他提出了上课的要求。这一次他欣然保证,课上一定遵守纪律。因为他的“突出贡献”,那一个学期结束时,他成了我们班的“校长特别表扬生”。

班主任的工作很琐碎,但只要尊重学生的天性,找到合适的方法,利用有效的沟通策略,用心去和学生相处,相信我们的工作可以顺利开展,付出会得到学生的认可,工作也会做得很有滋味。

参考文献:

[1] 郑英.班主任,可以做得这么有滋味[M].北京:教育科学出版社,2012.

小欢喜、大兴趣

小学体育学科　张　军

我有幸拜读了安德烈先生的著作《学习的本质》，该书从多个方面阐述了对于学习的一些理解和讨论。对于我这名一线教学工作者来说，里面有大量的理论知识可供参考，我也相当赞同安德烈先生的一些观点。结合教育教学，谈谈自己的一些浅见。

安德烈认为，学习分为三个流派：直接传授派、条件反射派、构建教学派。第一种流派就是我们常说的填鸭式教育，认为学习就是简单、机械的记忆；第二种是行动派，认为学习就是要行动，形成条件反射；第三种流派认为学习要以兴趣为出发点，学习者不能只是被动接收，必须主动观察、比较、推理、创造、记录。我非常认同和倾向于第三种学习流派。结合非常火的一部电视连续剧《小欢喜》的情节，五个小主角中的方一凡应该是“学渣”级别的学生，因为他无论是在剧情开始还是快结束的时候，成绩都相当“稳定”。然而在一次不经意的游玩间，他发现了自己舞蹈艺术方面的天赋，不仅获得了家长和同学的认同，而且收获了满满的自信。从这个例子中，可以清楚地发现，他在练习舞蹈和学习时完全是“两个人”。再来说说学霸“英子”，虽然她的学习成绩可以匹配北大清华，但她心中始终有一个梦想中的圣地——南京大学。作为一名天文学爱好者，她可以在备战高考期间抽出大量的时间准备天文馆的中英文介绍，为了自己的兴趣爱好和理想放弃北大和北航的自招冬令营计划，毅然决然地选择了南京大学，因为那里才是她心目中天文学的圣地。从以上两个例子可以看到，无论是“学渣”还是“学霸”，“兴趣”和“被认同感”是学习的源动力。

再来说说这些年教学生涯中的一些典型事例。我也曾经碰到过这样一名学生，她是一个不太起眼的小女孩，平凡到让老师看到她的脸，在想名字的时候，脑袋还要转几圈才能对得上。然而，在一次垒球投掷的练习中，我不经意地一次转身，却意外发现她竟然投得这么远。于是我抓住机会树典型，对她拼命地表扬，一次次地请她示范，就这样，她不仅受到了老师的认同，同学们也以她为榜样。平时默默无闻的一名女生，一下子受到了这么多的关注和认同，心情无比欢畅。于是，我在结束了投掷这个单元后找到了她，她悄悄告诉我，她原来练过 3 年的棒球，能得到老师和同学的认同她很开心，她也会在其他项目上更加努力。我想，学习的效果达到了！

再来说说有关金鑫小朋友跳绳的一段故事。“左右脚交换跳短绳”是小学二年级一个比较重要的内容。二年级学生年龄段的特点是，喜欢受到赞扬和鼓励，喜欢得到老师和同学的肯定。金鑫同学的故事是在这样的背景下展开的。

某一次上课，随着上课铃声的响起，同学们整齐地排好了队伍，等待我的指令。“稍息，全体立正。同学们好！”一声师生问好之后，我宣布了本节课的内容，“因为之前学习了左右脚交换跳短绳，今天我们要挑战一下自我，看看大家能够连续跳多少个？”

于是，在准备活动之后，学生排成两路纵队，男生在前女生在后，在篮球场慢跑两圈。

当我布置完练习要求后，同学们开始分散练习。此刻，我注意到有一个小胖子，他很努力地在练习，但是连起来跳的个数却不多。我走过去，轻轻地叫了他一声，他很专心，没有听见我在叫他。我稍提高音量说：“小鑫，你觉得自己比以前跳得好了吗？”他停了下来，思考了一下：“以前我不会跳，现在我可以连起来跳 5 个。”“那说明你通过努力练习，确实有进步了，非常好！那你想不想连起来跳得更多呢？”我说道。于是我悄悄地把所谓的秘诀告诉了他（脚要跳得低一点，心里可以默默地数一下节奏，有节奏地跳），最后我再提醒他，回家利用休息的时间也可以练习哦。

一星期过后，有一次我在走廊中遇到他，他开心地告诉我：“张老师，我现在可以连着跳 30 多个了。”看着他自信的笑脸，我一边鼓励，一边再一次“刺激”他，“嗯，不错，但是我怎么觉得你应该可以跳 50 多个呢。要再继续加油哦。”

如今他已经能够连续左右脚交换跳 80 个左右，对于一名体形稍胖的男孩子来说，的确是很不容易。于是，在跳绳考试完成后，我在全班学生面前表扬了他。就这样，一开始是个跳绳困难户的金鑫同学，通过我不断的鼓励与自身的改进，慢慢喜欢上了跳绳。

运动对于有些小朋友来说是轻松的、快乐的，但对于有些小朋友来说却是困难的、艰苦的。故事中的小鑫就是这样一位努力而又“痛苦”的孩子。教师及时的沟通评价和帮助可以有效地提升孩子的自信，他们尤其喜欢老师在同学们面前表扬他们。通过这样一种方法，我让一个孩子喜欢上了跳绳，同时也找回了体育运动的自信，我感到很幸福。

孩子们是很可爱的，他们需要交流和沟通，也需要得到老师的肯定。所以我采用了持续的沟通与联系，及时了解他跳绳的情况，做到了真正的跟进和沟通。

我一直认为，一个人做一件事情，如果连最基本的兴趣都没有，那他只是一个简单和机械的工具而已；当他能够出色地完成事情，亦能获得周围的认同，何愁不来劲呢？我想学习亦不过如此！

彩虹二班的“互联网+”时代

——我们的“2班信息板”

小学英语学科　蒋晓莉

【摘　要】随着信息时代的高速发展，网络为学校开展家校沟通提供了新的契机。本文主要结合“互联网+”背景下班级在微信“订阅号”中建立的“2班信息板”，谈谈“信息板”中的各个板块及其功能。它为家校沟通带来了成效，培养了学生的综合素养，优化了班级管理，形成了良好的班级风貌。

【关键词】互联网+微信订阅号　家校沟通

随着信息时代和智能手机的快速发展，微信已成为生活中不可或缺的沟通工具和信息获取平台。许多学校都有自己的微信订阅号，以方便家长及时有效地了解学校动态。我们班级也充分利用这一资源，打造了属于自己的“微信订阅号”。

一、孕育“2班信息板”

（一）作业和班务记录不便

刚入学的一年级小学生由于不识字、不会写字，还无法独立记录每天的回家作业和班务，因此每天上校网查阅回家作业和班务便成了家长们的常规任务，但在操作过程中又时常出现问题，例如老师上传的歌曲、PPT等附件下载不便，或是家长在单位中由于外网屏蔽，无法及时查阅作业等因素，导致学生到家后无法及时完成作业。

（二）活动和荣誉展示不便

入学后，学生离开了家长的身边，开始了真正的学习生涯，由于在校的时间比较长，家长们迫切地希望能够近距离地看到学生每天的成长，记录孩子的成长，参与孩子的成长。然而平时的活动、照片、荣誉证书都只能零散地发送在微信群中，无法统一整理成“荣誉展示墙”，更无法让家长真正参与到学生的校园生活中。

（三）班级事务查阅不便

入学后，我在班级中陆续发布了许多班级事务，例如班级“微云”网盘、“校服增订”办法等，但由于此类网站使用频率较低，家长时常在需要使用时忘记登录名和密码，忘记操作方式，家长们一遍遍的询问也使得我和各任课教师有些疲倦。因此，如何有效率地推进这些班级事务成了当务之急。

在种种“不便”的推动下，作为班主任的我和班级家委会家长开始研究探讨如何充分利用网络资源为家校沟通提供便利，最终我们向本班家长推出了“2014 届 2 班信息板”，开启了“彩虹中队”的“互联网+”时代。

二、孵化“2 班信息板”

经过商讨，我们的“信息板”包含以下四个板块：作业及班务、彩虹工具、彩虹梦想和校历查询(如图 1)。“彩虹工具”中又分成“彩虹资金”“班级微云”“校服增订”和“校网登录”；“彩虹梦想”中又分成“彩虹活动”“彩虹书吧”“彩虹荣誉”和“微课堂”。

图 1　东校 2014 届 2 班信息板

作业及班务是每日的常规推送，推送文字的同时也将教师提供的歌曲、PPT 等一并推送，方便学生和家长直接使用，并在文末加上班级的班徽(如图 2)，充分体现班级特色。

图 2　“彩虹中队”班徽

“彩虹资金”呈现的是班级的“爱心基金”情况。这是由学生的压岁钱、零花钱等建立起的“爱心基金”,用作援助班级同学或是抗震救灾,培养学生的集体意识,增强班级凝聚力。

“班级微云”呈现的是班级在微云上的登录方式和操作方式。微云是教师们分享电子文件、视频课堂内容以及家长们分享照片和交流高精度文件的地方,因此家长们学会使用微云非常重要。

“校服增订”以及“校网登录”分别呈现校服增订途径和校网登录方式。可备学生家长的不时之需,当学生家长需要使用但忘记操作方式时,只要通过订阅号查看,便能更快捷地操作。

“彩虹活动”汇总学生参与的活动。无论是各项比赛还是班级组织的各种校内外活动,都在这一板块中呈现。每一次的活动都由教师提供照片和内容,由爱心家长排版和编辑,最终以通讯稿的形式呈现给所有学生家长。

“彩虹书吧”汇总了教师、学生和家长们推荐的书目。打开“书吧”,首先出现的是各类书的书名,点开书名则能看到书的简介、作者介绍、书评、获奖情况等。最重要的,整本书内页内容的照片和学生的读书笔记也都会呈现。

“彩虹荣誉”汇总学生从入学以来获得的各项个人荣誉和班级荣誉。这一板块让家长更直观地看到学生的努力所获得的回报。这对学生不仅是一种肯定,而且是一种激励,有助于增强班级的凝聚力。

“微课堂”汇总各学期开展的微型课程。每学期的微型课程预告、课程内容的 PPT 和上课时的照片都会在这个板块中呈现,以便了解到微型课程的内容,方便共同学习这些课外知识,拉近与孩子的距离。

三、“2 班信息板”初养成

班级“信息板”在教师、家长、学生的共同管理下逐渐成长,渐入佳境,尤其是“彩虹书吧”受到了师生和家长的好评。

一年级时,由于学生年龄较小,“书吧”多以推荐亲子绘本为主。由语文教师或是家长推荐书目并提供书本内容的照片,由家长进行编辑和排版将这本书“放”在“书吧”中,便于学生和家长更直观地获取课外阅读的信息。有时,学生在语文教师的引导下进行阅读,完成精彩的读书笔记,在教师筛选后也以照片的形式推送在这本书的分享板块中。同学的推荐让其他学生的阅读兴趣大增,同时也鼓励学生们在阅读后完成读书笔记,养成及时记录好词好句好段或是阅读心得的好习惯。

到了二年级,学生的识字量有了明显的增加,几乎所有学生都能不在父母陪伴的情况下,进行自主阅读。“彩虹书吧”也一改原本的亲子阅读风格,推出了“图书漂流计划”。根据语文教师的推荐书单,家长提供书本,由学生将书本带到学校分享给其他同学。一名家长作为组长,带领学生进行统一的书本管理,录入书目名称以及分享者的信息,以便于整理和向提供书本的学生及家长致谢。

和“彩虹书吧”一样，其他板块也如火如荼地进行着，家校的合作也因此变得更为紧密。任课教师和学生、家长共同提供资源，爱心家长带领学生参与“信息板”的编辑和管理，共同维护属于本班的“信息板”，逐渐培养学生的综合素养能力。随着学生年龄的增长，家长在“2班信息板”中担当的管理角色将渐渐褪去，逐步放手让学生自己管理班级的“信息板”，真正做班级的主人。

四、“2班信息板”创辉煌

在“互联网+”时代下，“2班信息板”作为班级家校互动的网络平台，打破了传统家校沟通中时间和空间的限制，为家校沟通提供了许多便利，增强了家校间的沟通，拉近了学校和家长、家长和学生的距离，可谓意义重大。

（一）及时发布信息

“2班信息板”为各学科教师发布信息提供了空间，包括学生作业的布置、学校各类活动的发布、班级各类评优的通知和结果的公布、学校班级各项事务的通知等，帮助学生和家长及时获取准确的信息，及时了解学校的活动和班级的情况。而效果尤为显著的便是每日作业的发布，学生在及时获取作业信息的同时，还可以直接查看各科教师提供的有关PPT和收听歌曲等，能够立刻对作业内容做出反馈及评价，帮助学生养成到家及时完成作业的好习惯，对一天的学习做好充分的复习和巩固。

（二）优化班级管理

“2班信息板”可以说是一本新时代的电子班刊，它实时更新，及时向学生和家长提供大量与教育教学相关的信息，将班级的各类活动、学生所获得的荣誉一一记录下来，让家长更近距离地接触到学生的成长。同时，“信息板”的正常运作也可培养学生管理班级事务的能力，培养学生的综合素质，增强班级的凝聚力，这对于形成良好的班风和优良的班级精神产生了良好的催化作用。

（三）增强平等沟通

“2班信息板”让每位学生和家长都可以实现对平台信息的阅读和反馈，每位学生和家长也都可以在使用中为班级的订阅号出一份力，对不同的通讯稿进行编辑，在与班主任和各科教师的合作中为其他家长提供不同的教育资源，让学生和家长在此过程中感受到沟通的平等性，也使平台的管理变得更加及时和快捷。

苏霍姆林斯基曾说过，“教育的效果取决于学校和家庭教育影响的一致性。”[1]学校的教育能取得家长的配合是很重要的，如果没有有效的家校沟通，教育就难以持续，班主任的工作也会事倍功半。在使用“2班信息板”的几年中，班级管理和家校沟通都受到师生和家长的赞赏，甚至让其他班级、其他校区在看到“2班信息板”后跃跃欲试，纷纷效仿，无形中推动了“微信订阅号”在家校互动中的发展。因此,如何在“互联网+”时代更好地利用现有的“微信订阅号”资源,为家校、师生和亲子建立互动的桥梁,实现更好的家校沟通,为学生的健康成长服务,需要不断地思考和实践。

参考文献:

[1] [苏联]苏霍姆林斯基.怎样使学校教育和家庭教育保持一致[J].新课程教学(电子版),2020(14):143-144.

成长自我　助力孩子

综合文科组　曹晔莉

学校的培训作为教师专业发展的传统项目，一直让人有所期待。最近一次的培训学习，又一次让我有代入、有习得、有反思、有成长。比如沈弈斐教授"后喻时代"的家庭教育，让我对当下的家庭教育观有了更为深入的体悟和思考；赵才欣老师的课程建设讲座，使我从系统角度进一步领会了课程建设的方法和细节；金莺莲博士关于"可见的学习"的分享，为我提高教学效果、了解学生的学习情况，提供了切实可行的举措和新的思考；而教研组之间对新中考改革的思考和讨论，又让我脚踏实地回归课堂，分析和反思日常教学。

作为一名德育工作者，我更想从家庭教育的角度谈一谈自己的体会和收获。在一个孩子的成长过程中，家庭教育所占比重为70%，学校教育占到20%，另外10%为社会教育。作为没有经过专业培训就上岗的父母，在"入职"后遇到诸多问题和困难时，处理方式往往会受到原生家庭教育方式的影响。原生家庭的教育方式，是父母教育方式的源头和参照学习的标准，所有家庭中父母"无师自通"的教育方式都是来自原生家庭的学习，学习的是自己父辈的教育方式。而父母的教育方式，通常与自己原生家庭的教育方式相同或相反。

俗话说，幸运的人用童年治愈一生，不幸的人用一生治愈童年。原生家庭是孩子的保护伞，是心灵的守护者。原生家庭带给孩子的影响是根深蒂固的，它起着决定性的作用。如果原生家庭的影响是积极的，就成为孩子成长路上的指示牌，它能告知并指引孩子如何较好地成长，合理避开人生路上的荆棘和障碍。如果原生家庭对孩子有伤害，孩子的心理健康就没有足够的关爱去保障，没有保护伞和守护者帮助的孩子，可能会在心理上走向极端。

父母成长的原生家庭对教育方式的影响，没有绝对的好或者坏，重要的是，父母学会认识到原生家庭对自己教育方式潜移默化的影响，从而避免不好的影响继续传递在自己对孩子的教育上！因此作为父母，需要通过不断学习来积累经验，助力孩子成长。

在长期的德育工作中，我们经常会遇到很多家长因为孩子的教育问题来学校寻求帮助，在沟通中往往发现家长在教育孩子过程中存在很多问题，他们自己却浑然不知，以下几点是最普遍的现象。

一、施与受并存

有些家庭中，家长和孩子经常发生争执，甚至导致一发不可收拾。要知道家长往往充当一个权威的角色，希望孩子都能听自己的，但是当孩子并不认可你，甚至厌恶你的时候不会接受你的任何观点和指导。"施与受并存"是指，只有在孩子愿意接受的情况下，家长的教育才是有意义的。换言之，家长要想办法和孩子形成良好的亲子关系，才能实施有效的家庭教育。

要想建立融洽的亲子关系,建议从以下几个方面入手。

1. 达成有效的陪伴

所谓有效陪伴,有示范和引领两层含义。简单来说,父母要给孩子树立一个好的榜样,规范孩子的生活习惯,培养孩子吃苦耐劳的精神。同时,有效陪伴在于引领。一般来说,家长是爱运动的家长,孩子必然会抛开电脑和手机;家长是爱阅读的家长,孩子们也必然会喜欢阅读:家长是孩子最好的榜样。因此,家长要花时间与孩子在一起,通过做游戏、画画、运动、听音乐、做家务、聊天、探讨问题等亲密接触,了解孩子在不同年龄段的心理需求,并根据孩子的需要和特点调整教育方式。

2. 做孩子的知心朋友

孩子们有极其丰富的内心世界,如果父母不了解孩子的心理,即使是正确的建议也可能不被孩子接纳,或是出现阳奉阴违的现象。所以,首要的是打开孩子的心,让孩子从内心接受你,而最好的方式就是成为孩子的知心朋友。为此,家长要加强学习,了解现在孩子们中流行的游戏、玩具、语言;同时,家长要善于倾听,与孩子交心,不把自己的见解武断地强压给孩子,调整教育方式;家长也要学习沟通策略,让沟通变得更简单。

3. 淡化父母的角色意识

苏联著名教育家马卡连柯曾经说过,“要尽量地要求一个人,也要尽可能地尊重一个人。”作为父母,尊重孩子的人格和尊严是与孩子良好沟通的基本原则。孩子是独立的社会人,他们有自己的理想、追求、兴趣、爱好,可以成为我们的助手和朋友,更是我们人生旅途中的忠实伙伴。有了这种认识,才能淡化父母的角色意识,扮演好人生导师、生活教练、学习榜样、知心朋友、激励大师和坚强后盾等有助于孩子健康成长的角色,与孩子建立健康、平等、友善的关系,家庭生活中才会出现互相关心、互相帮助、互相信任的和睦亲情,才会协助孩子实现卓越人生。

二、人性中拒绝被改变,但是不拒绝改变

每个人都不愿意被别人改变,但是当他有了目标决定改变的时候,一定是能蜕变的时候。在开展教育过程中,我们经常会遇到某些孩子面对老师的苦口婆心无动于衷,但是,一旦找到学习的动力之后,能够在短时间内改变并成长,得以脱胎换骨。因此,在教育孩子的过程中,家长不能一味地按照自己的方式要求孩子改变,而要善于发现孩子的闪光点,帮助孩子找到那把打开他学习动力的金钥匙。只有帮他找到学习的动力,才能够实现他的自我成长。

三、接受的人用心能感受到的爱,才是真正的爱,否则是无效的爱

很多家长单方面高唱着“爱孩子”的歌曲,但是他忘记了,爱的品质是由被爱者决定的,

而不是由发出者决定的。如果一个孩子不认为家长爱他,无论家长做什么都是徒劳。而爱一个人是如他所是,而不是如你所想。爱孩子的全部,接受他的一切,给孩子更多的空间和时间,让他成为真正想成为的那个人,家长在旁边默默关注,给予适时的指导,让孩子从内心深深感受到家长的爱,这样的亲子关系才能和谐。

爱的生命之杯是爱的能量。杯子越大,成就越大,格局越大。每天输出爱,有输出就有输入。输出是一个管道,输入有两个管道:一个是别人,一个是自己。不管别人爱不爱你,你都要爱自己。溢出来的爱才是真正的爱。爱自己就是保护自己的身体,就是要不断学习。只有家长自我的生命之杯满溢了,才会带给孩子足够的安全感,才会引导这个家越来越幸福。所以,无论你的原生家庭带给你怎么样的影响,作为家长,一定要学习如何和孩子相处,找到自己在家庭教育中存在的问题并不断改进,才能真正帮助孩子更好地成长。

初中语文学科德育教学实践

——以八年级《关雎》为例

初中语文学科　陈　豫

学科德育是指在学科教学过程中，根据学科自身的特点，利用学科丰富的教育资源，随时融入民族精神教育和生命教育，凸显学科的育德功能，培养中小学生积极的情感、态度和价值观的教育过程。

《上海市中小学语文课程标准》提出："要引导学生在学习我国优秀传统文化的过程中吸取精华，充实底蕴，形成审美意识，审美情趣和审美能力……塑造健全的人格。"作为母语教学，语文学科以其丰富的人文内涵和文化积淀，在丰富学生的心灵世界、引领学生继承和弘扬中华民族优秀传统文化，增强学生对民族文化的认同感等方面具有不可替代的优势。

中国是一个诗歌的国度。诗歌有丰富的意象、凝练的语言、动人的韵律、充沛的情感。诗歌情、言、声、义兼美，通过文道结合，利用诗歌教学实施德育是培养学生养成健康美好的审美情趣的重要途径与手段。

因此，本堂课的教学试图通过探讨《关雎》中淑女、君子的形象，落实一级德目"人格养成"下的二级德目"健康身心""自由平等"的品德，提升品格修养，培养学生高尚的道德情操、健康的审美情趣。同时，通过品味诗中"重章叠句"的表现手法，落实一级德目"文化自信"下二级德目"国家语言"，加强学生对传统文化的深入理解和热爱。

一首并不简单的爱情诗

部编版《语文》教材八年级上册的《关雎》是《诗经》中的第一篇。《关雎》中所体现的青年男子对美丽善良女子热烈追求的美好情感清新隽永，诗中君子、淑女的形象内涵丰富，重章叠句形式的韵律之美令人一唱三叹。

它不仅是一首爱情诗，还为我们树立了古代"君子""淑女"的标准。尽管时代在发生着变化，但是它背后所包含的这些品质在今天依然是非常有价值的。

我将本堂课的德育目标定位为：

1. 了解《关雎》中君子、淑女形象的深层内涵，正确认识古代劳动人民对美好爱情的追求和向往。

2. 感受《关雎》重章叠句形式的韵律之美。

几个充满意趣的教学片段

本堂课利用课程中语言文字、传统文化等丰富的思想道德因素，潜移默化地对学生进行正确的爱情观、人生观的引导。

片段1：探讨君子的内涵

师：何为君子？

生：品德高尚、德行美好的人。

师：诗中哪些内容能看出男主人公德行美好？

生：男主人公追求和取悦淑女的方式是“琴瑟友之”“钟鼓乐之”，可见他追求的过程是高雅的，不是低俗的。

师：很好，老师补充一点。周朝乃至春秋时期音乐的初始功能不仅是用来审美欣赏的，而且起着教化民众的作用，是借琴曲瑟韵来陶冶性情并进行礼乐教化的。你从中还感受到了什么？

生：君子用“琴瑟友之”“钟鼓乐之”的方式追求淑女的行为不仅是高雅的，而且，符合“礼”的要求。

片段2：探讨淑女的内涵

师：何为淑女？

生：善良美好的女子。

师：在诗中，你能找出女主人公美好的地方吗？

生：“参差荇菜，左右流之/左右采之/左右芼之。”用男主人公采荇菜来类比他追求女子，所以借荇菜在水中漂摇的美好姿态来比喻女子美好的身姿。

师：很好！对于“荇菜”有不同的解读，另一种观点认为采荇菜的是女子。如果按这种观点来思考的话，你又品出了什么呢？

生：表明女主人公采摘、挑选荇菜的姿态很美好。而且她在劳动，表现出她还很勤劳。

师：很好！“勤劳”这两字深入中国传统文化里。《木兰诗》中的“木兰当户织”，《迢迢牵牛星》中的“纤纤擢素手，札札弄机杼”，《陌上桑》中的秦罗敷也采桑，都表现出了古代女子勤劳的品质。

师：还有吗？从“琴瑟友之”“钟鼓乐之”中能侧面看出淑女的品质吗？

生：淑女能够受到君子的礼遇：“琴瑟友之”“钟鼓乐之”。这说明淑女也是懂得欣赏音乐的，也是情趣高雅的。

片段3：重章叠句的韵律之美

师：这首诗歌背诵起来难度不是特别大，为什么？

生：因为诗中好几处语言几乎是相同的，中间只变动几个字。比如：“参差荇菜，左右流之。”“参差荇菜，左右采之。”“参差荇菜，左右芼之。”

师:这种手法叫重章叠句。读上去有什么效果?

生:有一种回环往复、一唱三叹的感觉。这种手法增强了诗歌的音乐性和节奏感。

师:其实有很多现代歌曲的歌词也是采用了重章叠句的形式,你能举出一个例子来吗?

生1:比如《月亮代表我的心》。

生2:比如我们的校歌《你我同在》。"你我同在,浦江之东,实验情怀";"你我同在,碧云悠悠,锦绣成才";"你我同在,风雅称颂,书卷斑斓"……

师:是的,后来的诗歌以及歌曲等艺术创作也吸取了诗经重章叠句的表现手法。中华传统语言文字的形式美和韵律美也通过诗歌、曲艺等形式代代相传。

一段课后的思考

《上海市中小学语文课程标准》里写道:"要引导学生在学习我国优秀传统文化的过程中吸取精华,充实底蕴,形成审美意识,审美情趣和审美能力……塑造健全的人格。"

语文课程中潜藏着丰富的道德因素,它不仅传递学科知识,而且关注道德和人格的养成。寓德育于语文学科教学实践中,引导学生形成良好的品德修养,形成对真善美的自觉感受能力,这是在语文学科中实施素质教育的必要途径。

在教学实践中,我们要确定语文课文中所蕴含的德育因素,明确德育内容,探索、梳理学科教学与德育相融合的有效方法,总结出学科教学有效渗透德育的形式。比如,在《关雎》的课堂教学过程中,我采用主问题导向下的问题链策略,让育德目标在层层递进的问题情境中逐步达成,引导学生获得较为全面的感知与体悟。

同时,进行语文学科德育,不能偏离语文教学的本源,也就是文本细读。只有依托于语言文字,才能让德育有据可依,最终实现课程育人的目的。

从家庭教育看学校教育

初中道德与法治学科　沈　佳

随着社会不断发展,现代教育呈现出与过去教育完全不同的模式。作为80后,我们的父母由于受一些历史因素和社会大环境变化的影响,那个时代许多家庭,父母的学历、见识远远不如孩子的老师。多数家长对于老师与学校都充满了崇拜与信任。即使有极少数知识分子家庭,对于孩子的老师也都十分尊敬。因此许多情况下,家长对老师言听计从,老师说什么就是什么,一切都听老师的。但是,那个年代教育中逐渐长大的现代家长却恰恰相反。不少接受过高等教育的家长,考虑的更多的是:学校的课程、教育方式适不适合我的孩子;是不是应该去给学校提提建议……说实话,目前的学校教育的确接受着前所未有的考验。

过去常说,备课过程中,学情是十分重要的内容,现在看来,光有个体的学情是远远不够的。教育工作者要以个体学情为基础,深入了解学情背后的家庭情况,才可以使现代学校教育更加完善。因此,现代教育需要更多地站在家庭角度上,促进一线教育工作者,深入了解现代家庭,反思学校教育。

故事一:

笔者曾经参加过一次某知名学校为入职三年的青年教师举办的座谈会。主持人请他们谈谈目前最大的困难是什么,与会的青年教师无一例外地都谈道:班主任工作非常难做。有的男教师说,班主任工作婆婆妈妈,每天都把时间浪费在鸡毛蒜皮的事情上,很没有成就感;有的女教师说,班主任工作十分琐碎,现在的孩子好难管,想给他们当姐姐吧,这姐姐当不过10分钟,因为一块橡皮、一杯水、一句玩笑就要分个上下,每天都是在做侦探、法官、保姆……有的时候,还会被学生无意地顶撞,被家长不理解,委屈得想要哭。

对于这些还没有建立家庭,还没有为人父母的年轻班主任来说,真的是不容易。

可是当谈及“最希望获得什么样的帮助”这个问题时,与会的青年教师的回答也是异常一致,都希望增加教学上的工作量。任教一个班的,希望可以任教两个班级,这样可以在一个班上完了新课,经修改完善调整后再去另一个班级教学。教学满工作量的教师,希望多听听资深教师的课,打磨自己,提高教学能力……没有一个教师提到,希望资深的教师来指导,怎么走进孩子的心,怎么做好班主任,怎么跟家长有效沟通……

年轻教师从师范类院校毕业,所接受的教育主要以学科教学为主,即使是教育心理,更多的也是研究学科教学中学生在课堂中的心理变化。入职成为教师后,尽管学校安排了许多相关的教育学培训、心理学培训等,以促进教师们加深对学生的认识,对学生家庭情况的了解。但这些终究是纸上谈兵,与人打交道的工作终究是离不开不断实践,在实践中总结。

于是就有了故事二。

故事二：

一位年轻的班主任接手了一个新的班级。这位年轻的班主任花很多的时间待在班级里，跟孩子们沟通。课间、两操、午餐、午休，只要她有空，就会出现在教室里。学生看到班主任来了，有的就围着班主任喋喋不休，有的就做自己的事情，有的跑出去玩了，其乐融融。可是，每周都有该班的学生在楼道里追逐打闹。这位年轻的班主任就着急了，于是强制孩子课间在教室里不能出去休息。紧接着，家长就来跟班主任沟通了。有的家长说，好动是孩子的天性，课间不让休息，不是扼杀孩子的天性吗？有的家长说，追逐是不对，但请老师好好教育，怎么能不让他们课间出教室？也有的家长说，老师你管得太对了，就该让他们下课的时候留在教师里做作业……不同的家长声音，一下子让这位年轻班主任无所适从了。

此时资深班主任 A 建议："组织一场家长会吧，由于处在疫情防控阶段，开个线上家长会，好好整一整班级的纪律，请家长们配合"。

资深班主任 B 说："A 老师做了 20 多年班主任，年龄、资历摆在那里，她比班级里的家长都年长，家长更容易信服。而且一场家长会，不能只说一件事情，要综合很多内容，不然就会是无效的家长会，再加上你还比较年轻，无效的家长会容易让家长产生疑惑，产生不信任感。你要不点对点地把几个特别淘气的孩子家长请到学校交流一下。在这之前，向任课教师、班级同学收集一些情况，几件事情一起聊一聊，并且要给出一些建议，这样家长会觉得来一次学校是有收获的。"

年轻班主任最后决定先找几个家长来聊一下。全程还请几位资深的任课教师坐在一起跟家长沟通。果然家长们都表示要配合班主任，回家好好教育孩子。年轻的班主任心里很高兴。

作为教师，遇到开门见山的家长，学校教育孩子的时候，就相对有效，会根据他家庭的实际情况跟孩子谈话，尤其是有特殊情况的家庭，教师的语言更是注意保护孩子。但是也有很多家长语言比较含蓄，那就要学会听家长的潜台词，这样才能以家庭教育为背景来调整学校教育。比如"老师，您很年轻，您有孩子了吗，您任教几年啦"，这些都有可能表达了家长对于教师的不信任。对于这样的家长，教师首先要有足够的自信，任何对于教学工作的决定都要深思熟虑，注意细节，多向资深教师请教方法。对于已经做出的决定，教师要足够坚定，不能因几个家长的建议就随意更改，要显得专业性强。又比如请来沟通的家长是爷爷奶奶辈，表示"爸爸妈妈经常不回家"，有可能父母在外地工作或者父母已经离异，此类孩子缺乏约束，老人相对溺爱孩子，家庭教育缺失较多，教师在跟孩子沟通的时候，要以爱为出发点，循序渐进，有充分的耐心；还有的家长会讲道，"我的孩子很有主见，我们很尊重她"，有可能说明这个家庭接受平等教育思想比较多，家长与孩子像朋友一样相处。对于这样的孩子，教师要更多地教会他在平等情况下学会尊重，同时引导家长，在家庭教育中，平等很重要，但要建立在

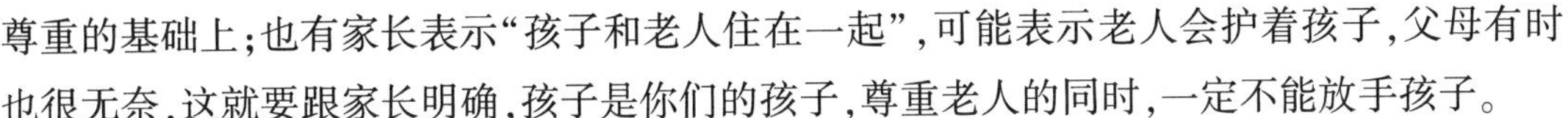

尊重的基础上；也有家长表示“孩子和老人住在一起”，可能表示老人会护着孩子，父母有时也很无奈，这就要跟家长明确，孩子是你们的孩子，尊重老人的同时，一定不能放手孩子。

结语：

一个学生，最初的教育来自家庭，而每个孩子来自不同的家庭，带着不同的家庭教育背景。家长对于自己的孩子有着完全不同的期待，但对于学校教育修正辅助家庭教育的美好愿望是一致的。学校教育可以在一定程度上促进家庭教育朝向正能量发展，但是这些都是有一定前提的，那就是家长对于学校的充分信任、对于教师的信任。这是提高教育有效性的关键。教师在进行教育教学的时候，应该关注学生的变化，比如作业完成情况、课堂内表现、与同学交往中言行等，这些都可以反映学生所接受的家庭教育的情况。教师需要注意观察学生，包含行为上、情绪上，显性的、隐性的诸多细节，及时与学生进行沟通。以此为前提，当与家长进行沟通时，教师的话语都是有依据的，建立在了解不同孩子的背景之上，这样就会增加家长对于教师的信任度。在与家长交流时，教师也要学会读懂家长的潜台词，这样的沟通会让家长觉得很愉快，自然而然，就会提高家长对于教师的信任。家长对于教师的信任度提高了，对学校的信任度就会提高。只有这样，家庭教育在增强学校教育的有效性方面，才会提供有力保障。

浅谈新课改背景下小学音乐教学实践探究

——读《教育新理念》有感

小学音乐学科　王庆慧

一次偶然的机会,我认真读了袁振国老师的《教育新理念》,每读一篇都给我的心灵的震撼,特别是总序里的第一句话“振兴民族的希望在教育,振兴教育的希望在教师”,可以成为每一位教育工作者的座右铭。

《教育新理念》一书具有思想敏锐、视野开阔、关注现实的特点,有对当代教育实践中遇到的突出问题、典型案例、教育科学史上的名家名篇及其他领域中相关信息的分析。《教育新理念》从课堂教学、学科教育、素质教育、理想教育、教育研究等五个方面进行了深入的分析,提出了需要更新的教育理念。在新课改背景下,教育新理念让我们可以站在社会发展的高度,以时代为背景不断自我更新,及时汲取最新教育科研成果,成为一个成功的教师。我认为可以从以下几个方面着手,让这些教学理念由抽象到具体,在实际教学工作进行实践。

一、以问题为纽带

叶圣陶先生曾经说过:“教师以提问与指点代替多讲。”[①]在课堂教学过程中,师生之间最直接、最常用的一种交流方式是课堂提问。在课堂上,教师为学生创设活跃、轻松、和谐的氛围,设计精彩而有效的课堂提问尤为重要,有效的问题设计是学生深入学习的阶梯、进步的桥梁、觉悟的契机。

爱动是孩子的天性,低年龄段的学生注意力容易分散,在学习习惯、心理特点上具有活泼好动的特性。教师要根据学生的生理与心理特点,以学生生活经验和音乐知识储备为切入口,巧妙设计问题,激发孩子们的学习兴趣,培养孩子们的音乐能力,感受音乐的美妙。在上《小狗与口哨》这节课时,学生初步欣赏乐曲后,运用问题引导的方式帮助学生从生活中寻找小狗的形象,帮助学生初步理解音乐。我提问:“从音乐中,你听到了什么有趣的声音呢?音乐让你想到了些什么呢?”生:“小狗汪汪叫的声音。”“吹口哨的声音。”再追问:“这些声音在你的脑海中描绘了怎样的画面呢?”生:“欢快的感觉。”“这个音乐让我们想到了有个小朋友在吹口哨。”在问题的有效引导下,学生在他们的童话世界里聆听音乐、感受音乐。

课堂提问不能随意,应由易到难。在上《野蜂飞舞》这一节欣赏课时,我提问:“想一想,这段音乐模仿的是什么昆虫?”学生回答:“苍蝇”“蜜蜂”我再问:“苍蝇和蜜蜂有什么共同点和不同点吗?”学生答:“它们都会唱出‘嗡嗡嗡’的歌声。”“蜜蜂采蜜,会蜇人。”我再追问:

“让我们再来听听这段音乐，分辨一下音乐模仿的到底是苍蝇还是蜜蜂呢？说说你的区分理由。”学生回答：“这段音乐的速度很快，听着好像是蜜蜂追着人要蛰他的声音。”我追问：“是一只蜜蜂，还是一群？你是怎么知道的？”学生答：“音乐的力度很强，我想可能是蜜蜂蜂拥而出。”“音乐比较密集，听起来像野蜂成群飞舞。”这样有层次、有难易地精心设计问题，能大大激发学生的学习热情和兴趣，学生可以在互动问答中探索学习、培养音乐能力，在一个又一个问题的碰撞中产生智慧的火花。

二、以综合为向导

国家教育改革正如火如荼地进行着，教育部门对小学生素质教育的要求也越来越高。在新的课改背景下，音乐教学是素质教育的重要方式之一。小学音乐综合课程的开展，更能够激发学生的学习兴趣，对于提升学生的综合素质具有十分重要的作用。

教师需要及时挖掘学生的兴趣，设计出学生感兴趣的课堂小游戏。如低年级的学生喜欢模仿小动物，在学习音符时，我用“走”表现四分音符，用“跑”表示八分音符，用“停”表示休止符，设计游戏“你追我赶”，让学生模仿小兔子跑步、小熊走路的速度，将音符知识与学生感兴趣的动物相结合，学生们在游戏中既感受到了快乐，也学到了知识。学唱歌曲《布依娃娃爱唱歌》时，结合作品前八后十六节奏型的多次出现以及其他音乐元素的特点，我在歌唱教学中设计了与音乐节奏和情绪相吻合的律动节奏，创设布依族音乐会情境，引导学生开展集体体验节奏的简单打击、女生身体律动与男生打击凳子伴奏的合作表演等活动，最后实现全体学生在《布依娃娃爱唱歌》的乐声中表演律动与节奏。学生主动参与到唱一唱、做一做、奏一奏、演一演的音乐体验中，不知不觉沉浸到了布依族音乐中。

学唱二年级歌曲《小红帽》时，我让学生在拍手的基础上学习跺脚，形成拍手和跺脚的二声部声势，感受节奏多声部音响。为了让学生感知体验旋律的上行级进，我圈出歌曲中的旋律“1　2 3　4 | 5”，请学生思考：“这里的旋律进行有什么特点？”学生：“像爬楼梯一级一级往上走。”我带学生边歌唱边用手势从低往高体验旋律走向，同时鼓励学生用各种肢体动作表示这句旋律走向（从低到高拍击身体不同部位），并引出上行级进的概念。我拓展提问：“我们以前学过的哪些歌曲中也包含着上行级进的旋律？”学生开始记忆搜寻并背唱，如：一年级学过的《大鹿》中“5　5 6　7 | 1”。我在木琴上自由演奏平行、级进上行的旋律，请学生听辨并演奏，然后用身体动作表现。

音乐综合课始终围绕着一个教学重点：融入唱游、唱歌、打节奏、欣赏等内容，通过多个学习素材、多种教学形式、学习方式的渗透与融合加深学生的音乐体验，实现音乐的各项机能有效地整合，帮助学生了解音乐、感知音乐，最终热爱音乐。

三、以创新为目的

教育是什么？赞可夫曾经说过：“所谓真正的教育，就是指不仅让儿童完成教师的要求，而且使他们的个性、他们的精神生活得到自然的发展。”素质教育归根结底是“尊重个性、发展个性”的教育。在教学中,我们应留给学生自主活动的余地,让其个性得到充分的发展。在中小学音乐课堂上,教师既要注重学生的音乐实践,还要积极引导学生对音乐进行二次编创等活动,让学生能够在音乐学习过程中培养创造性思维,提升创造能力。

以法国圣桑的管弦乐作品《狮王进行曲》为例,结合学情,抓住学生喜爱模仿、表现和想象力丰富等心理特征,运用奥尔夫教学法、柯达伊音阶手势等教学方式,让学生在初步感知音乐的同时能积极参与。围绕作品“狮王”威风凛凛的形象特点,引导学生身临其境般联想并创编“狮王”在森林中行进时的步伐、神态与造型,随着长长的“吼”声,渲染表现森林“狮王”威武的神情……整个创编过程中,每个学生根据音乐主题提示,表演积极而投入,情绪被积极调动,发挥个人表演特点,感受音乐作品的无限魅力。

本案例来自沪版二年级下册第三单元第一课时《洋娃娃和小熊跳舞》,我们在歌唱教学中设计了创编教学活动。在教学过程中,学生感知到歌曲欢乐的气氛,能用“载歌载舞”的形式表现歌曲活泼欢快的情绪。基于学生对歌曲已经熟悉,鼓励学生针对歌词开展即兴律动,把课堂交给学生。我说:“我们分成四大组,每组各选择自己喜欢的小动物并进行歌词创编。”同时出示谱例:小熊小熊 跳个舞呀,跳个舞呀。学生在《洋娃娃和小熊跳舞》的背景声中,快速融入创设的欢快氛围,大胆发挥创作思维,迅速从改编小动物的歌词入手,改成小狗小狗 汪汪汪 呀,汪汪汪呀等,通过这种创作思维的碰撞,具有独特专属性的作品应运而生,学生收获了前所未有的成就感,对培养他们的创编自信十分有利。

《教育新理念》一书,让我看到了课程的重要性、教师的重要性、研究的重要性,也让我教学中的问题与困惑得以解决。在新课改背景下,只要认真学习、不断反思,找出问题所在,我们的教育理念和行为一定会越来越融洽,越来越适合社会发展的需要。我将不断实践、不断探究,对“孩子喜欢怎样的教育”这一问题的思考将贯穿于工作中,这也成为我不懈努力为之奋斗的教育目标。

对初中数学学科德育的思考

初中数学学科　刘珺瑶

中共中央、国务院发布的《深化教育改革全面推进素质教育的决定》中指出："改进德育工作的方式方法，寓德育于各学科教学之中"。2019年发布的《中国教育现代化2035》进一步提出"更加注重学生全面发展，大力发展素质教育，促进德育、智育、体育、美育和劳动教育的有机融合"，其中德育占据了最重要的地位。一说起学科德育，最容易联想到的是语文、道德与法治、历史、地理等学科，而数学更多的是和智育发展联系在一起。但在数学教学中，如何对学生进行德育教育，是每一位数学教师无法回避的问题。挖掘数学中的德育价值，既是顺应时代的潮流，也是发展德育的需要，以下是我作为一名一线初中数学教师对初中数学学科德育的一些思考。

一、数学是一门持续发展的学科

数学是一门庞大且不断发展的学科，而不是一个僵化的真理系统。以数的发展为例，数字是学生数学学习的起点。在历史上，随着自然数系的出现，原始人类用绳结来计数的时代结束了，随着加减乘除法运算的发展成熟，有理数和负数被发现了。毕达哥拉斯学派信仰"万物皆数"，西帕索斯发现了无理数，引发了第一次数学危机。唯物辩证法认为，事物是发展变化的，事物内部的矛盾运动是推动事物向前发展的根本动力。实数的局限性导致某些数学问题出现矛盾的结果。数学家们预测，在实数范围外还有一类新数存在，还有比实数集更大的数系，那就是虚数。随着时间的推移，新的"数"不断被提出，用以完善数学理论，数系在历史上的发展过程说明了数学是不断演进的。

在初中阶段，我们将小学学习的整数系扩充到了实数系，我们要知道现在所学习的这些数并不是一下子就被人类掌握的，在历史的长河中经历了坎坷的发展过程，现在所学习的数学也不是一直都是这个样子的，也是经历了漫长的发展逐步完善而形成的体系。教师引导学生数学学习时要循序渐进，更要有耐心。

除此之外，初中数学从纯粹的"数"的研究进入了对"式"的探索，从修辞代数到缩略代数，从缩略代数到符号代数，每一次的跨越，看似只是发生了一些小小的变化，但实际上都将数学发展往前推进了一大步。随着笛卡尔平面直角坐标系的建立，他所建立的解析几何成为数学发展的转折点，几何学也因此不断发展。

数学这座大厦的建立不是一蹴而就的，而是从地基开始一点一点搭建起来的，每一点小小的进步都是数学学科发展必不可少的一部分。在教学中，教师要让学生明白现在数学的学习中迈出的每一小步都有可能是今后推动数学发展的一大步。

二、数学中变与不变的对立统一

就上述提到的,在整数系到实数系的数系扩充的学习过程中,学生不难发现,新的数系都是在原有基础上增加新的一类数,这是变化。但是原有的运算性质仍然成立,这是不变。变与不变是同时存在的。

又如,在七年级因式分解的完全平方公式的教学过程中,由例题 1 分解因式:$x^2+10x+25$ 出发进行几组变式练习:

(1) 改变系数:$4x^2-20x+25$

(2) 增加字母:$(x+y)^2+10(x+y)+25$

(3) 数字字母化:$(x-y)^2+4y(x-y)+4y^2$

虽然每题各有不同,但是这些多项式本质都是符合最基本的因式分解的完全平方公式 $a^2\pm2ab+b^2=(a\pm b)^2$ 的特征的,学生要学会从这些变化中寻找不变的本质。

在几何学习中,几何图形是千姿百态、千变万化的,保持图形的本质,研究其本质属性是常用的研究几何的基本方法。

练习 1:已知,如图 1,在$\triangle ABC$ 中,$\angle ABC$ 和$\angle ACB$ 的平分线交于点 O,已知$\angle A=n°$,求$\angle BOC$ 的度数.

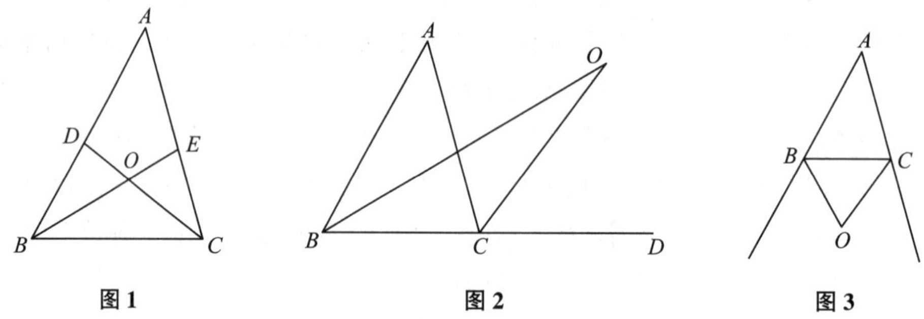

图 1　　图 2　　图 3

变式 1:已知,如图 2,在$\triangle ABC$ 中,$\angle ABC$ 的外角和$\angle ACB$ 的外角平分线交于点 O,已知$\angle A=n°$,求$\angle BOC$ 的度数.

变式 2:已知,如图 3,在$\triangle ABC$ 中,$\angle ABC$ 的平分线和$\angle ACB$ 的外角平分线交于点 O,已知$\angle A=n°$,求$\angle BOC$ 的度数.

图 1 是常见的,两个内角平分线相交的几何问题,点 O 是三角形两个内角的角平分线的交点,图 2 则保持三角形不变,将两个内角的角平分线变化为三角形两个外角的角平分线相交,点 O 是三角形两个外角的角平分线的交点,图 3 则继续变化,此时点 O 是三角形一个内角的角平分线和一个外角的角平分线的交点。虽然图形不同,但本质都是在探究三角形的内角或外角的角平分线。数学可以帮助学生学会在不断变化的世界中寻找不变量,这种在变化中寻找不变、观察现象背后本质的能力,正是学生成长过程中所需要的。

三、数学能培养人坚毅的品质

一提起数学，很多学生会觉得数学很难，学习数学的过程总是充满了挫折，实际上数学家们在探究的过程中，也总是充满了失败和坎坷，数学研究从来都不是一件容易的事情。例如，祖冲之在推算圆周率时，对九位数的大数目，需要反复进行包括加减乘除与开方等方法的运算五百三十次以上，而且当时他还是用筹码（小竹棍）来计算的。从这里我们可以感受到他严谨的治学态度和坚韧不拔的毅力。

六年级学生在学习角平分线的内容时，掌握了用没有刻度的直尺和圆规作一个确定角的角平分线的方法，那么顺理成章地就会想到，能否能用没有刻度的直尺和圆规将任意一个角三等分？这个问题其实在公元前400年就被提出了，直到2000多年后才被证实是不可能的，虽然没有得出方法，但是在这个过程中数学家们坚持不懈的尝试和探索的精神是值得称颂的，是学生们应该学习的。

毕达哥拉斯发现了勾股定理，他和他的学派在数论上的研究对今后数学和天文学及其他学科的发展都起到了至关重要的作用。但即使是这样一位伟大的数学家也会犯错。正是因为他的错误认知和盲目自信导致发现无理数的西帕索斯葬身大海。数学上至今还有许多猜想没有被证明出来，几百年来无数的数学家为之奋斗，甚至为之奋斗一生的也不在少数，有一些向成功迈进了几步，比如我国著名的数学家陈景润，将哥德巴赫猜想证明到了“1+2”，但是更多的是遭遇失败但是又坚持不懈的数学人。

因此，在数学学习中遇到挫折、失败和错误时不必气馁，要认识到数学学习不可避免地会遇到很多的困难，即使走进了死胡同也不要灰心丧气，可以从不同的角度重新思考，就像数学家们一样。他们所取得的成就从来不是轻而易举的，也是需要通过不断的尝试，循环往复，最后成功。学生借此可以获得一些心理上的安慰，同时有助于培养坚韧不拔的意志，增加学习兴趣。

以往的数学教学可能更注重基础知识、基本技能，但是随着国家数学课程标准中将原先提出的“双基”增加到了“四基”，进一步强调了基本思想和基本活动经验的重要性，提出了“四能”，即发现、提出、分析和解决问题的能力。不难发现，数学学科德育的渗透也越来越受到重视。数学学习不只是学会某个概念、公式、定理、法则，更重要的是立足当下，放眼未来，通过数学学习形成良好的意志品质，全面提升学生的核心素养。

基于家校合力理念下的活动共育策略研究

初中道德与法治学科　沈　佳

小学英语学科　张　纯

学校教育和家庭教育是相辅相成的,家庭教育是基础,学校教育是家庭教育的扩展与延伸。因此,在学生的成长过程中,家校双方要从育人的角度出发,引导学生将一定的社会思想观点、政治准则转化为个体思想品质,通过活动建立有效的家校德育合力机制,构建起以学校教育为主导,家长积极主动参与配合,形成教育合力,从而形成一种双向性、主动性、经常性的沟通交流,在时空上循环衔接、彼此兼容、融会贯通,体现教育过程的全方位、无缝隙,逐步形成叠加效应,达到育人的最佳效果。

一、家校教育工作中的问题分析

1. 重视智育而忽视学生德育。不得不说,传统应试教育对家庭教育的影响是巨大的,相对而言,家长更加重视学生的智育,更加关注学生的学科成绩。而诸多教师在评价学生的过程中,往往也将学业成绩作为评价学生是否优秀的重要标准。再加上缺乏正确的思想引领,很多学生无法进行有效的自我心理调节与疏导,从而出现比较严重的心理问题和品德问题,最终影响了学生综合素质的有效提升。

2. 家长缺乏德育的经验。现阶段随着学校开放办学理念的不断深入,家长们对家校合作有着相当高的期望。但由于平时工作繁忙,因而家长们关心孩子的时间比较少,或者缺乏德育的经验,与孩子的沟通并不顺畅。此时家长更希望通过有效指导,逐步走近孩子,增加对学生思想道德的教育。尤其是处在青春期的孩子,叛逆心理比较严重,家长们更希望从学校获得帮助。

二、基于家校合力理念下的活动共育策略

上海市实验学校东校结合本校九年一贯制的特色和学生的年龄与学段特点,组织了多种多样的家校共育实践活动,教师通过活动,指导、服务于家长,从而拉近了家庭和学校的距离,拓宽了德育空间。在不同的活动中家长的角色也有所不同。

1. 育人活动的参与者

家长参与到学校活动中来,能够对孩子在学校集体活动中的表现有更加清晰的了解和认识,通过观察孩子的表现,对于孩子的发展水平能有一个正确的评估和评价,并据此调整自己的家庭教育。同时,家长在活动参与中可以增进与孩子之间的情感沟通,还可以学习教

师的教育方式和理念，与其他家长交流教育心得，互相学习借鉴，更新自己的家庭教育观念，增强家庭教育的科学性。

（1）分学段德育合力特色活动

每个学段有着不同的德育培养目标，学校根据不同年龄段孩子的特点、亲子关系特征，邀请家长参与的活动也有所不同，希望在活动中促进学生、家长和教师的互动，实现对亲子关系的调试和教育资源的整合利用，促进孩子健康成长和综合发展。学校在实践研究的前提下，基于各学段德育目标，结合各学年中有教育指导意义的节庆日与纪念日，对各学段的德育合力活动进行了归纳与分类，见表1。

表1　九年一贯制学校德育合力特色活动

学段	活动主题	活动目标	活动设计简述范例
小学	传统节庆活动（如重阳节、中秋节、元宵节、端午节、春节等）	认识中国传统节日，简单了解一些传统节日的风俗习惯，初步萌发“我是中国人”的民族情感。	通过创设各类传统节庆日的风俗环境，让学生感受传统的风俗习惯；通过家校合作让学生了解传统节日的饮食特色；通过现场亲子庆祝活动感受节日的欢乐气氛。
	国庆节	知道中国国庆节的正确日期，了解国庆节的简单背景，感受节庆活动的欢乐氛围的同时萌发爱祖国、爱家人的情感。	家校合作，让孩子了解国旗、国徽等，通过“给祖国妈妈过生日”吃蛋糕、唱红歌、画画祖国妈妈等活动感受国庆节的欢乐气氛，体验作为中国人的骄傲。
	“三八”妇女节	感受家庭中奶奶、外婆、妈妈等长辈对自己爱的同时，用自己的方式向她们传递爱。	活动前期让孩子去了解、观察家长平时对自己的照顾。活动当天通过与家长的互动游戏，为家长们表演等形式，让孩子感受长辈爱的同时也传递自己的爱，增进亲子情感。
	学雷锋日	体验并认识人与人相互关爱与帮助的重要和快乐，形成初步的社会责任感。	通过活动，学生可以认识雷锋，了解雷锋精神，结合在家劳动、在校劳动等活动，引导学生做力所能及的事，培养初步的社会责任感。
	一年级亲子运动会	亲子合作参加运动项目比赛，增强体质，感受运动的合作、竞争的快乐。	活动前让家长了解运动会的每一项参赛项目，和孩子一起选择报名，并在前期同孩子一起练习，争取在比赛中充分践行体育精神。

（续表）

学段	活动主题	活动目标	活动设计简述范例
	纪念日（少先队入队、十岁生日礼）	从小接受爱国主义教育，增加爱国情感，培养听党话、跟党走的良好品质。	邀请家长共同见证孩子的少先队入队、"十岁生日"等活动，通过家长寄语、家长书信等方式，帮助和引导孩子学会关心、学会负责、学会参与，让家长共同陪伴孩子成长。
	徒步活动	亲近自然，感受生活，增强体质，培养坚韧不拔的意志，懂得在活动中合作、谦让和分享的品质。	亲子徒步活动，孩子们在家长的带领下，亲近自然，感受生活，增强体质，培养坚韧不拔的意志，懂得在活动中合作、谦让和分享，增进亲子情感。
	运动会	切实加强学生体育工作，强身健体，激发学生的集体荣誉感，培养团队意识。	通过体育运动类亲子项目增进亲子之间的交流、沟通，孩子也在父母的引导下了解运动规则，感受比赛的友好竞争氛围。
	亲子共读	激发学生的阅读兴趣，让学生喜欢读书、和书成为朋友，通过阅读增长知识、拓宽视野、提高阅读能力。	以书为媒，以阅读为纽带，让孩子和家长分享多种形式的阅读过程，在课外阅读中起到重要的作用，是让孩子爱上阅读的最好的方式之一。当爸爸妈妈和孩子共读一本书时，很容易会让孩子觉得读书是一件非常快乐的事情，进而更愿意自觉地去进行阅读。
	乐器学习	培养学生充分感受艺术美、鉴赏艺术美的能力，提高学生追求人生趣味和理想境界的能力。	对于年龄较小的学生来说，可以开设亲子启蒙班，让家长也投入课堂中，和孩子共同体验课程，合作学习，共同成长。在启蒙亲子课程上，有许多学生与家长的互动环节，家长能够切实感受到孩子的受益与改变。孩子的学习兴趣更浓，课堂学习氛围更和谐，家长在家中指导孩子练习的水平也更高，学生学习中克服困难的耐力和毅力也更强，学习的持久力也更长。

（续表）

学段	活动主题	活动目标	活动设计简述范例
初中	“学雷锋”爱心公益活动	邀请家长参与学生的“学雷锋”系列活动，充分发挥学校在家庭教育中的重要作用。	让家长了解学生在校的学习生活，帮助孩子树立正确的价值观。
	十四岁生日	学生十四岁集体生日成人礼，通过家长寄语、互赠书信等方式参与到初二学生集体生日活动中。	帮助和引导孩子学会关心、学会理解，引导学生的健康成长。
	职业体验社会实践活动	家长为学生联系社会实践的场所，孩子们体验各行各业的工作。	引导孩子体验不同的社会分工，从小树立职业意识，学会感恩，热爱劳动。
	校园艺术节	展示学生风采的舞台，邀请家长来观看孩子的演出，为家长陪伴学生成长提供机会。	使得家长能够陪伴在学生的成长过程中，让学生能够切身感受到家长的关注，增进亲子感情。
	毕业典礼	家长见证孩子的毕业，与孩子一起见证宝贵难忘的时刻，和孩子在校园内合影留念。	见证孩子毕业时刻，开启崭新的篇章，家校共同促进孩子的成长。
	主题队会	邀请家长来校观摩队会，参与到学校教育中，发挥家委会的作用，让家校互动更加有指导意义。	使学生能建立正确的价值观、人生观、世界观，为家长提供参与到学校教育中的机会。

（2）家长开放日活动

实现家庭教育与学校教育的无缝对接，就要充分发挥学校在家庭教育中的重要作用，以开放的姿态打开校门，开放课堂、开放校园活动让家长进班听课与孩子共同成长。学校深知学生的成长关键期需要家长的陪伴。但陪伴不是包办和溺爱，而是参与和教育，是家长的再学习。根据上海市教委的规定，学校坚持每月组织家长开放日活动，以多种形式的展示，课堂教学、升旗仪式、学科竞赛、春秋季社会实践活动、期末综合学科评价闯关、校园文化节等让家长了解孩子在学校的学习生活情况，见证孩子成长，同时也为家长提供了自我学习、亲子交流的机会。家长开放日实现了亲子同听一节课，可以激励学生；听课家长配合教师的教育教学，可以激励教师；家长了解现代教育，理解教师教育教学行为，润滑了家庭与学校、家长与教师的关系；家长参与、监督教育，提升了家庭教育的能力，和谐了家庭。学校充分利用家长开放日活动，主动向家长介绍、展示学校德育的目标与方向，指导家长在体验中产生教育共鸣，提高教育能力。

2. 育人活动的实施者

家长志愿者(volunteering)是在学校的统一协调下,由关注教育、关心孩子、拥有爱心的家长代表组成的特殊志愿者团体,根据自身的特长和能力,支援学校的日常运转和各项活动。其主要特征是“主动性、自愿性、公益性、组织性”,是对家校德育合力的一种有益且有效的尝试,在构建和谐校园中发挥了积极作用。家长志愿者活动不仅丰富了教育元素,改进了学校教育管理工作,而且增进了家长对学校教育和孩子的理解,满足了家长关心教育、丰富人生、回报社会的美好愿望,为学生树立了新时代的榜样。随着开放办学的不断深入,进一步拓宽未成年人思想道德建设渠道,营造学校与家庭形成德育合力的教育氛围,学校在如何有效提升家长志愿者活动的品质,实现从形式到内容的实质性突破方面,进行了丰富的实践与研究。

(1) 专题教育教授者

家长群体中蕴含着丰富的教育资源,家长积极参与课程资源的开发、实施与评价,成为学校教育的密切合作伙伴,他们与学校在教育方向上一致,在教育内容上协调,在教育方法、手段上互补。学校利用将家长“请进来”的方式,探索德育“大课程”观,赋予家长更多的责任和能力,家校共同担负起育人职责,共促学生多元发展。

来自不同教育背景、生活环境和职业领域的家长在生活阅历、职业生涯、专业知识技能、综合素养等方面存在较大的异质性,他们可以从自己的人生经历、生活感受、职业体验、创业经验以及与自身工作领域紧密联系的专业知识、技能等多方面,拓宽学校校本课程的设计思路。多彩的“家长课堂”融道德教育、历史文化教育、心理健康教育、环保科学教育、创新科技教育、动手实践教育为一体,从多角度、多层面给学生讲解生活中的知识、技能,结合自身的生活经验和工作实践来引导学生理解什么是真善美,什么是家国情怀,让学生学会生活技能,增强创新意识和实践技能。这些丰富多样的教育资源弥补了学科知识的单一和不足的问题,有助于增强课程的生活化、综合化,提高了家长自身的教育能力,满足学生多元化的学习兴趣和发展需要,从而在真正意义上实现了学校与家庭的德育合力。

从事建筑师的家长给孩子讲《神奇的建筑之旅》,带着孩子们认识世界各地神奇的建筑以及建筑背后奇妙的故事。作为医生的家长教给孩子们“让我们一起赶走流感”,从流感的病因、发病机制和病理、临床症状、治疗和预防几个方面帮助学生全面认识流感,指导学生如何预防流感,保持强壮身体,精力充沛地投入学习。又如,从事心理咨询的家长,教给青春期的孩子如何“与情绪共舞”,指导他们正确地认识各种正面和负面情绪,进而主动觉察、接纳、面对和管理情绪,保持理智的思维和行为,有效帮助孩子们平稳地度过青春期,健康成长。再如,担任半导体研发部集成高级工程师的家长选择熟悉的专业领域角度,用通俗的语言为同学们介绍了芯片开发及制造过程、芯片领域龙头企业、相关专业选择以及半导体的概念,为同学们规划自我生活与发展提供了宝贵的经验。他们的课堂展现了各级各类从业人员严谨的工作态度,成为同学们的学习榜样。

实验东校故事妈妈团队由一批热情有爱心的志愿者妈妈组成，活跃在小学低年级学段，利用小学“快乐活动日”课程时间走进课堂，将接物礼仪、情绪调试、深奥的人生哲理等内容融入生动有趣的绘本故事中，引导孩子们在故事中成长，在故事中体味多彩生活，在故事中知晓人生的哲理。他们更像是学校中独立的教研组，积极认真备课，一起听课评课，共同研讨交流，为学校多元化课程增添了新鲜血液。

学校不断提升家长课堂活动的效果：一方面，家长给学生们带来了更多更全面的知识；另一方面，家长给学生们树立了学习榜样，使他们更加崇拜家长、亲近家长，为家长正面教育孩子增添了说服力。

（2）实践活动引导者

学校注重开展丰富多彩的实践活动，让学生以一个“社会人”的身份在活动中体验、在经历中成长。小学学段的学生对社会充满了好奇，对亲身实践充满了向往，而初中学段的学生已经具有了一定的组织能力与思考能力，他们希望利用课余时间在社团中有所体验，但由于经验不足，往往会遇到很多困难。学校就尝试开放办学，邀请有特长的热心家长志愿者参与，帮助、指导社团活动。

在上海市实验学校东校，小学和中学各有一个烹饪社团（cooking class），食材的前期准备需要花费大量的时间与精力，学科教师很难专注胜任，这时需要热心家长的支持和参与。家长志愿者团队一同备课，一同准备材料，并亲力亲为，随堂指导同学们的学习和体验。每周一次的课程，孩子们学会了动手制作美食，知道了自食其力，懂得了与人分享，体验到了劳动的乐趣。家长们也用自己丰富的人生阅历告诉同学们：美好的生活是需要慢慢体会的。

（3）秩序保障维护者

校园中最常见的就是由家长志愿者组成的交通义工和图书馆义工了，他们有序地开展活动，满足学校正常活动所需。如今，校门口出现了“护学岗”，每天清晨与放学时分，无论刮风下雨，家长交通义工们身穿规定制服，协助学生上下学交通管理，纠正家长和学生的不安全行为，参与学生安全管理。他们与交警、交通协管员、值日校长、学校保安一起建立“五位一体”“共建共管”的护学模式，成为校门口一道亮丽的风景线。家长志愿们身体力行，感染着身边的家长与学生“遵守规则，从我做起。”

图书馆义工每周固定时间来到学校，协助学校图书馆管理人员进行图书归还、借出与整理的工作，图书馆高峰时段秩序的维护，有时参与损坏图书的修补工作，也帮忙协助图书馆开展一些读书活动，帮助学校缓解人力短缺的压力，同时也为学生树立了榜样。

总之，学校有意识地实践活动合育策略，引导教师与家长形成德育合力，拉近家庭与学校的距离，同时也拉近家长与孩子之间的距离，家长学习了更多科学的教育方法，就会更加理解孩子。儿童与青少年在学习知识和技能的同时，与家长的沟通增多了，亲子关系融洽了，会更加感恩父母，这对于促进他们良好品德的形成与健康心理的发展，形成正确的社会价值观，这些合力必将对他们产生深远的影响。

参考文献:

[1] 习近平.在会见第一届全国文明家庭代表时的讲话[N].人民日报,2016-12-16(2).

[2] 杨雄,刘程.关于学校、家庭、社会“三位一体”的教育合作的思考[J].社会科学,2013(1):92-101.

[3] 八、附录:《中共中央国务院关于进一步加强和改进未成年人思想道德建设的若干意见》(2004年2月26日)[J].上海教育科研,2006(S1):89-93.

[4] 中共中央,国务院.关于进一步加强和改进未成年人思想道德建设的若干意见[M].2004(8).

[5] 教育部基础教育司.中小学德育工作指南实施手册[M].北京:教育科学出版社,2017.

[6] 上海市教委,市文明办,市妇联,市未保办.关于进一步加强家庭教育工作的实施意见[M].2017.

[7] [苏联] 苏霍姆林斯基.给教师的一百条建议[M].杜殿坤,译.北京;教育科学出版社,1984:397.

[8] 刘小洪.家校共育的现状及提升路径[J].教育科学论坛,2017(3).

[9] 洪明.论家校合育的基本模式[J].中国青年研究,2015(9).

[10] [美] 乔伊斯·爱泼斯坦.大教育:学校、家庭与社区合作体系[M].3版.曹骏骥,译.哈尔滨:黑龙江教育出版社,2016.

[11] 马忠虎.基础教育新概念家校合作[M].北京:教育科学出版社,1999.

[12] 路思遥.家长会对学生家校德育合力的支点作用研究[J].齐鲁师范学院学报,2018(6).

家校合力　达成共识　促进发展

综合文科组　曹晔莉

【案例背景】

帅，六年级男生，戴着一副黑框的远视眼镜，使原本很大的眼睛显得更大了。初识其是在两年前，早上站在校门口值日，都会有一位男生大步走到你面前立正敬礼，大声叫“老师好”，从此记住了这张脸，记住了这个男孩。我对这个男孩蛮有好感，但是同时心里也有一个声音在告诉自己：这个男孩很特别。

再一次对他形成深刻的印象是在六年级开学一个半月后的校运动会上。我在巡视过程中，听到篮球场撕心裂肺的追逐叫喊，跑近了看到一个个子高大强壮的男生一边咆哮着，一边追赶一个瘦小男生，这个高大强壮的男生就是帅。趁他正好跑过我身边，我一把抱住他，并指导他深呼吸、冷静，但是孩子并没有控制自己的情绪，而是想用力挣脱我的束缚，继续追赶小个子男生，而我差一点儿被他撂倒在地。体育老师跑过来，帮我一起“控制住”他，并把他带到医务室交给班主任老师。这一次，我意识到这个孩子的情绪控制是有问题的。我也听到班主任老师反馈，这样的情况在班级内已经不止发生一次了。

随后的事情有点儿戏剧性，该班级孩子们因为忍受不了帅的随意打人、用擦过鼻涕的手摸别人的书、经常任性放屁、向别人哈气等行为，联名写了投诉信交给班主任老师，希望班主任老师予以解决。

【指导策略及结果】

我校是一所九年一贯制学校，小学毕业的学生基本都顺利升到初中部，并且重新分班。经向帅的小学部的班主任和同学们了解情况，得知他的打人行为和不讲卫生从小学阶段就是如此。班主任曾经与家长沟通过，但是家长一味地以“多动症”等理由为孩子开脱，所以在小学时只能以两次班级违纪处理而告终。

班主任接到孩子们的联名信后很重视，但基于这是学生自发的投诉行为，为了还原事实真相，恳请班级家委会以第三方的名义向曾经被帅打过的孩子和见证打架的孩子们进行调查，调查结果显示所有的陈述都是事实。为了解决问题，学校牵头，该班级家长委员会（以下简称“家委会”）所有成员、部分被打孩子的家长、该班的班主任以及帅的父母坐到一起，共同就以上问题进行沟通。

首先，家委会代表就调查的情况在会上进行了如实反馈，代表所有孩子向帅及其家长提出要求：（1）请帅向被打过的学生当面道歉（之前从没有道过歉）；（2）不再打人；（3）注意个人卫生;(4)不为了交朋友而向其他人哈气;(5)尽量控制放屁。孩子们的诉求其实很简单。

其次,帅的父母对于调查结果毫不否认,愿意陪孩子向被打孩子和家长道歉。在陈述帅个人成长经历的同时,也提出了疑问:(1)学生的投诉信是不是老师或者家长授意,并不是学生的自主行为。(2)对被打学生的调查是在投诉信之前还是之后。(3)班主任老师在处理问题时是否有失公允。(4)大家听了被打学生的心声,有没有听过帅的说法。

再次,家委会代表和班主任对帅的父母的疑问一一进行答复:(1)在针对帅的投诉信之前,班级也有因为选班干部等事件写投诉信的事件,因此现在的孩子完全有能力和自我意识去做这些事情。(2)正是基于投诉信,班主任老师怕学生们的陈述背离事实,所以请家委会作为第三方进行调查。(3)班主任在每次事件发生之后,都会了解事件的全过程,且无论在谁是过错方的情况下,都要求学生理清自己的问题,就自己身上的不足向对方道歉,其他学生都是这么做的,但是帅从来没有就自己的过错向被打的同学道歉。

最后,面对家委会和班主任老师的一一回应,帅父母低下头没有了声音。

班主任老师也进一步指出了家长在家庭教育中的问题:当事件发展到目前的地步,家长还是认为家委会和学校要针对帅,并没有深层次考虑。这么多问题出现的背后实质上是对他们多年家庭教育的质疑,孩子在学校发生问题之后不知道该如何去解决,孩子向其他人哈气是想跟别人亲近、想交朋友,但是他不知道如何去和别人亲近,家长没有意识到孩子成长过程中的困惑,而是始终把出现纷争的原因归结于他人,这样的思维模式也深深影响了孩子的思维和行为。

【反思与总结】

在家长参与班级事务管理过程中,真正发挥家委会的作用,让他们既了解到学校的办学优势,也认识到学校发展的局限性、班级的优势及存在的问题。学校面对问题,不回避、不推诿,以坦诚的态度赢得家长的支持和信任,与班主任和所有任课教师通力合作,为每一个孩子的发展和教育教学质量提高共同努力。

学校教育和家庭教育的目标是一致的,是互相配合的关系,不存在此强彼弱。学校教育和家庭教育各有职责,同时需要同步发展、协调发展,要做到目标一致,并且保持互相理解、互相支持,在这样的一种合力之下,我们孩子才有可能更健康、更快乐地成长。因此,当孩子出现问题的时候,家长首先要反思自身在教育中出现的问题。教师也需要承担起对家庭教育进行指导的责任,改变家长的教育方式和教育观念,达到有效沟通:沟通产生理解,理解催生信任,信任凝聚合力。

只有家庭和学校达成教育共识,才能真正实现教育目标,达到教育效果最优化。我校作为上海市家庭教育示范校,在家庭教育指导的路上先试先行,尝试了多种模式促进家长的学习和成长。

1. 全员家长讲座深化理念

每个年级每学年举办两次家长学堂，全校共九个年级，合计每学年举办 18 次家长讲座。学校根据各个年龄段孩子的特点拟定不同主题，聘请家庭教育方面的专家开设主题讲座，和家长就教育中出现的问题面对面互动，解决家长遇到的现实问题，强化家长的教育理念，让家长和学校的教育理念、方针一致，促进家校共建。

2. 家庭教育指导师个性辅导

针对个别家长在家庭教育中遇到的特殊问题，学校出面邀请资深家庭教育指导师到校，接受家长的面对面咨询。指导师还和班主任座谈，通过培训来增强教师队伍的家庭教育实践能力，接待有困难的学生，对学生进行心理辅导。

3. 线上家庭教育课程全覆盖

学校与第三方平台合作，为家长开通家庭教育慕课平台，全年提供各年龄段家庭教育的线上学习课程。通过在线学习平台，家长可以利用碎片化时间学习家庭教育的理论，并结合自己在家庭教育中遇到的问题，找到有针对性的解决策略，系统地学习每个年级、每个年龄段孩子可能遇到的问题和对应的解决办法。

4. 优秀学员评选表彰先进

在家委会和年级组长的共同参与和管理下，所有家长参与家长课程必修课的学习和阶段性家长选修课论坛、沙龙等自主交流平台。通过全年度参与课程学习考勤、小论文作业完成、演讲交流等综合情况，学校评选出校级层面的优秀家长并予以表彰和宣传。

5. 颁发家长学校毕业证增强仪式感

对孩子在实验东校小学部、初中部学习期间，能够全程参与家长学校学习的家长，学校将颁发《上海市实验学校东校家长学校毕业证书》，以证明其学习过程。

学校希望通过全方位、多角度、递进式、需求化的家庭教育指导体系，为家长们提供切实可行、满足需要、促进成长的家庭教育指导，帮助家长们营造良好的亲子关系，树立正确的成才观，积极配合学校的各项工作，最终达到对孩子的未来发挥有向好作用的目标。

能俗能雅，内外兼修

——家校合作劳动育人实践谈

初中语文学科　胡宜海

班级建立以来，劳动育人始终是班级重要的育人途径，并且做到了主题化、系列化。

在教育学的视野中，马克思指出："劳动形成人的本质，劳动是实现人的全面发展的重要途径，教育与生产劳动相结合是社会主义教育的根本原则。"

《中小学德育工作指南》里写道："在学校日常运行中渗透劳动教育……将校外劳动纳入学校的教育教学计划。"

从劳动育人实践看，劳动具有教育性价值，因此，在班级建设中培育班级学生的劳动价值观十分重要。通过劳动教育，我们让班级学生认识到：劳动是创造世界和人类历史的根本动力，劳动光荣，劳动者值得尊重，不劳而获是可耻的行为，参加劳动能够实现个人的健康成长。

具体措施是，根据班情和学生的志趣，设计班级劳动活动菜单，通过家校合作，让每一项劳动活动做深入，每一位学生身体力行，鼓励学生行诸文字，从而促进学生劳动活动的再深入。

劳动活动菜单一：学做各种食物，学父母匠心，以分享美味促劳育

班级焕发生命活力，是从同学们分享暑假家务劳动中的一份下沙烧麦开始的。那一天，教室里都炸开了锅，同学们似乎都闻到了下沙烧麦的肉香味。于是，我及时鼓励孩子们在家里跟着爸爸妈妈学做一样自己喜欢的菜，每周班会上请一位同学做经验分享。

有一次，一位张同学分享做春卷：三丝炸春卷，卷卷皆如意。还有一次，一位家住高桥的黄同学分享做高桥月饼，豆沙馅浓郁，百果馅清香，都让人记忆犹新。班级里的笑脸越来越多，空气里都充满了幸福的味道。

这样的劳动不仅身体力行，还被同学们写成了文字，激励更多同学参与。比如有同学写到食物的滋味就是亲情的滋味，更是母爱父爱的滋味，反过来也激励其他观望的同学参与其中，形成劳动之风。

为了趁热打铁，我接着推荐每位同学读梁实秋的书《雅舍谈吃》，梁实秋笔下的"吃"，不只是舌尖上的味道，朴素的文字记录了那些温存的岁月，字里行间飘散的是人间烟火，人间烟火味，最抚凡人心。

没想到新冠疫情期间，同学们在班里推广公筷公勺活动。还因为食物具有丰富的内涵，

他们将友情表达、快乐祝福、天马行空的创意等统统融入食物中,真正的可盐可甜。

劳动活动菜单二:学做传统工艺,学大师精神,以传承文化促劳育

1. 班级学生在学校走进三林瓷刻,学做传统工艺,学大师精神,有学生写道:

“叮叮,当当当……”清脆的敲击声从古老的三林镇中传出。每天清晨,年过半百的瓷刻传承人张宗贤爷爷都会准时踏进工作室,开启自己与瓷器相伴的一天,他就这样日复一日地坚守了40载,只为将瓷刻这门工艺传承下去。

这周五,张宗贤爷爷来到我们学校,带领我们一起了解瓷刻。“以刀代笔,以瓷为纸”是瓷刻的基本定义。瓷刻是一门古老的技艺,早在明清之前就已经出现,它与创作在纸上的书法、绘画作品不同,不是用笔勾勒出来的,而是由一个个通过刻刀钻出来的点连结成的图案。

这节课,我们要完成一个小的瓷刻作品——在白瓷盘上刻出一个熊猫图案。张爷爷先简单地讲述并演示了制作方法,然后我们就开始了忙碌的创作。

首先,在白瓷盘上描出熊猫的大致轮廓,再用记号笔将图案加粗、加大。我小心翼翼地捏着笔,将脸凑近盘面,顺利地画出了一只可爱敦厚的大熊猫。紧接着,最重要的也是最难的步骤来了。我左手三根手指固定住钻头,右手握着锤子,对准钻头敲下去,要将瓷盘上画了图案的黑色色块都敲去。

几分钟后,其他同学也都接二连三完成了画作,开始敲打,一瞬间,“叮叮当当”的敲打声此起彼伏地响起,渐渐震耳欲聋,冲击着整个工作室和走廊。声音刺痛了我的耳膜,很快就让我无法容忍,心里就像长了杂草一样烦躁,愈发无法专注于作品。在张爷爷的提示下,我用纸团将耳朵堵上,耳朵这才舒服了些许。想到专注于瓷刻艺术的匠人们几十年如一日在这敲打声中磨炼,却毫无怨言,而我仅仅做一会儿便痛不欲生,心中敬佩之情油然而生。

很快,作品已经完成了一半,我的双手因用力过猛而变得僵硬、酸痛,我心里一急,右手用力敲了下去,瓷盘上立刻出现了一个明显的缺口,白色的瓷渣迸溅到我的脸上。我感觉到后背上滋生出几粒汗珠,脸也越涨越红,心里越发浮躁。这时,张爷爷缓缓走过来,拿起我手中的锤子和钻头,从容地敲了起来,还不忘叮嘱我:“敲击时力度要控制恰当,头抬高一点,不要急躁。”听着张爷爷那带着三林口音却朴实浑厚的声音,我的心慢慢沉稳了下来。经过张爷爷敲打的白瓷盘,上面是一片密密麻麻、大小均匀的点,仿佛在观看一场不可思议的表演,我已然愣住。

不要烦躁,静下心。我再次开始敲打,控制着手上的力度,控制着内心的浮躁。就这样,我钻出的小孔比之前均匀多了。终于敲完了整个图案,我用记号笔在瓷盘上大面积涂抹,最后用抹布轻轻一擦,成品出现在眼前。虽然我的作品与讲台上展示的精美瓷刻相比有着天壤之别,但这个粗陋的作品,让我学会在喧嚣中慢慢沉静。

没想到,真没想到,瓷刻带我领略了手工匠人的伟大,让我学会克服浮躁,静下心来。每一个成功都是由许许多多微不足道的细节构成的,只有静心专注,才能感悟其中的精彩,到

达心之所向。

“叮叮，当当当……”钻头与瓷器清脆的碰撞声再次响起，而这次，我不再烦躁。

还有学生写道：

青白色的瓷盘，其上雕刻有一匹马。阳光从窗外透进来，洒到瓷盘上，给它镀上了一道金边，那黛色的马仿佛在云上奔驰。我霎时被精巧的雕工迷住了，凝视着这瓷盘，久久不去。

这瓷盘的创作者是一位清癯的老人。他头发花白，戴着银边眼镜，笑眯眯地朝我走来，说：“小姑娘，是不是想学瓷刻啊？”我用力地点了点头，便从他手中夺过榔头、细针和记号笔，开始制作起来。老人却又缓缓地开了口：“瓷刻，是我们三林镇的非物质文化遗产。我学艺多年，毕生爱瓷刻。学习这门手艺，是一生的事情，不可能一蹴而就。”

老人的话回荡在我耳畔，余音不绝，却不知有何深意。我握着记号笔，一点点勾勒出熊猫的轮廓。用粗笔画细线条，就好像人踮脚走在独木桥上，生怕一不小心就会掉下去。上色，也只得用记号笔。这笔好似一只桀骜不驯的野兽，一不留神就会涂到原有的线条之外，显得突兀。我面露愠色，不甘心失败。于是放大胆，变细心，轻轻地将记号笔一提、一按，匀称的色块便从笔尖缓缓流淌下来。

待熊猫画成，我一手持榔头，一手捏细针，开始“叮叮当当”地用榔头敲打细针。细针须用三个手指拿，另两个手指支撑，这样一来，手指既不便利，也不舒适。瓷盘上的黑色块越敲越少，盘上迸溅灰白色的粉末，露出玉白色的瓷。粉末溅到我的脸上，双手因用力过度而渐渐不能支持，变得僵硬。

老人踱着步，看一眼我的作品，说：“不能在盘上留一丝一毫的黑点，你这里要重刻。”我望了望瓷盘，盘上的黑斑星罗棋布，喟然。我此时筋疲力尽，以至于涨红了脸，豆大的汗珠从额头沁出。榔头也不听我的使唤，敲打失了准心，总敲到自己的另一只手上，而不是黑点上，我便感到钻心似的痛。我重重地撂下榔头，却无意中瞥见那雕刻有奔马的瓷盘。要想制作出这样的好作品，就只能加紧手上的捶打。

我久久专注在捶打上，不觉周围有人制作发出的震耳欲聋的“咚咚”声，已然敲掉了大半。就这样，我捶完了盘上的最后一抹黑色，就拿记号笔稍稍勾一下线，我的第一幅瓷刻作品完成了。我注视着这只熊猫，发现它的线条凌乱，构图不当，以至于略显笨拙，这不是我想要的结果……

忽忆起老人说：“学习这门手艺，是一生的事情，不可能一蹴而就。”我转念，细思，顿悟。原来，学艺就是慢慢享受过程中的每一个旖旎的瞬间，结果本无所谓有，无所谓无，而我，却患得患失。

没想到，真没想到，小小的瓷盘，竟给予我如此大的收获！

2. 学生在校外参与手工制作，编织生命的阳光，有学生写道：

一束光从头顶照下来，洒在带着岁月刻痕的斑驳的木地板上。四周挂着的五幅绒绣作品安静而又庄重，用线记录着那个时代的点滴。

第一次经过绒绣馆，我可能只有五六岁。大大的横匾挂在老木头房子上，从右往左用金色铸着“高桥绒绣馆”五个大字。绒绣，这是什么东西啊？一个疑问从我心里冒出。牵着外公的手，我跨过了绒绣馆的门槛。两层楼的建筑，挂满了绒绣作品，一幅幅精美而又栩栩如生。外公说：“绒绣已经是以前的东西了，像你们这个年代的人碰都没碰过，也就只有在这里看一看啦。”

后来，再次去绒绣馆，再看里面的作品变得不一样了。黑白相间的小狗显得更加可爱，江南古镇小桥流水与现实中没什么两样，根本没有因为是一格一格绣的而使它看上去不自然。还有一幅《汶川的希望》，第一眼看上去就是照片！在展馆接近出口的地方，挂着许多绣着名人的绒绣作品。所有的绒绣作品看上去都会有毛茸茸的感觉，让人觉得好舒服。妈妈对我说：“这些绒绣我们小时候都绣过，那时候就是绣着玩玩的，偶尔会帮大人铺平针，像这些颜色多变的是大人绣的，这种就是我们绣的。”她先指着颜色丰富漂亮的花，再指着这个花瓶背景的底色。奇怪，那现在怎么没有了呢？妈妈解答了我这个问题：“原本，大家都是种田的，冬天主要是靠绒绣来补贴家用，后来田不种了，都有了公司工作，就没时间绣绒绣了。像我们都算是不会绣绒绣的。”

大了些，看到一本《走进高桥》，上面对高桥绒绣有着详细的介绍。书上说，高桥绒绣以其精美的工艺，作为国宝被陈列在世博会联合国馆的贵宾厅里，而且已经销往 40 多个国家。咦，高桥绒绣这么有名啊？我一直以为是很不起眼的东西。可书上还写着“上海绒绣”已经成为非物质文化遗产，如今工艺师大多已过花甲之年，也就是说它已经濒临失传了。这让人不禁有些失落。正在这时，我听说职业体验日有高桥绒绣的活动，便跑去参加。

大大的木架子上夹着一张绷紧的网格布，一根长长的针上穿过一根粗粗的线，一针上，一针下，来来回回地穿梭。也才半个小时就感觉手酸，突然间想到绒绣馆里那些作品，它们要比我现在在绣的不知大多少倍，却还呈现得如此精致，不禁感叹这些已过花甲之年的工艺师们的辛勤。

不久前又去绒绣馆，看到的不是那些栩栩如生的作品，看到的是那一针一线背后的汗水。突然间想起书上的那句话：“一个顶级绒绣艺术品的制作周期往往需要半年甚至更长的时间。”这样长的时间，只是这样一幅作品。

现在绒绣时间长、回报低，绒绣变成了一门艺术，而不再是赚钱的方式。这些工艺师们尽管已经老了，却仍坚持地做着，为了将绒绣这门工艺传承下去。

绒绣馆的背后，是工艺师的辛勤与坚持。

在文字分享、肯定彼此的劳动成果后，学生们对传统工艺有了很大的兴趣。在校外，还有的学生学做油纸伞、学分拣中药材、学做小木船等，感受了中华优秀传统文化的魅力。活动传承发展中华优秀传统文化，大力弘扬核心思想理念、中华传统美德、中华人文精神，也引导学生了解中华优秀传统文化的历史渊源、发展脉络、精神内涵，增强文化自觉和文化自信。

劳动活动菜单三：学会递送食物，学快递小哥，以完成责任促劳育

1. 晚课佳肴，使命必达。考虑到初三学生要上晚课，因而学校一楼门房间摆放了各种食物。从一楼拿到四楼教室，以往杂乱，各人拿各人的，后来同学们自发地组织起来统一拿放，天天下午四点后准时递送，比外面小哥还高效。喜欢劳动的人有责任感，有使命感，他们常说："晚课佳肴，使命必达。"吃到食物的学生们常说："晚课的幸福，因我们而触手可得。"

2. 分门别类，服务年级。部分同学看见八个班级的食物堆在一起，就主动制作班级铭牌，学会动脑筋解决生活中的问题。之后，还想到卫生健康，想人之所想，就将食物从门房间移到了学校一楼的美人靠。同学们越来越有责任感，越来越会替周围人着想，也越来越会动脑筋解决学习生活中遇到的微小问题。

《中小学德育工作指南》在初中学段的目标里提到，"养成热爱劳动、自主自立、意志坚强的生活态度"。

劳动活动菜单中的活动能俗能雅，学生内外兼修，践行劳动育人，尊重劳动，培养劳动习惯、劳动态度和劳动能力，逐渐养成劳动素养。小草开始萌芽的时候，人们看不到它的根饱满茁壮，它的细细的茎叶上的微绿引不起注意。让我们在劳动教育的每一项活动中恢复生机，让我们积蓄平凡之力不断改变。生命的高度，取决于弯腰的弧度，给生命一个弧度，给孩子们更多的劳动机会，人生就赢得更多可以站起来的机会。以劳树德，关注学生的情感体验，关注学生获得德育层面的价值升华，教师收获是掌握促进身心健康发展的途径和方法，希望孩子们养成热爱劳动、自主自立、意志坚强的生活态度，手脑并用启发智慧形成尊重他人、乐于助人、善于合作、勇于创新等良好品质。

对于班主任来说，要着力更新认知，植根传统文化，协同家、校、社创新机制，重新审视劳动教育的内涵和形态，让学生在能俗能雅的活动中内外兼修，在劳动教育实践层面挖掘新的内涵和时代使命。

家校协同　共注源头活水

——以家班共育的劳动主题项目化学习为例

初中语文学科　马佳倩

【摘　要】 突破课程设计之“框”，构建“四力”家班一体化共育模式，笔者尝试开展基于语文课堂的劳动教育项目化学习活动：学科“发力”，即为将劳动教育深嵌于家班共育寻找着力点；家校“协力”，即家委在形成共识的基础上，开拓社会资源，共谋校内外劳动实践的平台搭建；活动“聚力”，即家班之间找准劳动和教育的结合实践点后，共同参与到学生的实践性体验中，分享劳动幸福感、成就感；评价“助力”，即优化评价方式，让信息化平台为家班共育的激励性评价、常态化机制提供活力。

【关键词】 教育的活力　项目化学习　家班共育　劳动课程

一、家班共育的劳动主题项目化学习背景

德育立魂、智育立心、体育立神、美育立情、劳育立身。近年来，作为立身、立心、立德之基的劳动教育因家校脱节存在被削弱、被淡化的趋势。因此，国务院颁布《关于全面加强新时代大中小学劳动教育的意见》号召全社会高度重视，强调家庭、学校和社会多管齐下，务必培养好青少年健康的劳动观念，提高劳动技能，形成良好的劳动习惯。

家庭和学校是孩子活动最密集的地方。为了使新时代的劳动教育突破课程设计之“框”，笔者尝试开展基于语文课堂的劳动教育项目化学习活动，构建四“力”家班一体化共育模式，释放家班双方的主动性与能动性。

二、家班共育的劳动主题项目化学习模式

苏霍姆林斯基曾指出：“学校和家庭要一致行动，要向儿童提出同样的要求，要志同道合，抱着相同的目标。”家校共育的理念体现了教育的逻辑一贯与整体化发展思路。欲将劳动观念、意识、态度等化为常态化的一点一滴的具体的“做”，势必要求构建起教师、家长和学生的铁三角。

优质、高效的劳动教育需要突破课程设计之“框”，笔者所带班级尝试构建“四力”协同、家班一体的项目化学习共育模式，所谓“四力”模式，即：

学科“发力”：教师深耕课程，挖掘劳动教育的课堂链接点，为将劳动教育深嵌于家班共育之中寻找着力点。

家校“协力”:家委在形成共识的基础上,开拓社会资源,共谋校内外劳动实践的平台搭建。

活动“聚力”:生活即教育,实践出真知。增强教育中的活力必须关注实践性。在家班之间找准劳动和教育的结合点、实践点后,让学生在具体的劳动实践中彰显其主体性,鼓励孩子分享劳动幸福感,释放、发挥学生的能动性,而家长教师则共同托起孩子的劳动成就感。

评价“助力”:优化评价方式,注重长期自我效能感的实现与留痕,让信息化平台创造性地为家班共育的激励性评价、常态化机制提供助力。

(一)学科“发力”——挖掘课堂为课程链接做铺垫

语文学科开展劳动教育的侧重点是以语言文字为学习载体,随文随篇实现对劳动观念的内化。教师深耕课程,挖掘劳动教育与校内课堂的链接点,探寻学科教学与劳动教育的整合路径。

不管是哪种劳动都离不开具体劳动情境的创设,这就要求教师要能够根据学生的年龄特点和接受能力去创设相关的劳动情境,选择合适的教学形式。在语文学科中,我们将民族精神、民族文化与劳动教育互为渗透。结合六年级第一学期语文综合性学习板块“遨游汉字王国”中溯源汉字发展历程,展开说文解字话“劳动”,回溯传统文化中先民的劳动身影。

从“劳”字的甲骨文演变、结合《说文解字》“用力者劳”的表述,学生们以文字的解读路径为“劳”下定义:用力量进行创造的过程,强调付出巨大体力、心力。结合语文课文内容撬动了后续的劳动体验活动开展——从学校的书本文字到现实社会家庭之中。

(二)家校“协力”——开拓资源谋校内外平台搭建

实验东校从小学一年级开始便经民主选举组建各级家委会,作为家班共育的协调执行机构。这一机制充分调动了家长的积极性和能动性。

首先,在家长层面,在家委会的凝聚下广泛动员,家委会宣传部部长联动各家庭展开座谈,重新认识当下劳动教育的重要意义。笔者所在班级的家委会首次谈话即聚焦“富养”问题:仅有物质富养对孩子的成长来说是远远不够的,家庭与学校中的精神富养才是能惠及孩子一生的重要课程。除旧布新,座谈活动最后倡议家长们不再把“我来”“你不要动”等当作口头禅,而是要鼓励和尊重孩子们的劳动热情,让孩子们有家庭主人翁意识,从而获得劳动之后的成就感。家委会牵头、教师“参谋”、家长分享的座谈活动,使家班之间达成劳动教育的基础共识,逐渐形成重视劳动教育的社群氛围。

其次,深化我校传统的“家长进课堂”的共育活动,结合劳动主题积极推进,由各行各业的家长讲师,结合本职工作分享劳动内容、分析劳动的价值,使学生形成对劳动的直观认识:原来充满价值的劳动无时无刻不在身边;原来班级口号中所说的“让每一个人因我的存在而感到幸福”的一个重要实现途径即“劳动”。

有了语文学科教学和“家长进课堂”活动的铺垫,学生就进入摩拳擦掌的活动实践阶段。

有家长反映,传统劳动项目过于单调乏味,有必要对劳动内容进行适当扩展,提高学生们的劳动兴趣。学生也希望劳动实践应有更丰富的活动、更广阔的空间。于是,家校之间,一场筛选同学们感兴趣的活动、符合近期学科学习情境的劳动实践的头脑风暴悄然开展……

家班共育是"三位一体"的互动构造,教师、家长和学生之间借由活动的准备与选择形成了良性的动态协同。这种协同既促使家班选择适合学生、吸引学生、符合学生近期学科学习情境的劳动活动实践,彰显了学生的主体性,同时也使学生对活动的开展产生了期待——学生的积极性和能动性得以充分调动。亲子间的互动在传统的师生、生生之外为学习增添热情与活力。

(三)活动"聚力"——彰显主体,于实践中体验幸福

劳动教育的开展需要与生产劳动和社会实践相结合,在家班之间找准劳动和教育的结合点、实践点后,只有真实情境下的劳动才能真正有意义。因此,学生们"绝知此事要躬行",谨记"劳力劳心,亦知亦行",多数没有见过禾苗也没亲手摸过未脱壳谷粒的学生们,在深秋时节开展了"秋收日"主题活动:绘本上的插图、《语文》书中的文字活生生地走进孩子们的真实生活。

实践活动片段:2020 年深秋,笔者所在班级的学生与家长,前往航头镇农夫果园农场开展真实"秋收"情境中的劳动主题项目化学习活动,即挖红薯、烤红薯,下午割水稻、脱稻壳。

学习过程中,学生们在农场老师讲解如何快速准确找出哪些藤蔓下有红薯时,屏气凝神地听着并掌握要点;干活儿时,五谷不分的学生也能在红薯地中化身劳动小能手,互相配合着出谋划策。有人清理没用的藤蔓,有人专挑难挖的大土块,刨开硬邦邦的泥土埋头苦干。令人惊喜的是,当辛苦挖出红薯以后,孩子们争相拿起大红薯,向一旁的父母"炫耀"着自己的成绩,或是将它送给老师。烤红薯时,孩子们闻着香喷喷的红薯,咽一口口水,先给远处的同学送去。

下午,孩子们手握镰刀,三下五除二地割下一茬又一茬金黄色的水稻,稍作休整时,正好将它们一绺一绺地梳理整齐,就像是在为秋姑娘梳理染黄了的辫子,整理成一捆一捆,再将它们抱到路边。如图 1 所示。"谁知盘中餐,粒粒皆辛苦",朗朗上口的诗句,变为田间的亲身劳作时,孩子们的体会尤为深刻。

图 1 "秋收"情境中的学生劳动掠影

图 2 “秋收”情境中的劳动主题项目化学习活动

孩子们席地而坐，将带壳的稻子捋下来，放入一个脱壳的容器中，扭动盖子，稻壳就欢快地随风飘出。揭开盖子，轻轻吹一口气，再将残留的稻谷壳送入风中，容器中留下的就是白花花的米粒。家长们或悠然放起了《稻香》作背景音乐，或与孩子说起了自己和父辈的“田野故事”，孩子们则一边听着故事，一边又从稻秆上捋一把带壳糙米，接着研磨。

整整一堂课的工夫，大家寂静无声，只有偶尔的相互切磋鼓励，真是一堂生动的田间劳作课！这么长时间，研磨到的只有两小瓶“成果”，孩子们感慨还不够一口呢！此时老师适时点拨“光盘行动”。基于劳动体验，孩子们对“粒粒”背后的“辛苦”有了最真切的体验。

活动中，家长和老师在旁，尊重孩子的主体性，倾听、陪同、不干涉、懂欣赏，除了给予必要的指导和提醒外，劳动工作都由学生自己完成。家长和老师在陪伴中与孩子分享劳动幸福感，在悠扬的《稻香》和声中托起孩子的劳动成就感。同学们没有人偷懒，举起两小瓶谷粒时自豪感油然而生，劳动的快乐、光荣和成就感就此装进了瓶子，装进了心里。

（四）评价“助力”——优化评价，注重自我效能感的体现

“秋收”劳动体验日后，老师鼓励家长和学生们晒出以“发现”为话题的劳动成果感悟，同时鼓励更具创造性的表达，比一比谁能收获更多的点赞。

通过晒图配文的形式，学生把一天的感性体验加以理性梳理，并通过语言文字留下思考和成长的印记。收获点赞之余，家长留言、教师留言、生生互动留言的形式，班会的开展推进及优秀“朋友圈作品”的班级墙报续展等，推动此次以劳动为主题的学习评价与激励走向更深远处。

评价带来的延续性助力使得思考的不竭活水一直流动：结合语文综合性学习“我的语文生活”中对与“楹联”相关知识的学习，笔者所任教的班级顺着学科知识的脉络进行深度挖

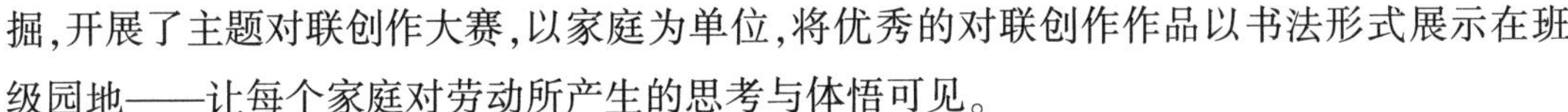

掘,开展了主题对联创作大赛,以家庭为单位,将优秀的对联创作作品以书法形式展示在班级园地——让每个家庭对劳动所产生的思考与体悟可见。

三、花开四季,绽放活力——家班共育的劳动主题项目化学习思考

"花开四季,绽放活力"是学生给这次劳动主题项目化学习活动设计的标语(如图2所示)。

(一)家班共育的劳动主题项目化学习的收获

通过实践我们发现,发动学科教学中的主观能动性,主动打破学科教学壁垒,链接家班共育之桥,"劳动课程"与"课程劳动"在各学科领域都有可以"绽放活力"的空间。

"四力"家班一体化共育模式中的第一环是学科"发力",需要老师们创造性地挖掘劳动教育的课堂链接点,适时寻找着力点。家长在校外资源上的充足与在课程理论上的短板,要求班主任以更加开放的姿态、明确的教学目标与家庭教育有效实现合力,整合资源、开阔视域。

活动"聚力"的实质并不在于活动本身隆重与否,而在于在实践中给予孩子体验劳动创造幸福感、成就感的机会。家班共育的劳动实践,除了上文提到的,传统节日、节气主题教育劳动内容同样不可忽视,家校合作的方式保证了传统劳动教育的继承与发扬。比如,传统文化在不断渗透于劳动过程和劳动教育之中,可依托家校合作实现对学生的劳动教育。

(二)家班共育的劳动主题项目化学习的反思

"四力"家班一体化共育模式是一套完整的、循序渐进的体系。家校合力为孩子创造机会,将课程活水引入日常家庭生活之中。家长与学校挖掘各年龄段课程资源,创建或利用各种实际场景。班级在劳动实践活动的开展中、开展后形成多元化评价激励机制。这些行为都需要持之以恒,从而取得润物无声的效果。

参考文献:

[1] [苏联]苏霍姆林斯基.给教师的一百条建议[M].杜殿坤,译.北京:教育科学出版社,1984:407.
[2] 李镇西.劳动要成为巨大的教育力量[J].课改研究周刊,2020,6.
[3] 刘中华,隋桂凤."新劳动教育"的内涵与实践路径[J].人民教育,2019,10.
[4] 胡君进,檀传宝.劳动、劳动集体与劳动教育:重思马卡连柯、苏霍姆林斯基劳动教育思想的内容与特点[J].国家教育行政学院学报,2018.12(2).
[5] 黄玉芬.家班劳动共育模式的探索与实践[J].辽宁教育,2019,12.
[6] 周洪宇,范青青.劳动教育应成为家校教育的有机联接[J].教育探索,2019,3.
[7] 李舒婷.家校合作:让劳动教育双管齐下[J].中小学班主任,2020,11.
[8] 吉彪.劳动教育在学科教学中的融合策略[J].学周刊,2020,12.

教育德为先　家校携手帮

——浅谈家校合作在德育中的作用

小学数学学科　吴仲琪

在习近平新时代中国特色社会主义思想指导下，学校教育全面关注德、智、体、美、劳。国家提出“五育并举，全面推进素质教育”的教育指导方针。五育之中，品德教育是被严重忽视的。很多家长和一些教师认为，一个学生只要学习成绩优秀，那么他的品德也不会太差。对于升学，人们更看重智力因素而非品德，所以对德育重视程度已经不如对智育。现代学生的德育工作已经到了不得不重视的地步，无责任感、自私自利、校园霸凌等问题正在影响学校正常的教学工作。

如何落实学生的德育工作呢？第一，品德教育主要来自家庭、学校和社会，其重要程度是依次递减的。第二，德育工作既不能只依赖学校而脱离家庭，也不能只重视家庭而忽视学校环境的影响。家庭和学校的教育如此重要，以至于缺少任何一方面都是不完整的教育。第三，品德教育应该是连续的、一致的，应避免陷入片段的、冲突的教育模式。家校合作对学生的成长起到至关重要的作用，有助于促进学生身心的健康发展。

学校教育是家庭教育的帮手，家庭教育是学校教育的延续，两者相互依托、相互配合。现实却是家校合作的共识度低，双方目标的不一致性，有时候阻碍了学生的健康成长。在智力发展的培养上，家校的一致性程度还比较高，而德育却呈现出较低的合作程度，这和家长重视成绩、忽视德育是分不开的。严格的学校教育和宽松的家庭教育对于学生来说，会让他们对某些品德问题感到迷茫、不置可否，从而影响学生良好品格的塑造。

因此，教师尤其是班主任，在德育工作中应把家校合作的建设放在第一位，避免出现家校教育方向不统一、教育理念不协调等问题。和谐的家校合作能极大地提高孩子的品德修养。

一、分析家庭教育的类型，解读学校德育工作

作为一年级的新班主任，最初且最重要的工作是对班中每一位学生进行家访。我的目标很明确：首先，主要了解孩子的基本情况，包括性格、基本素养、学前基础和兴趣爱好，并在家访表中记录；其次，了解家长的教育观，初步辨识家庭教育的类型；最后，交换教育理念，简要介绍班级建设方向，同时提出“五育并举”的教育思想。充分交流思想的好处在于能让每位学生家长最大限度地配合学校教育。

通过家访得知，在全班47名学生中，有5个家庭属于专制型家庭，3个家庭属于放纵型

家庭,剩余的家庭都为权威性家庭。在分析了家庭教育类型之后,我用不同的方式让学生家长明白,一年级应把品德培养放在首位,而学科教育应放在次要位置。整体效果中上,仍有部分家长不能理解品德教育为何在学科教育之上,提问最多的还是学科问题。

我对此一一做了详细的说明,目的是在德育工作中取得家长的支持,这是重要的也是必需的。通过耐心解释和举例阐述,我的观点得到了绝大部分家长的支持,这为今后学校品德教育工作的顺利开展埋下了伏笔。

以下是部分专制型、权威型家庭的访谈摘要:

(一)专制型家庭

1. 访谈实录

刘某(以下简称"小刘")

师:今天我来家访的目的主要包括三个方面。第一,请孩子自己说一说或父母简单介绍一下孩子的兴趣爱好和学前基础。第二,请父母简单说一说对孩子的成长期望和学业要求。第三,简要介绍一下建班设想。

师:先请孩子介绍下自己,比如你有什么爱好或者学会了什么本领。

妈妈:还是我来介绍吧(孩子默默无语,但很认真地倾听),她的阅读能力很强,已经可以在安静的状态下自主阅读一个小时,英语方面也有涉猎。

师:很不错哦,那你们对她的学业要求或者成长期望呢?

妈妈:平时都是我来管理她的学业,爸爸是管理她的身体健康方面。她有一个姐姐,在读四年级,姐姐的学业一般。我希望她在学业上能比较优秀,所以我们很早就开始识字,教她阅读方法,培养她的阅读习惯。

师:看来你们准备得很充分。接下来,我介绍一下我的建班思路……

妈妈:老师的想法不错,请问我们在学业上还需要有什么注意的地方吗?比如在数学上?(因为我是班主任兼任数学教师)

师:我建议可以增加数学课外阅读量,从数学小故事中获取更多有趣的数学知识……

2. 访后感

从谈话中,我能感觉到家庭里的主导权在孩子的妈妈手里。而作为大学教师的妈妈,对孩子的言行、学业、品德的要求是坚定不移的,不容许他人干涉,哪怕是孩子的爸爸。在访谈过程中,孩子的爸爸更多的是微笑着赞同,并不发表更多的个人看法。

我仔细观察了孩子,专制型家庭的孩子大都乖巧、沉默。在妈妈面前很少会发表自己的想法。对于这样的孩子,我在访谈中基本上也是以探讨、询问的方式来了解孩子和孩子的家长,从谈话中寻找未来合作的契合点。

我认为,对于专制型的家庭,家校的沟通应该围绕家长比较感兴趣的方面,并引导到德育工作上来,比如小刘的家长就对学业比较重视。那么,我就建议她能否帮助一些学习薄弱的同学,并建议她参与一些班级工作如领读员等,间接地培养她责任、友爱的价值观。如果忽视家长的需求,一味要求家长配合德育工作,那么恐怕家校契合度不会太高,家校配合也不会太深入。

(二)权威型家庭

1. 访谈实录

梅某某(以下简称“小梅”)

师:先请孩子介绍下自己,比如你有什么爱好或者学会了什么本领。

小梅:你好,吴老师。我叫梅某某。我已经认识了很多的汉字,也会阅读英语读物。(拿出她的练字本)请你看看我写的汉字。我还学会了很多数学题,比如100以内的加减法,看看我做的数学口算题哦。(又拿出她的口算练习本)

师:你还会什么本领吗?

小梅:我还会跳舞和画画,请你看看我的画(小梅的幼儿园毕业作品)。

师:你太棒了,学会了这么多本领。吴老师请你以后在班级里帮助学习不太优秀的同学,你愿意吗?

小梅:我愿意,我很高兴帮助我的同学。

小梅妈妈:她很热心,我一直鼓励她去和同学交流。

师:你们对她的学业期望是什么呢?

小梅妈妈:我希望她能轻松快乐地读完小学。但是,我知道中考压力还是存在的,我自己是中学教师。因此,我还是很重视学前教育的。对于品德教育,我们也是很看重的,想听听吴老师的建议。

师:好的,接下来我来介绍下我的建班设想……

小梅妈妈:我非常认同吴老师关于“五育并举”的想法,如果学校里有需要帮忙的,请和我说,我们一定会配合的。

2. 访后感

小梅同学的家庭教育是班里众多权威型家庭教育中的一个案例。但是,同样都是来自教师家庭,孩子的表现大不相同。小梅表现出相当的自信和较强的沟通能力。可以肯定的是,孩子虽然也接受了严格的教育,但在教育过程中家长一定是非常尊重孩子的意愿,在尊重孩子的意愿的基础上,要求孩子有一定量的学前教育。

除学业外,家长也认同“五育并举”的教育模式。被问及能否为班级同学服务时,家长也始终循循善诱,积极配合。在家访之后,孩子一定对学校的学习充满了憧憬,能较好地度过适应期。

对于权威型的家庭,德育工作的开展就比较容易。家长不仅在学业上对孩子有要求,在德体美劳等方面也有同样高的要求。在提出“五育并举”的设想之后,基本上都得到了家长们的认同。绝大部分家长都愿意积极配合老师的工作,为未来家校工作的顺利开展提供了便利。

(三)放纵型家庭

放纵型家庭的特征,对于孩子无过高要求,无论是学业还是德育都随性发展,秉承尊重孩子天性的原则。对于放纵型家长,我只提出配合学校工作的要求。至于具体的做法,只是略微带过。家校合作中,教师应该把教育工作重点放在学校活动上,以班集体为单位,引导孩子品德发展、健康成长。

二、加强家校联系,定期召开家委会会议

开学后几周内,6 名热心家长的报名参与,班级家委会的选举工作顺利完成。作为班主任应尽快召集家委会成员参加成员说明会。于是我们约在国庆节前某下午进行。会上,我着重阐述了班级德育工作的重要性,同时表达了我对于家庭品德教育方法的一些观点,目的在于借助家委会成员的力量,把教育理念再次传递给班级的每一位家长。该会议使得家庭的品德教育有的放矢,配合学校做好品德教育工作。通过教育—指导—再教育—反馈的模式,学生品德教育的效果得以增强。我通过召开家委会会议,鼓励与指导家长展开第一次班级亲子活动,借助亲子活动传递学校品德教育理念。

家委会说明会应定期召开,并根据孩子不同阶段所表现出来的问题进行讨论。比如第一次家委会说明会,主要是确立以"树立良好的班级风气"为主的目标,其中包括互帮互助、平等待人、礼貌用语等。通过家校合作的方式,我们可以为班级创设一个良好的、友善的学习环境。

三、家校齐携手,共建个性化德育模式

德育工作是学校工作的重要一环。但我发现,目前学校的德育教育工作更多地表现在形式上,比如广播、板报、主题活动等。这些活动对学生的品德教育有一定的作用,但这些活动对每个同学的品德教育影响,会因为班风、学风不同而产生不同的效果。如果教师不能根据自己班级学生的情况做动态调整,效果就会大打折扣。

"一千个人心里有一千个哈姆雷特。"对于一件事、一个活动,每个学生的理解和关注点都是不同的。对于美德的理解,每个孩子也都有不同的观点。我认为,只有让孩子们对每一次活动、每一件突发事件谈一谈自己的想法,说一说自己的感受,这样的活动和突发事件才有教育意义。

每逢中华传统节日,我会要求同学们完成一些任务来感受传统美德。以中秋佳节中的品德教育为例,我布置了这样一份德育作业(如图 1 所示)。

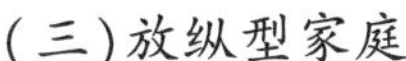

3. 中秋佳节已经到来,是阖家团圆的日子,家人围坐在一起分享月饼、赏月是我国历来的传统活动。本次德育作业如下:(1) 和爸爸妈妈、爷爷奶奶、外公外婆共享月饼,并说-句祝福的话,回复在绿蜻蜓上,德育分+1.

(2) 拍一张阖家团圆,大家分享月饼的照片,回复在绿蜻蜓上,德育分+1.

图 1　中秋德育作业

如果中秋团圆的节日气氛只是从书上或者电视节目中去感受,那么这份体验是模糊而又抽象的。这对于大部分同学来说并不理解什么是中秋团圆。但我在节日当天布置了这样一份作业之后,在家长的配合下,不仅从行动上体会了什么是阖家团圆,又从父母的口中了解了中秋佳节的知识,同时也培养了自己的爱心和孝心。如果没有家长和教师的配合,没有学生的亲自感悟,那么中秋佳节的教育意义将永远是书本上的理论而已。

图 2 学生提交的中秋德育作业(部分)

通过这样的个性化德育作业(如图 2 所示),孩子们亲身感受中华传统美德的那种"美感",从内心深处感悟中国文化的奥妙。

四、家校合作常态化,提高德育时效性

每时每刻孩子的品德教育都在发生着。我们需要有敏锐的眼光去捕捉这些闪光点和教育的机会。除了在学校里进行及时教育之外,家庭教育也要配合学校教育,用个性化的教育方法来教育不同的个体。这样做能更好地达到个体品德教育的效果。

以国庆节红歌会的德育案例为例,一年级(6)班的同学发扬团结协作的精神,在红歌演唱中发挥出色。但毕竟是刚入小学一个月的孩子,无论是配合能力还是演唱能力,都比不上大哥哥、大姐姐。但他们都是以获得第一名的心态去努力拼搏的。最后却仅仅得到了三等奖。

当时,一位领唱的孩子就和我说,不再愿意去领唱。另一位孩子愁眉苦脸地表达出她的遗憾之情。看到这样的情景,我想到这不是一次很好的德育机会吗?于是,我布置了一个德育作业(如图 3 图 4 所示),并要求家长趁热打铁进行德育教育。

班级作业:

1. 对此次参与红歌比赛的过程说几句自己的想法。
2. 说一说此次比赛中还有哪里可以更进步一点。

以上作业根据质量的好坏加相应的德育作业分。

图 3 红歌会感悟作业

图 4　学生家长配合提交的红歌会感悟作业

我想，如果没有常态化的交流，没有活动前德育工作的基础，德育的时效性就无法得到保证。对于一件事，孩子的感悟是有“黄金时刻”的，在黄金时刻里，孩子的感悟最为深刻。通过及时的反馈和交流，孩子更能理解国庆节红歌会的成败与得失。相信在今后的集体活动中，孩子们也能正确地看待得失。

以下是红歌会结束后，教师对此次活动的总结片段：

师：同学们，这次我们的努力得到了学校领导和专家的认可(出示教导主任的短信)。我们是一年级，才入学一个月，也得到了三等奖的好成绩。同学们，你们有什么想法吗？

张某某：我认为，我们这次很努力了，但只得到了第三名，有点儿难过。

周某某：我觉得大哥哥大姐姐们唱得很好，我们还要加油。

刘某某：我还想再参加一次唱歌比赛。

…………

师：同学们，你们表现很棒，我坚信我们一(6)班一定会越来越优秀，你们有没有信心？

同学们：有！

教育是有时效性的，教师应该充分把握教育的黄金时刻。在孩子们印象最深刻的时候，我及时地给予适当的、积极的评价。在学校和家庭趁热打铁的教育下，孩子们对这次活动的感悟更加深刻了。

五、家校共建信任，在亲子活动中融入德育工作

德育其实就是人的思想教育。而学生能否接受教师和家长的教育，完全取决于孩子是否信任施教者；家长是否愿意信任教师，决定了家校契合的程度。建立教师与孩子的互信，与家长的互信，孩子与孩子之间的信任是德育工作的重要铺垫。

于是，我和家委会建议国庆长假期间，组织一次亲子活动，我则以朋友的身份一起参与活动，目的是在轻松愉悦的活动中与孩子、与家长之间建立互信，在活动中让孩子之间建立互信。只有大家有了信任，德育工作才会事半功倍。

在红色故事演讲比赛前，我积极联系家委会成员，提出家长、学生、教师一起参观国歌展示馆的活动。活动的目的在于：第一，从展馆讲解员的讲解中感悟国歌的诞生，理解新中国诞生的不易；第二，加深学生与家长的亲子关系；第三，增加学生与老师之间的信任感。参观活动的意义不仅是知识的获得，更多的是增加三方的互信，为今后的品德教育锦上添花。

德育工作能有效开展，除了教师要精心设计活动之外，家校合作是必不可少的。把德育工作从学校落实到家庭，从家庭反馈到学校，离不开和谐、紧密的家校合作。让家校合作成为学校和家庭德育工作的桥梁，让学生沉浸在润物细无声的品德教育环境中，在快乐、轻松的环境中健康成长吧。

了解每个年龄段的孩子

小学体育学科　侯玉杰

参加工作以来,已有几年教龄的我慢慢对儿童的心理成长和发展有了一定的认识。一次偶然的机会,我阅读了《教育科学与儿童心理学》这部著作,更加了解了儿童心理发展规律,也了解到了儿童心理的发展具有连续性和阶段性。

皮亚杰认为,儿童心理发展具有几个连续的阶段,这些阶段具有如下特点:

各心理发展阶段出现的年龄可能因人而异,但各阶段出现的次序是不变的。每一阶段有一个整体结构,都是一个统一的整体,有其独特的行为模式作为主要特征。两个相邻阶段间具有一定重叠。前一阶段是后一阶段的准备,后一阶段是前一阶段的发展。

后来,在一场培训中,我进一步了解了儿童心理发展理论。负责培训的沈博士通过介绍自己家庭的案例,告诉我们每个年龄的孩子的特性,如她的儿子十分乐观、十分开朗,却存在着读书问题,而她的女儿则是一位十分要强又内敛的小姑娘。沈博士想让她的儿子变成她女儿一样热爱学习,却没有很好的方法。所以沈博士强调,在儿童该有的年龄段我们应该去理解他而不是遇事纠错甚至试图改变。那么作为一个教师,我要更加细心和耐心地去观察每一个孩子,用孩子的眼光去看待世界,把自己和学生看作平等的,用他们的心去思考、去体会。这样的话,才有可能成为学生心目中的好老师。

在六年的教学生涯中,每天都忙着给学生上课,忙着完成一个又一个教学目标,忙着引领学生们应对一个又一个测试,却从来没有想过:学生学习这些知识到底有什么用?五年、十年甚至若干年后,他们学习的这些知识还会剩下什么?读了皮亚杰的《教育科学与儿童心理学》后,我开始思考这些问题。学生不是知识的容器,教师并不是把知识灌输进容器当中就大功告成,而应该引领学生掌握学习的方法,让学生在学习中有所创新,让学生能够自主学习,并逐渐养成终身学习的意识。

前段时间,我在微信朋友圈中看到表哥分享的一个短片,感受颇深。短片里提到,“宠出来的孩子‘危险’,捧出来的孩子‘霸道’,娇出来的孩子‘脆弱’,惯出来的孩子‘任性’,打出来的孩子‘逆反’,骂出来的孩子‘糊涂’,磨出来的孩子‘坚强’,逼出来的孩子‘出格’,教出来的孩子‘懂事’,苦出来的孩子‘传统’,闯出来的孩子‘勇敢’,搏出来的孩子‘成功’,指责中长大的孩子将来容易‘怨天尤人’,敌意中长大的孩子将来容易‘好斗逞强’,恐惧中长大的孩子将来容易‘畏首畏尾’,怜悯中长大的孩子将来容易‘自怨自艾’,嫉妒中长大的孩子将来容易‘钩心斗角’,容忍中长大的孩子将来必能‘极富耐性’”。通过和自己的童年比较,我觉得这些短语都十分贴切。虽然我阅历较浅,但在教育方面,我领悟到了“以身作则”的重要性。有一句话想必人们都听过,“孩子是父母的‘镜子’,父母是孩子的‘榜样’”,这句话也可以用在教师身上。在孩子的教育经历中，除了父母长辈以外，教师是与孩子接触最多的，理应成为孩子们的“镜子”。

这个短片给我带来的感悟是：每个孩子都有属于他自己的个性，如果对待每个孩子都用相同的方法，就是“死教育”。每个家庭教育出来的孩子也是不一样的，但是对当今的学生来说，上学的烦恼是相同的。我的教育目标是希望孩子们喜欢来学校上学，不是作为硬性要求，小朋友回家后乐于和父母分享自己在学校里的趣事。

在将来的教育工作中，我必须保持“热爱学生，理解学生，尊重学生”的信念。这句话也是从生活中感悟得来的，如果一位教师不热爱自己的学生，那么他只是从事教育工作的“人”；如果一位教师不理解自己的学生，那么他只是一位“说书先生”；如果一位教师不尊重自己的学生，那么他就不能称得上一位合格的教育者。当我热爱自己的学生时，我就能将我所学传授给学生；当我理解自己的学生时，我就能了解学生的个性；当我尊重自己的学生时，我就能被我所热爱的学生尊重！小学生就像一张光白的“纸”，刚开始时涂改空间很多很大，也很容易被涂改，但久而久之空间越来越少，空白的地方也越来越小，再想涂改就不是那么容易了。

皮亚杰还指出，在 1935 年至 1965 年这一段时期，自然科学、社会科学和人文科学中，都出现了一些具有国际声望的人物，他们在所专心致志研究的领域里，在一定程度上都曾进行过一些深刻的革命。然而，在同一个时期内，却没有出现过伟大的、可列入杰出人物之列的教育学家，或可以在教育史中具有里程碑式的人物。这引起了我的思考：人人都可以成为合格的教书匠，又有几人可以成为优秀的教育家？若是每天只顾埋头教书，又有多少教师会静下心来读书，又有多少教师能够真正掌握科学的教学方法？可能，我也是其中的一个。

如何改变现状？在学校，我必须保持满满的正能量，发挥积极作用，学生也会在不经意间受到影响。就是这些不经意间呈现的正能量，才会对学生有所帮助。尤其是在负能量爆棚的成人社会中，如果不希望它慢慢渗透入校园，从而影响祖国未来的花朵，请老师们赏识你的学生，相信每一个孩子都是天才吧！欣赏孩子的长处，肯定他们的每一个细微进步，让他们不断体验成功的喜悦，找到学习的快乐和自信，并真诚地帮助他们！那么，奇迹随时都可能发生。

量化管理　给予重任　用心呵护

——基于家庭教育指导案例的分析

小学数学学科　夏红霞

一、案例描述

平同学,男,10岁,四年级。他属于聪明、爱思考的孩子,精力特别充沛,能力很强,但是自控力极差,是“惹事大王”。他几乎不懂集体荣誉感,经常损害班集体荣誉,是班级行为规范的扣分大户,整个一学期的班级行为规范扣分都是他的“业绩”。课间,老师一不注意,他就把教室弄个天翻地覆,更为严重的是常与同学打架,喜欢欺负弱小同学来取乐,经常是人到哪里,祸就惹到哪里,真是惹是生非,满身毛病。每天不是科任老师就是学生向班主任告状,班主任一番番苦口婆心的教育,对他来说只能获得“三分钟效果”。

故事一:我是平“医生”

一天,平同学找到一支比较粗的自动铅笔,笔头较长。下课了,他找到班级的同学一个一个地戳过去,有些戳不到的,追着戳。老师问他为啥这样干,他说:“帮每个孩子打防疫针。”

故事二:我的耳朵听不见

一天中午,学校执勤周的同学正在检查。平同学飞快地从执勤同学面前奔跑而过,执勤同学警告道:“不许在走廊上跑步。”平同学听到后,又飞快地奔跑着退回去,再从执勤同学面前一边奔跑,一边喊道:“你说啥,我的耳朵听不见。”这样来回跑三四次,结果可想而知,扣分单送到了班级。老师问他为什么这么做,他装着很无辜地回答:“我只是想知道他在说什么。”

故事三:我只是和他“玩玩”

一天音乐课前几分钟,同学们陆续来到音乐教室准备上课,周同学(我班的注意力缺陷儿童)拿着一块汽车模型的橡皮独自趴在地上玩,平同学看到后就去抢周同学的橡皮,把橡皮扔到很远的地方,又拉住周同学不让他去捡,在互相拉扯中捉弄周同学后,哈哈大笑。问他,为啥?他说:“我只是和他‘玩玩’。”

二、问题归因

(一)家庭原因

平同学家庭条件优渥,从小就受到长辈的百般宠爱,想要什么家里人就给他什么,想要干啥就干啥，是家里的小少爷。妈妈脾气特别好，也溺爱他。当他犯了错误，妈妈只是稍作批评，而后由妈妈代为向别的孩子或家长道歉，或者请求老师的原谅。到四年级后，随着年龄的增加，他越来越不听妈妈的话了，根本不服从妈妈的教育，有时甚至在家里捉弄妈妈玩。爸爸虽然对他有些震慑作用，但是由于爸爸工作较忙，因而没有更多的时间陪伴和教育他。

（二）学校原因

由于小学一年级入学时，平同学不懂事、贪玩，在学校犯错误后，总是受到老师、班干部的批评，因而他产生了对立情绪，认为自己不被人看重与理解，产生了自我认知偏差。对待师长的善意批评与教育充耳不闻，产生了抵触的情绪，将自己的改正视为一种妥协，所以他顶撞老师、藐视批评，这属于一种情感障碍。平同学不能正确辨识某些行为的错误以及这些行为给别人带来的伤害，很多错误行为只是为了一时好玩，面对交往中出现的问题，不知道怎样用正确的方法解决。

平同学的问题不是一朝一夕形成的，也无法通过一两次的谈心或一两天的正面辅导就能让他改正缺点。我们需要长期用耐心、爱心、责任心去引导他。

三、实践支招

（一）家庭转化过程（以家长为主）

为了主动争取平同学家长的配合，我经常和他妈妈联系，共同分析他目前的状况，指导改正的措施。

1. 改变家长教育观念

对于这种溺爱孩子的家长，要取得家长的配合，首先要做的就是改变家长的教育观念，我采取以下措施：①与家长共同分析溺爱孩子的后果。②介绍成功与失败的教育案例给家长启示。③给家长推荐如何科学教育孩子方面的书籍。我通过逐一分析孩子现在表现形成的原因，以及如果不及时纠正将会出现更加严重的后果，让家长从思想上足够重视，并且积极配合老师的教育转化措施。

2. 引用 KPI 法，实现量化管理

KPI（Key Performance Indicator，关键绩效指标）法符合一个重要的管理原理即“二八原理”。在一个企业的价值创造过程中，存在着“20/80”的规律，即 20%的骨干人员创造企业 80%的价值。在每一位人身上，“二八原理”也同样适用，即 80%的工作任务是由 20%的关键行为完成的。因此，我们必须抓住 20%的关键行为，对之进行分析和衡量。我向他妈妈建议，用 Excel 制作 KPI 法的量化管理表格，记录孩子每天在家和学校里的表现。如在家，帮助妈妈干家务+2 分，待人有礼貌+3 分，整理自己的书橱+3 分，无理取闹-1 分，乱扔东西-1 分，捉弄家人-2 分，等等；在学校，上课听讲认真+2 分，帮助同学+3 分，及时上交作业+1 分，走廊奔跑-1 分，欺负同学-2 分，打架-3 分，等等。爸妈和平同学进行商定，对应积分可以换

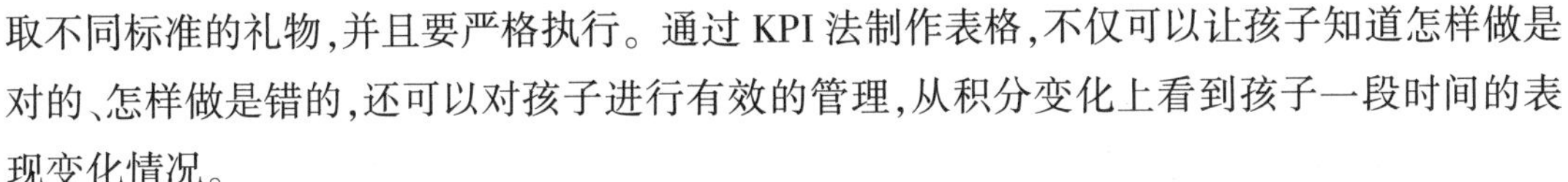

取不同标准的礼物，并且要严格执行。通过KPI法制作表格，不仅可以让孩子知道怎样做是对的、怎样做是错的，还可以对孩子进行有效的管理，从积分变化上看到孩子一段时间的表现变化情况。

3. 严格要求，承担后果

我与平同学的妈妈达成共识，如果孩子在学校里犯了错误，就必须承担一定的后果。如果他在学校故意招惹执勤人员，班级因他而被扣分，晚上放学后就留下来，为班级整理教室和打扫卫生，以示惩罚；在家里如果故意捣乱，或者是伤害妈妈，就必须在考核表中扣分，向妈妈道歉，否则减少零花钱或者出去游玩的时间。

我们要求平同学勇于承认错误，自己承担后果，不可以由父母代替道歉，培养责任心和知错能改的品德。根据他欺负和捉弄周同学的情况，联系双方父母亲来学校面谈，要求平同学当着双方父母的面，向周同学道歉，共同制定再犯同样错误的惩罚措施。通过这样的方式告诫平同学，欺负弱小的同学会产生消极的后果。

4. 耐心陪伴，表扬进步

望子成龙是人之常情，但操之过急往往达不到预期的效果。我们不能指望孩子马上就养成许多好习惯，必须有耐心，慢慢地引导孩子。为此，我和他爸爸取得联系，希望爸爸能腾出时间关心孩子，多陪陪孩子，督促孩子在家的行为习惯，同时多发现平同学身上的优点，放大他的优点，当他取得进步时，及时给予表扬，让他不断尝到成功的喜悦。

苏联著名的教育学家苏霍姆林斯基说："儿童只有在这样的条件下才能实现和谐全面的发展，就是两个教育者，学校和家庭，不仅要行动一致，要向儿童提出同样的要求，而且要志同道合，抱着一致的信念，始终从同样的原则出发，无论在教育的目的、过程还是手段上，都不要发生分歧。"所以学校与家庭的转化过程也是必须同步进行。

（二）学校转化过程（以教师为主）

1. 消除敌意，建立信任感

经过一段时间的观察，我发现平同学虽然喜欢捣乱，上课时手脚不停地乱动，屁股不停地翘椅子，后背有时还去挤一挤后面同学的桌子，但是他确实在认真听课，还不停地举手回答问题，回答得精彩又富有智慧的火花，作业有时完成的速度也比较快，而且正确率高。所以，我上课只要他回答问题后或快速完成作业后，就在全班同学面前大张旗鼓地表扬和鼓励。随着表扬、鼓励的次数增多，师生感情加深了，我再以"建议"的形式告诉他"如果你这样做会更好"等等。同时，我也提醒他上课不能影响课堂纪律，坐着不乱动会更帅，也不会影响后面的同学，他欣然接受了我委婉的批评。

2. 提供岗位，建立自信

我利用平同学反应快，接受能力强，学习成绩还不错的优点，让他同两名文静温柔但是数学基础较差的女同学结成对，让他下课有空去帮助这两名女生解决不会的题目。这样既帮助了同学，又让他有事可干，使他旺盛的精力有地方消耗，也没有空去走廊乱奔，逗执勤同学玩了。这样做,让他有了一种成就感,也激发了他学习的积极性。

随着时间的流转,11 月份到了班干部改选的时候,平同学竟然毛遂自荐要担任学习委员。其实我心里是喜忧参半,喜的是他还是很追求上进的,忧的是如果他竞选败落,会不会刚刚建立起自信受到打击,又回到从前。如果他竞选成功了,他有能力当好学习委员吗?没有想到,也许他这段时间的改变,同学们都看在了眼里,记在了心里,在两轮的竞选中,他竟然以多 1 票微弱优势获胜了。平同学担任学习委员的头一个星期,他还能时刻记住自己的学习委员身份,严格要求自己。但是新鲜劲一过,平同学的不良行为不断反复,我进行冷处理,先“睁一只眼,闭一只眼”,再找机会给他指出来,极力保护他仅有的一点儿的自尊心。同时,我教给他作为班委会成员处理各种问题的方法。渐渐地,他能够胜任许多工作,做到游刃有余,对一个以前从未做过学生干部的孩子来说,自我价值得到了极大的肯定,他也感受到了同学、老师对他的莫大信任。

四、教育效果

平同学的故事每天都在继续,我们不能奢望他一夜之间脱胎换骨,但是要看到他不断在进步。他改变了以前与同学相处时毫不在乎的态度,能和同学友好相处,不欺负弱小的孩子;改变了以前毫不在乎集体荣誉的情况,现在能够积极为集体做事,处处维护集体荣誉;能够较好地承担学习委员的职责,是老师的小助手,管理着班级的日常工作。

从这个案例中,我得到了许许多多的启示:在平时的工作中,对问题孩子一定要用心去读懂,用心去呵护他们成长过程中的每一步,将爱的种子播撒进孩子心里,满足孩子成长过程中内心的需要,把他们引向至真、至善、至美的境界,让他们的身心得到健康发展,快乐成长。在教育孩子的同时,我们时刻不能忘记对家长的指导、帮助,争取家校的有效配合,只要家校共同努力、齐心协力,形成教育合力,定能点亮孩子的心灯,照亮他们未来的漫漫长路。

参考文献:

[1] 周慧.用师爱开启学生的心灵[J].教育科研论坛,2008(1):77.
[2] [美]戴维·帕门特.关键绩效指标:KPI 的开发、实施和应用[M].2 版.北京:机械工业出版社,2012.
[3] 张万祥.苏霍姆林斯基教育名言[M].天津:天津教育出版社,2008.

赏识班中的“最短木板”学生

初中信息科技学科　潘艳东

十指有长短，每个学科都会出现“最短木板”的学生。在我们信息科技学科中，“最长木板”和“最短木板”学生的表现悬殊。面对“最短木板”学生，身为教师，如何做才能更好地关注“最短木板”，使得班集体共同发展，一个也不能少。多年的教学经验告诉我，需要着眼于以下几个方面。

一、捕捉契机助“最短木板”体验成功

成功能促使学生产生更强烈的学习动机，成功的体验能带给学生情感的愉悦，可以引导学生自尊心、自信心的形成和发展。在信息科技教学过程中，我非常重视学生的参与，关注学生的情感投入及成就感，期待每个学生都能获得成功的体验，特别是学习能力弱的同学，我会给他们更多的关爱，即使他们的问题是我们曾经交流过，或者只是一些简单操作，我都会不厌其烦地耐心地指点。活动中，我会给予他们更多的关注，捕捉每一个教育契机，为学生搭建走向成功的桥梁，引导学生敢于尝试、乐于尝试，用鼓励甚至是欣赏的姿态表扬他们的成功之处，我会说：“你真行！你这样做很好！”“加油吧，你做得非常好！比上次进步多了。”“哇，这么厉害啊，很有创意啊……”教师赞赏的话语、信任的目光、亲切的微笑都是洒向学生心田的阳光雨露，特别能使“最短木板”学生从内心感到温暖和愉悦，找到“我能行，我还很不错”的感觉，卸掉内心的自卑，绽放自信的笑容。逐渐地，“最短木板”学生对教师产生积极的情感依赖，这样良性的情感累积促使“最短木板”学生对信息学科由“陌生”“恐惧”到“了解”“喜爱”，甚至是“迷恋”。

二、有效手段助“最短木板”跨越障碍

有的学生在其他学科里可能是“最长木板”，但在信息科技课堂中却是“最短木板”，这和学生已有知识储备、对学科的悟性及认同度有关。如果不重视学生对信息科技学科自信心的建立，就可能影响学生一生的更好发展，所以信息科技教师有必要及时了解实际情况，积极采取有效手段，助“最短木板”跨越障碍，健康成长。

常言道：“亲其师，信其道。”良好的师生关系能产生情感的共鸣。平时，我经常主动与“最短木板”学生交流，了解他们的想法，感受他们的内心世界，拉近我们之间的空间和心理上的距离。课堂中，我喜欢利用 Learnsite 教学平台进行留言互动，学生会通过学生机向教师机发出提问、帮助请求，“老师，您能不能再讲一遍？”“老师，我没学过电脑，我都不会操作。”“老师，我跟不上怎么办？”他们或是向我报告活动进展情况，也会通过文字告诉我在活动中

的收获与反思……因为能及时掌握学生动态，了解学情，课上我就能及时调整教学策略，加强个别指导；课后我就会反思改进教学设计，进一步重组教学内容，化解教学重难点。如在讲到求和变量 SUM 时，我设计了“小游戏”来演示如何清空与累加，让学生对变量的清空及累加有了直观的印象，化解了学习的难点，让“最短木板”学生也可以学得“如鱼得水”；又如在讲解声音、图像数字化过程中，我编写了两个 Scratch 小游戏程序，生动演绎了声音、图像数字化的过程，将难以讲清的“采样与量化”剖析得很透彻，为“最短木板”学生搭建了学习支架，使他们在轻松、愉快、和谐的氛围中获取知识，得到能力的发展。

三、小组合作助“最短木板”发挥潜能

小组协作开展项目活动是信息科学课堂教学中实现过程性评价的有效途径，也是团队成员共同进步的良好方式。记得有一天，我们开展网站制作项目活动，自由分组的环节中我发现五名同学（四男一女）在座位上静默着，没有任何反应，有可能这些同学在平时的学习生活中没有关系比较好的同伴，也可能就是信息科技学科中的“最短木板”学生，不自信让他们缺乏自由组合勇气。在发现这一状况后，我立刻做出应急反应，做“媒”把五名同学凑成一组，并引导他们推荐了一名组长。这位男生组长胆小而拘谨，非常缺乏自信，于是我在心里多了份留意，这样的小组需要给予更多的关心和指导。活动伊始，他们磨磨蹭蹭的，毫无头绪。我就建议他们观摩旁边的小组，和他们进行互动交流，其间我也时刻关注、指点，他们终于选定了主题，一步步设计出了方案，预设了目标。我抓住每个机会时常表扬他们，慢慢地，他们有了方向感。这时组内同学的特长开始发挥了，“三黄鸡、水蜜桃、南瓜塌饼、矮脚青菜……”，在网上一时难以找到的资料就自个儿在电脑里画出来了，画得栩栩如生。他们在网页中还设定了“我要吃，我要买，我要学，买了，不买”等富有创意的转向链接，让其他组的同学刮目相看，齐说有创意。他们的作品最终也在区里拿了奖，这对于他们来说是一次难得的成功体验。领奖的那刻，他们的喜悦之情溢于言表，特别是组长，憨厚地笑了，但是非常大方又大声地说了声：“谢谢老师！”前后截然不同的画面令我也体验到为师的成功，原来“最短木板”也可以被挖掘出无限潜能。每个学生有短处，也必有长处，关键是如何搭建平台，营造氛围，扬长避短，激发出他们的潜力、创造力。

班中有“最短木板”学生是平常事，但是做教师的，一定要关爱、赏识每一个学生，千万别让一时的状态干扰了自己的育人行为，要用赏识的眼光看待每一个学生，相信每个学生都能走向成功。

让图书馆成为学校和家庭教育的协作平台

上海市实验学校东校图书馆　顾慧萍

在《给教师的建议》这本书中，苏霍姆林斯基列出了极具教育价值的一百条建议。他提出，有许多力量参与了人的教育过程，包括家庭、教师、集体、个人、书籍、榜样这六大力量。可能很多人没有发现，其实图书馆正是一个可以集聚这六大力量的平台。我们有“书籍”，有“榜样”，作为“教师”的我们可以随时教育指导小读者们，还可以发挥“集体”的力量激发他们培养“个人”的学习兴趣。但是，仅靠一位教师去推动近三千位读者对图书馆产生浓厚的兴趣，这几乎是不可能的。恰好是“家庭”的力量可以推动这一切。这让我想到，要引导父母做好学校和“家庭”的协同教育工作，借助家长的力量（家长义工合影见图1）才能更全面地发挥图书馆的教育作用。这样既可以提升家长与学校的协作能力，又可以助力学校图书馆成为中小学生最喜欢利用的文献资源中心。

图1　单日家长义工合影

一、任何时候都不要试图严格地分配任务

为了有条不紊地开展工作，应当把图书馆分区域管理，每个区域每天定时定岗，固定安排好参与服务的家长义工。家长义工在参与图书馆管理的过程中，可能会发生家长忘了上岗或者有突发情况不能来的情况，如果家长做得不到位，图书馆不能指责，不能让家长担责，只要出发点是善意的，就可以商讨更好的合作管理办法。

家长参与到图书馆的日常工作中来，能协助学校教师共同服务于小读者，教育好小读者。从他们所扮演的角色来讲，他们是义务帮助图书馆管理，我们对此要有一种感恩之心。图 2 为图书馆教师指导家长义工参与图书馆日常工作。

图 2　图书馆教师指导家长义工参与图书馆工作

在管理过程中，我们会遇到极个别家长借着做志愿者的机会看望自己的孩子，我们要理解这种行为。我们应及时给出建议，请他们利用集体服务前后时段去看孩子，或者把服务当作是吸引孩子来图书馆的一种动力。建议他们请自己的孩子多带些好朋友一起来图书馆。这样的举措可以培养孩子的综合能力，使他们更亲近图书馆，拥有共同阅读的小伙伴，而他们的家长作为志愿者刚好成为这些孩子的榜样。表面上看，对于这样的家长义工，仿佛满足了他们的“私心”，实际上，他们同样促进了学校图书馆的管理。家长义工要发挥自己作为父母的榜样作用，势必会在自己的孩子面前做一个认真负责的志愿者。

遇到过于关注自己孩子的家长义工，图书馆教师稍作提醒即可。没有人会抗拒教师善意的提醒，因为凡是父母都希望自己的孩子拥有更好的阅读氛围。如此一来，家长义工们更乐于帮助其他读者。

二、要注意学校和家庭教育的一致性

苏霍姆林斯基曾指出，影响教育效果的决定性因素就是学校和家庭教育的一致性。家长是孩子们的启蒙老师，在孩子来学校接受教师影响之前，父母就对他们产生了巨大的影响。所以为了让学生健康成长、全面发展，教师必须获得家长的支持与理解，统一教育理念与方法，达成一致。如果缺少一致性，学校的教育就会像纸做的房子一样倒塌下来。图书馆应充分发挥家长义工的作用，有什么活动就发出通知，家长义工可以在必要时助教师一臂之力。例如，利用学校的爱心节进行图书馆推广就是一个特别好的双赢举措。请家长义工参与图书馆宣传(如图3所示),他们普遍会特别积极,他们的孩子也会拉上自己的好朋友一起来推广。活动中,以赠送过期刊物的形式推广图书馆,请领取赠刊的师生、家长在承诺书上签上名字,承诺会认真阅读过刊,同时让他们了解更多的图书馆功能。由于是爱心节,很多孩子和家长在一起,共同选过刊、签名、阅读宣传页这样的过程让许多人对学校图书馆留下了深刻的印象。在活动后,通常会有更多家长申请加入图书馆义工队伍中来。这类双赢活动使学校图书馆与家长的关系更为亲密。

图3 利用爱心节家长义工宣传图书馆

三、关心家长的教育修养共同完成教育教学任务

请家长义工参与到图书馆的管理中来,就要和家长义工保持紧密联系,不能在分工完毕后,就坐享其成。我们要关心家长的教育修养,因为家长义工也是需要引导的。可以充分利用手机平台,让家长及时了解孩子们在学校图书馆里的一些表现和存在的问题,并调整图书馆的管理方法。学会倾听在家校沟通中是非常关键的。倾听可以让教师了解学生在学校之外的表现,便于我们从家庭环境、学生兴趣等多方面来综合分析,为学生找到更有针对性的管理图书馆的方法。家长义工管理群便是特别好的沟通工具之一。通常,管理群分为每日工作群、组长群,我把问题或需要改进的方向先与组长讨论,再由组长向组员宣传讨论。而我则可以随时收集信息,汇总出最适合大家学习的教育经验向家长分享,从而不断提升家长义工的教育修养。家长义工的教育修养是有带动性的,他们会以此反思自己的家庭教育,热情开朗的家长义工还会带动班级一起更多地使用图书馆资源。

四、图书馆和家长要协同关怀儿童的道德情感教育

苏霍姆林斯基说过,“教孩子用心灵观察、理解、感觉周围的人们——这看来是花园中最为幽香的一朵花,它的名字就叫作情感教育”。图书馆里最容易进行的情感教育的方式便是

交流,而交流最直接的方式就是通过阅读,这就是学校“图书馆故事角”的由来。由家长带着图书馆教师精选的书到学校生态园中,在鸟语花香的环境中给孩子们读故事。与其说家长的朗读让孩子们从故事中明白做人的道理,不如说纯真的小听众让家长的内心也被净化了。有的家长可能平时很焦虑,面对自己的孩子容易急躁,但是通过给别的孩子读故事,会被天真的孩子感染,从而放下自己的些许焦虑。有的小朋友可能平时缺少妈妈或爸爸的耐心陪伴,倾听别人的家长读故事(如图 4 所示)时,会本能地依偎到大人怀里……这样美好的“亲子互动”正是对孩子们最好的情感教育。不需要讲大道理,听大人读故事就能得到美的享受,这就是家长义工的魅力。

图 4　家长义工读故事

教育工作是任重而道远的。图书馆已不再是单纯的文献资源中心,我们要充分发挥图书馆在学校教育中的作用,要充分挖掘图书馆的育人功能。利用书本里的知识、利用人与人之间的互动,在图书馆教师的指导下,向着育人为本的目标,让图书馆空间变得更加美好,更具正能量。孩子们的童年特别珍贵,家长很重视,教师更要重视。虽说父母是孩子的第一任老师,但是学校教师的专业性更强。而图书馆恰好有着大量可开发的教育资源,把父母对子女教育的热情凝聚起来,辅助图书馆的管理,这样的教育协作促使学生对图书馆产生了强烈的归属感。如今,我们学校的图书馆已不再是单一的获取知识的地方,而是慢慢成为一个让人学会爱、传递爱的心灵港湾。有了家长的支持,学校图书馆更有温度,让越来越多的孩子获得了幸福感。

上海石库门里弄里的红色记忆

——《石库门剪纸版画》教学案例

小学美术学科　张晓彬

【案例背景】

上海是中国共产党的诞生地,很多红色故事都是在上海发生。这不是偶然的,而是上海独特的地理优势、中西交融的多元文化,孕育和铸就了中国共产党红色起点的辉煌。上海居住建筑的主要类型是里弄建筑,同时也是上海独特的居住建筑模式,这种建筑以石头做门框,以乌漆实心厚木做门扇,因此得名"石库门"。很多学生从未了解过石库门,更无从谈起对石库门建筑所承载的都市文化和发生的光荣历史的了解,这样学生学起来就会比较困难,所以教师在教授学生美术技法的同时,也可以让学生了解不同历史背景下的上海,增强保护历史建筑的意识,激发对上海这座城市的热爱。

【案例描述】

一、教材分析

为了传承和弘扬非物质文化遗产,让传统文化浸润儿童心灵,上海教育出版社出版的三年级上《美术》教材中第三单元《感受民间艺术》是学习剪纸课的内容,我在本单元的基础上为学生们设计了一堂石库门剪纸版画课,帮助学生在趣味中了解上海里弄里的红色故事,感悟中国传统文化的艺术魅力。

上海的剪纸在造型和手法表现上吸收了北方剪纸纤细秀丽、线条流畅的特色,形成了构图饱满、线条简练、形态生动的海派剪纸艺术风格,本课选取了具有上海风情的石库门建筑门头设计,带有特殊情怀和记忆的石库门题材的剪纸作品,像老故事唱片一样述说着那年那些事,先用剪纸方式设计出石库门门头,然后将剪刻好的石库门作品用黑色蜡墨拓印在宣纸上,落好款。一张张带有上海风格、见证上海人生活百态和岁月变迁的蜡墨版画作品就完成了。

二、学情分析

三年级的学生天真活泼,思维较敏捷,模仿力强,对美术学习感兴趣,有一定的审美能力和想象力。经过两年半的美术学习,学生已初步掌握了画外形、剪外形以及简单剪花纹的方法。但是,将剪纸作品变成有趣的版画作品,感受剪纸版画作品的特殊肌理和黑、白、灰的层次变化,本课还是第一次接触,所以为了降低课程的难度,提高学生的兴趣,我在详细介绍了上海石库门里弄里的红色故事的基础上,鼓励学生用传统剪纸中的基本纹样表现门头设计,对有难度的纹样通过组合和排列来降低难度。

三、教学目标

知识与技能:了解石库门门头剪纸纹样的基本特征,初步学会用剪、刻、印的技法制作一幅蜡墨纸版画。

过程与方法:在实地考察、探究性学习、小组讨论、互动游戏等活动中,学习弄堂文化的红色故事和版画的艺术特点,学习运用剪纸版画与蜡墨相结合的拓印方法。

情感态度与价值观:感受蜡墨版画独特的艺术特点,体验不同工具材料的特性,激发学习版画的乐趣,增强动手实践能力。

四、教学重、难点

重点:剪纸版画的制作过程。

难点:蜡墨印制过程中的技法的掌握。

五、教学准备

学具:彩纸、剪刀、刻刀、蜡墨等。

教具:弄堂故事音频、教师范作、同龄学生作品、课件等。

六、作业要求

基础层面:完成一张剪纸版画作品。

拓展层面:巧妙运用多种刀法,有创意地刻出各种纹样。并将拓印好的作品拼接排列,办个小型画展,并讨论后续如何装饰和美化生活。

七、教学思路

课前的家校合作:实地走访石库门,了解石库门建筑特色和石库门里弄的红色记忆。

课中的创作实践:"石库门"弄堂剪纸版画形式很新颖,能够吸引孩子们的注意力,也能够激起他们的创作热情。但是"中心对称"图案的创作和剪刻纹样、拓印作品,对他们而言又是颇有难度的专业技能学习。作为教师,我们既要保护孩子们的创作热情,又不能忽略其专业技能的学习。

课后的小组合作:布置上海石库门里弄的红色记忆剪纸版画海报作品展。

八、教学过程

（一）课前探究　初步了解

1. 资料收集：分享探究任务书（如图 1 所示），完成资料的填写，学习任务书，学生在心目中对“海派建筑”有了初步印象。

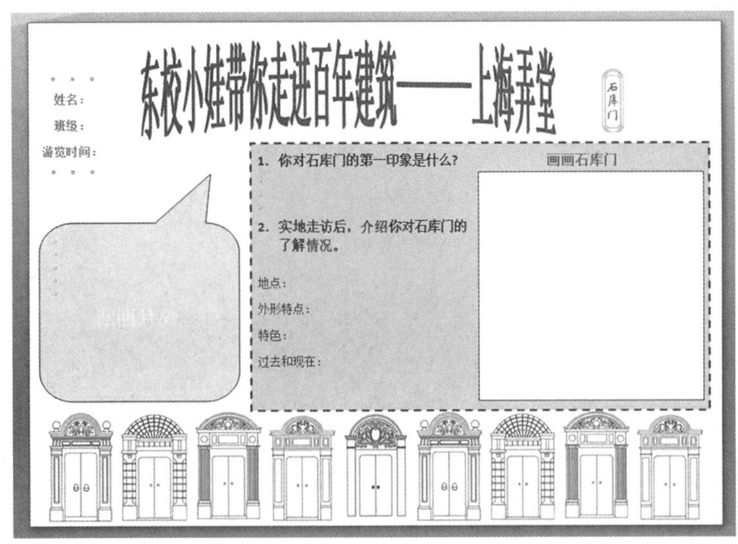
东校小娃带你走进百年建筑——上海弄堂

石库门

姓名：

班级：

游览时间：

1. 你对石库门的第一印象是什么？

画画石库门

2. 实地走访后，介绍你对石库门的了解情况。

地点：

外形特点：

特色：

过去和现在：

图 1　实地走访探究任务书

2. 实地考察：自主走访 1—2 处上海弄堂石库门建筑，了解石库门弄堂的历史以及弄堂背后的红色故事，留取照片（如图 2 所示），记录参观后感想。

图 2　学生实地走访探究照片

设计意图:通过课前的探究性学习,鼓励学生到生活中去寻找美、发现美,培养学生自主学习的能力,帮助学生深入学习本课的知识,做好前期的人文、历史、文化的铺垫,做到直观与抽象的统一。

(二)课堂教学,学习欣赏

1. 师:同学们,实地走访了那么多上海石库门建筑,都说说令你印象最深刻的红色故事是什么?

生:中共一大会址里的故事

图 3　中共一大会址

师:中国共产党召开第一次全国代表大会的地址(如图 3 所示)在上海市兴业路 76 号,它是一幢沿街砖木结构一底一楼旧式石库门住宅建筑,坐北朝南。民国九年(1920)夏秋间建造而成,为上海典型石库门样式建筑,外墙青红砖交错,镶嵌白色粉线门楣有矾红色雕花,黑漆大门上配铜环,门框围以米黄色石条,门楣上部有拱形堆塑花饰。你们知道在这个房间里都发生了什么故事吗?

生:当年 13 名代表正是在这小小的房间内展开激烈的讨论,并且在会议通过了中国共产党第一个党纲。

师:你还知道哪些有红色记忆的石库门建筑吗?

生:中共二大会址旧址(如图 4 所示)。

图 4 中共二大会址

师:中共二大是中国共产党历史上的又一个重要的里程碑,与中共一大共同完成了党的创建任务,第一部党章、党的统一战线思想、党的民主革命纲领均在中共二大上诞生。二大会址纪念馆靠近延安中路一排石库门头建筑的 8 个门洞 16 根砖柱和门楣,每一砖每一瓦都蕴藏着匠人们的严谨求实与精益求精。

师:上海石库门里还有许许多多的红色记忆,让我们边学习今天的课文《剪纸版画门头设计》边了解红色故事。

设计意图:在课前的探究性学习的基础上,导入环节就显得尤为重要,本环节主要出示两个最具代表性的石库门建筑,学生走访的资料各不相同,资料的分享与学习可以激发学生的学习兴趣,为接下来新授环节的知识内容做好铺垫。

2. 对比:以前的石库门弄堂和现在石库门弄堂(如图 5 和图 6 所示)对比,感受不同的风格和不同的美感。

图 5 以前的石库门弄堂

图 6 现在的石库门弄堂

师:历史的沧桑感,有序、整洁现代化,除此之外还有什么不同?

师:你们听过关于石库门的童谣吗?

生:“笃笃笃,买糖粥,三斤蒲桃四斤壳。吃侬咯肉,还侬咯壳。”

师:第二个不同之处就在于人情味。这首上海本地歌谣是上海弄堂里最常听到的,从前弄堂里的和谐邻里关系是上海石库门的一大宝贵特色,欢声笑语,叫卖吆喝,增添了浓浓的人情味。

3. 了解石库门。

师:石库门的得名,你知道吗?

生:石库门以石头做门框,所以叫石库门。

师:石库门的门框都是石头雕花形态,再配上乌漆实心厚木做门扇,基本上保留着汉族传统住宅对外较为封闭的特征,虽身居闹市,但关起门来可以自成天地。

师:石库门的弄堂结构没有很大的变化,但是每一个门头都不一样,一起欣赏图片集锦石库门的门头(如图 7 所示)。

图 7　各式各样的石库门门头

4. 了解石库门门头的结构(如图 8 所示)。

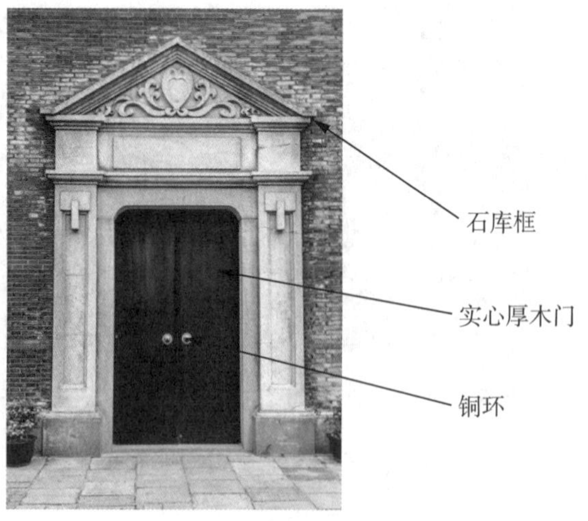

图 8　石库门门头结构

师:门头的主要组成部分有哪些?

生:门框和门饰。

师:石库门是中西合璧的产物,在设计上既有中式的精美秀丽,也有西洋的简约气派。一圈石门框、乌漆实心厚木门扇,再配上一副铜环,显得古朴又有格调。

师:仔细欣赏石门框,看看门饰的特点,找找门饰中的纹样。

生:门饰纹样以左右对称为主。

师:石库门继承了传统中国式建筑以中轴线为对称布局的特点,左右对称的图形,图案多是吉祥的传统的花纹。找一找有哪些剪纸基本纹饰?这些基本花纹适合放在什么位置?

生:基本的传统纹饰,如水滴纹、圆纹等。

5. 学习剪纸纹样(如图9所示)。

(1) 基本的花纹有圆纹、月牙纹、旋涡纹、锯齿纹、方形纹。

(2) 圆纹适合表现门头中心结构;月牙纹和方形纹适合表现结构旋涡纹适合装饰大面积空白;锯齿纹适合表现特殊花纹的质感。

(3)组合花纹,装饰更生动。

图9 石库门剪纸纹样

设计意图:通过互动讲授,教师的总结、提炼,让学生了解石库门的建筑风格和独特的艺术形式,增加学生对石库门知识的理解,并为小组合作探究做准备。

(三)教师示范,明确要求

1. 出示作业要求,教师课堂示范。

师:仔细观察照片,用线条画出石库门的中轴线。

(1) 画、剪、刻示范。

① 设计石库门外形;

② 添画主要结构和组成部分；

③ 添画装饰花纹；

④ 剪、刻出动物花纹。

a. 对折剪圆纹(视频)。

b. 折剪月牙纹、锯齿纹(视频)。

c. 刻旋涡纹(视频)。

(2) 蜡墨拓印示范。

① 将宣纸平铺在剪刻好的作品上；

② 手压平,从左到右一个方向一个力度拓印；

③ 检查纹样拓印情况,小心分离作品；

④ 落款、装裱作品。

设计意图:示范指导,步骤复杂,所以有些示范我采用播放视频的形式,节约时间的同时,提高了课堂效率。

2. 学生创作——同龄作品欣赏(如图 10 所示)。

师:看来同学们都跃跃欲试,迫不及待想大显身手了,请看作业要求。

(1) 用剪、刻、拓印的技法制作一张石库门版画作品。

(2) 为作品取一个名字,参加小组石库门里弄的红色记忆海报展。

设计意图:本环节为师生艺术实践环节,是基于前面几个环节进行实践的一个环节,也是学生综合合作能力表现的一个环节。

图 10　学生石库门剪纸版画作品

（四）学生创作、巡视指导

1. 学生创作（如图 11、图 12 所示）。

图 11　学生剪、刻作品

图 12　学生拓印作品

2. 展示作品：创设一个“上海石库门里弄的红色记忆——剪纸版画海报展”展区，在这一平台上展示作品。

（1）学生自评、互评。

（2）教师讲评。评价内容包括以下几点。

① 外形及花纹是否完整无断裂；

② 剪纸花纹是否美观；

③ 拓印示范清晰。

设计意图：通过互评、自评，学生体验成功的喜悦，提高学生审美能力。

（五）课堂小结，拓展眼界

师：同学们的作品真棒！今天大家运用了所学的技法完成了石库门剪纸版画的制作，感受了版画制作的乐趣。石库门是历史留给我们的艺术瑰宝，中国剪纸文化博大精深，源远流长。中华民族的这些艺术瑰宝呈现在世界艺术殿堂之中，希望每一位同学画出心中所想、绘出心中所念，把我们的传统艺术发扬光大。

【讨论与思考】

本课是一节综合性美术课，既有人文建筑知识，又有剪刻知识点，还有版画拓印技法，后续拓展还有海报设计排版。在教学过程中，我注重调动学生的情感，引发学生的兴趣，将教师的设疑、质疑、引导解疑与学生的创造性解疑过程有机整合起来。纵观本课，我一直尽力使自己处于引导者、合作者的角色，每一环节中学生都是主角，如：“与大家分享一下你实地探访到的故事。”“刚才老师是怎么制作的,你能和同学们交流交流吗?”“你在门头上都发现了什么纹样?他们是怎么排列的?”“说说作品中最令你满意的地方,你有什么建议可以分享给大家?”学生在动脑、动手和动口中梳理了知识,并在共享中借鉴和吸收同学、老师的经验和智慧,在分析中改正自己的错误、不足及薄弱之处。

在教学方法上,我采用了“引、放、评”的模式。“引”就是引导学生自学、给学生搭桥辅路,如第一课时学生自发组织去实地探访不同的石库门建筑,我指导学生自己“走路”,发挥了教师的主导作用。“放”就是在学生具备一定的自学能力后,放手让学生自己去探索新知识,开阔学生的思路。如在剪纸纹样设计上,通过对剪纸单元的学习后,学生们了解并掌握了传统剪纸纹样的类型以及排列位置。“评”就是收集反馈信息,教师通过耳闻目睹等多种途径,学生利用小组交流、互相观摩、互相评价的方法把在实践过程中所了解的信息进行整理评估,发现问题,及时矫正。我分三个步骤完成教学:课前注重个性化探索,对培养学生兴趣、开阔学生视野、健全和发展学生个性起着不可替代的、潜移默化的作用;课中注重讲解、教授和示范,给学生提供充足的实践空间,学生与父母一起实地探访后会迸发出感受和体会,不用框框条条去限制学生创作,鼓励学生大胆设想、尝试,通过图文并茂的演示讲解,激发了学生学习的兴趣,同时在课后为学生搭建展示平台,进一步丰富学生作品的内涵。我将该课程总共分为三个课时来进行。第一课时是对上海石库门弄堂的介绍,让学生了解石库门,知道石库门的由来,聊一聊石库门里弄里的红色故事。第二课时我安排了剪纸内容的教学,把中国传统纹样教学运用到石库门门头设计中,通过剪刻完成一副剪纸作品。第三课时我安排了蜡墨版画的教学,了解蜡墨性能,学会使用蜡墨拓印的技巧。学生都非常珍惜自己的作品。由于对这种材料还是头一次用,因而难免会有失误,我对学生出现的一些失误进行点拨,学生也是越做越有经验,同张底稿拓印了很多张。

改进的地方:

1. 本课的制作材料是宣纸和黑色蜡墨,如果想体现作品的多样性,就可以尝试让学生在彩色纸和铅画纸中自主选择所喜欢的纸,购买一些除了黑色蜡墨以外的别的颜色蜡墨。

2. 在剪刻石库门门头纹样方面,我把教学重点放在了设计上,部分学生在刻刀使用上比较生疏,导致刻出的线条比较毛糙。教师可以讲解一些刻刀的使用技巧,提高学生作品质量。

3. 在对学生作品的评价这个环节,由于评价内容没有及时拟定,学生评价的内容过于单一。如果利用评价表就可以让学生有条理、有方向地表达自己的想法,就可以收到更好的效果,那样学生在学习的过程中更能体会到成功的乐趣。

让师生都能“增值”

初中道德与法治学科　沈　佳

2021 年,教育界的流行词一定少不了“项目化学习”。项目化学习注重知识与真实世界相联系,并让学习者成为生活中实际问题的解决者,来源于生活又能应用于生活。家校合作的项目化学习,秉持让师生都能“增值”的目的,笔者曾经带领学生做过一个有关职业体验的学习,这就是一种家校合作的项目化学习。

一、案例背景

这是一堂初中道德与法治课程的拓展课。在新的道德法治课程中,有许多内容都是通过实践活动加以完成的。六年级对道德与法治课程来说,是初中学习阶段的开始,学生从认识学习、认识新朋友,到认识自己、认识家庭,将经历一个全新的历程。这次实践学习主要是在认识自己基础上,学会制定初步的职业目标,从而了解社会,知道自己想成为什么样的人,从事什么样的职业。而了解社会最直接的方法就是深入这个职业,直接体验,参与的便捷渠道之一就是通过家长。这样就形成了家校双方共同参与基于职业了解为学习目标的项目化学习。

二、目标与思路

学生通过对有关职业的考察,体验一些职业的工作情况,感受自己父母的工作性质,通过父母进一步加深对某一项职业的了解。六年级的学生对于社会考察已经有了一定的基础,但是由小组合作制订调查计划还是第一次。因此,学生们结合初期从父母那里了解到的职业情况,自己整理社会考察的基本方法,制定目标,组员分工,实施计划。课程不仅教给孩子们一些调查方法,而且能加增进家庭成员间的联系,有助于孩子们综合能力的提高。

父母通过与孩子一同体验,参与小组实践,成为调查中的一分子,直观地看到自己孩子的学习状况,无论是课堂内还是课堂外,加深了父母对孩子多方面的了解。同时,我们也进一步认识到学校课程设置的特色可以向更多的家长宣传,争取更多家长支持这个职业体验学习中来。

三、过程与方法

(一)考察前准备

第一周:在校内的课堂上,我讲述了一个关于职业发展的小故事,故事的内容就是一个小女孩跟随父母来到一个全新的环境,从三年级开始规划职业目标,后来完成了80%的职业目标。故事结束后,我请学生们结合自己的职业理想完成一份职业规划表。规划表内容比较简单,但以故事作为背景,让所有的学生明白本次活动确立的发展目标需要经过慎重考虑,并且要给出制定此目标的依据。表格完成后,需要家长写一段感言。

第二周:仍旧是在校内课堂上,学生们根据自己的发展目标进行分组。有以社会服务为主要内容的小组,包含医生、警察、教师、律师等;有以研究为主要内容的小组,包含研究员、程序员、建筑师等;有以商业为主要内容的,包含网店老板、奶茶铺老板等;有以艺术为主的,包含演奏员、艺术老师、演员、设计师等;还有一项为杂项,包含理发师、美容师、健身教练等。通过调查,发现有60%的学生选择的职业目标与家里某位长辈一致;有25%的学生选择的职业目标是家长建议的;有10%的学生制定的职业目标是自己的理想;5%的学生只是觉得自己选择的很炫酷。

第三周:完成考察前计划书。由于职业考察要实地到达每个家长的工作环境中去,还要考虑这个单位的接待能力,会不会影响他们的工作等因素,每个小组最后都有1~2名家长志愿者愿意提供这次实地考察的机会。最终确定了6位家长的工作单位作为考察基地,小组成员确定好时间,承担各自的任务,利用课余的时间进行考察研究。由于多数家长上班的时间与我们学生上学的时间一致,因此有两组将考察时间安排在了上学时间的下午。

第四周:考察正式开始。先头部队为两组同学:一组学生去水厂考察,另外一组去社区医院考察。

第五周:先头部队的同学率先完成考察总结,准备展示。

这样就完成了为期一个多月的准备工作。

(二)课中分享

课程中,学生们将调查得到的数据、照片等信息内容进行整合,制作PPT进行展示。特别值得一提的是,展示前我们征询家长有无愿意来参加学生的考察展示,家长们都很积极,特意请假前来参加。

水厂小组首先展示的是一组数据,学生们在知识层面得到一个结论:用于商业行为的水费是普通家庭用水的好多倍。在这里展示的小组提出一个问题:为什么会产生这种现象?许多学生都回答是由于资源进入了商业行为之中,所以价格要高。但是也有些同学看到了问题的本质:水是老百姓日常生活所不可缺少的,随意提高水价会给老百姓的生活带去不便,所有水价的调整必须经过市民听证会,这是民主生活的体现。水价调整要在市民可以承受的范围内,以人民为中心,不然市民的生活得不到保障,不利于社会的和谐发展。调查自来水厂的小组更多的是学习了专业知识,了解了我们城市一天需要的水,我们日常生活需要的水经历了哪些环节,我们的水质如何保障。

水厂小组留下了一个问题:你以为我们的父母只是上班看看数据那么简单吗?

这是孩子们在考察的时候就遇到的问题。由于考察时间紧张,学生们想要了解整个水厂的运作过程,就无法看到自己的父母在水厂承担什么角色。大家都期待着下次能够跟岗式地观察一下父母的工作。

前往医院小组的学生回来,与水厂小组感受完全不同,他们进行了近距离的观察。由于医院的特殊性,他们不能了解医院的运作,多数情况下只能坐着,有时连座位也没有,只能站着,而且必须戴着口罩,看着医院里来来往往的病人和家属的喜怒哀乐,看着繁忙的医生,看着自己的父母为了少上厕所水也不喝,回到教室里进行总结分享的时候,讲的语气都是哽咽的。

这两组同学,一组是知识性的,一组是人文性的,都有很多收获。

四、学习升华

我以为这个简单的项目化学习就此应该告一段落了,没想到,三年后,有一部分同学在新的高中生活中,也有一个项目是职业体验。他们的职业体验时间更长了:三周。这些孩子在职业体验的最后一天,回到初中,跟我交流这次职业体验的感受。

曾经是医院小组的同学又选择了去医院,她的妈妈已经荣升为护士长了。她的感受就是救人不是职业要求,而是一种高尚的道德层面的内容,不是职业道德,更多的是有感而发的“我必须这么做”。我问她上大学会不会考虑医学专业的,她的回答是想要治病救人,但是又觉得责任很大,担心自己不够好,要仔细地考虑考虑,医生这个职业容不得半点儿亵渎。

对于学生来说,不同的年龄阶段所接受的项目化学习,尽管内容一样,效果却会非常不同:小的时候观察是主要方式,通过教师的引导来感悟;长大了,自己的能动性、思考能力都变得更强了。

在以职业体验为主题的项目化学习中,父母也在观察,观察孩子们的考察过程,观察孩子的思考过程、团队合作,观察孩子们的课堂展示等。我们可能无法看到家长在这个考察过程中对孩子明显的影响,但是父母对于自己从事职业的态度,潜移默化地在影响着自己的孩子。

对于学生来说,最初只是觉得这是一个热闹的考察活动,跟同学合作,来到一个既熟悉又陌生的环境。说它熟悉,可能小的时候学生曾在父母的单位里玩耍;说它陌生,是因为他们带着不同的态度、目的再次来到父母单位,感受是完全不同的。在不知不觉中,他们学会了完善计划、组织活动、汇编总结、观察、整合调查资料,同时也给家庭创造了新的话题,增进了亲子之间的感情。

而对于教师来说,虽然授课环境发生了变化,参与的人员有学生、家长、所考察单位的工作人员等,但是这个“课堂”更加立体,内容更加丰富,尤其是多年后又得到学生的反馈,进而引发教师自身的思考。通过对学习内容、评价方式、展示过程的改变和优化,师生都在提升,这是相互“增值”的过程。

所有的学生都在一个真实的生活场景中,不再是通过媒体、视频、文字或者别人口述的经验,而是真实地深入这个环境中,形成一些深入的思考,体验一些真实的经历,解决真实存在的问题。过去教育教学中,教师经常会讲到“创设真实情境”,在教室内的课堂上,其实效果并不好。能够借助社会上的一些资源,在保证学生安全的情况下,有一些真实场景的切身体验,而教师在课堂中进行更深度的引导,在“创设”的这个真实的场景中,学生学到的内容往往更为有效和深入。

双减时代不慌张，家校合作计久长

——盘点立体化友邻式的家校合作

实验东校家委会公益部　陆美杰

“双减”政策突然颁布时，是不是很多家庭和学校茫然无措？减轻孩子们过重的作业负担和校外培训负担后，该如何安排孩子们的时间、丰富孩子们的生活？实验东校的师生和家长们，对“双减”政策没有慌张，而是欢欣鼓舞地拥抱，只因为，以“家校合作、学子受益”著称的实验东校，长期以来已经营造出立体化友邻式的家校合作环境，形成了互帮互助、协同育人的良好机制。

“衣”以贯之：我们的校服漂流活动

处于生长期的孩子们，过不了多长时间校服就可能淘汰，赠送熟人未必合身，而直接丢弃甚为可惜，也不符合环保理念。东校家委会不嫌麻烦、劳心组织“校服漂流”活动得以产生并成为一项传统活动。另外，丢三落四的孩子，有时也会在操场上丢失校服，无姓名标签，校家委会通过各种渠道也无法找到失主，这些校服都会进入“校服漂流”通道。

在大家欢欢喜喜领到干净校服的背后，是学校和家委会志愿者的默默付出：学校专门辟出领取交换校服的场地，而志愿者们从分拣、清洗、晾干到组织漂流，其间的辛劳不计其数，还曾经有爱心家长分拣到皮肤过敏，这也是一种岁月静好背后的负重前行。

以“食”为天：我们的营养午餐

实验东校是为数不多的自制午餐学校。为了这一餐，校家委会专设有生活部，从定制菜单，到调料指定品牌，再到飞行检查、视频检查，校家委会成员们可谓绞尽脑汁。尽管如此，如何让孩子们更爱吃，仍然是校家委会会议上一个常说常新、献计献策的话题。

学校方面对家委会的信任、包容和共商大计的态度，是孩子们营养午餐安全营养有序供给的前提。“双减”刚开始时，因为延长看护的学生倍增，校家委会体察家长们的担忧，开始商讨是否以及如何增加下午小点心的问题，并对各种合理方案一一试行。最后，因其他方案尝试不可行，学校适当放开了“不准带食品到校”的规定，允许有需求的孩子带来。其中的民主，刷新了传统的学校说一不二的形象，在疫情防控的背景下，也是学校有担当的一种表现。

安全出“行”：我们的交通义工督导

风里来雨里去，风吹日晒，只要是孩子们的上学日，实验东校门口永远有这么一道风景线:交通有交通义工、交通督导们果断拦住车辆的身影,有轻轻牵着孩子们过马路的温暖大手,有阻止车辆在校门口掉头添堵的有力喊声,他们额头上有时是忙碌流下的汗水,有时是顾不得擦去的雨水,有时甚至是被风吹乱的白发。

这一切,不但孩子们看在眼里,学校也记在心里。寒冬天,校长亲自到校门口给义工家长们送手套,安排学校厨房煮热姜汤给他们助暖。更多的时候,是这么一幅场景:清晨,朝阳洒下来,大地的每一个角落都透着欣欣然的活力。学校门口有值周的孩子们,有校长或教导处的老师,校门外则是执勤的义工督导。每一个人紧张忙碌而有序,开始美好的一天。细水长流,陪伴是最长情的告白,孩子、学校、家长,在每一个这么平平常常的日子里,携着互助的手,感受彼此的温暖。

攻"心"为上:我们的心理咨询社团

孩子们一天天长大,难免会有"成长的烦恼",特别是进入青春期前后,加上"双减"之前的整个社会氛围给孩子们背上了沉重的负担,他们微妙的心理需要疏导,烦恼需要找到倾诉或发泄的通道,在学校心理室专业教师人数有限的情况下,我们的家长心理咨询社团应运而生。

心理咨询社团的家长们具有国家二级心理咨询师资格,树洞吐槽、沙盘推演、发泄沙包、当面恳谈,爱心家长和校心理室的教师一起,用爱心、耐心和同理心为孩子们编织起心理安全的防线。

"学"无止境:我们的家长老师们

故事家长社团、家长大讲堂、家长微课堂,在校家委会教育支持部的组织下,每一学期,爱心家长讲师们,都会从忙碌的工作中抽身出来,或将与工作相关的知识娓娓道来,或把业余研究成果带入课堂。他们不仅带来了课本延伸的知识,还亲身示范了什么叫作爱和分享。孩子们看过的书、走过的路、遇见过的人,都会成为他们未来的一部分,而这群认真有趣的大人,就是孩子们遇见过的美好。

校园内外,从到达教室的路线引导和停车指引,到午餐安排,学校的每一个细节,都显示着对家长讲师们的尊重,课堂上孩子们渴求知识的眼睛和争相提问的小手,则让家长讲师们感到无上的荣耀和责任的重大。走进鸟语书香的校园,家长就是老师,老师就是这里的家长,带着孩子们寻找、融入心灵的家园。

"玩"出花样:我们的节日和社团

寓教于乐,相机而教,实验东校的活动丰富,体育节中红黄队对垒,全场嗨翻天,既锻炼体魄,又培养团队合作,爱心节因防疫需要从往年的线下转为线上,孩子老师家长们,开起小店当掌柜,各个板块逛一圈又成了顾客,购物车里收进的是校友们精心准备的小玩意,付出的是对集体满满的爱心。每当学校有现场活动，家长们即使不能全部进校，也能在手机端如身临其境地观看，感受满满的朝气、溢出的自豪和欢乐。这美好的云直播全依赖于校家委会摄影社的爱心家长们。他们跑遍全场各个角度的抓拍，每次能拍出数以千计的照片，再精心挑选进行照片直播。马不停蹄、弓腰屈背的辛苦和专业水准的拍摄，定格下一张张或奋力拼搏、或笑容可掬的一瞬，汇成东校千百家庭争相传阅的自豪和欢乐，留下孩子们幸福的成长足迹。

从看着孩子们玩，到带着孩子们一起玩，实验东校的家校合作更孕育出了长跑团、心理体验剧社、天文社等丰富多样的社团，家长们的合唱团更是走向了区、市，屡屡获奖，心理社团则多次走向其他学校，为其他学校的学生和家长们带去启发。

“传”递爱心：我们有意无意，都是公益

“一切为了孩子”，实验东校用包容、信任、支持和配合，家长们用爱心和付出践行着这句话，而身处其中的孩子们，看在眼里、留在心中，又通过学校可爱的“小青鸟”们一起参与、记录和传递着这些珍贵的点点滴滴。青鸟社作为活跃在校园的一支采编队伍，孩子们用他们感恩的心情、细腻的笔触，采访报道过诸多活动。校服漂流活动中，他们给同学们传递乐于分享、践行环保的理念；深入学校食堂采访大厨和默默支持监督的生活部，他们规劝同学们“谁知盘中餐，粒粒皆辛苦”；看到风吹日晒的交通义工家长们，他们带来孩子们的感恩；体育节、爱心节、行走的美术包，他们或斗志昂扬，或关爱他人。这些“小青鸟”们，他们正是家校合作中受益的学子代表，他们朝气蓬勃、感恩反馈。通过他们，学校和家长们都会感到欣慰和满足，感到默默付出的意义所在。

每年秋季，实验东校的校园里都会迎来一批或向往或焦虑的新生。他们从幼儿转变为小学生，难免需要磨合，他们身后还有一群热心却毫无头绪的新生家长们。这时候，友邻式的家校合作正式或非正式组织，第一时间张开热情的怀抱，欢迎和帮助他们。每年的家委会竞选辅选活动，紧张有序、群策群力，无论教师、资深家委，还是新手家长们，都成为其乐融融大家庭的一分子，新手家长给大家庭带来热情和活力，而原有成员给他们带去抚慰和经验。跟学校其他所有活动一样，在这些为完成临时任务而进行的团队合作中，家校互助充满力量，孩子和家长们一起很快融入学校生活中来。在其他组织中，没有一个项目能像这样兼具欢乐和自豪，因为学校和家长们用无比珍贵的爱心和责任心来引领，用热情和认真来浇灌，就像土壤和阳光雨露，孕育出最鲜艳的花朵，最茁壮的树苗！之后，跨年级的家长、教师们，成了朋友，我们一起在跑团、足球场上挥洒汗水，在学校门口站成风景，在朋友圈中妙趣横生。

“穷则独善其身，达则兼济天下”，在热爱生活的小天地之外，学校、家委会还与社会公益一起联动，为远方山区的孩子们送去关爱。早在前“双减”时代，2021 年上半年，“行走的美术包”活动在世纪公园如火如荼开展着。活动筹集善款，只为远方的孩子们跟我们一样，实

现一个彩色的梦想，当远方的某个孩子紧握一支画笔，握住的还有学校家长们流淌传播的爱心，孩子们在这样的环境中成长，也因此收获同理心和达观博爱的品行，长大后必定心中有爱有他人，更能行稳致远。

从基本的衣、食、行的安全，到孩子们的心理健康，在实验东校立体化友邻式的家校合作下，大小朋友们边学边玩，热爱生活，传播爱心。我们的家校合作主动深入细水长流的日常生活中，有规划地创造各种活动机会，增长见识，强健体魄，分享快乐，传递爱心，孩子们的成长是丰盈立体的。在此过程中，学校和家长们将整个社区打造成全方位、立体式和谐的邻里社区式的教育大花园，浸润其中，每个人都成为互相学习欣赏的园丁。我们这种立体化友邻式的家校合作模式，早在“双减”政策确立的“发挥学校主体作用，明确家校社协同责任”之前，即已经形成众擎易举的传统。

“有心栽花花满园，有心插柳柳成荫”，我们实验东校的家校合作看似轻松实则丰富专业，就像惬意徜徉在水中的鸭子，表面上淡定从容，其实水底下双脚在拼命努力，我们深处其中的每一成员，都是这份力量的来源，而也正是我们，懂得这一份淡定从容。

体育,不仅仅是课内那点事儿

初中体育学科　朱　青

一、案例背景

在体育教学中,“体育困难户”是客观存在的,每一届总有那么几个特别的学生。他们中间,有些虽然运动能力特别差,但体育品格还可以,具有一定的进取心,渴望进步,渴望成功,但没有良好的运动习惯,缺少内在动力。老师总是特别想帮助这些学生,试图通过我们课堂内外的共同努力,提高他们的运动能力,帮助建立运动和生活中的自信心,利用多样家校互动的方式,帮助他们养成良好的生活和运动习惯,让他们真正体会到终身体育的意义。

二、案例过程

小方同学就是这样一个体育特困生,从小一直胖嘟嘟,按他自己的话来说,一直是班级最“可爱”的那个。他平时几乎不参加任何运动,体育课上跑得非常慢,跳也跳不动,上肢力量弱,由于体重过大,一些双杠、单杠练习都是直接放弃的。唯一值得欣慰的是,不管老师布置什么练习,他都会尽量去做,耐力跑时跑得很慢很慢,但从不偷懒,不走路,都会坚持跑着完成全程。

六年级第一次体质健康测试后,小方得了 58 分。通过对体测数据的分析,我发现他的体重指数只有 60 分,只要稍微减减肥,他就能及格了。于是我通过班主任和小方同学的家长取得了联系,家长也表示孩子的确有点胖,会帮助他减肥。

半年后,学校进行常规体检,小方同学不仅没有瘦,反而更胖了。于是我先和小方进行了交流,发现家长对他的减肥光有口号,没有行动。每天的晚餐还是丰盛无比,很多时候晚上作业完还有夜宵。于是我第二次联系了家长,原来他们一家人对饮食控制和运动配合很不清楚,还担心孩子少吃了会不会饿,饿了后会不会没有脑力学习,所以即使偶尔晚餐少吃了点,还会给孩子加个夜宵。对于运动也只是说会尽量让孩子去“动一动”,没有具体的计划和目标。

我觉得这样的沟通是无效的,为此与小方一家约定了面谈。我从学生的体质健康和运动能力、家庭的饮食结构和运动习惯等方面进行了详细的剖析,家长也比较认可我的意见,但表示比较难以坚持,于是我们进行了下一步的约定——家校联动式运动计划。

首先是建立校内、校外联动,其次是明确联动方式,每周约谈、微信互动,最后当然是联动成果。鉴于小方同学的主动运动意识淡薄,我在班级成立了帮困小组,要求小组成员每天中午“拖”着小方同学去操场动一动;周末两天间也要求父母安排两个小时,陪伴孩子参加一项运动,如游泳、球类等活动。每周我都会找机会和小方聊一聊,从学生的口中可以真实了解他的困难与进步,他家的饮食与运动情况,以及他心理上的变化,同时这样的聊天还促进了师生间的感情。当然,我觉得微信互动是一个很好的方式,我会在朋友圈晒一些合适的运动、健康的饮食以及一些激励的小故事,包括我自己运动的经历,特意展示给小方和他的父母。有一阶段我在朋友圈展示了 4 分钟跳绳的进步过程,他和父母说准备在家里练一练,下次可以和我比赛。通过小方父母的信息反馈,我特意在体育课上安排了"挑战老师"的跳绳比赛,果然不出所料,小方主动报名了。为了这次正式的"挑战",小方同学每天回家后都努力练习,甚至还要求父母先和他比一比,最终在这次"挑战"赛中小方同学以 515 个获得第二名。挑战的结果不是最重要的,通过这次的"挑战",小方同学不再认为自己是个一无是处的胖子,他对自己通过努力得到的结果非常满意。同时他也得到了意外的收获:两周的挑战准备期,小方同学整整瘦了 5 斤,他们一家人都对此表示非常欣喜,父母也表示以后会不断激励和参与孩子的运动。

一年后的体质健康测试,小方同学越过合格,直接进入了良好的梯队。他也向我表示,引体向上是自己现在最弱的项目,他会和爸爸一起去努力,完成属于"男人"的挑战,向优秀发起冲击。

三、案例分析

(一)体育课内那点事儿

"授人以鱼"不如"授人以渔",从教学生怎么做到学生知道要怎么做,是一个漫长而艰辛的过程。对于这些体育特困生,他们本身因长期处于体育的弱势状态,容易对体育学习产生消极的情绪,某种程度上造成了一定的心理障碍,因此需要教师的细心、耐心和责任心。在教学过程中,教师要不断挖掘运动健康知识的深度,提高自身的专业素养,在课堂上对这些学生因材施教,对症下药,有意识有目标地发展这些学生的运动能力,提高他们的运动认知水平。教师要结合科学方法调节他们对体育学习的畏难情绪,不断给他们创造成功的机会,体验体育运动的成功感,只有成功的体验才能真正帮助学生建立起一种积极的心理定式,产生进一步参与学习与运动的愿望,逐步提高体育学习的兴趣,形成良好的运动生活习惯,受益终身。

(二)体育课外那点事儿

家庭是学生生活和运动习惯养成的重要场所,因此要帮助这些体育特困生,除了课堂内,还必须从课堂外找出一条通路。从体育特困生的成因来分析,除了学生自身原因外,家庭对其产生的影响最大,父母的溺爱、不良的饮食习惯和生活习惯、父母的观念等,都会导致学生在生理或心理上对体育运动、体育课产生不正确的认识。因此,教师一定要和家长进行有效的沟通,了解影响学生体育学习困难的主要起因,并试图建立课堂内外的多方式互动,引导家长正确认识体育运动,合力帮助学生形成积极的运动态度,养成良好的生活与运动习惯。

（三）课堂内外的媒介

在信息高速发展的时代，课堂内外的互动方式多样，因此要合理利用，有效发挥它们的价值，提高家校互动的成效。电话的沟通一般用于比较紧急的事件，若一直给家长打电话来沟通一些细小的事情，会给家长造成一定的压力，有时候也会适得其反，会引起家长的不良情绪。因此，我比较推荐微信和校网，在校网上教师可以上传一些体育项目的测试成绩，反馈学生课堂学习的近况。家长可以通过数据的比较来了解孩子的进步，也可以通过课堂学习的反馈来了解孩子的学习态度。这种方式属于"外围"战术，那么微信就属于"靶向"效应了。微信沟通及时、便捷，不管师生之间还是家长和老师之间，通过多次的沟通，可以建立彼此的信任，有利于家校合力，帮助体育特困生早日突破自我。

对体育教师来说，体育不仅仅是课内那点事儿，站在时代前沿的我们，一定要充分利用现代技术，实现多方式课堂内外联动，从学生的生理与心理健康出发，帮助这些体育特困生早日走出"困境"。

微光照亮前途，携手共育未来

——上海市实验学校东校家委会微型课程工作开展历程和思考

实验东校家委会教育支持部　陆振艳　孟　敏　张　楠

【摘　要】自2015年以来，为了给孩子们提供更丰富的知识，帮助孩子们培养更宽广的视野，同时也为了给众多爱心家长提供一线的亲子教育平台，上海市实验学校东校携手校家委会教育支持部在小学部共同开展了微型课程工作。

该项工作从2015年秋学期试点开展，截止到2021学年秋学期，历经六年，在讲师队伍、课程内容、授课方式、质量跟踪等方面不断打磨完善，不仅成为东校孩子们学习和梦想的启航地，而且成为践行家校合作、助力素质教育的实践基地和合作平台。

【关键词】亲子教育平台　梦想启航　助力素质教育

引　言

微型课程以志愿者家长为社会资源，组成家长讲师团，打通了校内和社会实践中的知识体系对接，承载了对校内的课程进行有效补充和延伸的使命。学校的授课方式通常是依据学科进行建设的，例如数学、语文、物理等，而学生未来走向社会的应用场景大多是以项目化运作的方式进行问题定义、抽象和解决的，两者之间形成了“学以致用”的关系。家长讲师们在实际的工作中积累了大量学以致用的案例，所以可以从应用的角度去反观学生阶段各学科的联系和整合。

通过微型课程的学习，学生逐步对行业（国家统计局发布的国民经济行业分类中共分了20个行业）、职业（在《中华人民共和国职业大典》中我国的职业分为8个大类）和专业（我国的本科专业有12大门类）之间的区别和联系有所认知。引入不同行业和行业内不同职业的家长讲师，学生能够在授课中逐步了解其之间的一对一、一对多、多对多的关系，为进一步选择未来的专业提供强有力的帮助。

一、家长讲师团

家长讲师团成立于2015年，是校家长委员会教育支持部所辖的家长义工团队。该团队通过家委会渠道，面向实验东校的爱心家长公开招募，目前有家长讲师100余名。他们中有知名高校的教授、讲师，有来自一线的科研、科考人员，有芯片、人工智能等高精尖工程技术专家，有深谙书法、摄影、茶艺等文化艺术之美的探究发现者……

家长讲师团以助力孩子课外知识拓展为核心工作主旨，通过现场授课方式，将家长讲师们的从业知识、兴趣爱好与孩子们的知识和成长需求相结合，为孩子们带来了一堂堂精彩纷呈的微型课程。

伴随着一届届孩子们的长大和离开，这个爱心团队一直保持着活力和生机，为微型课程的顺利开展提供充分的师资保障。

二、课程内容

受益于家长讲师团丰富的人才和课程储备，微型课程自开展伊始，就致力于提供“兼顾知识和兴趣、课内课外全面开花”的课程体系，以小学部不同年龄段孩子的知识接受能力为标尺，为不同年级带来了精彩纷呈、题材多样的课程。

以 2019—2020 学年第一学期为例，家长讲师团为小学部带来微型课程 36 课次（见表 1），内容涵盖信息科技、人文历史、心理健康、金融经济、医学常识、传统文化、法律、环保等领域，主题多样，为孩子们课内外学习提供了有益补充。

表 1　2019—2020 学年第 1 学期小学部微型课程表

序号	课程名称	备注
1	逻辑启蒙	一年级
2	计算机简史	
3	建筑知识 1、2、3	
4	儿童计算机思维训练启蒙	
5	人类通信史 5G 是什么	
6	声音的奥秘和力量	
7	京剧启蒙	
8	一滴水的故事	二年级
9	家里的水从哪里来的，到哪里去了？	
10	飞机小百科	
11	汽车是如何制造的	
12	消防安全小知识	
13	儿童和祖国	
14	六顶思考帽	

（续表）

序号	课程名称	备注
15	出国、出境那点事	三年级
16	与机器人做朋友吧	
17	护牙知识1、2、3	
18	攀岩运动与生活思考	
19	货币的前世与今生	
20	亲子西餐礼仪	
21	思维导图——看得见的思考地图	
22	校园安全教育之禁毒知识小宣讲	四年级
23	文化史趣谈：中国人为什么爱吃猪肉？	
24	中国货币趣谈	
25	古希腊神话与生活	
26	雷锋精神与成才规律	
27	从认知角度的自我情绪调节	
28	手机内部结构与工作原理	
29	认识自己的情绪	
30	小药品出生记	五年级
31	生活中的法律	
32	新闻是如何“制造”和传播的	
33	仰望星空	
34	塑料星球	
35	我们生活中要缴的税	
36	保险伴我一生	

三、授课方式

微型课程的日常授课主要以进班授课形式为主，注重授课质量，兼顾课堂创新。

进班授课是指家长讲师每个学期，都会利用每个年级、每个班级周一中午“红领巾广播”的固定时间段，开展一次时长约 40 分钟左右的进班授课。讲师需提前准备 PPT、教具等授课所需材料，通过 PPT 播放和讲解、课堂问答、游戏互动等灵活多样的授课方式，为孩子们带来一堂爱和知识的盛宴。

2020—2021 学年，受疫情管理需要，家长讲师团及时调整工作的开展方式，以年级为单位，优选了优秀讲师及团体，创新地开展了精品课程视频授课，前后两个学期共计录播了 7 门微课，内容涵盖生命教育、情绪管理、法律常识、天文知识、人文历史等领域，内容新颖、形式活泼，为实验东校孩子们陆续送去知识和爱心。

四、质量跟踪

孩子们的时间是宝贵的。为了保证每个 40 分钟的授课质量，微型课程开展之初就严格执行质量跟踪措施。其中：针对 1~2 年级孩子们书面表达能力弱的情况，校家委会设计了形象生动的打星式评分表格，而针对 3~5 年级孩子，纸质问卷则更多以问答式、开放式项目为主，启发和引导孩子多思考、多表达。

2017 学年第 1 学期，为进一步提高微课的授后评估效率，积极践行绿色环保理念，校家委会摈除了原有的纸质问卷调查方式，采用了微信二维码线上扫码反馈的课程授后满意度调查。该方法在保留两类问卷表格中对课程内容、讲师表现、后续需求等方面的重点关注之外，将调查问卷和数据分析的时长缩短为 2~3 天，极大提高了问卷的针对性和时效性。

以 2020 学年第 1 学期为例，针对以线下进班级形式开展的 36 课次微课中，合计获得学生问卷数据 1267 份，并在课程内容兴趣度、家长讲师表现、后续继续开展类似课程的渴望度等方面获得了 89.8%、90.9%和 85.4%的高评分，具体情况如下。

（一）让问卷君猜猜，你是男生还是女生呢？

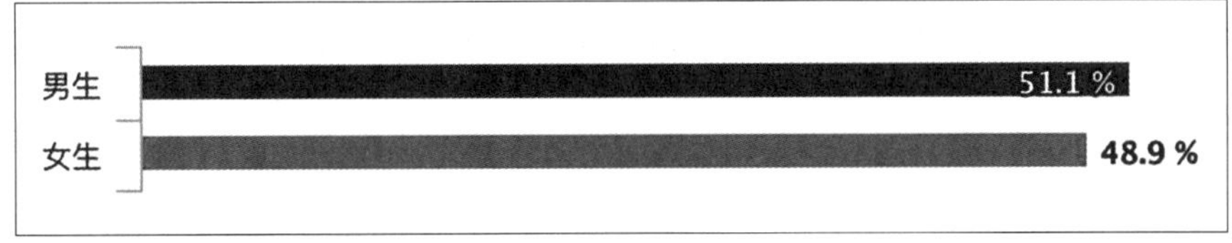

(二)问卷君想知道你是几年级的小朋友呢?

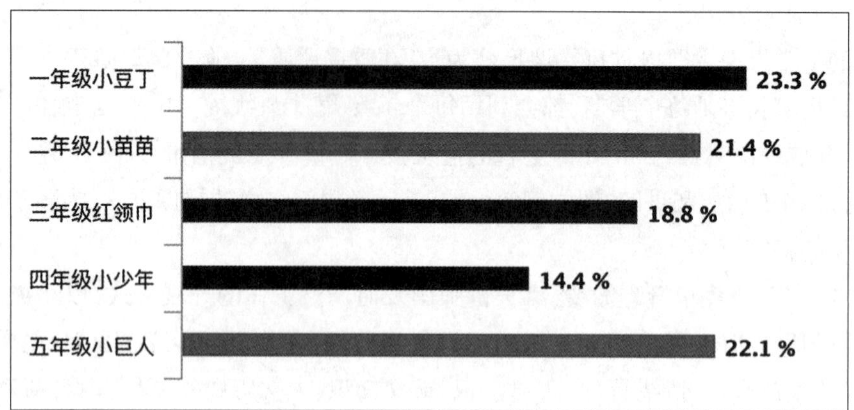

(三)原谅下问卷君,它还想追问下小朋友在几班呢?

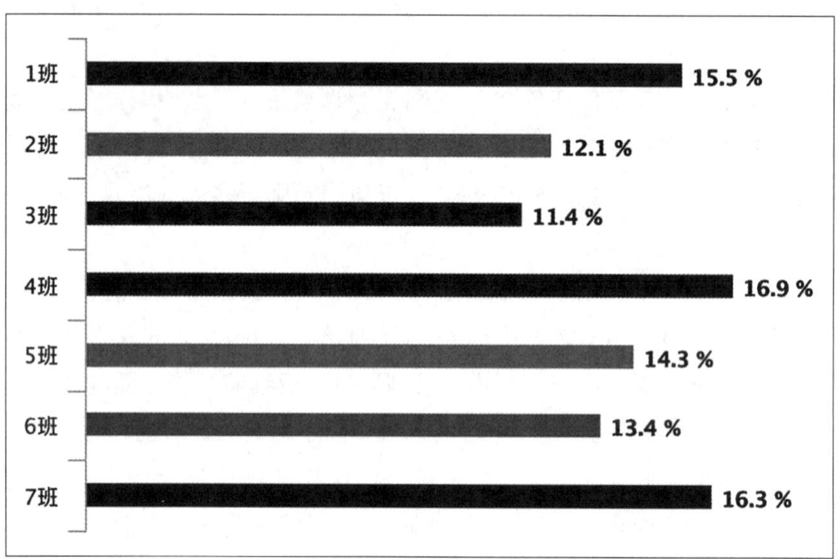

(四)问卷君很好奇,对于本次微型课程的内容,小朋友是否感兴趣呢?

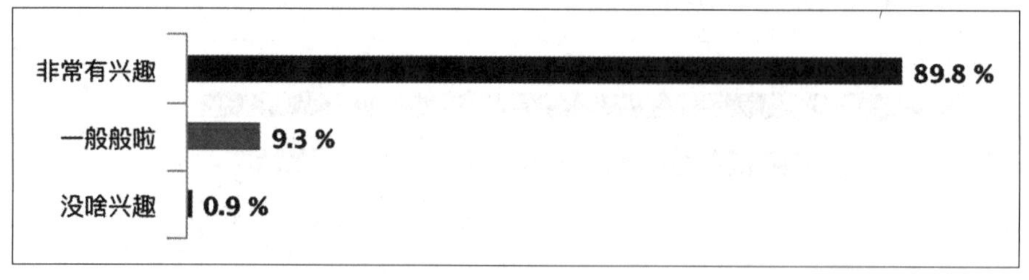

(五)记忆力大挑战来啦！你还记得老师讲课内容的大致范围吗？

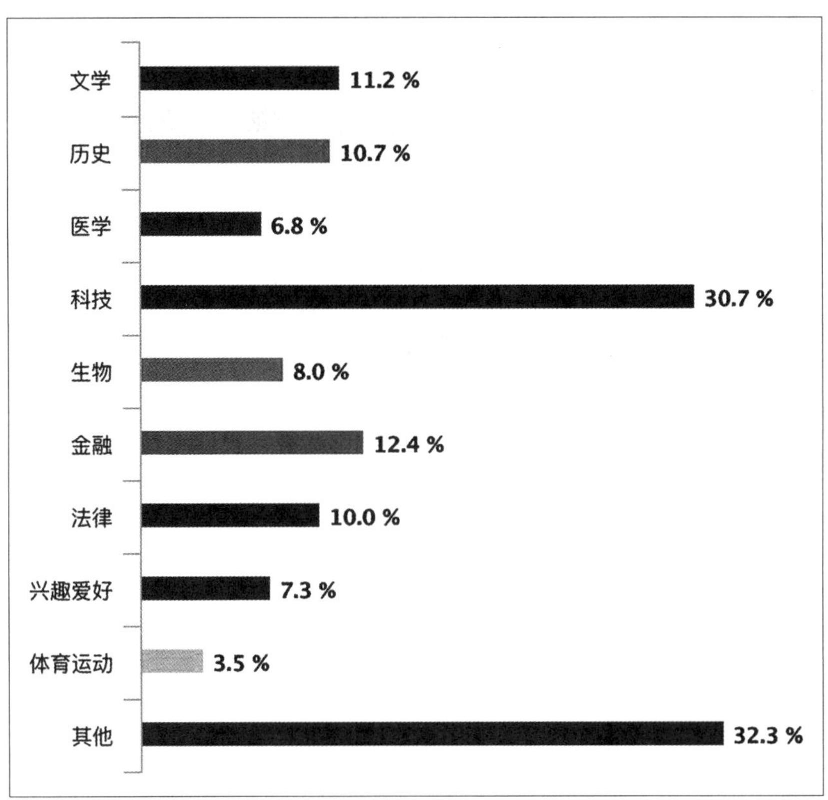

(六)家长老师的课堂表现怎样呢？小朋友们评评看。

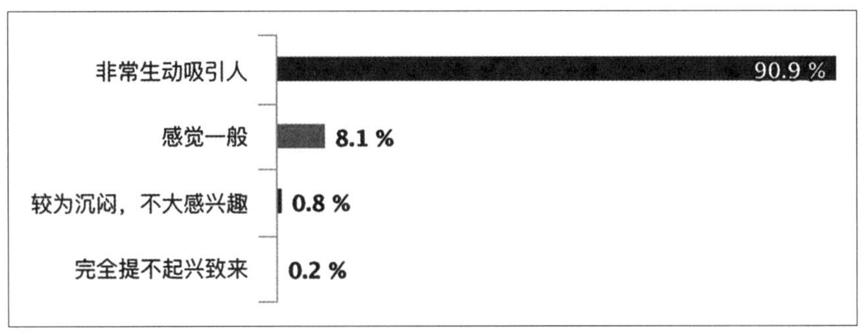

(七)说说心里话，这样的课程小朋友是否希望继续开展呢？

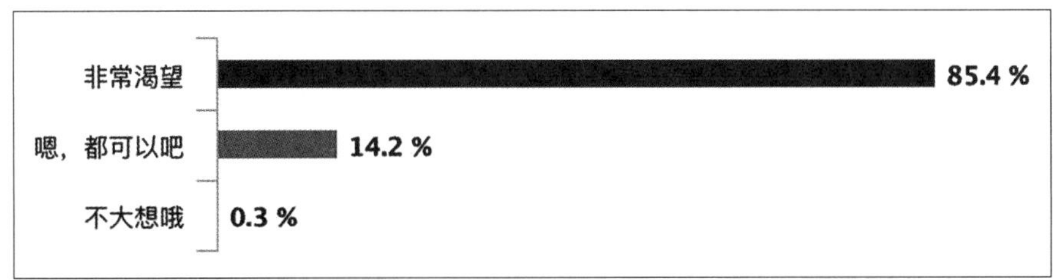

五、流程化管理

随着逐年进行的微课管理，我们逐渐形成了规范化的流程体系，具体见图 1。

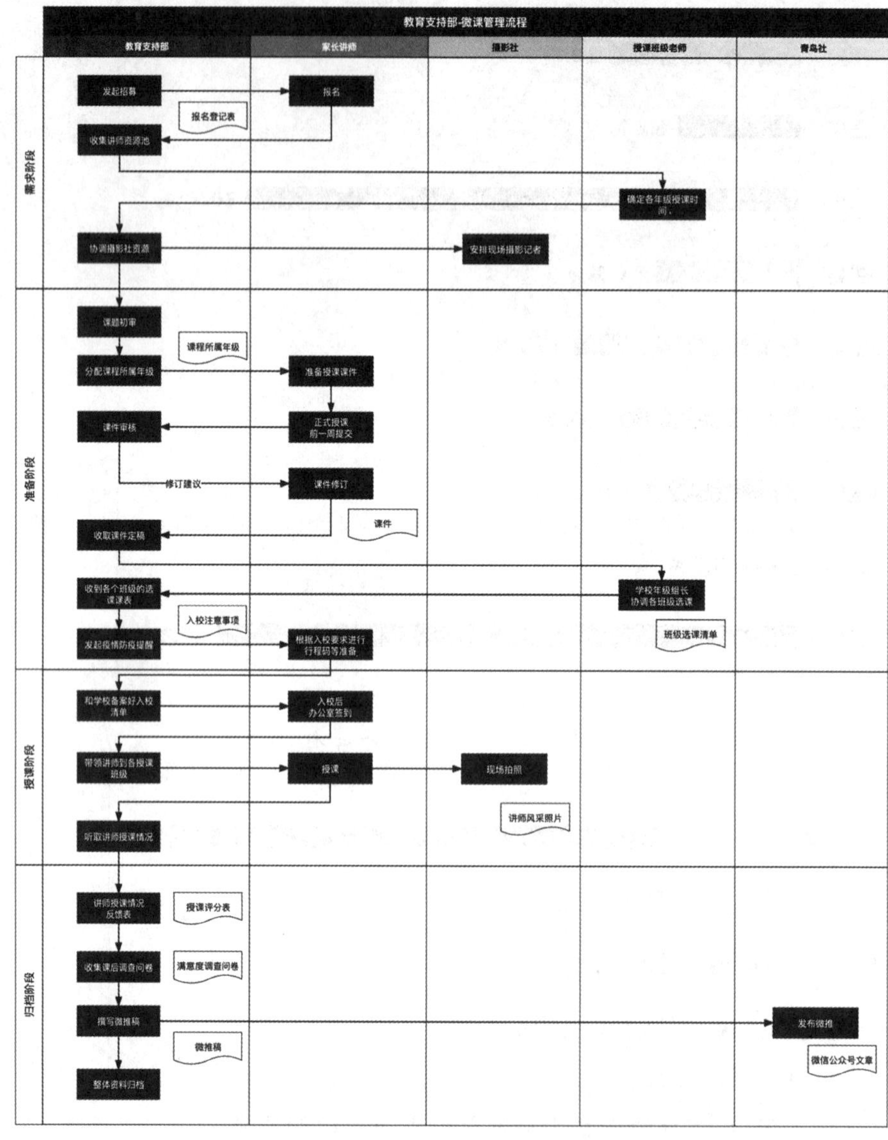

图 1　微课管理流程

从图①中可以看到，微课的管理中涉及家长讲师、学校教师、校家委会教育支持部和其他社团多个角色之间的配合，这样才能完成一个微课的生命周期管理。从各个流程节点上，不断输出过程文档，最终形成一次微课的课程画像：

- 课程名：
- 课程所属类目：

- 课程讲师及讲师介绍：
- 适用年级：
- 历史授课记录：
  - 授课时间：
  - 授课班级：
  - 教育支持部评价：
  - 授课班级老师评价：
  - 授课班级学生评价：
  - 本次授课评分：
- 总体评价：

课程画像的精准和完整性能够极大促成微型课程在校内的沉淀、循环、迭代和优化，进一步实现学生的综合素质提升的目标。

六、未来的进一步目标

（一）全行业覆盖，匹配更丰富的课程。参考 20 个行业的分类，挖掘和引入更多的不同行业的家长讲师团参与微型课程的建设中来，配合学校打造鸟巢状、多维联动、有逻辑的课程体系，将课程、教学、评价、管理与师生、家校社发展融为一体。

（二）课程沉淀，引入更多的多媒体设备，能够积累和沉淀优秀的微型课程的影像记录，利用课程点播的形式让更多的学生可以课后听到丰富多样的课程。

五育融合下的阅读初体验

——《总也倒不了的老屋》教学案例

小学语文学科　杜宛菲

一、案例背景

《总也倒不了的老屋》是部编教材三年级《语文》第一学期第四单元的一篇课文。课文讲述了老屋与小猫、老母鸡、小蜘蛛之间的故事。一百多岁的老屋到了该倒下的时候，可是每次想要倒下去的时候，都有人需要它的帮助，让他等等，使得它怎么也倒不下。这一单元的学习目标是一边读一边预测，顺着故事情节去猜想。本课是本单元的第一课，学生开始学习预测的一些基本方法，了解预测时要有一定的依据。

二、案例描述

师出示课题。问：看了课题，你觉得这篇课文会讲述一个怎样的故事？

生：我觉得故事讲的是老屋不知道遇到了什么事情倒不下去。

生：我觉得老屋有魔法，想倒下去却倒不了。

师：小蜘蛛请求老屋先别倒下，再等等，你预测一下，老屋会怎么做？

生：我觉得老屋还是会答应小蜘蛛的请求，不倒下去。

师：老屋给你留下了怎样的印象？你从哪里看出来的？

生：我觉得老屋很善良。

生：我看插图上的老屋看上去很慈祥。

生：我看故事情节，老屋一次次答应别人的请求，帮助了他们。

师：你们真棒，能够根据课文的插图来预测，也能根据课文情节来预测，这也是预测的方法。

…………

三、讨论与反思

五育融合是现代教育的一个新课题，但也是语文教学中一直在实施的一个方面。当代的学生在学习知识的基础上更应重视五育发展。如何在教学中不落痕迹地渗透五育，达到潜移默化地教育，教师们一直在探索。在《总也倒不了的老屋》这篇课文教学时，我在备课时想到可以借助课文内容的学习来完成德育的目标，让学生明白老屋乐于帮助别人才没有倒下，这种助人为乐的精神是值得称颂的。这篇课文的目标是让学生学会预测的方法，我又想到在教学时还可以利用预测方法发展学生的思维，在学习语言文字的基础上提升学生的思维能力。教学各环节的实施中顺利完成了预设的学习目标，而教学时的意外生成更让我觉得学生思维开阔，为阅读插上了想象的翅膀。

（1）文道统一于无形

语文教学中的道德教育从来不是独立存在的，它贯穿在整个教学过程中，依靠语言文字的潜在含义去感悟、去影响，让学生在学习中得到潜移默化的教育。

总也倒不了的老屋其实已经很老了，也很累了，可是为了帮助别人，它撑着破烂的屋子一直没有倒下。在学习了课文后，我问学生“老屋很想要倒下了，为什么没有倒下”，学生都能答出因为它要帮助小猫、老母鸡和小蜘蛛，所以没有倒下。我又让学生说说“老屋给你留下了怎样的印象”，学生一下就答到了老屋是为了帮助别人在没有倒下，老屋助人为乐……这个德育点学生很容易就能找到，如果只是停留在这里，这个教育就只是停留在表面。于是我继续追问，老屋帮助了别人，可是它自己都得不到休息，你觉得值得吗？大多数学生的意见是值得的。意见虽然各不相同，但都围绕“帮助别人使自己也能得到快乐”来展开。

在讨论中，学生的道德意识得到了提升，都深深感受到帮助别人是件快乐的事，纷纷表达乐于助人的想法，学生在阅读中实现了文道统一。

（2）智育发展勿忽视

大多数老师都觉得，数学是发展智力的，语文只是一门学习语言的学科。其实，语文学习对学生的智力也起到非常重要的作用。

《总也倒不了的老屋》这篇课文的目标就是教会学生预测的方法。边阅读边进行预测，可以让学生的思维得到很好的训练，从而得到智力的发展。我在教学生课文时，先出示课题，问学生：看了课题，你觉得故事讲述什么内容？学生的思维一下子活跃起来，纷纷回答：课文是围绕老屋写的；课文会写老屋遇到什么事了怎么也倒不下……学生懂得根据课文题目进行预测，在学习预测方法的同时开阔了思维，为更好地学习预测方法打下了基础。

在教学“小蜘蛛发出请求”时，我问学生：小蜘蛛请老屋别倒下，你觉得老屋会怎么做？学生的回答都能围绕课文情节，说出老屋不会倒下。我立即追问：为什么你觉得老屋会答应小蜘蛛的请求，不倒下呢？学生的思维再次活跃起来，有的说是因为老屋很善良，有的说是因为老屋乐于助人……当我问到他们是怎么会有这些推测的时候，有的学生说是因为看了插图，觉得老屋看上去很慈祥。有的学生说是学习了前面的故事情节，知道老屋很愿意帮助别人……

在一次次思维的碰撞中，学生的学习能力得到了很大提升，这时候再让学生说说“老屋给你留下了什么样的印象”，学生的回答就顺理成章，中心明确。在阅读中，学生的语言文字得到了积累，运用语言文字的能力得到了训练，预测的过程更发展了智力，智力的提升也就水到渠成了。

(3) 意外生成现精彩

课文结束,我让学生续编故事,说说“还有谁需要老屋的帮助”。学生的回答精彩纷呈,有的能根据课文的内容仿说一段,根据每个动物不同的特性来续编。有的则说了小蜘蛛给老屋说的故事。因为小蜘蛛的故事一直没有说完,老屋就总也倒不下。这时候我突然想到,小蜘蛛织网的内容也可以是教学中的一个亮点。我问学生,小蜘蛛为什么要讲故事不让老屋倒下呢?有的学生回答,因为小蜘蛛想要找一个能织网捉虫的地方。我继续追问,小蜘蛛捉到虫子了吗?有的学生说捉到了,有的学生说没捉到。我又引导学生,你觉得小蜘蛛为什么没有放弃,继续捉虫呢?这个问题的提出使学生的思维挣脱了课文内容的束缚,更开阔了。学生们在讨论中感受到,小蜘蛛很勤劳,一直不停地织网捉虫;小蜘蛛不怕困难,网破了修好继续捉虫;小蜘蛛有恒心有毅力,小虫子捉不到就继续等……讲到这里,我问学生:你喜欢这只小蜘蛛吗?为什么?学生的回答是肯定的。因为小蜘蛛的勤劳、有恒心给了学生很大的启示,课堂展现了意外的精彩。

这个环节本不在备课中,而是课堂中的意外生成。这个生成让学生的思维再一次得到提升,也得到了思想品德的教育。学生在学习中自然而然地明白了勤劳创造生活的道理,受到了潜移默化的劳动教育。

四、结语

语文教学中实现五育融合其实并不是一个新的教育理念,早在我国教育初期就提出了对学生要进行德智体美劳教育,它的教育理念也早就存在于一贯的教学中。当然,在语文教学中,老师们普遍认为文道统一是可以实现的,其他几育好像很难跟语文教学紧密联系。而经过深入思考与实践之后,我们发现五育培养其实也反映在日常的教学中,体现在每一课课文里。当五育融合作为一个教育理念提出后,为我们的日常教学提供了有力的理论依据,为教学指明了正确的方向。《总也倒不了的老屋》的教学实践,也为我今后的教学开阔了新思路,积累了新经验。只要因势利导,从文而起,语文教学跟五育融合也可以相得益彰,达到互相促进的效果。

合作促发展

小学语文学科　周茵华

一、背景分析

最近，沪上热播的电视连续剧《小别离》引起了不少人的关注。《小别离》聚焦的是当下社会的教育问题，展现了三个孩子的家庭状况和教育现状。剧中的三个未成年人处于升学的关键时期，养宠物、翻手机、写小说、追星等行为引发了家庭中的轩然大波。不要说初三的孩子是这样，其实随着当下文化和网络产业的迅猛发展，信息网络时代已经提前来到了我们的身边。不少孩子，从小学低年级开始就能接触到手机、电脑中的各种网络信息。固然，这些网络平台给孩子们提供了一个更广阔的空间，然而面对当下国内网络监管体系的不健全，面对信息爆炸的状况，我们如何保护学生的身心安全成了较为迫切的问题。在呵护小朋友内心成长的过程中，学校和家长都是责无旁贷的，但仅靠监督和打压并不是长久之计。我们应致力于建立良好的亲子关系和师生关系。

二、案例描述

三年级上半学期临近期末的时候，正值学生复习备考阶段，不少任课教师向我反映，有相当一部分孩子在复习阶段上课时精神状态不佳，思想很不集中。当时，我觉得可能是期末作业较多，导致精神不佳，就没有过多的在意，但是自己留了个心，好好观察。

几天下来，我发现在语文课上，确实有几位小朋友上课出现了精力不集中的情况，和学生本人交流时，支支吾吾，敏感地觉得可能出了问题。当晚，我及时和家长交流，家长出乎意料反馈，娃最近非常自觉，一吃完饭就抓紧做作业，而且都不用家长督促。这就奇怪了，到底是怎么回事？第二天的课间，走廊中无意听到有几个女孩子悄声低语，说厕所里有鬼。光天化日之下，怎么可能？我趁机加入了她们的对话。也许是平时可爱可亲的形象已深入人心，娃们并没有排斥我的加入，开始说起了她们的鬼故事。经过一番聊天儿，我才发现，班级中有几位小朋友用自己的手机建立了一个小群，发布一下鬼故事迷信小说，这让胆子小的女孩信以为真了。其实，孩子有手机的事情已经是司空见惯，低年级的时候他们会用手机查看作业等。随着年龄的增长，小朋友们已经发掘到了手机的更多的新功能并乐此不疲地去尝试，而这些变化，作为家长和老师竟然无从察觉，一边感叹孩子们的成长变化之快，一边在心中不禁激灵了一下：是不是该放下手中的琐碎事务，和他们多多沟通呢？

三、案例分析

1. 不急不躁,冷静观察

在刚工作的第一年,如果发现这些问题,尤其是这些不在设想范围内的问题,我通常都是暴跳如雷,联系学生家长,必须严惩！在老师的盛怒下,家长一般也会随之情绪失控,或有些不得不配合老师的火暴脾气,来凸显家长与老师的权威。其实,这时候的小朋友一脸懵懂,他甚至不知道你们这些大人为什么要这样。而今,我学会了遇事先冷静,同时在第一时间想到我们的家长,借助他们的力量了解事情的真相。不是为了打压学生,而是一起发现问题,学校里的孩子和家中的孩子,会表现出不同的行为。这一阶段,我们只观察,不说穿。

2. 将心比心,设身处地

如果观察的情况属实,就先冷静下来。这时候家长的心情可能会比较激动,居然在自己的眼皮底下干起了"坏事"。此时,作为老师,不是火上浇油,而是宽慰家长,让其知道我们站在统一战线,但不是说非要把娃揍一顿,以解你我之气。而是站在他们的角度和立场去将心比心,也让已经长大成人的我们回首青春和童年,让孩子也重新审视与父母和老师之间的关系。

3. 走心交流,平等共生

作为老师,不仅和孩子交流,同时也要和学生家长沟通,并且要认识到虽然我们是成年人,但我们的处事方式不一定都是对的,教学相长才是正确打开方式。有爱才有一切,可以争吵,可以有不同的意见,但一定要沟通与交流。

班主任工作对改善亲子关系的实践

——家校合作案例报告

初中英语学科　张丽华

十年多的班主任工作,让我深刻体会到家庭、亲子关系对孩子成长的重要性。通过观察、访谈、比较,我发现这种影响主要源于两个方面:一方面,融洽的夫妻关系和家庭氛围直接影响孩子的人生观、价值观;另一方面,和谐的亲子关系给孩子带来一种示范效应,引导他正确处理更广泛的人际关系。以下将从这两个方面进行具体阐述。

父母是子女人生道路上的启蒙者、引领者,是和孩子接触最多、最密切的人。夫妻关系直接或间接影响孩子的身心发展,不仅对他们的认知、行为起到示范作用,还对他们的情绪模式乃至人格形成产生重大影响。父母关系融洽,会给孩子提供一个安全舒适的环境,有利于儿童个性的发展,反之易使儿童形成矛盾的、情绪不稳定的心态。由此可见,父母是孩子身边最熟悉、最亲近的人,他们若和谐相处,孩子也能以平和的心态应对生活;他们若矛盾不断,则很难培养正确孩子的人生观和价值观。

例如,我的班中曾有一位同学 W,他的父母由于性格和文化背景上的差异,时常在家庭里发生激烈的争执甚至吵架。这个孩子在感情上倾向于母亲,又在潜意识里崇拜父亲,于是在他身上形成了明显的矛盾性格:和同学相处时总想引起他人注意;和他人发生矛盾时常用一套荒谬的理论来自圆其说;遇到问题时常常走极端,破坏纪律的同时还会出现谩骂等行为。为此,W 成了老师们头痛的对象,而作为班主任,我也是精疲力竭,还要常常担心他的行为后果。

经过多次交流,我了解到有关 W 的更多的家庭情况:母亲打理家庭事务、照顾他和弟弟的生活,主张孩子自由发展个性;父亲忙于公司业务和学术交流,对儿子的期望值一向很高,常常对他进行大段的说理教育。联想到 W 对什么都无所谓、对他人重视的价值多持否定态度、甚至无视规则和权威的性格,我感到有必要和他父母进行深入的沟通。对于这样一个特殊的家庭,我知道三言两语无法解决问题,光是对孩子做工作也不会有太大进展。因此,我通过家访、电访、微信、面谈与孩子父母保持沟通,同时争取了学生处、心理咨询教师和任课教师们的支持,对孩子积极关注、对其父母适时影响。哪怕有时沟通受阻也保持良好的心态,尝试用理智和善意的风格引导他们勇于表达、善待彼此。例如,一次学校组织诗歌朗诵会,我请 W 担任领诵,将比赛视频发到班级家长群,对 W 的认真表现给予了充分肯定,希望其家长也能多看到孩子的优点。再如,有一次 W 又出现了过激行为,我在了解事由、沟通教育后,通过电话向他母亲说明了情况,却受到她的责难。我没有在电话里过多解释,之后通过微信和面谈让她对班主任工作有更多的理解和认同。此外,她也表示在家庭生活里会帮助孩子树立规则意识。两年多过去了,孩子的父母和他本人都有了一些积极的改变,虽然常常还会出现一些“状况”,但改善这个家庭成员间的相处模式无疑是帮助 W 改变自我的突破口。

帮助孩子矫正并养成好习惯,树立遵守契约的意识,养成自我管理行为和情绪的能力需要家长和孩子共同努力,这也是拉近彼此距离的良方。得到了父母的欣赏和认可,W 遇事后的情绪渐渐平稳下来,能够接受一些不同的看法和老师的部分建议;父母减少争吵次数后,W 的睡眠质量有所改善,言语也不那么激烈了;母亲适度增强了原则性,父亲不那么爱说教之后,W 看待周遭的态度也柔和下来,违纪次数减少了,还愿意帮助老师、同学解决一些问题。W 顺利考上了一所区重点高中后回校看望老师,聊起他的过去和现在,我俩都会心地笑了,相信他未来会有更好的发展!

亲子关系对孩子在班级里的人际关系具有示范作用。良好亲子关系下培养的相处模式也会相应地运用到青少年在校的生活过程中,进而促进青少年的校园人际关系。父母为人处世的态度就是孩子的榜样,父母的豁达与善良是给孩子最好的馈赠。父母与长辈、邻居、同事处理好人际关系会对孩子产生一种示范效应,孩子在学校、班级里和老师、同学相处时也会变得善解人意、易于沟通、宽容豁达。

这里有一个实例。我班里的女孩 L 从外省市来上海就读,基础比较薄弱,性格内向,遇事不愿意沟通表达。一个多学期过去了,她渐渐表现出更真实的一面:喜欢和成绩一般的女生交往,对男生比较疏远,一旦与他们产生摩擦便容易暴怒,常以提高嗓门和机关枪式的争辩来捍卫自己的利益和尊严。我知道她是单亲家庭的孩子,从幼年时就在外公外婆家长大,还有一个正在上幼儿园的弟弟。此外,L 刚从外省市到上海就读,各方面都有所不适应。但这些信息对我深入了解这个女孩还是远远不够的。于是我数次约女孩母亲来校,但她总是以事多推脱。我只能以电话沟通,但无论我怎样动之以情、启发开导,这位母亲还是不愿敞开心扉。

终于到了暑假,我上门家访,看到她母亲在给顽皮的弟弟吃鸡翅,而我的学生 L 正在里间上网课。气氛似乎有些僵硬,我也感受到这位母亲心结郁深。于是我从询问弟弟的情况入手,说到 L 在班级里的进步、我欣赏她的方面,L 母亲的表情终于缓和了。我又问到孩子们的假期生活,有没有出去玩。她开始说起最近去公园的情景,说到了自己生活里的感情变化,眉梢有了笑意。但说到女儿和自己的关系、说到姐弟两人相处的矛盾时,她还是流露出一些对女儿的不满情绪。至此,我大概了解了这位母亲的性格和她的烦恼。我把她对女儿的情绪和孩子在班里的人际状况做了关联,帮助她意识到亲子关系对孩子人际关系的影响,开导她对女儿要多一分宽容、理解和爱抚。毕竟孩子处在身心发展的重要阶段,幼年时缺少父母的陪伴,青春期又面临适应新环境的困难,孩子的压力不言而喻,这个时候母亲的关爱和榜样作用是不可或缺的,也是旁人无法替代的。临走前,我请 L 出来说几句话,并鼓励、拥抱了她。

之后，L在班里对男生还是有些高冷，但她生气时的高音明显减少了，和同学、老师的互动也变多了。我相信这个家庭会有一个更加和谐、积极的未来。

家长与孩子朝夕相处，家长的一言一行对孩子有潜移默化的作用。孩子是家庭的镜子，和谐的夫妻、亲子关系造就一个心胸宽阔、承受力强的孩子；矛盾压抑的家庭伴生一个心胸狭窄、遇事冲动的孩子。希望我们的社会文化能从更多积极的方面影响家长的心态，而学校教育也能发挥更大作用，从家委会、家长会、校园主题活动等更多层面上帮助家长提升亲子沟通能力，既不纵容孩子，也不过度打压孩子，从而促进青少年的健康成长和家庭与社会的和谐发展。

参考文献：

[1] 王红云，刘纯艳.父母婚姻关系对子女心理行为影响的研究近况[J].护理研究，2005(10).

[2] 顾婵.班主任对和谐亲子关系的指导实践[J].江苏教育.班主任，2019(5).

[3] 张盼.父母婚姻质量、亲子关系对青少年校园人际关系影响的研究[D].太原：山西大学，2018.

“初中语文学科德育的教学实践研究”研究报告

初中语文学科　陈　豫

一、研究背景

(一)问题的提出

2014 年,教育部颁发的《关于全面深化课程改革,落实立德树人根本任务的意见》明确指出:立德树人是发展中国特色社会主义教育事业的核心所在,是培养德智体美劳全面发展的社会主义建设者和接班人的本质要求。2017 年,党的十九大再次提出:要全面贯彻党的教育方针,落实立德树人根本任务,发展素质教育,推进教育公平,培养德智体美劳全面发展的社会主义建设者和接班人。

而 2017 年发布的《中小学德育工作指南》中的实施途径和要求里提到了“课程育人”以及“充分发挥课堂教学的主渠道作用,将中小学德育内容细化落实到各学科课程的教学目标之中,融入渗透到教育教学全过程”。随着新的学科课程标准的实施,在学科教学中适时适度地进行德育的渗透,已成为教学的目标之一。能否在学科教学中渗透德育已是考核一个学科教师是否具有“以人发展为本”的教育理念的内容之一。同时,上海市教育综合改革大中小德育一体化项目研究提出的“德育目标体系”也为处于实践迷茫期的一线教师提供了思考的路径。

鉴于以上背景,本课题以“德育目标”为依据,以情感教育探究为抓手,以课堂教学实践、观摩为途径,尝试探究初中语文学科的德育教学。

(二)研究意义

理论意义:提高教师对德育理论的进一步学习,践行“人人都是德育工作者”的理念,落实《中小学德育工作指南》中对于“课程育人”的要求,促进学校素质教育方案的深入实施,充实学校素质教育理论方面的探索,为学校教书育人做出贡献。

实践意义:通过本课题的研究,立足于课堂教学,探索用于指导教师在学科教学中的德育活动和行为的理论,提供解决具体问题的思路和可操作的方法,拓宽教师的德育观;通过本课题的研究,探索一种适合本校的学科德育渗透的教学方式,积累成功经验和案例,为更广泛地普及德育提供经验和资料。

二、研究设计概述

(一)研究概念的界定

学科德育是指在学科教学过程中,根据学科自身的特点,利用学科丰富的教育资源,适

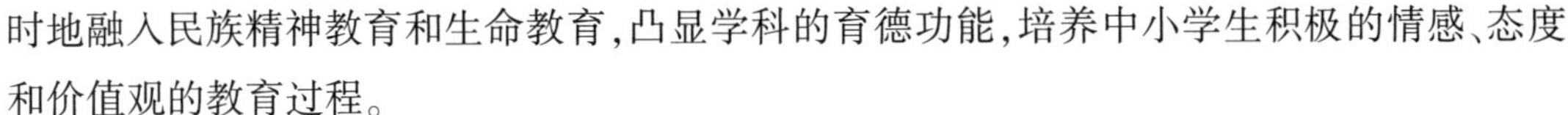

时地融入民族精神教育和生命教育，凸显学科的育德功能，培养中小学生积极的情感、态度和价值观的教育过程。

“学科德育”不是“学科”+“德育”。学科教学本来应该具有学科育人功能，而学科德育是学科育人的核心部分。“学科德育”应根据学科教学自身的特点，充分挖掘学科教学中的德育因素，以知识为载体，采用适当的策略与方法，在学科教学中落实德育目标，即情感、态度、价值观目标，以达到教学与教育、教书与育人、知识与道德的统一。

本研究中的育德途径主要是根据上海市教育综合改革中大中小德育一体化项目研究成果，大中小学科德育目标体系包括“政治认同”“国家意识”“文化自信”“人格养成”四个一级德目，每个一级德目下均包含四个二级德目，共计16个二级德目。

（二）研究目标

1. 确定初中《语文》教材中文学类文本所蕴含的德育因素，明确在学科教学中的德育内容。

2. 探索、梳理学科教学与德育相融合的有效方式方法，总结出学科教学有效渗透德育的形式与方法。

（三）研究主要内容

1. 从情感教育的角度确定学科教材中所蕴含的德育因素。

2. 总结学科教学有效渗透德育的教学策略。

（四）研究方法

1. 文献分析法。本课题各阶段运用文献法查阅有关资料，寻找本课题研究的理论依据和实践支撑。文献研究法，结合专家指导，与课题组同事互动研讨和自我思考，提出切实可行的解决路径。

2. 行动研究法。本课题在实践阶段运用行动研究法。课题组对实施活动评价制订较为详细的实施计划，并进入研究；在实施过程中，及时了解、掌握、分析有关情况，予以记录；针对存在的问题，及时修改和完善实施计划，继续开展行动研究。

3. 经验总结法。本课题各阶段，对实践研究的前期材料加以分析、整理、汇总，完成阶段性汇报。

（五）研究过程

第一阶段：收集评价的情报资料，设计课题研究方案，理清研究方向，进行课题内涵的界定，强调学科教学中应有机、有效地渗透德育，制订开展课题研究的实践方案，使工作有章可循。

第二阶段：积极组织课题组成员选择教材中的文学类文本，从情感教育的角度完成学科德育的教学设计并开设交流展示课，同时积极参加学科德育实践教学，参加本课题的各种教学观摩、学习、参观活动。

第三阶段:整理所有的数据和资料,完善课例,完成并修改课题报告。

三、研究成果

课题组提炼出从情感教育的角度进行语文学科德育的相关策略,如下:

(一)提出问题链,实施整体渗透

在课堂教学过程中,我们采用主问题导向下的问题链策略,让育德目标在层层递进的问题情境中逐步推进,引导学生获得较为全面的感知与体悟。

如初中八年级课文《关雎》探讨的一个核心问题是:《关雎》这首诗中“君子”“淑女”是怎样的形象?为了解决这个核心问题,我把它分解为三个小问题:何为“淑女”?何为“君子”?诗歌是怎样逐层展现“君子”“淑女”的品质的?学生先从“君子”的形象入手,把握住了原文有关君子追求淑女不得后的表现,得出了“君子”应具备克制有礼、情趣高雅、对感情负责的特点。接着,学生再从“淑女”的形象入手,把握住原文有关捞取、采摘、挑选荇菜的内容,得出了“淑女”有姿态美好、勤劳、情趣高雅的特点。最后,由“重章叠句”的表现手法入手,在一唱三叹、回环往复中,进一步加深了对“君子”“淑女”内涵的理解。

【教学实例】

初中八年级《关雎》教学片段:

师:本堂课探讨的核心问题是,《关雎》这首诗中“君子”“淑女”是怎样的形象?让我们先来探讨一下何为“君子”?

生:品德高尚、德行美好的人。

师:在诗中,男主人公怎么德行美好了?

生:男主人公追求和取悦淑女的方式是“琴瑟友之”“钟鼓乐之”,可见他追求的过程是高雅、不低俗的。

师:很好,老师补充一点,即周朝包括春秋时期音乐的初始功能不仅是用来审美欣赏的,而且起到教化民众的作用,借琴曲瑟韵来陶冶性情,进行礼乐教化。所以你从中“琴瑟友之”“钟鼓乐之”还感受到了什么?

生:君子用“琴瑟友之”“钟鼓乐之”的方式追求淑女的行为不仅是高雅的,而且是符合“礼”的。

师:我们讨论了“君子”的内涵,那么何为“淑女”呢?

生:善良美好的女子。

师:在诗中,你能找出女主人公美好的地方吗?

生:“参差荇菜,左右流之/左右采之/左右芼之。”用男主人公采荇菜来类比他追求女子,所以借荇菜在水中漂摇的美好姿态就好似女子美好的身姿。

师:很好!对于“荇菜”有不同解读,另一种观点认为采荇菜的是女子。如果按这种观点来思考的话,你又品出了什么呢?

生:它表明女主人公采摘、挑选荇菜的姿态很美好,而且她在劳动,表现出她还很勤劳。

师:很好!“勤劳”这两字深入中国传统文化里。《木兰诗》中“木兰当户织”,《迢迢牵牛星》中的“纤纤擢素手札札弄机杼”,《陌上桑》中秦罗敷也在采桑,都表现出了古代女子勤劳的品质。

师:还有吗?从“琴瑟友之”“钟鼓乐之”中能侧面看出淑女的品质吗?

生:“淑女”能够被“君子”“琴瑟友之”“钟鼓乐之”,说明淑女也是懂得欣赏音乐的,也是情趣高雅的。

师:在理解了“君子”“淑女”的内涵之后,我们一起来背诵一下这首诗歌。这首诗歌背诵起来难度不是特别大,为什么?

生:因为诗中好几处语言几乎是相同的,中间只变动几个字。比如:“参差荇菜,左右流之。”“参差荇菜,左右采之。”“参差荇菜,左右芼之。”

师:这种手法叫重章叠句。读上去有什么效果?

生:有一种回环往复、一唱三叹的感觉,增强了诗歌的音乐性和节奏感。

师:其实有很多现代歌曲的歌词也是采用了重章叠句的形式,你能举出一个例子来吗?

生1:比如《月亮代表我的心》。

生2:比如我们的校歌《你我同在》。“你我同在,浦江之东……”“你我同在,碧云悠悠……”“你我同在,学会生活……”

师:是的,后来的诗歌以及歌曲等艺术创作也吸取了《诗经》重章叠句的表现手法。中华传统语言文字的形式美和韵律美也通过诗歌、曲艺等形式代代相传。

【德育价值分析】

《关雎》中所体现的青年男子对美丽善良女子热烈追求的美好情感清新隽永,诗中“君子”“淑女”的形象内涵丰富,重章叠句形式的韵律一唱三叹。在教学中,师生通过探讨本诗中“淑女”“君子”的形象,落实一级德目“人格养成”下的二级德目“健康身心”“自由平等”的品德,提升品格修养,培养学生高尚的道德情操、健康的审美情趣。同时,通过品味诗中重章叠句的表现手法,落实一级德目“文化自信”下二级德目“国家语言”“历史文化”,引导学生对传统文化的深入理解和热爱。

(二)扩展课文背景,实施关联渗透

语文课文富有鲜明的时代性和丰富的人文内涵,课文的写作背景对课文内容和表达的情感都有很大的影响。要使作者的情感内化为学生的情感体验,有必要让学生了解作者的生平经历和创作背景,感受作者写作时的情感和心理。这样更有利于学生理解文章内容和深刻的思想内涵,受到作者崇高品质和美好情操的感染,从而增强自己的责任感和使命感。

如初中八年级课文《白杨礼赞》,是现代作家茅盾于1941年所写的一篇散文。作者以西北黄土高原上“参天耸立,不折不挠,对抗着西北风”的白杨树,象征坚韧、勤劳的北方军民,歌颂他们在民族解放斗争中的朴实、坚强和力求上进的精神。在课堂上,我补充了作者茅盾写这篇文章时的背景是在抗日战争相持阶段,引导学生贴近那段历史,深刻理解作者的情感。

【教学实例】

初中八年级《白杨礼赞》教学片段:

师:《白杨礼赞》这篇文章写于1941年抗日战争相持阶段,并非取材于一地或一时,乃是在西北高原走了一趟(赴新疆,离新疆赴延安,又离延安至重庆)以后在重庆写的。有哪位同学了解相关历史吗?

生:回答(屏幕上补充汪伪政府,皖南事变、茅盾受朱德之邀请来到延安等相关内容)。

师:了解这些背景之后,你对于茅盾在本文中直白表述的语言风格有什么新的看法?

生:茅盾在延安亲身体察解放区军民的战斗生活,看到了北方军民团结一致抗战的面貌,经历了震惊中外的皖南事变之后,一腔热血郁结于心,因此他抑制不住地要呼喊出来,而不顾“象征”手法常见的含蓄性,要直抒胸臆,用淋漓畅快的语言表现出来。

师:既然直白,直抒胸臆,为什么不直接歌颂延安、歌颂共产党呢?

生:因为这篇文章写于重庆,重庆当时在国民党统治下。现实的环境不允许他具体抒发,故使用了象征的手法,让文章变得更委婉一点。但是,在使用象征的过程中,他又难以遏制这种对国家、对民族强烈的情感,所以又不吐不快,虽然用了象征手法,但又忍不住直抒胸臆,直白地表达出自己的情感。

【德育价值分析】

《白杨礼赞》中极普通却不平凡的白杨树与作者心中共产党领导下的抗日军民的形象得到完美的统一。所以在教学中教师应联系写作背景,引导学生理解象征意义,进而感悟作者对抗日军民的赞美和崇敬。感受作者在“特定历史背景下”“独特的情感认知”,感受白杨背后作者用笔积极投入抗日的昂扬激情以及作者对国家、对民族的热爱,体会作者深沉的家国情怀,落实一级德目“国家意识”,培养学生高尚的道德情操。

(三)突出重点词句,实施重点渗透

教师应从课文重点词句和语段中,发掘其中蕴含的思想感情,在教学时引导学生品词析句,从而落实德育渗透“点”,让学生自己去领悟、体会和内化。学生只有通过扎扎实实的字、词、句的理解训练,才能在获得知识、形成能力的同时,受到具体生动的思想教育。

还是以《白杨礼赞》为例,文中有多处作者直接赞美白杨树的句子,但是细细品味之下虽然句式相似,但重点字词却有区别。课上我引导学生圈画文中直接赞美白杨树的五个句子,并找出这几个句子的相同点和不同点,进而思考这五个句子推进的内在逻辑关系。通过朗读和交流,孩子们发现作者对白杨树的赞美并非流于空洞的赞美之情,从“那”到“这”,从“实在是不平凡”到“决不是平凡”,从“赞美”到“高声赞美”,作者对白杨树的情感是逐层递进、不断昂扬向上的。

【教学实例】

初中八年级《白杨礼赞》教学片段:

师:《白杨礼赞》中,作者有多处赞美白杨树的句子,如:

第 4 段:那就是白杨树,西北极普通的一种树,然而实在是不平凡的一种树!

第 6 段:这就是白杨树,西北极普通的一种树,然而决不是平凡的树!

这些句子是否重复了呢?大家可反复朗读,比较细节的区别。

生:这几句话的句式结构相似,但是感情却步步深入,“那”是远指,“这”是近指,“决不”比“实在”的语气更肯定,感情逐渐加深,抒情气息也愈来愈浓。

【德育价值分析】

同上。

(四)强调读写结合,实施深层渗透

写作教学既是对学生进行语言文字训练的过程,又是渗透思想品德教育的过程。教师可在课堂上布置改写、仿写、创意写作等环节,用学生的写作实践去突破教学难点,让学生自己创作诗文去体验、去感悟。育德变得不空洞,来源于学生的实践,又高于学生的实践。

比如,初中八年级学生在学唐诗《钱塘湖春行》时,教师可以引导学生进行格律诗改写。学生在改写过程中比较五律和七律,品析词语,通过感悟诗人笔下被人忽视的字词,敏感地触觉到词语传达的情意,体会到早春景象的迷人,感受了诗人在自然中怡情的效果。

【教学实例】

初中八年级《钱塘湖春行》教学片段:

师:前面我们已经梳理了诗歌的情脉,下面我们改写诗歌的诗体,把七言律诗改为大体合乎格律的五言,可从减去词语、保留韵脚、调整词语、运用对偶等方面进行修改。

生:(试着改为五律)

寺北贾亭西,水平云脚低。
早莺争暖树,新燕啄春泥。
乱花迷人眼,浅草没马蹄。
湖东行不足,绿阴白沙堤。

师:大家比较五律和七律,一起寻找、品味容易忽视的词。

生:(讨论、交流)七律改为五律,虽然内容一样、景色一样,但七律中的初、渐、最、谁家等词语深藏情感,同时语言质朴自然。浅切平易的句子,轻松地勾勒出一个清新的春天。很多字虽然看上去直白,却也是经过一番锤炼。律诗重视炼字琢句,写律高手杜甫说过:“为人性僻耽佳句,语不惊人死不休。”本诗歌的词,看似自然却奇绝,深入浅出,这样品味,读者能深切感悟寄情山水、清新淡雅的审美情趣。

师:再试着将这首诗改为五绝。

生:写绝句:

亭西水面云脚低，
早莺争暖新燕啄。
乱花浅草没马蹄，
最爱湖东白沙堤。

师：大家比较一下改写的绝句和原诗，一起品味、比较不同。

生：（讨论、交流）通过比较，绝句只是离首即尾，而律诗因为有对偶句，因为有四联，我们能直观感悟律诗的起承转合：起得宽，承得稳，转得出，合得拢。其中又以“起”和“转”更为关键。起得好，才能有远势，振起全篇；转得妙，才能翻出新意，使后续不流于浮泛。

【德育价值分析】

课堂上通过《钱塘湖春行》这首唐诗的诵读、改写、品味，通过读一读、改一改、写一写、说一说四个活动，落实“文化自信”中的“国家语言”以及“历史文化”的育德目标。

四、研究工作反思

进行语文学科德育，不能偏离语文教学的本源，也就是文本细读。只有依托语言文字，才能让德育有据可依。同时，进行语文学科德育，要紧密贴合学生的经验。不能过度拔高，要育德无痕。育德目标不仅需要在课堂讲授、教学活动中渗透，而且需要在课堂训练、作业试题中渗透。教师选编的课内外作业、练习和试卷命题，可发挥其育德功能，达到育人的目的。

以我浇灌　唤醒泉流

——家委会组建实战心得

实验东校家委会　瞿明超　叶　辉

上海市实验学校东校家委会是个高效运转的组织,体量庞大,组织架构复杂而明晰。与一般的企事业单位组织不同的是,这个组织中的人员呈定期流转形态。每个学年结束,随着毕业生离校,一批家委会成员退出组织;每个新学年开始,随着新生入校,又会迎来一批新的家长成为家委会的储备力量。去者不可留,来者如何招,这是东校家委会常年面对的一个人才管理方面的挑战。

东校家委会没有物质激励作为吸纳人才的基本条件,也不能提供世俗眼中的“利益”吸引家长加入家委会。在没有金钱报酬、物质激励、暗箱“好处”的条件下,东校家委会每年是怎样吸引大量人才加入家委会,以确保东校家委会这个组织能够保持“铁打的营盘”的状态的呢?

本文从组织管理动力学的角度,探讨实验东校家委会在招募和吸纳人才方面所做的努力和实践经验。

根据马斯洛的需求层次理论,人类的需求层次结构从底部向上,分别为生理(食物和衣服)、安全(工作保障)、社交需要(友谊)、尊重和自我实现。实验东校家委会的管理者(校家委核心团队)着眼于创造可以满足家长更高层次需求的组织环境,挖掘和营建更具意义感的服务场景,来吸引家长加入家委会并乐在其中。

东校家委会把传统的组织与人才之间的使用与被使用的关系,转换为发展人、成就人与从中得到发展和成就的关系,从而为组织管理提供了更强大更持续的动力。

动力一:满足家长被“尊重”的精神需求

对应马斯洛需求层次理论,实验东校家委会重视并设法满足家委会成员被“尊重”的需求。

校家委会制定了系统的选举制度和章程,每个学年开学之初,都会召开选举大会,经过层层民主选举,选出班级、年级、校级三级家委会成员。在选举时,候选人要上台演讲,进行自我介绍,或制作音视频进行自我介绍,在参选过程中让全体学生家长和老师都认识自己,并最终获得其他学生家长的认而当选。相比“被指定”担任家委会成员,这个民主选举的过程会让当选家长获得更大的成就感,并收获广大家长和教师由衷认可和尊重。

在日常生活中,学校和校家委为家长创造了非常多的服务场景和服务机会,如各种义工岗位,包括交通义工、交通督导义工、校园安全医护义工、爱心延长看护义工、儿童乐园义工、心理护导义工、图书馆义工、故事妈妈、家长讲师、摄影义工等;还有各种志愿者活动,如“为爱捐发”“校服漂流”“爱心节”等,在这些服务场景和服务机会中,家长们通过参与服务,将自己热情奉献、热心公益的精神品质展示给大家,自然而然地收获其他家长以及教师学生的尊重。

校家委每年也会安排答谢环节,如举办答谢晚会、召开答谢大会、评选“金爱心家长”、为参与过家委会志愿活动的家长颁发答谢卡等,表彰家长们的奉献精神,让参与家委会服务的家长收获有目共睹的尊重。

动力二:来自孩子的尊重和正反馈

家委会人才聚合的基础在于孩子,每个人才的背后都有自家孩子作为服务的背景。“一切为了孩子”,这也是实验东校家委会的核心价值观。相比来自外人的尊重,赢得孩子的尊重是家长们更加看重的,而因自己参加家委会服务激发出孩子的各种正反馈和积极发展,更是家长们在别的地方求之不得的收益。

而家长们是如何通过参加家委会赢得孩子的尊重和正反馈的呢?

首先,如前所述,东校家委会设置了民主选举制度,家委会成员都是通过全体学生家长民主投票选出的。在选举过程中通过上台演讲或自制音视频向全体家长和老师进行了自我展示,最终当选家委会成员的家长,会在自己孩子心目中有一种“在我们班家长中,我的爸爸妈妈不一般”的美好印象。

其次,学校和校家委也在有意识地强化这种印象。例如,学校和校家委联合制作了视频,内容是随机采访家委会成员的孩子。在视频中,这些孩子都对自己的爸爸妈妈是家委会成员感到十分自豪。在他们的心中,作为家委会成员的爸爸妈妈是他们的骄傲。校家委每年在招募新一届成员时,都会播放这个视频,以孩子对父母的额外尊重作为吸引和招募人才的动力之一。

但是这种尊重绝不只是停留在身份认同上,更多更切实的尊重,来自孩子看得见的父母在家委会的贡献。

实验东校家委会在班级、年级、校级各个层面挖掘和创建了多渠道多方位多岗位多角色的服务内容,让家长们能够有足够多的机会参加家委会的活动,为班级、年级和学校进行志愿服务。例如,他们在校门口担任交通义工、交通督导,在儿童乐园、心理护导室担任义工,作为故事妈妈、家长讲师进班授课,作为摄影义工在各种场合为孩子们拍照。家长们服务孩子、热情奉献的身影,孩子们都真真切切地看在眼里,记在心中。孩子们也看到父母的另一面——高大无私、积极向上、有所作为,从而发自内心地对父母产生全新内涵的敬重。

很多家长在事业上成就颇丰,在个人职场上是成功人士,但这些成功在孩子心中不是真实可感的事实,也很难切实地在孩子心中产生积极正面的印象,有时候反而可能适得其反,造成亲子关系的疏远和背离。著名作家卡夫卡(Franz Kafka)的父亲就是这样一个典型的反面例证。卡夫卡的父亲赫尔曼·卡夫卡(Hermann Kafka)是一位精明能干的商人。老卡夫卡靠自己的吃苦耐劳,辛苦支撑起这个家,给孩子们创造了相当富裕的生活条件。在当时的社会环境中,他也算是个职场精英、成功人士。然而,父亲越是强调自己的个人努力,宣扬自己的成功带给家庭的富裕生活,就越是引起儿子卡夫卡的反感和叛逆。他在日记中写道:“我过得比他幸福,而他可以因腿上的伤口抬高自己;他可以从一开始就估计并断定,我不会赞赏他当时的辛劳困苦,正由于我没有体尝过同样的艰苦滋味,我就必须对他感恩不尽。”[①]终其一生,卡夫卡都活在父亲的阴影下,未能在灵魂深处与父亲和解。这样的悲剧,究其成因,正是在于“共识”的缺失。所谓“眼见为实耳听为虚”,家长的职场成功,不是孩子的“眼见为实”,家长的职场的打拼,目标和对象也是孩子不可感知的。而当家长在孩子的学校和班级里做志愿服务,他/她的每一个举措、每一个动作、每一次付出,都是孩子亲眼所见亲耳所闻,而其服务和奉献的目标和对象,也事关孩子自己的切身利益,与孩子日常生活的环境(班级、年级、学校)息息相关。由此,家长在家委会设置的场景里服务,就与孩子达成了“共识”,家长越努力、付出越多,越能收获孩子的正向认同。

除了尊敬与认同,家长参加家委会服务,还会在孩子身上产生一些“无心插柳柳成荫”的积极改变。

第一,很多家长惊喜地发现,自从自己当选家委会成员,开始越来越多地服务学校和班级后,自家孩子逐渐摆脱怯懦与自卑,变得越来越自信。有的一年级新生,由于刚刚进入新的环境,人生地不熟,开学初还抗拒上学,可是随着爸妈加入家委会,在校园内外常常见到爸妈做志愿者的身影,孩子开始接受新环境,爱上上学。这些变化其实不难理解,因为从某种意义上说,性格由环境塑造,环境就是关系的集合,爸妈投身于孩子的学校生活环境的共建,就是身体力行地改善孩子的生活环境,让孩子对自己的“环境”有了新的认同,从而改变心态,进而完善性格。

第二,很多参加家委会服务的家长惊喜地发现,自己的孩子越来越懂事,越来越独立自主,乃至在学习方面都有显著的进步。

比如,很多家长反映,平时早上上学,叫孩子起床都非常困难,起床后还要帮忙穿衣、吃早饭、送去上学,几乎每天早上都要为孩子磨蹭而跟孩子发生摩擦。可是当家长在担任班级交通义工的那天早上,家长早早就来到校门口执勤,孩子却能不叫自醒,自己起床穿衣、自己吃好早饭,还早早地就背着书包来到学校门口,跟正在执勤的爸妈热情打招呼,让家长出乎意料。为此,很多家长报名参加了交通督导义工社团,在自己有空闲的时候尽量多地在校门口担任义工,督导交通。

还有的家长反映,自从自己加入了家委会,闲暇时间常用来处理家委会的事务,本来还很担心,辅导孩子学习的时间少了,孩子的学习会退步,没想到,情况却恰恰相反。自己在忙于家委会工作的时候,孩子会默默地写作业、读书,学习习惯越来越好,学习成绩也越来越好。

其实,教育的最高目标就是激发孩子的内驱力,对于孩子来说,内驱力是最难得、最有价值的东西,它不仅可以激励孩子的学习越来越好,也能让孩子成长为更有高度的人。当孩子看到家长在为自己所在的集体奔忙,内心的认同会自动生成感恩之心,在感恩的光芒照耀下,内驱力的生成就是自然而然的事。

第三,当家长参与家委会的各种志愿活动,在其中奔忙和付出之时,孩子会在旁边默默观察模仿,耳濡目染地培养积极参与公众事务的习惯和能力。众所周知,实验东校的孩子有热心公益的传统,一定程度上来说,这跟家委会营建的公益场景和公益氛围有直接关系。

动力三:营建多维社交场景,满足家长社交需要

为了凝聚更多人才,一直以来,实验东校家委会还致力于营建可以满足家长社交需要的场景和环境。

这方面最集中表现于校家委社团部的各个社团。多年来,校家委基于家长兴趣爱好,建立了家长合唱团、心理剧社、摄影社、故事妈妈社团、足球社、羽毛球社、天文社、朗诵社、跑团等多个家长社团。每个社团由本领域有极高造诣或专业知识的家长牵头或担任社团负责人,家长们基于兴趣爱好自愿报名参加。在定期的社团活动中,家长们相互认识,又因为共同的兴趣爱好而彼此认同,在摆脱了“利益”干扰的情况下,轻松社交,建立无负担的友谊。这样的社交是令人愉悦的,是相互促进的,由此获得的友谊也是真挚的、纯粹的。

除了这些日常进行的社团活动,实验东校家委会还为家长们创建了许多社交场景。如,举办一年一度“爱心家长”的答谢晚会,家长们带着孩子一起准备节目、上台表演、同桌吃饭,共同游艺,在欢乐开怀的气氛中,加深相互认识,建立彼此信任,实现家长们对实验东校共同体的集体认同。

很多参加了实验东校家委会的家长感叹说,没想到参加家委会最大的收获居然是结识了一群有意思的人,交到了非常好的朋友。一些老家长也不断地把自己的这些体验和感慨分享给尚未加入家委会的新家长,动员他们一起加入实验东校家委会这个大家庭。

动力四:铸成“炼金熔炉”,帮助家长完成自我实现

现代管理学大师彼得·德鲁克(Peter F. Drucker)说:“管理的本质是激发人的善意和潜能,管理的全部努力都是使人不断向好。”对此,实验东校家委会的管理者深以为然,他们在没有“胡萝卜加大棒”(没有物质激励和惩罚机制)的约束条件下另辟蹊径,赋予家委会这个组织以“炼金熔炉”的功能,参与家委会的家长,都能在“炼金熔炉”中提炼自身,发掘和发挥潜能,遇见更好的自己。

每个人的人性中都有“天使”和“魔鬼”两者并存,实验东校家委会致力于让人性中的“天使”走到台前。

在校家委会公益部交通督导组年末总结交流会上，一位家长解释了为什么自己住在三林，却能坚持早上六点出发来到学校门口做交通督导。她说："虽然辛苦，但每天早上执勤完毕，就感觉自己领到了今日份的'好人卡'，然后一整天走路都能挺胸抬头，做事都倍觉顺利。"这是实验东校家委会所营造的义工岗位对人性中的天使的召唤使然。

有一位班级家委会主任这样分享自己的家委会工作体验，她说："我是一个雷厉风行的人，做事风风火火，喜欢快刀斩乱麻，做了班级家委会主任后，经常遇到一些家长反映各种各样的问题，这些年在解决各种问题和矛盾的过程中，我变得越来越有耐心，越来越细心，也越来越具有共情力，懂得了'家家都有一本难念的经''你未经历，莫劝人善'的道理。这几年的班级家委会主任工作做下来，我感觉我的共情能力、沟通能力，甚至领导能力都得到了大大的提升。这真是，为他人服务，就是服务自己，为他人提供价值，就是提升自己的价值啊！"

实验东校的家长中，有很多都是各行各业的专业人士，他们在各自的专业领域和兴趣领域中各有建树，造诣颇深。实验东校家委会通过社团等方式将这些专业人士凝聚在一起，为家长们提供智识方面的支持和服务，从而吸引更多家长加入家委会，在其中学习交流，提升自己后再服务更多的家长和孩子。

摄影社就是这方面最好的例证。摄影社的社长和一些骨干，在摄影社做讲座、开课程，手把手地教新人，培养了一批批的家长摄影爱好者，使他们对摄影从爱好到精通，成为实验东校各种活动的摄影义工，为实验东校孩子们记录了最美好的校园生活。

综上所述，实验东校家委会在组织管理方面，坚持以人为本，以满足家长的精神需求为组织管理的动力，致力于营建能赋予人生意义的服务场景，为家委会这个组织提供了源源不断的强大动力，吸引了一批又一批的家长加入家委会这个大家庭，以"家校合作、学子受益"为宗旨，为实验东校的家校社携手并进打下了坚实的人才基础。

《游戏改变教育》读后感

小学数学学科　张颖琦

一个偶然的机会，我拜读了格雷格托波所著的《游戏改变教育》，选择这本书最初的原因是标题。我们知道，孩子们都爱玩数字游戏。游戏那么吸引孩子，那些知识又怎么能够更好地吸引孩子、增加他们的内驱力？游戏怎么改变教育？怎样向游戏学习，让教育变得更好？一连串的问题，让我想要通过这本书来找到答案。

当今小学高年级数学日常教学中，以"说教型"教学方式为主进行教学的现状已经持续了很久，"被动接受"是孩子们的主要学习方式之一。但这样学习数学始终浮于表面，难以真正激发孩子的学习主动性。文中写道：如果数学教师不知道怎样利用游戏来教学，总有一天，这会变得就像英语教师不会阅读英语一样荒唐。霎时有点儿惊醒！

如果根据小学高年级学生的学习内容、学习特征来调整学习方式，更多地探索运用"游戏型"学习方式，那么我相信一定可以大大增强教与学的实效，促进对学生数学关键能力的提升。记得有位教师曾这样说过："我最关心学生的是玩，在玩什么、怎么玩。爱玩是孩子的天性。"儿童有与生俱来的活动探究的需要、获得新的体验的需要。那么如何在数学课堂中让孩子玩得开心，玩出体验，玩出效果？教师在其中又要充当何种角色？这是我们需要进一步去研究和印证的。

一、结合课程开展视频游戏教学，有效实施课堂的翻转

德福林告诉我："如果公元前350年就有视频游戏，欧几里得定会设计一款游戏的。"这样的话，欧几里得的十三卷本《几何原理》就会变成PDF格式的补充材料，供你在想要的时候阅读。

这让我想起我们五年级上学期的一节数学课《三角形的"画高"》。这节课书上是没有编写特定的教学内容的，但又是"三角形面积"的基础。三角形的高是五年级所有平面图形中最难的，涉及内高、外高，直角三角形的直角边"高"。如果单纯地让孩子们看教师的板绘和演示，其实枯燥乏味且没有练习的时间。所以我们录制了《三角形的"画高"》一课的翻转课，让孩子们在家里看视频预习。因为是第一次以这样的形式预习，所以孩子们特别兴奋且感到新奇，自学非常投入。第二天上课进行10分钟的复习反馈后，我进行了有关的练习"画高"。这样教学形式抓住了重点、突破了我们原本的教学难点，教学效果相对明显。

二、结合课程开展拓展游戏作业，培养学生的创新能力

三年级《轴对称图形》的研究课很多，但很多教学活动都以设计观察美丽的轴对称图案

为主或将纸对折剪一个轴对称图形等，体验感不深。于是在第二课时，我索性带孩子们排着队去教学楼里走了一遭，去寻找校园中的轴对称图形。伴随着阳光，孩子们睁大眼睛，不放过每一处角落。最后我们的脚步停留在教学楼的走廊里，走廊上的地砖恰恰采用了我们所学的知识"轴对称图形"的"对称性"。孩子们看到这些地砖兴致盎然，叽叽喳喳议论不休：没有想到生活中、身边就有那么多美丽的"对称现象"。于是我布置了本节课的活动作业——设计地砖。我跟孩子们说：如果你们设计得富有创意且美丽，很有可能在学校大修之时，过道上、走廊中就会出现你们的设计大作。这样一来，学生们的积极性一下子被点燃了！因为有了亲眼观察和研究，这个游戏作业对于孩子们来说反而比我想象中的容易，我本来安排的是一星期长作业，结果很多学生在隔天就完成并上交(如图 1、图 2 所示)。在第二课时反馈欣赏的时候，孩子们互相点评，有的流露出对作品的自信，有的流露出对他人作品的羡慕，一声声惊叹，一声声"我要再设计一张"，让我由衷地觉得这样的游戏活动太有趣了，我们的教学目的不也达到了吗？

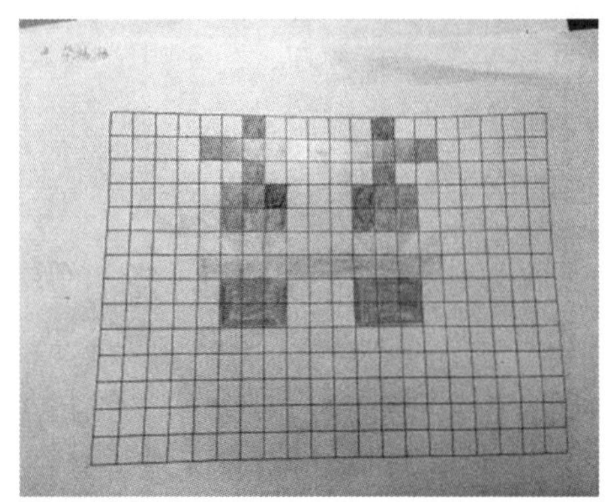

图 1　"双喜"地砖设计图

图 2　"蝴蝶式"地砖设计图

三、结合课程开展体验式游戏活动，将知识点化抽象为具象

教育本来其实就是一个游戏的过程，只是后来枯燥的应试教育方式，让学习不再变得那么吸引人。而在体验式游戏活动中，孩子们对于知识的好奇感重燃，会热情地去经历、去探索。

上海九年制义务教育五年级上学期的几何单元中平面图形类型多，概念性强，尤其是平行四边形与三角形的不同特性在生活中利用最为广泛。但仅仅 PPT 的演示是不足以让孩子们对它们的特性有较强的认识或体会的。因此，我额外设计了一节游戏活动体验课，让孩子们带上不同长度的吸管和订书机，还带上了小铅丝和老虎钳，用简单的方式进行平行四边形与三角形的框架制作。活动过程中我们尝试用吸管围成不同形状的三角形和平行四边形(如图 3 所示)：其一，通过活动再次体验三角形的两边之和大于第三边以及平行四边形对边相等。其二，体验三角形的三条边确定了，它的形状、大小也就完全确定了以及围成平行四边形的四根小棍还能围成其他形状的四边形。最后，大家交流讨论，感受到生活中某些物件运用平行四边形或三角形特性的好处。

图 3　学生们制作的平行四边形和三角形框架

四、结合课程开展评价式游戏活动，提高学生的学习积极性

作者的一个观点很有意思，他认为游戏是“艰难的乐趣”。游戏奖励的是持续的练习、不断的努力和敢于冒险的精神，所以大家对游戏有不断想要闯关的“探索欲”，有获得成功的“征服欲”。这些观点被应用到教学中，不就是“评价”吗？即时评价很重要，长时间的评价反馈也会对孩子带来触动。上海九年制义务教学四年级下学期的统计单元安排有《折线统计图》一课，多年教学经验让我知道“折线统计图”离孩子们很近又很远。因为社会的发展、科技的进步，孩子们对折线统计图并不陌生，在股票、天气变化等信息中都接触过它。但是让孩子们绘制一个和自己生活毫无相关的折线统计图，考几个相关的知识点，并不是我们教这个内容的真正目的。我们在教学数学的过程中始终给孩子们的观念是“数学来源于生活”，所以我们要挖掘身边所有的可用内容。于是在学期初的序言课上，我就布置了一个任务：在数学书的最后页依次写上周次，画上格子。原本的数学加星转变为积分形式，以“周”为结算时间。待学习完《折线统计图》一课后，我布置了一个特色游戏活动作业，即运用《折线统计图》知识，先统计数学书后每周的“积分”数，再在打印后的作业模板上绘制“20××年度第二学期十周积分变化情况统计图”并回答所给的问题，思考改进措施。课上，个别孩子自告奋勇上台对绘制的折线统计图进行分析，不但自我提出了学习要求，还让同学给他提提意见，很有风范。这份游戏活动作业本身就是“评价”，评价学生的学习掌握程度、评价学生的学习过程状态、评价学生的学习能力培养。在本次活动后，每项活动作业都有自评和互评，甚至还有师评、家长评价。不同层次的学生都会感受到成功与进步的快乐，学习劲头会更足，学习兴趣会更浓，学习热情会更高。

这样的评价式游戏活动体验，让孩子对自己本学期的前十周的学校数学学习表现进行再一次的内省反思，掌握了“折线统计图”的技能，养成用数学的方式记录生活、思考生活的行为习惯，乃至形成某些并不是简单做题听课就可以培养的情感、态度和观念（如图 4 所示）。

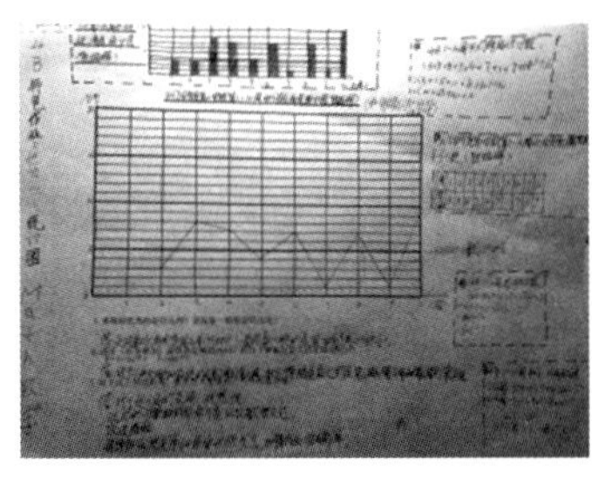

4a

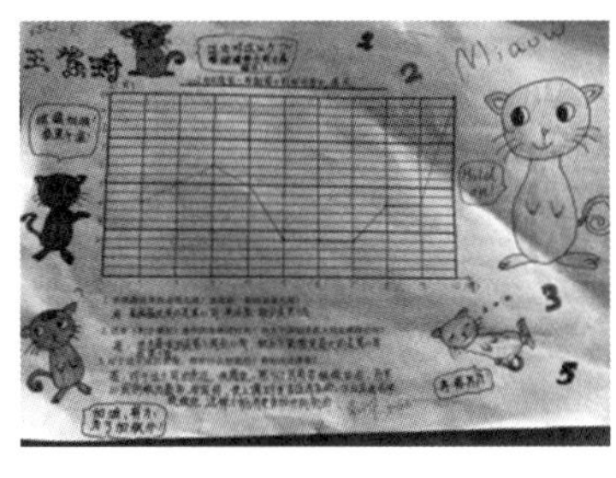

4b

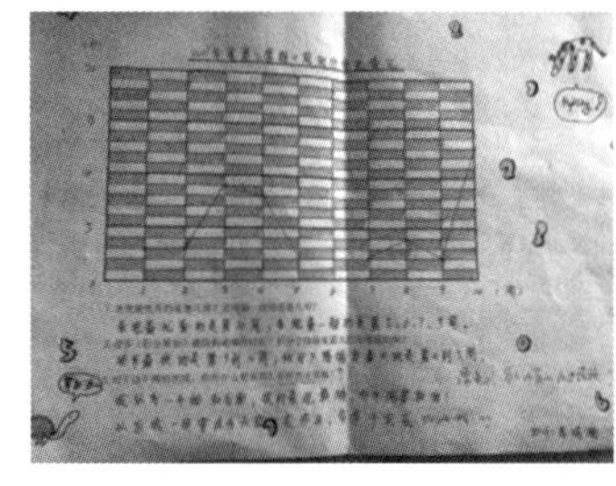

4c

图 4　学生们绘制的折线统计图

当然，游戏式教学、游戏式作业的探索之路还很长，需要教师们在教学中发挥超强大脑，不断摸索、实践、应用。套用《纽约时报书评周刊》的那句话：我相信游戏是最有前景的机遇，能够把孩子们从缺乏乐趣的学校教育所造成的破坏效果中解救出来。这不就是我们课改那么多年想要做的事情吗？

参考文献：

[1]［美］格雷格·托波．游戏改变教育［M］．何威，褚萌萌，译．上海：华东师范大学出版社，2017.

探成长需求，助家庭发展

——从上海市实验学校东校家长学校一年级课程着眼

学校家校联系负责人　许　可

一、案例背景

（一）学校现状

实验东校着力构建以学生发展为中心，学校、家庭、社区和谐联动的教育生态环境。学校首先是“三生”教育生态的倡导者和构建者：创设使学生主动发展的教育环境，为社区和家庭提供优质的教育服务。“三生”教育生态中，家庭会不断更新完善教育理念，家庭成员需要不断学习，以促进自身家庭教育能力的提升。家庭教育的全面提升可以由个人努力、社会教育、学校服务等多方介入的多元培养。在学校、家庭和社区的共同作用下，家庭教育、社会教育与学校教育有效融合，为学子的成长构建出和谐、立体、多元的教育生态圈，才能更好地促进学生成长为尊重生命、学会生活、善于构建生态关系的正态发展个体。

在办好家门口的优质教育服务理念下，学校对学生所在家庭的发展提供教育服务：为家长提升教育理念开设专题讲座，为优化家庭教育策略开展专项沙龙活动，为完备家庭教育保障开办线上课程，为缓解特异氛围家庭提供一对一心理咨询，为提倡家长兴趣发展创立家长社团。

（二）政策支持

根据教育部、上海市教委、浦东新区教委关于进一步加强家庭教育指导的文件精神，浦东新区中小幼家庭教育指导骨干教师培训课程开设，使得学校既有了开办家长学校的契机，也有了来自上级教育领导部门的直接支持。于是结合学校办学理念和相关专家团队多年来在家庭教育领域的研究成果，办好实验东校家长学校，为全体学生家长服务，有针对性地进行家庭教育指导工作就水到渠成。

二、解决策略

（一）设计和培训领先策略

实验东校是九年一贯制公办学校，学生年龄跨度从 8 岁到 17 岁。成长的每一年里，学生遇到的问题不同，每个家庭遇到的问题不同，同一个家庭里不同的孩子遇到的问题也不尽相同。前期学校开展全面的家庭教育问卷调查，并对问卷的数据进行有效梳理和分析，全面

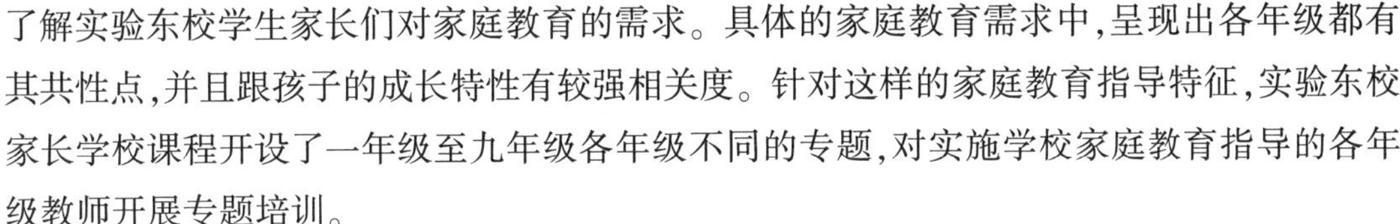

了解实验东校学生家长们对家庭教育的需求。具体的家庭教育需求中,呈现出各年级都有其共性点,并且跟孩子的成长特性有较强相关度。针对这样的家庭教育指导特征,实验东校家长学校课程开设了一年级至九年级各年级不同的专题,对实施学校家庭教育指导的各年级教师开展专题培训。

(二)整合实施策略

开办家长学校,仅靠学校资源来解决家庭教育专业性问题是不够的。学校是学科知识传授的专门场所,而对家长进行培训,解决家庭教育中的种种问题,还需要依靠社会各方面对家庭教育有深入研究的专家进行补充教育。学校整合家庭教育专业机构和专家力量,开展家庭教育课程培训。

(三)多元资源挖掘和利用政策

在家长学校课程开设中,我们比较全面地考虑了有关教育软硬件资源的利用。如本社区、本校、本市和外省市的有关专家和资源,都成了家长学校课程编制和实施汇总的协作者。如:"家长慕课"网站,家长沙龙——营养保障专题、爱眼护眼专题,一对一家庭教育专家进校园指导等。

(四)注重反思策略

在家长学校开设过程中,我们注重对过程、材料、课程效果加以回顾、审察、研讨。对各年级面授课程的实效进行及时反馈,参与的家长在课程的前期设计调研、课前准备、实施中及实施后,都有资料留存,学校对家长学校课程的整体运行注重反思。

三、家长学校开展过程

(一)家长学校整体规划

实验东校家长学校课程设置由校家委会教育支持部配合学校规划及组织。家长学校的课程有:(1)必修课程,每学期开两次,一次是结合家长会开展的普适性课程,一次是年级专题课程;(2)选修课程,每学期开设一次,以学段或年级为集合提供家长沙龙和家长讲座活动,供有需要的家长选择;(3)线上课程,一直在线,家长慕课平台随时随地为家长支招;(4)特需课程,线下一对一家庭教育指导专家进校园咨询,有针对性地开展家庭教育指导。

(二)家长学校开展情况——以一年级家长学校为例

1. 必修课程

根据一年级家长家庭教育实际需求的调研数据开展。本学期一年级家长学校的必修课程主题是"帮助家长认知学生学习能力的发展规律"。

为此,学校请来了雷琼老师为一年级学生家长授课。雷琼曾为浦东新区家庭教育骨干教师主讲过"家庭教育金字塔"课程,家庭教育金字塔模型基于美国著名脑神经学专家BROCK EIDE博士的神经学习过程理论以及美国爱尔丝博士的感觉统合失常学的理论,结合雷老师30多年教育实践经验和大量的案例分析,能有效地帮助学生家长认知孩子的学习能力发展规律。

4月15日晚18:30—20:00,雷老师为一年级学生家长开讲“如何把握孩子三觉优势”。家长通过学习,能够了解和掌握孩子能力发展水平的判断依据,并依此对自己孩子的发展特点进行准确清晰的判断,从而可以在后续的家庭教育过程中,做到认知孩子的特点、发现孩子的特长,能够有效地对孩子积极引导。通过学习,还能够较大程度缓解家长的家庭教育焦虑,提升家庭的整体幸福感。

家长学校必修课程的教务管理由学校和家委会共同执行。课程组织和课程反馈调查(课程质量问卷调查)由学校负责,年级组长和家校联系人执行。家长学员的出勤管理(签到和请假)、课堂学习管理(学习单的记录)由年级家委会组织。

2. 选修课程

低年段家庭对“如何提供孩子健康成长的营养保障”有学习需求,学校为此定向组织“营养早餐”沙龙活动。沙龙活动在学校烹饪教室开展,由有营养师资质的学生家长主讲营养餐的搭配理论,随后组织家长们现场制作营养餐。

3. 线上课程

学校购买苏州智慧家长的“家长慕课”平台服务,为家长提供基于学生的每人一账号。线上课程涵盖面广,视频内容讲解生动、简洁易懂。

四、分析及结论

(一)一年级家长学校必修课程反馈结果——以××学期为例

实验东校一年级学生人数有329人,其中请假的为28人,到课的为301人。必修课程反馈数据是:特别满意率为68.91%,满意率为30.57%,一般率为0.52%,不满意率为0%。

课上,学生家长与雷老师互动问答8人次,课后留下个别交流24人次。家长学习单反馈学习收获特别多:“明白了孩子属于哪种三觉类型,每个人都有不同的学习优势,学习方法和孩子的特质相匹配,则学习效果明显。”“孩子的任何语言和动作都有其意义,都是在向家长发出信号。”“希望学校能够继续提供此类课程。”

(二)其他年级家长学校反馈结果

本学期面授课程已开设的有三年级、六年级、七年级,参与人数都超过年级的90%,课程反馈的综合满意率高达98%以上。

五、反思与总结

家庭教育指导对于学校来说,是无可回避和必须面对的。学生成长的决定性因素更多的是家庭教育。学校作为国家引导教育下一代成长的专业场域,有必要开展家庭教育领域的研究,对本学校学生家长进行家庭教育指导。

在得到浦东新区教育领导部门的专业培训后,学校举办家长学校有了更坚实的助力,也有了明确的工作方向。下一步我们将继续在浦东新区德育家庭教育指导有关领导和科研专家的帮助下,加强家长学校的家庭教育指导课程建设和实施。

连接家庭教育的桥梁——文明其精神，野蛮其体魄

初中语文学科　胡宜海

【摘　要】家庭教育既是学校教育的基础，又是学校教育的补充。因此，笔者搭建不同的平台，让学生家长共同参与，通过活动去体验，对家庭教育有了体验，从而使之落到实处。

【关键词】家庭教育　活动　体验

家庭教育既是学校教育的基础，又是学校教育的补充。因此，笔者搭建平台，让学生家长共同参与，体验家庭教育。关注家庭教育，学子受益，走出一条“野蛮其体魄”之路：家校之嘉讲堂——喜欢跑马拉松的爸爸们利用班会课时间分享跑步经验；家校运动项目——每天放学后，全班同学到学校操场上跑圈；野外运动项目——亲子徒步活动；公益活动项目——参与“厚天救援”公益项目。同时，我们也收获了“文明其精神”。班级文学社朝花社公众号项目，有班主任老师的栏目“一起读写”，指导家庭教育，有家长和学生喜欢的栏目“《论语》栏目”；班级报纸《烛照日报》、杂志《烛照读写》项目，内容翔实，多为班级时事的分享，父母孩子都爱看。其中报纸连续做了8期，杂志办了5期。学生、教师和家长一起创作、编辑，一路上收获满满，明确了班级责任，丰富了班级文化，丰盈了鲜活的生命。

一、搭建“文明其精神”平台，做实家庭教育

首先通过班级公众号和报纸杂志，鼓励孩子父母参与指导家庭教育，给孩子和父母一个互动平台，让每个家庭的孩子与父母有共同的活动，有了共同的活动，家庭教育其乐融融，可以做到“文明其精神”。

班级文学社朝花社公众号项目，有班主任老师的栏目，通过每月读书活动，一起读写，指导家庭教育。有家长和学生喜欢的栏目，“论语”栏目，坚持诵读《论语》语录。“文明其精神”，继续建设书香班级。人人喜欢读书，坚持每月读一本书；人人喜欢写诗，喜欢朗诵诗歌；人人会演讲，喜欢在班级演讲，班级有书香，心中有书香。书香班级的创建伴随学生的成长，让每位学生的生命如翠竹般拔节，最终如水扬清波，如风过竹林。每一个日子看起来很寻常，但都是学生心头的日子，潜着香，藏着甜，是学生真正快乐度过的每一天。学生在每月读一本书的基础上，出版一本班刊。学生积极参加各级诗歌朗诵活动和演讲活动，先后参加过金桥镇家风家训朗诵、金桥镇敬老朗诵、实验学校集团朗诵活动，通过“文明其精神”，指导家庭教育，学生和父母可以共同参与，有契合点，心心相通。

班级报纸《烛照日报》、杂志《烛照读写》项目中孩子提供素材，父母提供指导，亲子合

力。其中报纸连续做到 8 期，杂志做到 5 期，学生、教师和家长一起创作、一起编辑，如表 1 所示。

表 1 班级报刊作品情况

	消息	新闻特写	通讯报道	新闻评论
第一期(4 版)	3 则班级消息	1 篇舞龙特写	1 篇班级通讯	1 篇国足评论
第二期(4 版)	3 则社会消息	1 篇运动特写	5 篇班级通讯	2 篇时事评论
第三期(4 版)	1 则校园消息，3 则社会消息	1 篇盲盒特写	1 篇社会通讯	4 篇时事评论
第四期(4 版)	1 则科技消息，1 则运动消息，1 则军事消息	1 篇故居特写	1 篇校际交流通讯，1 篇班级通讯	1 篇时事评论
第五期(4 版)	3 则国内消息，1 则国外消息	2 篇新冠疫情特写	1 篇寒假生活通讯报道	1 篇疫情评论
第六期(4 版)	2 则疫情消息，1 则军事消息	1 篇文化特写	1 篇博物馆通讯报道	1 篇疫情评论，1 篇体育评论
第七期(8 版)	2 则国内消息，2 则国际消息	4 篇文化特写	1 篇学校通讯	2 篇时事评论，1 篇文化评论
第八期(8 版)	2 则国内消息，2 则国际消息	4 篇文化特写	2 篇学校通讯	1 篇时事评论，2 篇运动评论

本项目中学生、父母、老师三方缺一不可，学生采访和写作，父母编辑和鼓励，教师指导和修改，三方协同，完成项目学习。正因为学生和父母一起参与，才有持续项目活动的可能性，同时家庭教育有了依托，学校和家庭建立了良好的教育生态，可以有效做实家庭教育。

二、设计“野蛮其精神”活动，做活家庭教育

针对学生身体素质的问题，大家决定共同弥补体育锻炼的不足，开展“野蛮其体魄”的活动，进行家班共育，促进孩子健康成长。在以下四大块的具体实践中，班级和家委会以及家长们逐渐形成共识，把活动坚持做好，做成系列化、主题化，并越做越深。四大具体项目分别是：

1. 家校之嘉讲堂

在班主任和家委会共同邀请下，徐爸和曹爸先后来到班级，为同学们分享长跑和马拉松的经验。他们都喜欢长跑，在全中国和全世界参赛，只要有马拉松有越野赛，他们都要报名。他们的足迹遍布地球的各大洲，同学们听后纷纷赞叹，也对跑步有了浓厚的兴趣，喜欢长跑的同学越来越多。

2. 校园运动项目

大家约好放学后，全班同学到操场跑圈，坚持锻炼。从事律师行业的家长从运动意外伤害责任层面为大家分忧；从事医生职业的家长从运动前后身体拉伸情况上给大家指导；家长们中的爱心妈妈则带了一些孩子喜欢的食物，及时为孩子们补充能量；家长们中有摄影爱好者带上专业拍摄器材，为孩子们留下运动美好的瞬间；很多时候，班主任没空带孩子们操场跑圈，爱心妈妈就自己轮流报名领着孩子们坚持跑步……

3. 野外运动项目

几年下来，运动让参与的学生、家长和教师都很有收获，大家欲罢不能。除了坚持每天的跑圈，大家还走出了校园，在周末、假期走进浙江宁海国家徒步道，走进徽杭古道，爬过天姥山，直到毕业徒步千岛湖，运动的足迹越走越远，大家的心越走越近。

4. 公益活动项目

通过家长的搭桥铺路，家委会联系到了厚天减灾救援公益促进中心（简称“厚天救援”）。

“厚天救援”是民办非企业性质的新型减灾救援类社会组织，成立于 2012 年 10 月。以“平安校园”“平安社区”等为特色项目，进行特大城市高楼逃生常识、公共防灾减灾安全知识的科普宣教。班级和“厚天救援”公益组织合作，举办校外公益活动，进一步促进同学们的身体素质提升，形成校内班集体的纪律规范。

厚天活动一：

假期里一个细雨绵绵的上午，在班级家委会委员陶爸的联系和班主任的前期设计下，十几辆车从校门口浩浩荡荡开到浦东三林“厚天救援”的三林基地，班级学生和家长们走进民间公益组织，聆听厚天志愿者讲救灾和自救措施。由于是外出活动，因此我们特别强调了纪律规范。同学们在此过程中安静有序，听课规范，加上现场讲解生动并辅之以最新的救援工具，同学们听得很投入，腰是挺的，背是直的，课堂规范得到强化。其间，同学们又进行了跑步、深蹲等身体素质锻炼以及被绑后进行自我解救训练，在此过程中规范有序，得到厚天基地工作人员的好评。

厚天活动二：

又是一个假期，艳阳高照，和风送暖，班级租了一辆大巴，驱车前往崇明岛港沿公路“厚天救援”崇明基地。之前，我们也请家长先期进行实地考察，并配合班级文化的要素，进行活动设计。

同学们一个一个体验从四楼的逃生袋中鱼贯而出，又体验从两楼使用逃生绳子配合锁扣自动下滑。其间，作为班主任，我也进行以上两个活动。因为是模拟紧急逃生，教官要求每一个动作行为都要极其规范，近乎苛刻。同学们一开始不以为然，甚至有所抱怨，队伍中时常有嘀咕之声以表不满。

另外同学们在家班共育的活动中收获了乐于做志愿服务的公益精神。最近一次班干部竞选活动中，几位候选人就谈到了自己参与公益活动的事例。比如捐献自己的长发、邮寄书本和校服到西藏等。

作家梁晓声曾这样概括一个人的教养：根植于内心的修养，无须提醒的自觉，以约束为前提的自由，为别人着想的善良。人最大的教养，就是能永远保持一颗善良之心……总会有一些善良的人站出来，为你遮挡住狂风暴雨。你的善良与修养，或许也会成为照亮别人生命的那一束光。在家班共育的活动中，大家收获了善良和生命之光；大家相互辉映，合力、合拍、合心。总的来说，家长和老师一起开展家庭教育，收获很多。

《中小学德育工作指南》里面有一项是“协同育人”，提到了“要积极争取家庭、社会共同参与来支持学校德育工作，引导家长注重家庭、注重家教、注重家风，营造积极向上的良好社会氛围”。我想，我们正在这条路上探索并取得了一定的成效。一个人很孤单，一群人可以把事情做好。

增强教师和家长的协同育人的教育意识，才能使教育的途径更畅通，教育成效更明显。家庭教育既是学校教育的基础，又是学校教育的补充。因此，我们要充分发挥家庭教育在青少年成长过程中的重要作用。

助阵花式育儿　聚力家校合作

实验东校家委会活动部　冯晶艳

生活需要仪式感,家校合作也不例外。家校合作的仪式感就是家校共同组织举办的大型活动。通过全过程的参与、互动,组织黏性进一步增强,家校合作也更有向心力和凝聚力。

实验东校的活动数量繁多、精彩纷呈。其中,家长尤其是家委会深度参与的大型活动有体育节、爱心节、爱心年会等,其核心是“爱”,关键是“参与”。通过参与形成“爱”的共识,点点滴滴的爱心汇成涓涓细流,渗透到学校教育和家庭教育的神经末梢,为培养栋梁之材提供源源不断的养分。而这些,也正是家校合作的精髓和目的。

先来说说体育节,每年九、十月份的体育节红黄大战是孩子们展现和实践竞技体育精神的舞台。孩子们在赛场上挥洒汗水甚至泪水,争得荣誉。参与者光荣且骄傲地为红队或者黄队增加积分,最后积分高的红队或者黄队决定着下一个学年的校园装饰主题颜色。这里面有凸显个人色彩的“更快、更高、更强”的目标;有不畏艰难、勇攀高峰的精神;也有团结友爱、相互理解、公平竞争的集体精神,恰与实验东校“攀登、攀登、努力攀登”的校训不谋而合。在这场轰轰烈烈的“大战”中,家长不再是赛场边的后勤保障者、鼓掌助威者,而是共同站在赛场上的并肩战斗者,从旁观到参与,提升了家长与学校的黏合力。家长参与的活动有跑步比赛、足球赛、羽毛球赛、拔河赛等,在赛道上、球场上,我们不再是家长,而是一起为集体荣誉而战的队友;在拔河比赛中,家长们临时组建的红、黄队,在没有熟悉磨合的前提下团结一心奋力一搏。孩子们加油的声音响彻天际,输的一方的孩子哭成泪人,冲过来和家长紧紧相拥。这一刻,教育不需要语言。家长参与并沉浸其中,这也许就是家庭教育的最高境界。

再来谈谈爱心节。每年六一前的最后一个周五是实验东校的爱心节,一届届爱心节都是一场爱心盛会。这一天,孩子们翘首以盼,老师们精心安排,几乎全校学生家长都会请假参与,大家在操场上汇聚成爱的海洋。爱心节系列活动分为爱心义卖、爱心拍卖、爱心嘉年华三大部分,所得爱心基金捐赠给云南希望小学以及需要帮助的人。每年五一后筹备,爱心家长开始筹集爱心义卖的产品、开启线上微店、捐献爱心拍卖的拍品、准备爱心嘉年华娱乐内容等。爱心节当天,操场不再是体育课堂和比赛场地,而是欢乐的海洋。爱心义卖的集市以班级为单位,围着操场跑道摆摊,各具特色的产品琳琅满目,让人眼花缭乱,教师、家长、孩子更是使尽浑身解数:有家长做现场魔术,有孩子进行 cosplay 巡游,操场中间的嘉年华游乐场更是热闹非凡,充气城堡、抓娃娃机、真人 CS 等等,都是孩子们喜欢的项目。孩子们在这里不再拘束,尽情玩耍,大家大汗淋漓,热闹欢腾。与此同时,爱心义卖在阶梯教室举行,孩子们化身为拍卖师,做得有模有样,拍品可能是孩子们精心设计的文创作品,也可能是家长捐献的明星签名足球等,家长和教师积极踊跃竞拍。这是一场“爱”的接力赛,以爱为名,为爱尽力！这笔爱心基金，为重病的同学送去爱的鼓励，为远在贫困地区的小朋友送去爱的陪伴，更为实验东校的所有孩子种下一颗爱的种子！相信总有一天，这颗种子将长成参天大树，为国家、为世界贡献力量！

实验东校家委会在组织爱心年会活动中，各部门通力合作，无论是资金奖品筹集，还是节目导演排练、场地设备准备等，均由校家委会统筹安排。爱心年会主要分三部分：爱心家长表彰、家长风采展示、家校互动交流。筹备初期全体师生和家长参与爱心家长评选，这个过程既是对家校合作工作的梳理总结，也是家校合作相互肯定的一种仪式，更是家校社共育的生动诠释。与此同时，资源的筹集准备同期开展，平时没时间没精力参与义工的家长通过捐款捐物的形式来表达对家校共育的认可，真可谓“一呼百应，有钱出钱有力出力”，点滴爱心汇聚成海，为爱心年会的举办提供各类物资支持。舞台上，节目表演展现出实验东校家长多才多艺的风采，合唱团、足球队、羽毛球队、心理剧社、故事妈妈团队等家长社团争先恐后地拿出看家本领，展现出不同凡响近似专业水平的节目。其中，亲子类节目最受欢迎，舞台上家长和孩子星辉相应、俯仰生姿、其乐融融，将爱心年会推向一波波激动人心的高潮。舞台下，爱心晚宴更是热闹非凡，大家抛开繁忙琐碎的工作生活，欢聚一堂，共话如何做一名更好的家长，探讨育儿的心得体会，吐槽各自的烦恼，是难得的好时机。“一票难求”的爱心年会入场券恰恰印证了这场盛会的必要性和重要性。

除了以上三大主题活动，在实验东校，家长参与的活动还有很多很多，比如读书节、科技节、一六年级破冰活动、家委会团建等等，不胜枚举。正是各种各样、精彩纷呈的活动使得实验东校的学生家长很少在孩子的教育中“缺席”。沉浸式参与孩子的校园生活，实现家长和孩子共同成长，促进形成良好的亲子关系，进而营造良好的家校合作生态，这是校家委会的财富，更是每个孩子、每个家庭的财富，这笔财富将浸润滋养实验东校每个孩子的成长之路，也将滋养更多的人和更广阔的世界。

实验东校家委会通过一年3次的家委会组织策划、全体家长深度参与的充满“仪式感的”的集会活动，带动家长“沉浸式”了解孩子在学校里的日常学习生活，拉近家长与家长、与孩子、与教师、与学校的距离，搭建彼此之间交流共享、相互促进的平台，打造孩子健康成长的“熟人社会”，形成相互之间信任、真诚的关系，传递凝聚、温暖、关爱、直抵人心的力量！

《正面管教》读后感

小学体育学科　刘　凤

我想，每位为人父、为人母的家长都想把世界上最好的东西送给我们最爱的宝贝，除了天上的星星和月亮以外，我们愿意把一切大人认为好的都塞给宝宝。当有一天宝宝说“不”的时候，作为妈妈的我慌乱了，当我在操场上让学生集合排队的时候，有学生说“不”的时候，作为老师的我如迷失的小鹿一般迷茫。我在思考自己的行为和语言哪里做错了呢？我苦恼了三天，也没想明白，可是我那颗好奇的心推着我搜索、询问，寻找真正的答案。

后来我阅读了《正面管教》这本书。当我翻开这本书的目录的时候，我如同找到武功秘籍一样开心。孩子也是独立的一个人，他需要获得平等和尊重。正面管教是一种既不严厉也不骄纵的方法，它以互相尊重与合作为基础，把和善与坚定融为一体……

我为什么要翻开这本书呢？这还要从自己当了妈妈后说起。2014 年 4 月的一天下午，我的第一个小王子诞生了。看到他那白皙俊俏的小脸蛋和一双天真透彻的小眼睛时，我们一家人的心都被他那小可爱的模样萌化了。我暗暗地告诉自己，我要做一个好妈妈。记得第一次站在讲台上上课，看到下面一张张可爱呆萌求知的笑脸时，我也是这样坚定地告诉自己：“我要当一个好老师。”我该如何同时成为一位好妈妈和好老师呢？

一、家庭教育的三种类型

这本书介绍了大人与孩子之间的三种主要互动方式：第一种是严厉型父母，属于过度控制，“我要你怎么做你就怎么做”，孩子是有规矩没自由，没有选择。第二种是骄纵型父母，属于没有限制，“你想怎么做，就怎么做”。孩子有自由，但是没有规矩，属于无限制的选择。第三种是正面管教，属于有权威，和善与坚定并行，“在尊重别人的前提下，你可以选择”，孩子有规矩也有自由，属于有限制的选择。

看到这里，我更加坚定了自己要成为正面管教型的父母和老师，如何做一个正面管教的父母和老师呢？

现在孩子的行为为什么不再像“过去的好时光”那样呢？回忆自己小时候，父母说什么就是什么，我们从不会反抗，也不敢说“不”，因为那样的后果很可能是被打一顿。记得小时候妈妈都很顺从爸爸，至少表面上也会做到顺从。但是，由于人权运动的发展，这一传统成了历史，现代实践派儿童心理学奠基人德雷克斯也指出：“当父亲失去了对母亲的控制权时，父母双方也就失去了对孩子的控制权”。意思就是，妈妈不再扮演顺从的榜样了，也是社会的进步。看来“过去的好时光”中有很多事情也并非都是那么好。

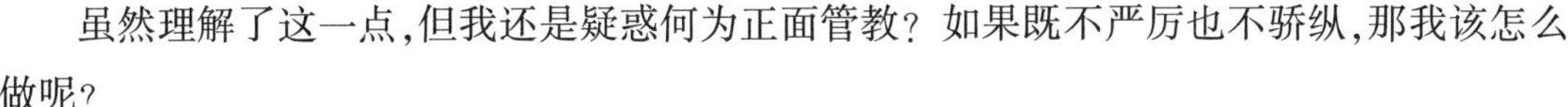

虽然理解了这一点，但我还是疑惑何为正面管教？如果既不严厉也不骄纵，那我该怎么做呢？

二、正面管教的积极经验

首先，正面管教是建立在相互尊重与合作的基础上的。然而，我们现在常见的管教方式是过度控制，例如“听话就奖励，不听就惩罚”。这样管教的弊端是，当孩子不在家长身边的时候，就没法学会为自己的行为负责。正面管教则是让孩子自己参与制定规则，当孩子学着做一名对家庭、班级和社会有贡献的成员时，正面管教就会长期有效。

其次，有效管教的标准是什么呢？一是要对孩子做到尊重和鼓励，二是让孩子感受到他贡献有价值，别人需要他，三是管教方法长期有效，四是要让孩子成为尊重他人、关心他人、善于解决问题、敢于承担责任、乐于贡献、愿意合作的人。惩罚管教不满足上面任何一条标准。每次自己无论是在教育学生还是在教育自己孩子的时候，都提前把这四个方面温故一下，不断提醒自己忘记传统管教方法，运用正面管教。

这本书不是枯燥乏味的理论，它为我们提供帮助孩子停止不当行为的实用技巧，以及能教孩子们自律、负责、合作和解决问题能力的方法策略。

三、正面管教的教育实践

很多教师都会在职业生涯中遇到几个比较难管理的学生，这里略谈几个运用正面管教方法进行实践的教育案例。

（一）报复心

记得我刚入职那会儿，就遇到一个五年级个子比我高的男孩，他的课堂表现一度让其他学科教师感到痛苦。他是个很不服从管理、上课不听讲还要捣乱纪律的学生，无论教师说什么他都不听，运动能力也比较薄弱。在一次体育课上，当天的教学内容是八字跳长绳，大家像往常一样由体育委员整队，我带着大家做热身活动，其后就开始示范学习的本领。大家都很认真看我示范讲解而且主动找伙伴练习动作，唯独这个男孩一直在干扰其他小组的练习。我立刻过去了解情况，得知由于他不会动作，因此没有伙伴愿意让他加入。我迅速想起他此时的行为正是属于《正面管教》里面四个错误观念和错误行为目的第 3 条——报复（错误观念，我得不到归属，但我至少能让你同样受到伤害）。我快速集合全班同学，强调我们是一个集体，要有团结互助的精神，并且当众表扬这位学生的优点，目的是想让他知道我和大家是认可他并想帮助他的。然后，我指挥一个小组出列，手把手教学，采用分层教学法，从原地听口令跳——与长绳夹角 45 度站数到 3 口令跑入跳。在这样循序渐进的耐心指导下，其他同学见我如此耐心地教他，也纷纷一起给他加油鼓气。当他感受到大家对他的关心以后，他也努力地一遍又一遍地跳。其实在他成功克服困难完成动作的时候，作为老师的我比他本人还要开心。通过这件小事以后，他在体育课上不再故意捣乱，渐渐地在我和大家的鼓励下不再有“以牙还牙”的小心思。班里的同学也渐渐不排斥和他一组游戏了。

（二）过度关注

某学期开始，我作为四年级的游泳负责人，负责 7 个班的游泳行程，包括调配大巴车以及游泳馆突发事件。

清晰地记得有一天，有一名学生辱骂游泳教练，整整一节课还向教练吐口水，教练生气地找到我，陈述了这件事的前因后果。原来是该学生没戴泳帽，教练就让他在岸边练习打腿，然后就去巡视其他学生训练了，后来不知道为什么该学生一直在骂教练。听到这儿，我连连给教练道歉，再去找到该学生了解情况。孩子说的和教练描述的一致，他在岸边打腿的时候，有个动作不确定对不对，就想请教练帮他看看。可是也许当时教练没有听到，然后学生就很生气开始骂教练，还朝他吐口水。说到这儿，学生还愤愤地说：“刘老师，因为我当时真的太生气了呀！”

这时，我回忆起这个学生的行为就是《正面管教》中的四个错误观念和错误行为目的的第 1 条——“寻求过度关注”（操纵别人为自己奔忙或者得到特殊服务）。为了解决他的问题，我首先肯定他的重要地位以及肯定他平时在课上遵守规则这些细节。同时，我一边摸摸他的头，一边温柔地说：“今天这件事你太激动了，咱们犯错不怕，勇敢面对去跟教练承认错误吧。”他的眼珠灵活地转了一圈，点点头表示同意并愿意道歉承认错误。事后，我引导这个孩子要用建设性的方式去寻求关注。同时，我还跟他约定，如果我向他微笑，就表示在关注他。

（三）自暴自弃

体育课上，会有很多学生打其他人的小报告，这些行为屡见不鲜。看过《正面管教》这本书以后，我就能很快判断他们属于哪一类“问题”，我将要采用什么办法帮助他们解决问题。

最近发现有一个一年级的孩子很不一样。一次，我们学习并脚跳短绳，班里大部分学生都学会了，我还要求学会的跳给我看，不会的寻求别人的帮助。就在大家都排队准备回教室的时候，有个孩子突然躺在地上哭个不停。我上前询问他，他也不搭理我，有几个学生来关心他，他不仅不理还呵斥他们。无奈之中，想起《正面管教》的四个错误观念和错误行为目的第 4 条——“自暴自弃”（放弃，且不愿意别人介入）。这类孩子会让家长和老师感到绝望、无助、无能为力。在教育这类孩子的过程中，很多家长和老师会采取放弃、替孩子做、过去帮助等方式来暂时掩盖问题。这类孩子行为背后的信念是：我不相信我能做好。既然怎么都做不好，我努力也没用。面对这类孩子，我们家长或老师要做的是，表达对孩子的信任，小步前进，停止批评；鼓励任何一点点的积极努力，关注孩子的优点，不要怜悯，不要放弃。设置成功的机会，教给孩子技能，示范该怎么做。真心喜欢这个孩子，以孩子的兴趣为基础，鼓励，鼓励，鼓励。对于这个孩子，我就按照这种循序渐进的鼓励方法，最后他慢慢愿意接受我的帮助，也慢慢学会了跳绳这个本领，也因此他的自信心与日俱增。

通过介绍教学中发生的这一个个案例，我想告诉大家，最惹人讨厌的孩子往往是最需要爱和需要帮助的孩子。作为青年教师，我在教学中会一次次遇到“不可控制”的“奇葩”学生，但是通过不断的学习、不断的思考，从阅读《正面管教》这本书以后，学会了寻找科学方法帮助“问题”学生。不断帮助孩子们解决一个个困难，使我获得了很多快乐，同样孩子们也在我的体育课上快乐健康地成长。

打造民主、文明、凝聚力强的班集体

——班主任工作小锦囊

小学语文学科　孙　敏

班主任是世界上最小的主任，但却是最重要的主任。小学班主任尤其重要，他(她)将影响孩子们的人生。每个年级的班主任工作都不同，它是一个动态有变化的过程，需要不断思考和创新。一二年级是养成好习惯、好方法的重要时期，无论家长还是老师，都需要不断学习，不断补充改进自己的教育方法。希望通过班主任的努力让孩子们能纠正身上的坏习惯，成为更优秀的自己。下文提供几条班级管理、打造班集体凝聚力的锦囊妙计，与读者共勉。

一、征集班徽班名

作为三4班的新班主任，从暑假七月家访开始，笔者组织每个家庭每个孩子参与班徽班名的征集活动，打造积极向上富有凝聚力的班集体。从7月6日发出倡议，到8月19日，共征集到班内36个家庭参与的36个提案，最后43个家庭参与投票，评选出了最佳班徽——雄鹰中队，愿每个孩子像雄鹰一样搏击长空，勇往直前，整个活动凝聚了全班孩子家长的期待，让孩子们顺利向三年级过渡，并满怀期待！

班主任支持并鼓励班级家委会成员全心全意为班级的每个孩子做好服务，并指导家委会设计雄鹰中队的班徽和争章园地、印章、奖状、生日贺卡、小本子等，每月举行一次集体生日会，放在本月第一个生日的孩子这一天的班会课上。努力打造班级文化特色，让孩子们有归属感、荣誉感和团队合作竞争意识，让班中每个孩子在东校幸福快乐地成长！

二、重组同桌

同伴互助是小学生最为重要的学习与人际交往方式之一。于是我们展开了“手拉手”式的活动项目。主要内容为：手拉手为自己寻找一个好朋友，她(他)是你的学习伙伴，愿意为她吃亏的好朋友。要求：身高差不多，学习和生活中互帮互助。

落实情况：10分钟里面结对排位。在重组时，要注意学生身高和前后男女生的合理分配。因为要求好朋友同桌是一起学习、互相帮助共同进步伙伴，期间不可以有负面的现象出现，比如上课讲废话、偷看作业等不良行为。实践到目前为止，效果令人满意。

三、奖章激励制度

由于是中高年级学生，对于“星星激励机制”，我调整了奖励方法，在奖章榜上，我直接在开学第一天奖励孩子们每人 10 颗雄鹰奖章。这在心理学中称为“损失厌恶效应”。

落实情况:从下周开始,每颗奖章给它贯一个称号,可以和孩子们共同商量后定出 10 颗星的称号(比如:1 上课星、2 作业星、3 劳动星、4 记忆星、5 诚实星、6 守时星、7 助人星、8 礼貌星、9 健身星、10 情商星)一个月里先奖励发 10 颗大星,惩罚进行倒扣星的方式,原则上每颗星达标可以有三次犯错的机会。第四次就直接扣除一颗大星,不够扣可以借用其他称号的星。假如一个月中一颗都没扣的,可以再奖励 3 颗大星。

四、每日一记

童年是美好又短暂的,让学生珍惜每一天的时光,每天有学习和进步,或许每天会发生开心的、伤心的、委屈的、感动的等小事,都可以记录下来,是一大本财富,同时也练习孩子们的写作能力以及表达内心世界的想法,还可以无私的分享给伙伴们。每日一记的第一页,是我送给孩子们的 3 个字,真、善、美,希望孩子们从小做一个做事认真、诚实守信、善良有爱、美丽大方的人。

落实情况:学生可以按照头尾轮流学号,记录每天生活中的点点滴滴。可长可短,可以图文并茂,属于孩子们的一块小天地,自己设计美化它。

五、21 天的约会

大家知道,养成一个好习惯需要 21 天的时间,让人的身体或思想有一种记忆。与孩子们一起学习,一起成长,一起改正身上的小毛病。

落实情况:与孩子们一起制定自己想改正的缺点,可以放低要求,循序渐进的设定小目标,分成三段式,7、7、7,最后达到目标,坚持就是顺利。

六、“影子小老师”

落实情况:低年级学生可以用值日班长的方式来管理班级。针对高年级孩子,这次我采用了“影子小老师”行动,制作挂牌,挂牌的背面写好一天的工作任务。时间管理,提醒学生高质量利用时间,比一比,赛一赛,谁最会利用时间学到更多本领。一周小老师工作结束,由当天的影子小老师通过自己观察选出明天的小老师。这个设计是培养每个孩子以身作则,承担责任,学会自我管理。

七、“金牌领队”

落实情况:教育的积极力量是一朵云推动另一朵云。每天早晨的体育锻炼尤其重要,如何来激励孩子们投入到运动之中?我开展金牌领队轮岗的方式,学生自由报名,比赛挑战,争取机会,每个轮到叫口令的学生都做到精神饱满,动作整齐,踏步有力,做操到位。一周结束,由他来选出下周的领队,接力棒传递,当过领队的学生,我要求他以此为标准。

八、手拉手结对

落实情况：帮助一年级弟弟妹妹做两操以及卫生管理工作。采用一周轮换制。每周民主选出进步最大的4位同学前往一7班服务一周。这个工作孩子们都很积极，我的原则是奖励一周进步最大的同学，这个进步指生活、学习多方面，让学生体会成功的喜悦，帮助低年级小弟弟和小妹妹，收获助人为乐的快乐！

九、劳动教育

落实情况：学校的劳动主要表现在打扫卫生上。生活即教育，劳动教育需要家校合作，开展“劳动小能手”，学生学会在家洗碗、打扫，帮助家人做一些力所能及的家务劳动，每周由老师抽查的方式询问家长孩子在家的劳动表现。

十、学会赞赏别人、欣赏自己

落实情况：每天学会用一双发现美的眼睛观察，同学间的互帮互助，发现生活中语言美、行为美、心灵美，懂得谦让，做事诚实、落落大方。发现生活中的美之后，随时在班级中表扬，全班掌声，你真棒！被表扬的孩子也要学会大声对同学们鞠躬说谢谢！并且自己最后拍掌说我真棒！一开始练习，全班声音很轻，通过几次练习，孩子们声音响亮，很有自信的说出：我真棒！我真的很棒！这是一种正面激励的方法，人一直在表扬声中成长，增强自信、责任感。

实践效果：

全面落实“影子小老师”行动，挑选了一位有责任心的孩子先试行，周一半天的时间，她不知道如何去管理班级，还是我在后面引导她做什么，孩子的管理能力没有提高，虽然之前这位小干部综合能力较强，但当让她成为小老师，对她而言，身份的转变她一下子不能适应，我非常的理解。正好利用台风天放假的时间，我特意留下她，与她一起商量如何管理班级，从早上的进校到晚上的离校，一天在校的细节，边讨论边记录，认真的孩子记了满满2页纸。我请她回家练习发声，做到声音洪亮、目光坚定、抑扬顿挫，练习拍手，想对大家说话时，先用有节奏的拍手做示意，这是让孩子们集中思想，能停下来听老师讲话的一种手段，不然经常大声用嗓，很快喉咙嘶哑。小老师要学会表扬发现同学身上的闪光点，大胆表扬，全班面前表扬增强被表扬者的自信感。特别要关注班级中调皮捣蛋的学生，一做好事马上表扬，让他产生做好事的光荣感，另外可以派他多做事，然后再表扬，并进行奖励，让他从中找到集体归属感和责任感。

榜样接力棒，除了轮流“影子小老师”，还有金牌领队、“最负责”小组长工作，没有固定的负责人，而是通过轮流接力棒的方式开展，金牌领队轮岗的方式以上已经介绍，小组长轮岗的方式，一周轮岗，除了加强学生自身工作能力外，也让他们善于发现一个小组中一周表现进步最大的学生，并每天记录下来，多记录小组成员中表现好的行为，面对做的不够好的同学以提醒鼓励为主。每周五中午作为“最负责”小组长交接班，交接时有个小仪式，相互握手，小组长对被选出下次接力棒的小组长说一句：加油，我相信您一定能胜任这份工作。对方回：谢谢信任，您辛苦了！（金牌领队和影子小老师在交接时也应该有鼓励和感谢的对话）。此举目的是培养人人都可以成为管理者，人人平等、人人有机会参与锻炼，同时规范自己。当每个孩子轮过一次组长、一次金牌领队、一次小老师后，他们自然而然知道该如何做，并且养成自我管理的能力。

孩子需要尊重与理解的课堂

——记小学高年级自然学科课堂教育教学感悟

小学自然学科　曹　娟

小学高年级的孩子,已经有自己的判断和自以为超人一等的能力与智慧,相对于低年级的孩子而言,更加独立和自我,具备质疑的能力。在我第一次中途接班上课与高年级孩子面对面对话的时候,他们马上表现出对自然老师以及对自然学科不重视的学习态度。更显而易见的现象是,高年级的孩子会悄悄在自然学科上课时间写作业。

我用了过去经验里常用的方法:没收作业本子,请课堂写作业看课外书的同学,找来个别谈话,全班进行思想教育等等。然而这样的情况持续了几周,丝毫没有改变的迹象,我去找班主任帮忙,想了很多的法子,其中有专门记录不好行为的学生的本子,可是效果不佳。

尤其当我看到他们在班主任面前是“乖乖孩”,转身到我这里成了肆无忌惮的“熊孩子”的时候,我开始思考该如何利用课堂魅力将局面挽回过来呢?突然,想起曾经看过的《正面管教》这本书,遇到特别头疼的孩子,与其负面批评,不如用正面的言语肯定孩子进步的地方,效果非常好。

我决定改变自己看待这群孩子的眼光,调整自己的心态,在期望落空的时候,是失望和挫败的情绪影响了我欣赏这些孩子,也蒙蔽了双眼看到孩子的点滴进步。同时我也在观察和思考:他们调皮捣蛋背后真正的需要是什么。

静下心来,我开始想办法,如何去尊重和接纳这群长大却又不算成熟的大孩子,真正建立一个融洽的生态课堂。以下分享几个策略,与大家共勉。

一、高年级男孩之间争竞心非常强,实验课不能分享合作材料

我们家长和老师一直大声呼吁让孩子做最好的自己,不和别人比较。却不知我们的孩子早就知道大人对常常有很高的期待。

比如我常常让高年级的孩子小组合作完成一些小报或者观察报告的作业。可是我却发现有些男生,他们却更喜欢独立去完成任务。在小组分工实验的过程中,彼此之间看对方不顺眼,不愿意妥协,都想主导整个实验过程以及占有实验材料导致争执的问题,让我非常头疼。高年级男孩子之间如果认为我比别人好,我才更优秀,那么今天孩子们表现的不能合作的状态就是这种心态的结果。

为了让这群高年级男生学会彼此欣赏,我利用这群“熊孩子”想与老师一比高下的好胜心,记录每一个人认为自己最擅长的地方与老师 pk。当我邀请每个孩子站起来,他们特别自

豪地对我说出 pk 内容,有跑步,有手工,有写作文,有钢琴,还有睡觉……这时候,他们特别激动,甚至超过对于学科知识的渴求。当我整理好之后,在全班面前公布每个孩子的长处,他们都在竖起耳朵听。当我承认自己和大家 pk,一定会输得很惨,我特别欣赏每一个孩子,因为每一个都是那么特别,是这个世界上独一无二的存在,这时候他们更加安静了,很多的孩子在体会老师的用心良苦。他们在发现自己本身所具备的价值,而不是用比较的方式来证明自己的存在感。

二、高年级男生被批评后成为一种获得关注的契机

小学阶段的男生挨批评的频率明显多于女生。43 号的男生,是一直被负面告状的典型人物。我灵机一动,告诉孩子们,老师过去的学号也是 43 号。我开始当着全班维护 43 这个学号,只见他低下了脑袋,默默地承受全班的喧嚷声。这时候,我呼吁全班同学,如果谁再告 43 号的状,我就多奖励 43 号一次。大家看不明白我葫芦里卖的什么药,甚至有孩子急哭了,人家不好还给奖励呀。我深藏不露,就这么定了。43 号被告状的声音依旧,一开始 43 号会很认真地告诉我,他被告状好多次,也挨了很多老师批评,我什么也没有说,兑现我的承诺,直接给他奖品。他一怔,收了,但是满眼疑惑。

过了几天,43 号特别郑重地跑过来告诉我:“曹老师,以后我不想被告状,也不想要你的奖品了。”我笑了,一个以为自己无所谓被告状的男孩,内心的自卑和无助,他比谁都想要改变,我可以体会一点点。当我想维护他的时候,他理解了我的好意,而且发自内心想要改变,这是一个很好的开始。借题发挥,40 几号的男生被我用同样的方式,逐个奖励他们被告状的惨痛经历,他们告诉我,在被老师批评中,其实也是在赢得老师的注意,觉得老师关心他们。这样的思维模式是得不到表扬的可能,索性找事惹麻烦,引起老师注意。现在我明白孩子行为背后的真正动机了。

这样的奖励方式,意外的收获是,以点带面赢得了一大群孩子的理解和支持。孩子们之间批评指责少了很多,改为彼此欣赏,将心比心大家都需要鼓励,尤其高年级伙伴之间的鼓励,对于孩子自信心的重建也是有极大的帮助的。

三、高年级的男生喜欢动物植物

为了培养高年级男生喜欢自然科学课,课堂上多给予他们机会分享自己的想法,同时,我也会在教室里让孩子们观察植物,并且让孩子们在家里饲养各种小动物和植物。

比如一个小男生将自己家里的菜苗带过来,我就和他一起种菜苗。这个小男生特别投入,白天将菜苗的盆放在教室前的阳台上,放学了,将它放在教室的橱窗里,非常用心地呵护着这些小幼苗。我也鼓励这个孩子可以写观察日记。在这样一起的种菜经历中,调皮的男生上自然课变得特别专注。

四、高年级的男生情绪波动大

小学阶段高年级的男生在成长的过程中,被家长赋予很高的期待,内心其实是很脆弱的,尤其是不能面对自己的错误和别人的指责。

男生A,因为不认真做眼保健操,被其他同学点名记录在班级记录册上了。这下可好,他就开始在全班面前大发脾气,不承认自己的问题,觉得人家记他的名字是在“公报私仇”。我请他安静下来再上我的课。这是他第一次在我的课上发脾气。

第二次,男生A也是为了很小的事情,据同学说,和另外一个男生常常会斗嘴。课后我单独找他谈话,他又大发脾气,不承认自己的错,还吵着要回家,我继续冷处理。

第三次,这个男生企图继续在我的课堂上不控制自己的脾气,影响大家上课。但是他很意外的是收到我的一张鼓励卡片,上面写着:“A同学,谢谢你让老师看到真实的你,老师很理解你,希望你能够越来越好的管理自己的情绪。”

男生A惊呆了,在我的课上出奇地安静,积极主动发言。甚至会很主动地要完成课外探究作业。

当你越接纳和理解一个男生的时候,他会越来越愿意向你敞开心扉,改变也就这样一点点开始。现在的他会主动帮老师拿各种教学实验用品。

当然,对于一些比较安静敏感的男生,需要坐下来和他交流,倾听他们的想法,尽量在课堂里用眼神与其交流,鼓励他们举手发言。

结语

尊重和接纳是我自然课堂教育教学的核心理念。难以想象没有爱和理解的课堂,不和谐师生关系带给老师和孩子多大的困扰。生活需要和谐的关系,每一天在学校的学习,孩子与老师的每一次课堂见面,就是生活中的相遇,思想灵魂的碰撞。在自然课上,老师用有爱的生命唤起孩子对于生命的尊重,求知的渴望,环境的接纳,何尝不是一次生命的美好旅程呢。

家庭教育缺了父亲，怎么办？

——家校沟通案例

小学语文学科　闵峥艳

一、主题背景

孩子在家庭中成长，在学校中培养，生活中大部分时间都是在家庭与学校中度过，既不能缺少了学校老师的教育，也不能缺乏了家庭父母的熏陶。所以，在一个孩子身上，不仅是学校教育的成效，更是一个家庭教育的缩影。为了孩子能更好地成长，我们必须在两者之间架起一座沟通的桥梁。特别是一些“特殊”的孩子，通过有效的交流沟通，老师可以及时向家长反映孩子在学校的学习和生活状况。家长主动地和老师反映孩子的问题及优点，也可以让老师更全面的掌握孩子的家庭背景，从而共同帮助和促进孩子健康地成长，高效地学习或者尽快改正坏习惯。

那么，如何让两股绳拧成一股劲，是作为小学班主任常常要思考和学习的方向。

二、过程实录

我们班就有这样一对双胞胎兄弟，他们的名字叫“大光小光”。大光和小光是典型的东北男孩儿，运动能力超强，知识面很广泛，脑袋也好使。但是身上的男孩子气有时会让这两个孩子控制不了自己在课堂上的表现，爱插嘴、好动，缺少一定的规矩，没有坐相、作业偶尔马虎，能偷懒就偷懒。在三年级一学期中，越发表现明显，甚至不听妈妈的话，总是能找到反驳家长的理由，兄弟联手，妈妈没招，兄弟俩暗自得意，得寸进尺。

问题的出现总是有其原因。于是，我找家中管学习的主力——妈妈前来谈一谈孩子的情况。找到了以下原因：

（一）长期缺少父亲的陪伴

果不其然，经过了解，家中长期只有妈妈一人管他俩，爸爸经常出差去东北做生意，一走就是两三个月。爸爸长期驻守在东北的工厂里，没日没夜地工作，每月只管给家用，孩子的情况一概不管，就这样相安无事地度过了幼儿园和一二年级。可是，兄弟俩总是在爸爸出差的时候，特别想念父亲。每一次想爸爸的时候，总会发呆，导致学习的时候也会走神。

（二）父亲不理性的宠爱

父亲偶尔回上海的日子，就一味地宠爱，无视妈妈做的规矩，孩子想怎么样爸爸都陪着做，这种不理性的爱，也让妈妈犯愁：爸爸在也不行，不在更加糟糕。爸爸一走，妈妈还得做规矩，甚至为了管教孩子，打、骂都用上了，但是情况却越来越糟糕。渐渐地，在教育上，夫妻之间的分歧越来越大。三年级的孩子还不懂事，不知道母亲的用心良苦，只是一味地觉得爸爸对他们好，只喜欢爸爸。于是，每天都在期盼爸爸回家中度过，不服气妈妈，学习状态越来越差。

缺少父爱的家庭教育，到底该怎么办？

三、做法分析

古人有云："养不教，父之过。"这是中国传统的家庭教育理念，父亲应该也是家庭教育中的"第一责任人"。但遗憾的是，随着社会的发展，越来越多女性辞了工作，专职在家带孩子，父亲则专心赚钱养家，很多家庭便忽视了这一点，便把更多教育孩子的责任推在了母亲身上。一个母亲，为了孩子的生活学习忙忙碌碌，与之相反，我们却几乎看不到父亲的踪影。父亲在家庭教育中的缺失非常普遍，这种现象不但对母亲来说是不公平的，对孩子的成长来说，也很不科学。教育心理学家认为，一个孩子的健康成长，不仅要身体健康，而且还要心理健康，不论是男孩子，还是女孩子，既要母亲的教育，也同样需要父亲的教育。父亲的教育在子女的成长中，具有深远的影响，有着母亲不能替代的作用。父亲参与家庭教育，带给孩子的是与女性的细腻不一样的影响，他们往往更加理性严谨，给孩子、特别是男孩子起到了榜样作用。在我们班里，目前大部分家庭中，在教育孩子上还停留在"母系氏族"阶段，多是母亲一统天下，母亲管作业、母亲管接送、母亲管一日三餐……而父亲在孩子的教育中，大多扮演一个笨手笨脚、可有可无的角色。

唉……当今的父亲究竟怎么了？"孩子他妈"就能搞定一切么？"养不教，母之过"似乎已经成为这些爸爸心中的定律。那么，在教育孩子上，真的不需要父亲的角色了吗？

不是的，从我们班的这对双胞胎的情况看来，男孩在渐渐长大的过程中，妈妈是无法代替爸爸的，女性的角色渐渐失去作用。长此以往，孩子最重要的一段成长过程一定会有遗憾。于是，趁着爸爸在上海的时候，我把爸爸约到学校谈了谈孩子的情况，希望爸爸能多参与孩子的成长过程。约谈的效果相当不错，爸爸也意识到了问题，很愿意去改变现状，但是苦于分身乏术，不知道有什么解决的方法。于是，我们探讨了这样一个方案：

（一）每天利用半小时和孩子们视频，沟通每天的学习情况。

（二）在上海的时候，尽可能配合母亲的教育方式，对孩子的爱要有更理性的方式。

（三）有时间多多参与学校的活动，让孩子真真切切感受到更关心孩子学习的父爱。

（四）尽可能多抽时间在上海陪伴两个男孩子的成长过程。

四、成效与反思

大光小光的爸爸其实是一个颇有些大男子主义色彩的东北父亲，对孩子的管教有根深蒂固的传统老思想,在沟通之前,我也总是担心和这样一位父亲沟通该如何下手,但是秉承着这样的信念:只要是真诚地为了孩子,只要是内心时时刻刻都为着他的孩子着想,应该一切都会迎刃而解。

果不其然,和这个父亲聊完后,我就收到了这位父亲的微信加好友的请求。继而,他加入班级的各个群里。从那以后,两个孩子明显更加懂事了,能体恤到老师和妈妈的不易,也能理解父亲为了工作不在他们身边的无奈。从孩子口中了解到,原来是爸爸和他俩促膝长谈过。作为男人之间的第一次交流,两个男孩子似乎一夜长大。上课的表现也更加好,学习情况有明显的改善,因为爸爸说,只有每天按时完成了回家作业,才能和爸爸视频聊天。我想,两个男孩子每天最快乐的时候应该就是父子视频这一刻了。学习成了一种男人间的对话,也成了三个男人肩膀上共同的责任。

教海无涯乐作舟

——调研课教学实录

小学语文学科　孙　敏

一早,浦东新区所有教研员们如期而至来到我校。第一节语文课,一位教研员来我们班级听课。我如常上课,因为,这就是常态课,平时咱和孩子们就是这样将课堂进行到底的。

今天的教学任务是前鼻韵母 en,在昨日 an 的基础上,孩子们已掌握了发鼻韵母的方法。我先进行复习 an 和声调标调歌:“声调符号真有趣,只能标在单韵母上,有 a 找到 a,没 a 找 o　e,i　u 一起标在后!”看,孩子们悦耳的朗读声让我赏心悦目。接着,我出示 en 和“摁图钉”的图片,让孩子们看图说一说。原来把这个“摁”念成第一声,又长又响就是“en”。我让孩子们把食指按在鼻子前端,注意这个鼻韵母的读音收尾时,舌尖要碰到上牙齿的里面,也就是上颚前部,让气流从鼻孔出来。孩子们快乐地用手指做着动作,轻轻念着“en”,体验着这个鼻韵母。紧接着,我说:“小火车——”“开起来,呜——”孩子们心领神会。两列小火车后,我发现大多数孩子掌握得很好,读得很准,只有个别孩子还要帮助他纠正读音。我又问,声调标在谁身上啊?不言而喻,孩子们都说标在“e”身上。四声又在小火车中愉快进行。词语中的“恩”和“摁”正好让孩子们说一说用什么好办法记住这两个字。

课到这儿,我出示今天课文中重点要学习的十四个词语,并标上了带有“en”的拼音。例如:ēn 恩情、sēn 森林、pēn 喷泉、shēn 身体……只听我响亮一声“比赛开始!小茶壶——”孩子们个个气势高涨,回答道“端起来!”一个个双眼紧盯着大屏幕,认真地用双手做小茶壶动作念了起来。1 遍,2 遍,3 遍,……最厉害的孩子竟在极短的时间内飞速地念了二十多遍。我微笑着叫道“停!”“出!”孩子们用手势告诉我念了几遍。哈哈,我笑着说:“一遍不稀奇,两遍没什么,三遍马马虎虎,四边还算好,五遍有进步,六遍要表扬,七遍真不错,八遍以上太了不起了!”一群孩子神气地举着手势,他们都是 10 遍以上的呢!“好,有请十遍以上的孩子示范朗读这些拼音和词语,掌声欢迎!”我俨然是一位老练的主持人,引出下面将闪亮登场的小演员们。十几个孩子神情专注、自信满满地开始拼读,感觉真是太好了!读完,我高兴地说:“你们真是兔兔的骄傲!一起夸夸自己!”“嘿,嘿,我真棒!”紧接着,我说“刚才一起做小老师,不稀奇,现在兔兔要请小朋友一个一个来当小老师,考验一下,谁最棒?小老师,谁来当?”“小老师,我来当!”大部分孩子举起了小手,争当小老师。一个小女生开始做小老师领读了:“跟我读,ēn 恩情,恩情,预备起!”孩子们一起跟着读。十四个小老师教下来,效果真不错。接着我让孩子们全体一起读,同桌互相读,孩子们沉浸在认读拼音词语的美好氛围中。看着这群天真烂漫的孩子,我笑了!突然,我灵机一动,经常在课后进行的一个环节,应该在此时进行。我真诚地说道:“孩子们,兔兔要感谢你们,学得特别认真!但谁能诚实地告诉我,今天这十四个拼音词语中,你还有没有不会拼读,或者拼得还不是最好的?谁能告诉我,我一定要表扬他!”我的话音刚落,三个孩子举起了小手,我微笑着请他们一一指出是哪一个。我又请小老师来帮助有困难的孩子,跟着读两遍,孩子们都乐开了花。我更是紧紧拥抱提出疑问的孩子们,因为,课堂是最真实的地方,我一定要把课堂还给每个孩子,让他们在诚信中自主快乐地成长。

接下去的声声词打字环节,我教孩子们的“手指操”也是孩子们喜欢做的手指游戏。听!多么悦耳动听的儿歌“食指拇指碰碰,做只小鸡叫叫:叽,叽,叽。食指中指并拢,做把剪刀玩玩:嚓,嚓,嚓。五个手指捏紧,做个拳头敲敲:咚,咚,咚。拇指拇指翘翘,夸你得到红花:好,好,好。小指小指钩钩,我们笑笑跳跳:嘻,嘻,嘻。小手小手拍拍,大家歌儿唱唱:妙,妙,妙。”孩子们同样热情不减,先自己念几遍,再一起读。然后我说词语,孩子在键盘纸上进行模拟打字练习。哈哈,接下来,更是让孩子们欢快不已的放松身心课间操环节,只听我一声“兔兔老师和你们一起来做课间操!”孩子们马上起立边念儿歌边表演“一、二、三、四,老师老师谢谢你,我们一起来休息。伸伸手,弯弯腰,再把屁股扭一扭,还在原地转个圈。轻轻松松来坐好,再听老师把课上,把课上!”此时,热汗已温暖我的身,幸福蔓延到我的心灵深处。

接下来的句子、短文学习,孩子们也依然激情依旧。当我示范朗读了《小花球》这篇短文后,孩子们都送上了热烈的掌声,我心里美美的,和孩子们在一起纯真而美好!我让孩子们模仿我的样子自己读三遍后再小组比赛读,一个个小表演艺术家可投入了!个别小男生有些坐不住了,我连忙走到他身边,竖起大拇指提醒他,小男子汉们马上就懂事坐端正啦!读完短文,我问孩子们:“你觉得这是一只怎样的小刺猬?你从文中哪些句子看出来的?”“这是一只调皮的小刺猬。我从‘山坡上,翻跟斗,花瓣沾满身,变成小花球’看出来的!”精彩的回答引出了更多不同的答案,“顽皮的小刺猬”“快乐的小刺猬”“贪玩的小刺猬”……通过引导,孩子们用上不同的好词,积累了语言。

正当我们学完,我布置作业之时,下课铃声适时地想起,满身是汗的我,享受着与孩子们在一起的充实和快乐。我说“下课”,孩子们齐声说“起立”,我笑着说:“孩子们辛苦了!”“孩子们休息!”宝贝们笑着说“老师辛苦了!”“老师,休息!”……

后记

课后,孩子们像往常一样飞奔到我身边,有的紧紧抱住我,感受着拥抱的幸福;有的冲着我笑;有的拿着语文书让我批阅昨天预习后父母的签名。坐在最后一排的教研员微笑着向我招手,示意我过去。我连忙走过去,她一脸温柔地示意我坐在她前面的椅子上,满含笑意地对我说:“你好!首先祝贺你这节课非常好!实验教材一年级一课的词语、句子、短文的量这么大,你通过分层教学,从小老师到全体再到较弱的孩子层层递进,教学非常扎实、有效。而且,孩子们才上学一个多月,训练非常有素,学习习惯养成得特别好!你肯定花了很大的力气，很不容易！你的示范朗读、和孩子们一起表演课间操等很有亲和力，看得出你很爱这些孩子，动足了脑筋，真的很好！看你，汗都出来了！”此时，热汗正从我的额头上淌下来，而我心里比吃了蜜还甜。所有的辛劳在此刻消散，因为有教研员老师的这一番评价，我心足矣。这一个多月的尽心尽力终于换来了孩子们的快速成长！

结语

感谢每一个孩子，是你们给我机会，让我做一名真正的师者在无涯教海乐作舟！

小学语文低段“偏旁归类识字”的教学方法研究

——以二年级语文下册第三单元为例

小学语文学科　周　黎

【摘　要】语文课程的基本任务,就是使学生掌握本民族交流沟通的基本工具。字词是学习语文的基础,而后方是连词成句,达句成文。一二年级是语文学习的起步阶段,充分挖掘好的识字方法对学生的识字影响不可小觑。本文借助二年级语文教材中的一个识字单元和孩子们一起学习“偏旁归类识字”的方法,帮助孩子更加系统地识记生字。

【关键词】小学语文　低段　归类识字

《义务教育语文课程标准》(2022 版)指出:识字写字是阅读和写作的基础,是第一学段(1-2 年级)的教学重点,要讲究教学方法,以减轻学生负担。

老师们在平时的教学中已经帮助孩子们罗列了很多识字好方法:加一加、减一减、换一换、写一写、组词、字源、解意等等。孩子遇到生字基本都能选用这些好方法来帮助自己识字和写字。在学习了大量的生字以后,孩子的字库中堆满了生字,杂乱无章,很多时候不能正确地调用。通常犯的错误是默写词语的时候,出现同音字或者形近字时不知道该写哪一个才好。故而,老师还应当帮助学生有效地归整他们字库中这些杂乱无章的生字。

二年级语文下册第三单元是识字单元,围绕“传统文化”主题编排了《神州谣》《传统节日》《“贝”的故事》和《中国美食》四篇课文,识字、写字是本单元的重点教学内容。本单元出现的生字大部分是形声字,教材在课文和语文园地设计了多个维度的学习和训练。细读这个单元的课文和语文园地发现《“贝”的故事》《中国美食》和《语文园地三》中,无论是课文还是练习都在引导我们学习生字的时候学会归类。把一些在字形或者字义上有共同点的生字群组起来,从而有规律地、大面积地识记。《汉语字典》中对“归类”的解释是按照种类、等级或性质置于一定的地方或系列中。我们在学习和识记生字的过程中,也可以按照偏旁或者字形或其他特性将生字置于同一系列中进行识记,称为“归类识字”,帮助孩子整理已经学习了将近两年的生字。与此同时,在今后的学习生活中,孩子们无论是学教材还是阅读课外读物,抑或置身于处处可以“遇见”汉字的日常生活中,能够自主地迁移、归类、识记,乃至正确地运用,达到识字的最终目标。

一、理解字义,尝试归类

【教学片段】

师:故事里告诉我们,用"贝"作偏旁的字大多与钱财有关。请你默读第二自然段,找找这里写到了哪些用"贝"作偏旁的字?圈出来。(出示 PPT)

生默读,圈字。

生:赚、赔、购、贫、货。

师:其实呀,前面还藏着一个贝字旁的字呢。你发现了没有?

生:"与钱财有关"的"财"。

师:是的!仔细看看这些字。老师把他们分成了两行,为什么分两行呀?想一想。(出示 PPT)

生:第一行"贝"在左侧,第二行"贝"在下面。

师:那这些字是不是真的都跟钱财有关呢?

师:我们先来看这两个字——"赚""赔"。你能组成什么词语?

生:赚钱。

师:什么是赚钱?(出示 PPT)

生:"赚钱"就是得到钱。

师:是的,"赚钱"是通过劳动获得钱。那么"赔"呢?

生:赔钱,意思是如果你犯了错误,要给别人钱,赔给他。

师:对。赔钱是因为做错事,要给他人一些赔偿而付出钱。所以这两个字都跟钱财有关,而且意思刚好相反。

师:这些字也来组组词语,再说说他们和钱财有什么关系?(出示 PPT)

生 1:购,购买,买东西要花钱,所以和钱财有关。

生 2:贫,贫穷,没有钱或者缺钱花就是贫穷,所以和钱财有关。

生 3:货,货物,要想得到货物要用钱去交换,所以和钱财有关。

师:对的,我们还可以组成"货币",市场上流通的钱币,我们称之为货币。

生 4:财,财物、财产,也和钱财有关。财产是指拥有的资产、钱财。

师:说得真好!这几个字的确都跟钱财有关,他们都用"贝"作偏旁。

如上所述,在《"贝"的故事》一文的教学设计中,进行了一处集中识字,先请学生把第二节中用"贝"作偏旁的字圈出来,而后组词,并说说它们的意思并判断是否与钱财有关。学生们用已有的学习经验基本能够用自己的话把对"贝"作偏旁的几个汉字的意思说清楚,教师则在学生的基础上用更加恰当的言语将汉字的意思表达清楚,帮助学生在更加严谨到位的表达中知道这些汉字的意思,并进行识记。经过学习验证,确实文中提到的"贝"作偏旁的字都与钱财有关。

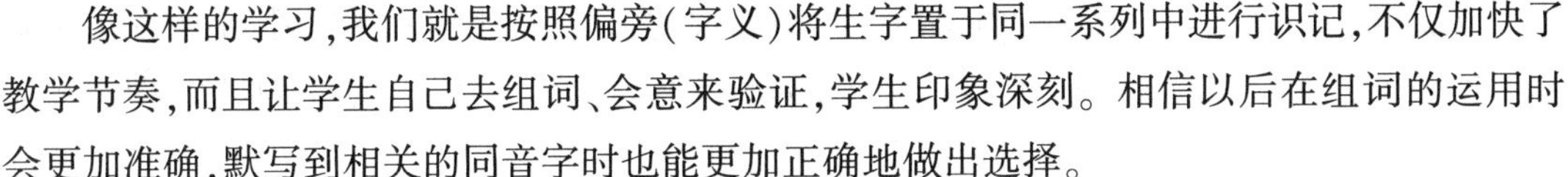

像这样的学习，我们就是按照偏旁（字义）将生字置于同一系列中进行识记，不仅加快了教学节奏，而且让学生自己去组词、会意来验证，学生印象深刻。相信以后在组词的运用时会更加准确，默写到相关的同音字时也能更加正确地做出选择。

二、自主发现，跟随引领

【教学片段】

师：请学习上一篇课文的识字方法，圈出用“火”作偏旁的字，再结合文中的词语或者短语，联系生活实际想一想他们的意思。

生：我找到的是：烧、烤、爆、炖、炸和炒。老师，我知道这篇课文中的几个词语都是菜名，我找到的这几个用“火”作偏旁的字都是做菜时用到的方法。

师：对！你不仅找对了用“火”作偏旁的字，还一下子就发现了这些都是做菜时不同的烹饪方法。请看视频了解这些不同的烹饪方式。

（播放视频）

师：谁能学着“用‘贝’作偏旁的字大多与钱财有关”这句句子，也来用一句话说清楚用“火”作偏旁的字的特点？

生：用“火”作偏旁的字大多是一种烹饪方式。

师：说得真好！老师告诉你们，这篇课文中还藏着几个生字，它们也和“火”有关，也是烹饪方式。我们先来看一个偏旁的演变，你们自然就知道它们是“谁”了。

（播放“灬”的演变视频）

师：现在，你还能找出哪些和“火”有关，也是烹饪方式的生字了吗？

生：我找到了——煎、煮、蒸。

师：是的，我们来看图片了解下这三种烹饪方式。（出示图片）

师：加上之前小朋友找到的六个生字，这篇课文一共有九个与“火”有关的生字，它们都是不同的烹饪方式。同样是和“火”有关，呈现出来的偏旁却是不一样的，这也提醒我们学习不能停留在表面，中国汉字博大精深，需要我们不断探索、学习。

《“贝”的故事》是这个识字单元中的第3篇课文，通过老师的课堂教学指导学生从偏旁（字义）出发对汉字进行归类，以教师引领为主。《中国美食》是这个单元中的第4篇课文，在学习了《“贝”的故事》之后，老师让孩子尝试自主运用这个方法去学习这篇课文和“火”有关的汉字，然后将他们归类识记。但是这篇课文较前一篇难度更大，这里隐藏了一个偏旁部首“灬”，学生并不知道它的含义，所以一开始圈出“火”作偏旁的字时，孩子们能够快速地找到：烧、烤、爆、炖、炸和炒。并且，孩子们还能为这六个汉字归类为——用“火”作偏旁的字大多是一种烹饪方式。其实，学习到这一步，我们可以看出孩子已经习得前一课的学习方法。接下来，老师再将“灬”这一偏旁由何演变而来通过短视频的方式呈现，学生们马上知道部首“灬”是由“火”演变而来，所以得出“灬”的字大多与火有关，大多也是烹饪方式。

最后,教师进行学习的拓展,将课后练习中出现的“烫”和“煲”一并学习,小朋友很快就能找到规律,“火”在字的下面,他们的意思也都与“火”有关。第二天默写,涉及的词语都能默对。

这堂课的识字先由学生尝试自主发现和归类,学习与“火”有关的生字,而后再由老师引导,引入孩子的未知知识,拓宽孩子们的认知,架构更加完整的知识结构。

像这样的归类识字,上课学习的时候效率高,课后检验的学习效果也不错。

三、落到笔头,养成习惯

借助这个单元的第 3、4 课课文,学生基本学会了根据偏旁(字义)进行归类学习的识字方法。考虑到今后的课文不像这两篇课文一样将那么多同类别的生字放在同一篇课文中集中学习,尤其是随着年段的增加,学习重点会从识字更多地过渡到阅读和写作。那么日后学习课文和生活中遇到的生字是否可以借用这种方法来整理呢?我想到了二年级语文上册教材的《语文园地三》中的“展示台”指导孩子积累课内外的词语,我就教孩子们制作了“积累卡”。有了之前的制作经验,我便和孩子们一起将用“贝”作偏旁的字和用“火”作偏旁的字整理归类好,做成“识字积累卡”,并建议大家经常拿出来朗读和复习。

为了更好地巩固和真正地将学习落到实处,二年级的后续学习中我们一直坚持积累,旨在帮助孩子们养成习惯,从中获益。比如,在学习《语文园地三》中的“我的发现”版块,我们不仅理解了这些汉字的意思,还一起发现了这些汉字的特点,最后把它们分类别做成了“识字积累卡”。比如:“怒”是生气、气愤的意思;“恋”是思念、怀念;“感”是感动的意思;“慌”是急忙,不沉着;“惊”是害怕,精神受了突然刺激而紧张不安;“怕”是恐惧的意思;了解了字义以后得出——用“心”和“忄”作偏旁的字大多与心情有关(“忄”是“心”的变形。)

识字是小学低年段的重要学习任务之一,是传承和弘扬中华文化的主要内容之一,所以,小学低年段语文老师需高度重视识字教学。“师者,传道授业解惑也”。授业,传授基础知识与技能,老师不仅要有扎实的知识储备,更要授以孩子学习的方法,给孩子以“拐杖”,辅助孩子整理知识,归纳知识,运用知识,使学生能够更好地接受、吸收与运用。“授之以鱼,不如授之以渔”,好的学习方法不仅能够提高学习效率,还能充分调动学生的学习积极性,将教学任务更好推进的同时,也让孩子更加高效地学习,学有所得,学有所趣,真是一举多得。

参考文献:

[1] 鲁晓丹.分类识字教学尝试[J].教育研究与评论(课堂观察),2021(03)

[2] 郑学琴.小学语文情境化课堂识字教学方法的探索[J].学周刊,2017(1).

[3] 李冬云.“偏旁归类法”在小学语文识字教学中的运用研究[D].昆明:云南师范大学,2019.

[4] 陈璐.凸显字理识字,发现汉字之美——谈小学生识字教学[J].小学阅读指南(高年级版),2020(10)

小学语文识字教学中汉字文化渗透的研究

小学语文学科　闵峥艳

一、背景简析

(一)新课标下识字教学的要求

在小学阶段的语文教学中,识字是非常重要的一个教学任务。我国《义务教育语文课程标准》(2022 版)中对小学生识字提出了目标和要求:小学生要"累计认识常用汉字 3000 个左右,其中 2500 个左右会写。"课标在不同学段就提出要让学生"喜欢学习汉字、有主动识字、写字的愿望。能初步感受汉字的形体美。"要让学生"对学习汉字有浓厚的兴趣,养成主动识字的习惯。"《义务教育语文课程标准》(2022 版)的前言就告诉我们:语言文字是人类最重要的交际工具和信息载体,是人类文化的重要组成部分。我们要继承和弘扬中华民族优秀文化传统,增强民族文化认同感。

通过研究新版课标,我们可以把小学语文识字教学归为这样三个任务:第一,小学阶段的识字教学要有一定的识字量;第二,在教学的过程中要激发学生学习汉字的兴趣,进一步能有主动的、独立的识字能力;第三,通过识字教学,要将中华民族的传统文化发扬光大。

(二)现阶段识字教学的现状

为了更好地推进小学语文识字教学中汉字文化渗透的研究,我们必须了解现阶段识字教学的现状。

1. 教师识字教学现状

在日常的语文识字教学中,小学语文教师一般采用这样的教学方式:首先教会学生汉字的读音,在正音的过程中提醒学生注意平翘舌音、前后鼻音,并采用个别读、开小火车读、齐读等反复跟读的教学方法让学生记住字的读音;接着,老师会分析汉字的结构,从笔顺、偏旁、结构入手,让学生们使用比如"加一加、减一减、加偏旁、换部首"等方法分析字的结构,通过机械的抄写、默写使学生记住汉字的字形;最后,再通过组词、解释词语、造句等方法来理解和运用这个汉字。这样一个看似"完整"的教学过程,是目前小学语文教师常用的识字教学的方法,也的确在一定程度上达成了"会读、会写、会认、会用"的识字目标。可是我们在识字教学中只追求汉字的音形义,只重视识字的工具性,而忽略了汉字的起源和汉字背后的文化,那么《义务教育语文课程标准》(2022 版)中提出的目标和要求也只是达成了一部分。新课标还明确指出,通过识字教学要激发学生学习汉字的兴趣以及将中华民族的传统文化发扬光大。所以,在现阶段的识字教学中,这一项目标暂时是欠缺的。

2. 学生识字心理特征

在小学阶段,尤其是低年级阶段,识字教学是语文教学任务的重中之重,我们更应该根据这个年龄阶段学生的心理特征进行教学,这样才能事半功倍。根据阅读心理学相关书籍,我们知道,小学低年级儿童在感知事物时满足于事物的大概轮廓与整体形象,常常不做具体而精细的分析,时常忽略细节。在平时的教学中,特别在识字教学时,低年级学生的这种心理特点尤其明显,他们只满足于每一个汉字的大概轮廓,无法把握字的细节,这也是为什么在识字时容易把一些形近字张冠李戴的根本原因。比如"未"和"末","己"和"已",在学生看来就是一个字,如果教师没能把握这样的心理特点,一味地责怪犯错的学生,会给学生造成较大的学习心理负担。但是,这个年龄阶段的学生想象力非常丰富,这样的心理特点和古人创造汉字时最原始的想象力不谋而合。并且学生的注意力也更容易被活动着的、充满新鲜感的、趣味性较强的事物所吸引。这样看来,将汉字文化渗透在识字教学中,无疑是正中这一学段学生学习能力和心理特征"要害"的。

二、策略初探

那么,在小学低段的语文识字教学中,应该怎么渗透汉字文化呢?在识字教学中,可以进行一些这样的尝试。

(一)呈现演变过程,追溯独体字的本源

许慎在《说文解字》中写道:"象形者,画成其物,随体诘诎。"意思是说:象形字就是把具体的物体用绘画的方式表现出来,形成文字,根据物体的不同,绘画形式也不同。独体字在低年级的语文识字教学中常常出现,独体字的演变过程也是象形字的精髓。如统编语文第二册课文18《小猴子下山》中学习"瓜"字,在以往的教学中常常会碰到学生们在书写时把"瓜"字的那一点给忘了,也常常会把"爪"和"瓜"混淆,这就说明以往的教学方法很难让学生完全掌握"瓜"的字形。有了这样的教学失败的经验,我们其实就可以尝试用呈现其最初的甲骨文字形,追溯汉字本源的识字教学方法进行课堂教学。可以先出示"瓜"字的甲骨文字形: 先让学生们猜一猜这是什么。学生们很快就能通过想象说出这是一个挂在藤上的瓜。这时,老师可以出示瓜字的演变:→→**瓜**,可以边出示边讲解:"原来瓜字的撇、竖提和捺都是古代人当时画下的瓜藤,而竖提上的那一点就是挂在藤上的那一只瓜,古代人可真聪明。"这样生动有趣的讲解,对于低年级的孩子来说,字形已经牢牢地记在了脑子里,再也不会把"爪"和"瓜"字搞错了,瓜字上的那一点也再也没有遗忘过。

(二)简析偏旁部件,理解合体字的含义

在教学合体字时,一开始会碰到一些比较简单的偏旁,比如草字头的字和木字旁的字都是和植物有关,可是这两者又有什么区别呢?当老师告诉孩子:汉字里是草字头的植物,一般指的是草本植物,而木字旁的植物往往是木本植物。这时,孩子们便很快就能从简单的字形中判断出汉字代表的植物种类,也让学生们知道古代的先辈们很早便具备了分辨植物的能力。

在统编教材第三册《拍手歌》这一篇识字课文中也体现了这种思想,给老师们指明了教学的方向。课后的练习题中出现了这样一道题目:

读一读,说说每组加点的字有什么相同之处。

孔雀、大雁、老鹰;

锦鸡、黄鹂、天鹅。

学生在做这道题目时,很快就能发现这些汉字指的都是鸟类。这时老师可以继续追问,“为什么会分成两组呢?这两组汉字分别有什么相同之处”。经过这样的提示,学生就能发现第一组的字中,都有一个部件“隹”,第二组的汉字中,都有偏旁鸟字旁。顺着这样的思路,老师可以再提问,引导学生更深入的思考:明明都是鸟类,为什么有的汉字不是鸟字旁,而出现“隹”字?最后,老师可以出示这样的结论:汉字中有部件“隹”,这种指的一般是短尾巴的鸟。结合鸟类图片,雀、雁、鹰的确都是尾巴短短的;如果这个汉字是鸟字旁,那么这一般是长尾巴的鸟,结合鸟类图片,鸡、鹂、鹅都拥有丰满的长尾巴。当然,这是一个很好地积累更多相同偏旁部件汉字的机会。学生们非常积极踊跃地说出了很多鸟字旁的汉字:鸭、鸦、鸥、鹊、鹏、鹦、鹉……有部件“隹”的汉字较难找,但汉字“集”和“隹”有着密切的联系,一群小鸟在一棵书上,就是聚集。所以,古代在造一些合体字时,是将具象的场景在此基础上进行引申义,因此“集”便有了集中、集体、聚集的引申义。有些汉字,一旦知道了它原本的含义,在此基础上理解其引申义会更加容易,可以达到事半功倍的教学效果。

作为小学语文教师,应该有这样的远见:我们是学生的领路人,在授以学生“鱼”时,更应该授之以“渔”。当用这样的策略进行课堂识字教学的同时,学生在识字学习的时候也会受到老师的启发,从而进行自我探索。这时,适时地推荐一些汉字文化读物,或者通过家校联系,举办亲子共读的活动,让参与家庭教育的父母也能得以熏陶,在今后的学习道路上,父母也能自然而然地、润物细无声地加强对孩子汉字文化的家庭教育渗透。

三、研究意义

小学的语文课堂可以践行渗透汉字文化的识字教学,这样,在不远的将来,我们就能实现生动有趣的、充满文化内涵的识字教学。这对于“教”与“学”都是非常有意义的。

第一,渗透汉字文化,有利于促进教师更新识字教学理念。

小学语文教师是学生人生中的第一任识字老师,对中国的汉字,更应该具备透彻而清晰、理性而全面的专业知识储备。可是,我们被传统的识字教学束缚太久了,一些单一的、机械的识字教学方式,让教师产生了枯燥乏味的感受。在平日的教学工作中,一味地强调字形,写错的字要反反复复抄写、订正、批改,长此以往,教师容易失去教学热情。如果用新颖有趣的识字教学方法，对教师而言也是拓展和学习的机会。当然，这也是一种挑战，要想让学生了解汉字文化，那教师在备课的时候也不能只关注汉字表面的音形义，而是需要查找和学习更多的汉字文化，从而在识字教学中融入渗透汉字文化的教学环节设计。教师更新识字教学的理念，才能使渗透汉字文化的识字教学方法有效推进。

第二，渗透汉字文化，有效纠正和预防错别字，提高识字教学的效率。

在前文的论述中我们知道，目前的小学语文课堂中常常沿用一些传统的识字教学方法，但并不是全都摒弃，可以在这样教学的基础上，用直观的图片、视频、动画演变等多媒体手段向低年级学生演示汉字从古到今的变化，这类教学方法也是符合这个年龄段孩子喜欢动态的、充满想象力的心理特点。一旦触摸到学生的心理，打破识字的壁垒是非常简单的。前文教学案例的描述中，正是因为学生知道“瓜”字的一点就是挂在藤上的瓜，所以再也没有学生把这一点漏了。当教师向学生出示“爪”字的甲骨文时，通过图片清晰的展示，可以让学生清楚地知道，虽然现代的汉字瓜和爪比较相近，但是古人在造字时，这完全是两个毫不相干的字。知道了爪字的由来，容易出错的“采”字也更加容易避免写别字了，一只爪子在摘树上的果实便是“采”。有了这样的基础，学生也不会把“木”字的一竖和爪字头的点连在一起变成一笔了。又如，通过“隹”字的理解，在学生书写“鹰、雁、雀”时，也不会把“隹”错写成“住”了。如此讲解，学生在学习的过程中自然而然地避免了许多形近字的混淆。与此同时，教师的教学任务也更加轻松，不再埋头于反复的纠错。这样一种师生共促，教学相长的良性教学模式，更新了教师的识字教学理念，提高了学生的识字效率。

第三，渗透汉字文化，有利于激发学生识字兴趣，传承中华民族传统文化，提高学生人文素养。

传统的识字教学不仅让教师容易失去教学热情，也易降低学生识字的兴趣。通常我们过多地注重了汉字的工具性，而忽视了汉字所具备的人文性。比如在教学“孝”字时，可以这样讲解：出示“孝”最初的样子，一缕缕花白的须发，下面是一个可爱的孩子，这个字形表示老人和孩子相互依偎，金文中“孝”字新增了一双张开的臂膀，孩子蹒跚学步摇摇晃晃，老人小心翼翼地将孩子护在怀里，到了篆文，小孩撑起年迈的老人。在教学“孝”这个字时，我们不仅把字形教给了学生，同时在讲解时，也告诉了学生我们传统文化中，古人对“孝”的定义和理解，仅仅通过这一汉字，便理解了传统文化中的“孝道”，那就是你养我长大，我陪你变老。中华民族最传统的“孝”文化便润物细无声地植入学生心底。可以预见，若是渐渐地在课堂上以这样的方式将汉字背后蕴藏的中国文化传递给学生们，久而久之，学生会对汉字学习产生浓厚的兴趣，也能更好地培养学生的人文素养，打下扎实的中国传统文化的基础，也让学生爱上语文课堂，热爱祖国，发自内心地对中华民族产生自豪感。

总而言之，在小学语文识字教学中，不能忽略汉字的文化根基，只有这样，才能在提高学生语文能力的同时，培养学生的语文素养。在接下来的教学中，我也将继续对汉字文化进行研究和学习,进一步将汉字文化渗透到自己的日常教学中。

参考文献:

[1] 董蓓菲.语文学习心理学[M].北京:北京大学出版社,2015.
[2] 许慎.说文解字[M].北京:中华书局,1963.
[3] 中华人民共和国教育部.义务教育语文课程标准(2021年版)[M].北京:北京师范大学出版社,2021.
[4] 吕青青.汉字文化视阈下小学低年级识字教学研究[J].中小学教育,2021(4).
[5] 张素丽.小学识字教学中渗透汉字文化的策略研究[D].临汾:山西师范大学,2015.

主题班(队)会的组织和设计

小学语文学科　孙　敏

中队主题会,是指在一定的阶段围绕某个主题开展,对学生进行思想教育的中队主题会。其主要功能是德育,通过中队主题会对学生进行思想品德教育。

中队主题会是中队辅导员工作的一项重要内容,能否把中队主题会高质量地开展起来,在一定程度上反映中队辅导员的综合素质及整合能力。它是打造班集体的主要手段,是中队辅导员技能的核心内容,是中队辅导员智慧的集中体现。所以,认真研究,积极探讨中队主题会相关的系列问题,对中队辅导员来讲很有意义。

一、中队主题会与班会、队会的区别

(一)教育方式

队会把思想品德教育作为重要内容放在主导地位。而中队主题会则注重培养学生的综合素质,增长社会生活知识,是一项知识性、娱乐性、趣味性强的班集体活动。

(二)教育者身份

教育者在中队主题会上是中队辅导员,起辅导作用。班会是中队辅导员老师根据学生的学习生活状况,为了培养学生某一方面的能力而组织的有目的、有计划的班级活动,中队辅导员起主导作用。队会则是由少先队员组织领导的,是少先队员集体创作的活动,在队长的指挥下进行,以少先队员的自动、自主精神为基础。队长和队员有充分的独立自主和发挥创造的空间,辅导员起辅助作用。

(三)活动仪式

队会是按照少先队的组织系统,用少先队的组织形式来开展的。常常配合运用少先队的一套特殊的组织形式——队旗、队歌、队鼓号、队列仪式,等等。班会则在这一点上与队会有所不同。它没有出旗、退旗等内容。

(四)主持人

中队主题会一般由中队长主持;班会一般由老师主持,也可由班长或其他同学主持。

二、中队主题会的常见类型

中队主题会要围绕一个主题进行,这个主题就是中队主题会最核心的东西。

(一)从活动类型看,中队主题会还可以分为这样几种类型:

体验型　这是最常见的一种类型,通过对一个主题比较深入的讲解,使学生达到对这个主题的深入理解,进行体验。

表演型 现在经常被很多班级采用。即在中队主题会当中,通过角色的扮演去体验当时的道德情景。如演唱、相声、舞蹈、小品、朗诵等。通过生动活泼,寓教于乐,富有感染力的各种文体活动,达到教育目的,并增进学生之间的友谊和班级的凝聚力。如:“快乐的六一”中队主题会。

讨论型 围绕一个问题进行深入地多种形式的讨论,达到教育目的。比如同位讨论、小组讨论班级交流等,使学生对主题进行理解。如:“怎样看待家长会”中队主题会。

综合型 真正的中队主题会往往是综合型。比如组织一个感恩主题的中队主题会,在这个过程当中会用到叙事、讨论、体验方式。

(二)从主题来划分,可以分为这样几种类型:

日常主题 这是最常见的。日常生活的很多事件都可以作为中队主题会的主题来使用。这样的主题内容很多:如安全、纪律、卫生、学习等方面,都可以对学生进行常规教育。

节日性主题 我们的生活中很多节日适合作为中队主题会的主题,像重阳节、学雷锋纪念日等。

偶发性主题 这种主题不常见。比如在新闻上看到的“新冠疫情”“地震”等事件,我们就可以围绕它开展“我为灾区献爱心”等中队主题会,教育学生具有爱国精神、爱心行为。

三、中队主题会的功能

中队主题会的最重要的功能是对学生进行思想品德教育,有六种主要功能:教育、感染、凝聚、规范、导向、激励功能。

(一)教育功能

中队主题会具有教育功能,这种教育功能不是以直接的方式来告诉学生要怎么做,它是一种隐性的规范的功能。

(二)感染功能

中队主题会所运用的往往是一种体验或讨论的形式,要调动学生情感方面的一些因素,要激发学生道德情感的动机,所以要行使情感感染的功能。精彩的中队主题会不但激发学生的积极性,更会赢得学生的尊重和喜欢,引起学生的感情共鸣,达到良好的教育效果。如“同桌的你”“友谊花开万里香”“我为妈妈洗脚”“每当我走过老师窗前”“奉献之歌”“灾难无情,大爱无疆”“歌唱祖国”等中队主题会。

(三)凝聚功能

通过中队主题会增强班级的凝聚力。如:“我是班级小主人”“我爱我班”“我为班级添光彩”等中队主题会。

（四）规范功能

通过中队主题会，规范学生的日常行为。如这些中队主题会："让我们有一双明亮的眼睛"，规范学生写字、看书的习惯；"安全出行平安回家"教育学生遵纪守法，安全第一；"今日事今日毕"，引导学生养成做事不拖拉的习惯等。

（五）导向功能

就是告诉学生应该做什么、不应该做什么。导向功能一般是：行为方式导向、过程导向、实际效果导向和目标导向。中队主题会活动中，通过对学生行动的控制调节，使其活动维持其稳定的方向，指向目标的实现。设置适当的目标，就能调动学生的积极性。如"劳动光荣、懒惰可耻"指向学生要热爱劳动的目标，"学会忍耐"指导学生要坚强，"我的理想"则是导向学生要有远大的奋斗目标。

（六）激励功能

通过中队主题会激励学生珍惜时光，努力学习，顽强拼搏。如："我的未来不是梦""我的青春谁做主""为中华之崛起而读书"等中队主题会。"我能行，我最棒"激励学生要有自信心。

当然这些功能是互相联系，互相交错，不是完全分割的。正是因为中队主题会有这些作用和功能，所以，它才是我们每个班级对学生进行组织管理和思想教育不可缺少的活动。

四、中队主题会的一般过程

（一）主题酝酿阶段

主题是中队主题会的核心，只有选好主题，才能开好中队主题会。既然是中队主题会，主题一定要突出、鲜明、富有时代感。一节成功的中队主题会，主题是灵魂，内容和形式是展现主题的载体。一般来讲，主题的确定，要注意以下几点：

1. 主题要有针对性。中队辅导员必须经常了解本班情况，掌握第一手材料，做到有的放矢。即针对学生思想存在的主要问题，选择那些具有启发性的能够对学生起到潜移默化作用的主题来组织中队主题会活动。例如，为了激发学生学习欲望.可以选择"读书使人聪明"的主题。

2. 主题要"小"中见"大"。

"小"指学生生活中的一些小事或普遍现象，"大"指这些小事、现象反映出的问题或蕴含的道理。学生的学习、生活中处处蕴藏着教育的契机，学生的一言一行都是其内心思想的反映，因此中队辅导员应该充分认识到学生的内部需求，从学生生活和学习实际中选取主题，进行有针对性的教育。

如：一年级新生入学，可以召开介绍我自己、增进互相了解为主题的中队主题会；考试之前可以进行学习方法交流的中队主题会；班级某方面取得荣誉的时候，开展"夸夸我们班"等主题中队主题会,以增强班级荣誉感和凝聚力。

3. 主题要“大”中见“小”。

“大”指国内外的重大事件,从社会大背景中提炼主题。“小”指学生的思想情况。中队辅导员善于从国际国内的最新热点话题或大事件中挖掘主题,把自己的作用定位为:向学生传递国内外的最新信息及提供与学生有关的敏感的人生话题,然后调动学生的主动性和参与性。这类活动适合小学中高年级。

每个学校,每个班级,每学期都要根据国内大事、热点话题选择至少一次的中队主题会活动。因为这是对学生进行爱国教育的最好契机。不要忘了,爱国教育才是我们教育的根本呀!

4. “常规”中见“创新”。

充分利用一些特殊的节日,选择形象生动的主题,从传统教育中拓展新主题。

(二)组织活动阶段

影响主题中队主题会的一个重要因素就是:组织实施。有了组织实施知识还不够,还要看怎样有效运用。在组织活动这个阶段,中队辅导员要完成以下几项工作:

1. 合理安排时间。

2. 要考虑角色分工。在中队主题会中,老师和学生要担当不同的角色,要明确各自的任务,提前进行准备和计划。

3. 准备媒体介质。我们在主题中队会中,经常使用多媒体辅助,所以,还要注意使用媒体的介质。

4. 要协调好各方面关系。由于我们开展的中队主题会,不仅仅是本班的老师和学生参加,有的时候还可能邀其他年级的老师、学生或家长参加,所以,我们要注意协调各方面的关系。

(三)总结提升阶段

总结提升,是在中队主题会的结尾阶段由老师和同学共同对整个中队主题会进行反思,是对主题的深化和提升。在中队主题会的行进中,一定要突出主题,同时,还要注意引导学生紧紧围绕这个主题进行感悟和体验,提升主题。没有经过总结提升的中队主题会,不可能达到理想的教育效果,它留给学生的印象也不会深刻。

五、主题中队主题会的设计原则

(一)计划性原则

一直以来,我们有些中队辅导员老师对于中队主题会的主题确定往往是突发性的,没有计划。所以,造成中队主题会的凌乱与随意,甚至将中队主题会的重要性在很多的老师及学生心目中淡化。通过这次中队辅导员培训,学习了中队主题会的设计原则后,我更加明确了

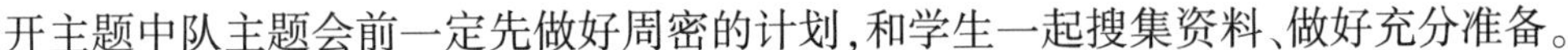

开主题中队主题会前一定先做好周密的计划，和学生一起搜集资料、做好充分准备。

（二）针对性与鲜明性原则

好的开头是成功的一半。一个好的主题便使一节中队主题会成功了一半。在主题设立的时候，我应该更多地结合学生的实际情况，如学生群体中比较突出的表现、学生的思想动态、学生的思想教育。比如，我在本学期设定的中队主题会是文明礼貌、与人相处、卫生习惯、安全教育等这一些主题，它们都是根据学生日常行为中的表现而确定的。

（三）整合性原则

所谓整合，包括教师的主导作用和学生主体作用的整合，以及媒体演示和语言解说的整合。

在以往的中队主题会中往往发生两个极端现象。一是教师包办型。整个的中队主题会过程，教师既是导演也是演员还是编剧，形成一种我说你听，我问你答的态势，效果很不好；另一种是学生放纵型，有些教师为了体现学生的主体地位，便放开手让他们做，想怎么做就怎么做，对主题活动的过程没有指导、参与。导致整个活动在快乐中开始，在混乱中结束，效果也很不好。所以这里就需要我们将教师的主导作用与学生的主体作用有效地整合。

第二种整合是媒体演示和语言解说的整合。现代化教学媒体的使用增加了中队主题会的趣味性，但过多地运用媒体又会“喧宾夺主”，所以适当的媒体演示是很有必要的。

（四）创新性原则

枯燥呆板的中队主题会只会让学生感到厌倦，所以要求教师在中队主题会的实施过程中力争创新，要结合学生的实际情况，设计一些学生喜闻乐见的内容吸引他们。

教育的根是苦的，教育的果实是甜的！

后记一

家校共育浅谈

实验东校第十届、第十一届家委会主任　瞿明超

家委会,2014 年在实验东校一年级新生家长会上得以认知、引起关注。

没想到,实验东校 2004 年建校之初即成立了家委会,并一直伴随着学校一起成长起来,作用和影响力也越来越大,发展至今已经第十一届了。

而我,也是 2014 年 9 月孩子入学实验东校后,对东校文化理念和家校合作印象深刻。在开学后的班级家长会上,从激烈的家委会委员竞选中有幸成为五位班级家委中的一员。

加入东校家委会至今 8 年间,从班级家委开始做起,为班级的孩子们服务,家委会成员辅助班主任共同管理好班级事务,为孩子们和任课教师提供支持,组织各种有意义的活动。比如,小学阶段的每年年末都会组织一次盛大的班级年会,所有孩子和爸爸妈妈一起参加,盛装出席,交换礼物,才艺展现,其乐融融,留下了一段段美好而难忘的童年记忆。五年举办了五次,每一张照片都见证了孩子的成长。即使小学毕业了,孩子和家长、老师仍然保持联系,依依不舍,家委会的作用和凝聚力可见一斑。

班级年会全体师生和家长合影

班级家委会建设,管理是基础,也是家校合作健康发展的基石。

进入校家委会,在生活安全部工作,主要为孩子的吃饭、穿衣、校园安全提供服务和保障。学生在校的午餐菜单由生活部负责专门开具,午餐安全由家长们自己监督、把关。通过调查、试吃,了解孩子们的喜好,食材不断优化、菜单不断推陈出新。随着物价上涨,为了给孩子们提供更加营养丰富、搭配合理的午餐,打开餐标的瓶颈束缚势在必行。校家委会组织

的多次会议形成决议,向上级部门提交相应申报材料,将学生午餐标准由多年不变的6.5元提高到9元,再到之后的12元、15元,家委会的不懈努力,使得全区学生的午餐水平得以提高。

这只是生活安全部工作的一小部分,实验东校校家委会共有七大部门:生活安全部、教育支持部、公益部、活动部、事务部、宣传部、社团部。每个部门都各司其职、分工协作,完成学校相关的各项任务。

组建了各具特色的社团,家长讲师团、交通督导组、摄影社、家长合唱团、跑团、心理剧团、朗诵社、青鸟社、天文社,等等,每个社团少则上百人,多则上千人,学生之间、家长之间、师生之间、家校之间相互渗透、互相包容、密切交流、活力满满,形成了相互信任、气氛融洽的联动机制,加强了凝聚力,增强了归属感。

2021年5月15日组织参加“行走的美术包”大型公益徒步活动

校家委会联合上实教育集团联盟学校和一心公益组织校外大型公益活动,孩子们通过自己的举动为山区的同学募资,生活在同一片蓝天下,小小的善举就能联系你我、温暖彼此。校家委会还在假期组织学生去山区学校与同龄孩子交流。

第十届校家委会换届大会

家委会忙碌的身影流转在学校的各个角落：

每天清晨，车流如梭的校门口，家长志愿者身穿黄马甲，伸展臂膀护送孩子走进校园（交通义工）；

每周开具学生菜谱，选用新鲜安全食材，不定期查看学生午餐情况，监督每一个环节，为了让孩子们吃上可口的饭菜（菜谱小组）；

午间孩子们在儿童乐园游戏玩耍时，守护在他们身边，保障着他们的人身安全（儿童乐园义工）；

孩子们最爱去的图书馆，有你们忙碌的身影（图书馆义工）；

放学后的晚托班，你们像爸爸妈妈一样在看护并辅导孩子写作业（晚托班义工）；

各行各业的精英，像老师一样站上讲台给孩子们讲大千世界、畅游知识海洋（家长讲师团）；

故事妈妈走进教室，声情并茂的故事孩子们听得津津有味（故事妈妈社团）；

每一次精心策划的大型活动，孩子们玩得欢天喜地（活动义工）；

咔嚓咔嚓的快门声，记录下每一个精彩而又美好的瞬间（摄影社）；

美妙的歌声飘荡在校园，传递着东校家长的精气神儿和爱心（家长合唱团）；

所有的美好，都通过我们的平台发布，让更多的人知道并加入我们（东校家委会公众号）；

还有班级、年级的各位家委会委员们，你们忙完了工作忙孩子，不仅爱自己的孩子，更爱所有的孩子，为他们乐于奉献、乐此不疲。

每年岁末，校家委会都会举办一次爱心年会，表彰一年来为家委会和学校做出贡献的家长们，大家齐聚一堂，舞台亮丽，各类节目穿插其间，精彩纷呈，热闹程度堪比春晚。

2020 年“爱心耀东校”家校年会合影

现代生活的孩子教育,需要家校合作共同来完成,了解孩子在学校的学习和生活,并能广泛参与其中,为孩子健康成长助力。孩子为爸妈加入家委会而自豪,父母为加入家委会能为孩子助力而不遗余力。

家委会作为家校合作的桥梁和纽带,也将继续发挥应有的积极作用。

因为孩子,我们来到东校,
因为心中有爱,我们聚集到一起,
陪伴孩子成长,为他们保驾护航。
家长们的团结一心,成就家校共育的和谐稳定。

家校合作,学子受益,携手同心,助力共赢!

更多家委会交流可关注东校家委会公众号。

欢迎关注东校订阅号平台

长按二维码关注

后记二

实验东校家校合作实践中的感受

实验东校第七届、第八届家委会主任　米晓军

十分荣幸作为实验东校家委会主要成员在九年的时光里和学生、家长们一起成长。伴随着东校“生命、生活、生态”“三生”教育理念，我不仅完整体验了教育在实验东校向尊重生命回归，向教育本源回归，向生活世界回归的过程，更在家委会的工作中处处感受到新型家校合作在东校实践的力量。

东校教育生态的构建中，家校合作以及家委会建设是其中一个重要组成部分，学校不但营造学生主动发展和教师自我提高的氛围，更在相互尊重、平等合作的前提下为家长有序参与学校管理创造条件，成体系的科学的可持续发展的家校合作机制，构成家庭、学校、社会的良好教育生态环境。

东校的家校合作始终寻求最大开放度，在充分尊重家长的基础上，从理念到空间都给予了最大程度自由。平等，是家校成功合作的基石，无论是学校的行政管理、课程教学、学生活动、后勤服务等校内领域，还是面向家庭、社区的校外领域，东校都与家委会一起开发共治、共建系列活动，共同激扬学校教育的优势、亮点。班主任全面家访、家长开放活动、校长接待日、校长信箱、校园网“家校直通车”、各种微信沟通群、家长学校慕课学习、家庭教育指导师进校园、家长自我教育的心理体验剧、各种家长兴趣社团和公益服务社团对学校工作的支持……让家校间全方位“零距离”。东校的家委会不是学校的“装饰品”，其自主与“挑剔”是促进学校改进工作不断进步的力量，可以与学校平等对话、议事，让家长真正参与到学校、学生的成长中，与学校融为一体。激发了家长不断创新家校合作内容，创造了多个首创和第一，家委会核心理念的建立、健全的机制、完备的制度……东校好的家校合作经验不断被传播。家长从注重“成事”层面的“合作”走向情感、行动、目标的“合一”，这是家校合作的更高境界。

家长与东校互相尊重，家庭与学校一起共寻生命意义的高度、共建生活世界的宽度、共探教育韧性的深度，共同创享生命成长的芬芳与美好。家校合作，学子受益！家校合作，共创共赢！

2022 年 8 月 16 日夜于上海浦东